그리고 행복심리학

남승규

YANGSEOWON
양서원

Preface

서문

『그리고 행복심리학』을 새로 집필하기로 마음먹은 것은 2014년에 오렌지색 표지로 출판된 『행복심리학』에서 다루지 못한 것이 많았고, 10년이란 시간 동안 행복 연구도 많은 발전이 있었기 때문이다. 행복에 대한 관점과 생각은 다를 수 있지만, 여전히 '행복은 누구와 무엇을 어떤 마음으로 하는가에 의해 결정되고, 가장 중요한 것은 어떤 마음인가이다'라는 것에는 변함이 없다. 행복 연구와 강의를 하면서, 무엇보다도 특별한 2가지 깨달음이 더 있었다. 하나는 '행복과 행복한 삶이 다르다.'는 것이고, 다른 하나는 '혼자는 편하지만, 행복하지는 않다.'는 것이다. 이런 3가지 관점을 반영하여 '모두가 행복하게 사는 삶'을 그리며 새롭게 원고 작업을 하였다. 누구나 꼭 시간을 내서 읽어보기를 바란다. 그리고 괜한 시간 낭비가 아니었다고 느낄 수 있기를 소망하면서 행복과 행복한 삶에 관한 내용을 담았다. 세상 사는 것이 불편하고 원만하지 않아서 힘들었는데, 덕분에 조금은 편해지고 많이 좋아졌다는 후일담을 들을 수 있기를 바라는 작은 바람으로 구성하였다.

세상은 온몸으로 배워 나가는 것이다. 몸으로 세상을 느끼지 않고, 그저 머리로만 세상을 알려 한다면 그건 헛되고 헛된 지식일 뿐이다. 머리로만 세상을 배운 자들은 세상의 잣대로 '못배운 사람'을 무시한다. 그들이 똑똑할지는 모르지만, 결코 현명하지는 않다. 현명한 사람에게는 '똑똑한 바보'에게는 없는 것이 있다. 그건 바로 세상을 바르게 볼 줄 알고, 그 세상에 순응하지만, 어떤 때는 해일과 같은 용기로 세상과 싸울 줄 알고, 자기 변명으로 자신을 합리화시키려는 미련한 짓 따위는 하지 않는다는 것이다. 그 누구 위에도 서 있지 않으며 오히려 스스로 낮추며 사는 현명한 사람들이 좋다.

행복과 행운을 자신의 것으로 만들고 싶다면, 자신이 느끼는 어떤 재주로 인해 온 인생을 그 재주에만 걸지 않기를 바란다. 평범한 삶의 가치를 믿고 조그만 행복에 감사할 줄 아는 사람이 되길 바란다. 아무도 알아주지 않는 재능이라고 해도, 스스로 재능이 있다고 믿는데 그걸 꽃피우지 못하는 삶이 얼마나 눈물겨운지를 안다. 수영을 못하는 사람이 물에 빠지고, 말을 못 타는 사람이 말에서 떨어지는 경우는 드물다. 수영을 잘하는 사람이 물에 빠지고, 말을 잘 타는 사람이 말에서 떨어지는 법이다. 진짜 선수는 기본기에 충실하다. 기본을 지키면 뭐든지 잘할 수 있다는 것은 세상에서 가장 쉬우면서도 가장 어려운 진리이자 진실이다. 모두가 행복한 삶을 선택하고, 진정 행복하게 살 수 있기를 바란다.

『그리고 행복심리학』의 구성은 3부 14장으로 구성하였다.

제1부 '삶과 행복Life and Happiness'은 4장으로 구성하였는데, 삶과 행복에 관한 가장 기본적인 내용을 담았다.

01장 '행복과 행복한 삶Happiness and Happy life'은 행복과 행복한 삶
02장 '긍정심리학Positive Psychology'은 긍정심리학과 긍정심리학자
03장 '행복이론Theories of Happiness'은 행복에 관한 8가지 이론
04장 '행복한 사람들Happy People'은 행복한 사람들이 보여주는 특성들

제2부 '행복의 원리Principle of Happiness'는 6장으로 구성하였는데, 행복과 행복한 삶을 이해하고 자신의 것으로 만드는 과정에서 고려해야 할 심리학적 원리를 다루었다.

05장 '감사Gratitude'는 행복과 행복한 삶을 만드는 '소중하게 기억하기'인 감사
06장 '신뢰Trust'는 행복과 행복한 삶을 만드는 '보이지 않는 자본 만들기'인 신뢰

07장 '공감Empathy'은 행복과 행복한 삶을 만드는 '마음 열기'인 공감

08장 '소통Communication'은 행복과 행복한 삶을 만드는 '마음길 만들기'인 소통

09장 '의미Meaning'는 행복과 행복한 삶을 만드는 '가치 만들기'인 의미

10장 '배려Consideration'는 행복과 행복한 삶을 만드는 '서로 챙겨주기'인 배려

제3부 '행복의 심리Psychology of Happiness'는 4장으로 구성하였는데, 행복과 행복한 삶을 만드는 데 핵심이 되는 삶의 경험들에 대한 내용을 다루었다.

11장 '성공심리Psychology of Success'는 성공적인 삶과 직업 선택 및 직장생활

12장 '연애심리Psychology of Loving'는 사랑과 결혼 및 결혼생활

13장 '여가심리Psychology of Leisure'는 여유로운 삶과 워라밸

14장 '소비심리Psychology of Spending'는 보다 행복하고 함께 행복하게 사는 삶

행복을 결정하는 3가지 핵심요인을 꼽으라면, 심신건강과 인간관계 그리고 긍정성이다.

첫 번째 키워드는 심신건강health of body and mind이다. 무엇보다도 몸과 마음이 건강해야 행복할 수 있다. 동전의 양면처럼, 심신건강은 행복과 떼어서 생각할 수 없을 만큼 중요하다. 건강은 건강할 때 지켜야 한다. 심신을 건강하게 만들려면 우리의 삶을 심신건강에 좋은 시간과 공간을 만들고, 건강한 라이프스타일을 즐겨야 한다. 가끔 술도 마시고, 과식도 하고, 게으름도 피우는 것처럼 늘 건강하게 살 수만은 없겠지만, 가능한 한 건강하게 살려고 노력해야 한다. 특히, 마음의 건강을 잘 지켜야 한다.

두 번째 키워드는 인간관계human relationship다. 따뜻하고 서로에게 힘이 되는 좋은 인간관계를 누리는 것은 행복에 절대적이지만, 갈등이 있을 수 있다. 인간관계를 음식이라 한다면, 갈등은 조미료다. 음식에 조미료를 안 넣으면 너무 심심하고, 너무 많이 넣으면 못 먹게 된다. '너도 하니까, 나도 한다', '네가 한번 잘했으니, 나도 한번 잘해준다'나 '네가 한번 못했으니, 나도 갚아준다' 따위의 생각들이 깊숙이 자리 잡고 있으면 안 된다. 사람은 머리가 아닌 가슴으로 살아야 한다. 그래야 편을 나눠서 어느 한쪽이 승리하는 삶이 아닌, 둘이 한편이 되어 세상과 싸워 이겨나갈 수 있다.

세 번째 키워드는 긍정성positivity이다. 긍정성은 긍정사고와 긍정정서 및 긍정경험으로 완성된다. 행복은 긍정적인 생각과 긍정적인 느낌 그리고 긍정적인 경험의 산물이다. 평소 사람들은 주로 어떤 생각을 하냐면, 좋았던 일이나 신나는 일이 아니라 대부분 실수했거나 실패했던 일을 두고두고 생각한다. 사람들이 이렇게 부정적인 일을 많이 생각하는 이유는 잘된 일보다는 잘 안됐던 일을 먼저 떠올리고 생각하는 데 익숙하기 때문이다. 행복을 나의 것으로 만들고자 한다면, 긍정적으로 생각하고, 긍정적인 정서를 느끼며, 긍정적인 경험을 쌓아야 한다.

행복은 누구와 무엇을 어떤 마음으로 하는가가 중요하다. 그리고 그 마음에는 심신건강, 인간관계 그리고 긍정성을 담아야 한다. 모두가 행복한 아름다운 삶이 펼쳐지길 꿈꾸며 소망한다.

2025년 9월

남승규 Dream

Contents

차례

PART 02 행복의 원리

PART 03 행복의 심리

PART 01

삶과 행복

Life and Happiness

Chapter 01

행복과 행복한 삶

Happiness and Happy life

Chapter 1

행복과 행복한 삶

영원히 살 것처럼 꿈꾸고, 오늘 죽을 것처럼 살아라.

Dream as if you'll live forever, Live as if you'll die today.

– 청춘의 아이콘, 제임스 딘(James Byron Dean, 1931–1955) –

세상에는 많은 사람이 살아가고 있다. 현재 지구촌에 살아가는 사람이 80억 명 정도인데, 각자 살아가면서 만들어가는 삶의 방향과 색깔, 속도는 그만큼 다양하고, 그 넓이와 깊이도 다르다. 삶이란 각 개인이 재미를 느끼고 스스로 의미를 부여하며 살아가는 과정이다. 삶은 단순히 존재하는 것이 아니라 살아가는 이유를 찾고 재미와 의미를 만들어가는 과정이면서 결과이기도 하다. 물론 삶에 정답은 없다. 우리의 삶에서 무엇보다도 중요한 것은 자신만의 기준이나 답을 가지고 살아가는 것이다. 사람마다 삶에서 느끼고 찾는 재미와 의미는 각자 다를 수 있기에, 각자 선택권을 가지고 자신만의 방식으로 살아가는 것이 중요하다. 내 삶과 나의 가치관은 내가 지키지 않으면 아무도 지켜주지 않는다. 내 삶의 중심에는 언제나 우리 자신이 존재해야 한다.

돌을 쌓아 집을 짓듯이, 우리는 주어진 삶을 건강하고 행복한 삶으로 만들어가야 한다. 돌무더기가 집이 아니듯이, 그냥 사는 것만으로 우리의 삶이 건강하고 행복해지는 것은 아니다. 우리의 삶이 건강하고 행복해지도록 우리는 각자의 삶에 좋은 영향을 미쳐야 한다. 우리의 인생은 다양한 생활과 관계 속에서 완성되어 간다. 관계relation는 '빗장 관(關)'과 '걸릴 계(係)'로 만들어진 단어로, 잠그고 이어서 틈새를 메우는 일이다. 우리의 삶을 건강하고 행복하게 이끌기 위해서 우리는 스스로 삶을 구성하는 3가지 관계, 시간과 공간 그리고 인간이 만들어 놓은 틈새와 차이를 꼼꼼하게 메워야 한다.

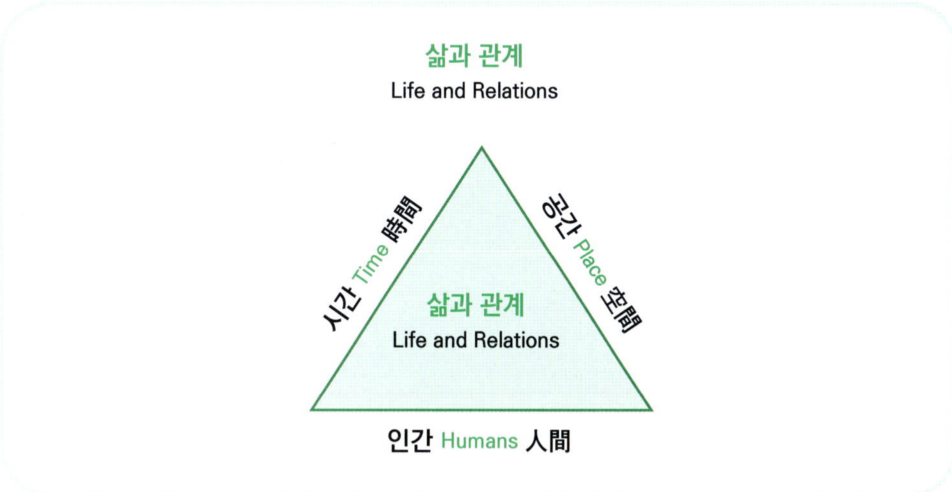

1. 삶

삶life이란 각 개인이 스스로의 인생을 가치 있게 살아가면서 완성된다. 인생의 가치는 재미와 의미 속에서 찾을 수 있다. 삶은 사는 재미가 있어야 한다. 사는 것이 즐겁고 신나야 한다. 필요한 것과 원하는 것을 모두 다 가질 수 없어도, 오늘을 충분히 즐기고, 더 재미난 내일을 기대하며 사는 과정에서 우리는 새로운 가치와 의미를 만들어 낸다. 많은 사람들에게 가장 중요한 삶의 목표는 '큰돈을 버는 것'이다. 무엇이든 될 수 있는 전도유망한 젊은이들이 오로지 돈벌이를 목표로 전공을 선택하고, 모든 관심을 접어 두고 취업 준비에 매달리며 임금과 보너스의 유혹에 굴복해 직장을 선택한다.

그러나 돈도 중요하지만, 진심으로 즐겁게 시간을 보낼 수 있는 직업을 선택하는 것이 훨씬 낫다. 누구나 배고픈 예술가가 되어야 한다고 주장하는 것은 결코 아니다. 다만 물질적 보상 때문에 직업을 선택한 사람들은 언젠가 삶을 되돌아보며 '내가 뭘 하고 살았지?' 하고 후회가 가득한 자문을 하게 된다. 먹고 살려면 누구나 돈을 벌어야 한다. 하지만 주말이나 휴가만 목을 빼고 기다리는 삶보다는 돈을 덜 받아도 좋으니 즐길 수 있는 일을 하는 것이 훨씬 더 바람직하다. 좋아하는 일을 하려면 조금 부족하게 사는 것을 감수해야 하며, 이는 지극히 당연한 것이다. 일은 돈 때문이 아니라 좋아서 해야 한다. 저마다 사랑하는 일, 잘할 수 있는 일, 행복한 일을 찾아야 한다. 돈 때문에 직업을 선택해서는 안 된다. 행복한 삶을 만들어가는 데 많은 영향을 미치는 직업을 선택할 때 가장 중요한 건 무조건 사랑하는 일, 매일 하고 싶은 설레는 일을 자신의 직업으로 삼아야 한다는 점이다.

1.1. 시간

우리가 맺는 관계 중의 첫 번째는 시간(時間)이다. 우리는 하나의 생명으로 태어나는 순간부터 시간과 관계를 맺는다. 그리고 삶의 마지막인 죽음을 맞이한다. "시간은 기억이고 힘이다." 시간 속에 모든 기억이 담기고, 시간은 우리에게 힘을 만들어준다. 살다 보면 어느 순간 변화가 생겨난다. 언제부터인가 살아야 할 시간보다 되돌아볼 시간이 길어지기 시작한다. 그러면 전과는 조금 다른 눈으로 세상과 삶을 바라보게 된다. 인생에는 완벽한 성공도, 절망뿐인 실패도 없다. 경험이 쌓이면 하나하나의 사건들을 더 넓은 맥락 속에서 파악하는 분별력 즉, 폭넓은 시각으로 사리분별을 하는 능력이 생기게 된다. 그러다 보면 점차 타인에게 관대해지고 좀 더 느긋하게 살고 싶은 욕망이 생기며 현재의 삶에서 소소한 즐거움을 발견하게 된다. 더 나은 삶의 방법을 찾을 수 있는 열쇠를 손에 넣게 되는 것일지도 모른다. 삶에 대한 답을 찾는 현대인이라면 무엇보다도 먼저 시간의 소중함을 생각해 보아야 한다. 풍요의 시대에 살면서도 늘 더 많은 것을 원한다. 시간이 충분하지 않다고 생각하면서 별 도움이 되지도 않는 일을 하고, 불필요한 것을 살 돈을 버느라 귀중한 시간을 낭비한다. 온갖 걱정을 하느라 시간을 보낸다. 걱정만으로 걱정이 사라진다면, 누구나 걱정을 할 것이다. 그러나 현실은 그렇지 않다.

누구에게나 시간은 동등하게 24시간이 주어진다. 시간이 없다는 말은 평소 해야 할 일을 하지 않는다는 것이다. 급하진 않지만 소중한 일(운동, 독서, 수면, 인간관계)을 게을리하고 있다는 것이다. 단기적으로는 별일이 없지만, 장기적으로는 문제가 생긴다. 공부하지 않으면서 열심히 산다는 것은 빈속으로 열심히 뛰는 것과 비슷하고, 무뎌진 도끼로 열심히 나무를 베겠다는 것과 같다. 책 한 권을 다 읽을 만큼 한가한 때를 기다린 뒤에 책을 편다면, 평생 가도 책을 읽을 만한 시간은 없다. 15초의 광고가 소비자를 변화시키는 것처럼, 15분의 노력, 900초의 노력이 우리의 삶을 변화시킬 수 있다. 보다 나은 삶을 살려면, 성공하려면, 변해야 한다. 변하려면 '어떻게 내가'라는 단어를 버려야 한다. 실행 가능한 목표를 설정해야 한다. 그리고 준비해야 한다. 준비한 자에게는 반드시 기회가 온다. 생각을 행동으로 옮기는 사람만이 성공한다. 멋진 미래를 상상하라. 무엇보다도, 반드시 약속시간을 지키는 사람이 되어야 한다.

우리는 누구나 겪는 인생주기Life Cycle의 변화를 경험한다. 학생에서 직장인이 되기도 하고, 결혼을 하거나 자녀를 갖기도 하며, 은퇴와 사별을 하기도 한다. 그러면서 자연히 삶의 가치가 이전과는 달라지게 된다. 20대에 많은 사람들을 만나 즐거움이 가득한 삶을 사는 것을 지향하던 사람이 30대에 자녀를 출산한 후에는 가족과 가정생활의 안정을 지향하게 된다. 그러면 자연스럽게 다른 사람들에게 내어줄 수 있는 나만의 시간이 달라지게 되고, 관계도 달라진다. 그러므로 한번 설정한 관계에 집착할 필요는 없다. 지금의 내 상황에 더 맞게 나의 시간을 적용하고 더 좋은 방향으로 나아가도록 유연한 시간관리time management를 해야 한다. 예를 들어, 하루를 시작하기 전에 해야 할 일을 정리해 보고, 중요한 일은 에너지가 높은 시간대에 배치하며, 급한 일보다 중요한 일을 먼저 처리하고, 일정한 루틴을 만들어보는 것은 효율적인 시간관리에 도움이 된다.

하버드대학 신입생들과 MBA 수업에서 가장 먼저 가르치는 것이 바로 시간관리이다(쉬센장, 2017). 하루 24시간은 누구에게나 공평하게 주어지는 선물이다. 그러나 어떤 사람은 목적 없이 흘려보내고, 어떤 사람은 꿈을 이루는 시간으로 만든다. 깊은 밤에도 불빛이 꺼지지 않는 하버드대학. 그곳에서 공부하는 학생들은 첫 강의에서 시간의 소중함과 시간을 가장 효율적으로 사용하는 법을 가장 먼저 배우고, 졸업 후 전 세계 곳곳에서 능력을 펼치며 성공을 향해 달려간다. 하버드대학 출신인 마이크로소프트사의 빌 게이츠(Bill Gates)는 분 단위로 계획을 세워 시간 낭비를 줄이고 효율적으로 시간관리를 한다. 페이스북을 창립한 마크 저커버그(Mark Zuckerberg)는 옷 고르는 시간조차 아끼기 위해 매일 같은 옷을 입을 정도로 시간 낭비를 경계하고 있다.

1.2. 공간

우리가 맺는 관계 중의 두 번째는 공간(空間)이다. 우리의 삶과 관계는 공간의 영향을 받는다. 어떤 공간에 존재하는가에 따라서 우리의 삶도, 관계도 달라진다. 문화유산으로 가득한 유럽 땅에서 태어난다면, 보다 여유롭게 즐길 수 있는 삶과 관계를 만들어 갈 것이다. 초원이 푸르른 아프리카 대륙에서 태어난다면, 자연 친화적인 삶과 관계가 구축될 것이다. 누군가와 처음으로 관계를 맺게 되는 공간이 도서관일 때와 술집일 때, 그 관계의 성격도 질도 달라질 수 있다. 이처럼 공간은 우리의 관계를 제한할 수 있다.

우리는 물리적이든 심리적이든 나만의 공간이 필요하다. 종묘처럼 물리적인 멈춤의 공간이 필요하기도 하고, 신체적으로 여유로운 공간과 마음의 공간이 필요하다. 경계선이라고 직역되는 바운더리boundary는 나를 뒤흔드는 세상의 자극들로부터 나를 보호할 수 있는 안전지대를 말한다. 사회 속 바운더리는 대체로 사회가 정하는 대로 형성된다. 국경선처럼 모든 경계를 사회나 국가가 정하고, 우리는 그 경계를 그대로 따르기만 하면 된다. 하지만, 개인의 삶에서는 개인이 자신의 소신과 신념에 맞게 바운더리를 스스로 정하며 살아야 한다. 가장 나답고 풍요로운 삶을 살기 위해 스스로 정하는 마음의 공간이 바운더리이다(김현, 2024).

인간관계에서 '선 넘는다'는 표현을 쓸 때가 있다. 흔히 다른 사람이 사생활을 과하게 관여하거나 원치 않았던 조언을 할 때 사람과 떨어져 편안하게 느끼는 물리적이거나 심리적인 공간적 여유를 의미하는 안전지대Comfort Zone가 필요하다. 관계전문가인 네드라 글로버 타압(Nedra Glover Tawwab)은 신체적 공간, 감정적 공간, 지적 공간, 물질적 공간, 시간적 공간, 성적 공간을 포함하여 6가지 공간을 확보해야 건강한 관계를 지속할 수 있다고 제안하였다. 여기서 신체적 공간은 불편한 접촉을 예방할 수 있는 공간이고, 감정적 공간은 심리적 부담으로부터 거리를 둘 수 있는 공간이다. 지적 공간은 생각과 의견을 존중받는 공간이고, 물질적 공간은 내 물건과 돈을 지킬 수 있는 공간이다. 시간적 공간은 과도한 일정으로 이어지지 않는 공간이고, 성적 공간은 성적 매력과 정체성을 존중받는 공간을 말한다. 건강하고 행복한 나만의 공간을 갖는 것은 개인 자신의 가치를 지키는 노력이고, 우리 자신을 성장시키는 데 긍정적인 영향을 미친다.

오늘날 우리가 누리는 공간은 현실 세계에서만 존재하는 것이 아니다. 우리는 인터넷에서도 자신만의 공간을 갖는다. 이제 사이버공간은 우리에게 낯선 공간이 아니다. 우리의 공간은 지구촌이라는 세계를 넘어 유니버스라는 이름의 우주로 확장되었다. 우리가 공간 속에서 만들어가는 관계는 무한하다. 우리는 현실 공간에서만 존재하는 것이 아니라, 인터넷과 사이버 공간상에서 수많은 관계를 만들고 얽혀 있다.

1.3. 인간

우리가 맺는 관계 중의 가장 중요한 것은 세 번째 관계인 인간(人間)이다. 우리는 하나의 생명으로 태어나는 순간부터 사람들과 관계를 맺는다. 우리가 관계를 맺는 사람들인 인간도 관세를 구성하는 다른 요소인 시간과 공간 못지않게 끝없이 변화한다. 세상에는 좋은 사람도 많고, 의외로 나쁜 사람도 많다. 나에게 잘 맞는 사람도 있고 그렇지 않은 사람도 있다. 셰익스피어(Shakespear)가 말하길, '힘들 때 우는 것은 삼류이고, 힘들 때 참는 것은 이류이고, 힘들 때 웃는 것은 일류'라고 했다. 힘들 때 웃을 줄 아는 '괜찮은' 사람을 만나는 것은 행운이고 행복이다.

우리가 관계에 연연하지 않기 위해서는 몇 가지를 실천해야 한다(김현, 2024).

첫째, 관계는 자연스럽게 변한다는 사실을 받아들여야 한다. 관계의 형성과 끝맺음의 과정을 계절이 흘러가듯 지나가는 하나의 에피소드처럼 받아들여야 한다. 관계란 그 양상이나 관계에 열중하는 정도가 자연스럽게 변하기도 하고 그 안에서 느끼는 감정도 달라지기 때문이다. 초등학교 때 좋아했던 친구들을 지금도 만나고 있는가 생각해 보면 알 것이다. 관계에 소홀하라는 것이 절대 아니다. 단, 관계도 유효기간이 있다는 것이다. 건강하고 행복한 관계라면 그 유효기간이 엄청 길 수 있고 영원할 수도 있다.

둘째, 모든 관계가 좋은 관계일 필요는 없다는 사실도 받아들여야 한다. 우리가 만나는 사람들은 각자 다양한 배경과 경험을 가지고 있기 때문에 어떤 사람은 더 가깝게 느끼고 어떤 사람과는 마찰이 생기는 것은 당연한 일이다. 그래서 좋은 관계를 유지한다고 어쩔 수 없이 어긋나는 부분까지 다른 사람에게 맞추려고 애쓰는 것은 오히려 관계를 틀어지게 만들 수 있다. 더 이상 의미 있는 연결을 만들어주는 관계가 아니라면, 나 자신을 위하여 그리고 상대방을 위하여 이제 놓아주어야 한다.

셋째, 내 마음이 편안해야 건강한 인간관계이다. 다른 사람들을 만족시키지 못하면 관계가 무너지고 사람들이 자신을 떠날 것이라는 불안 때문에 불편함을 감수해서라도 다른 사람이 원하는 대로 행동하는 '착한 아이 증후군'이 있다면 그 관계에서 벗어나야 한다. 진정으로 나 자신에게 도움이 되는 건강한 관계는 내 가치관을 풍부하게 하고 나를 사회적으로 단단하게 연결해 주는 관계이다.

2. 행복

행복은 매우 흔한 말이지만, 매우 귀한 말이기도 하다. 흔한 세잎클로버의 꽃말은 행복이고, 귀한 네잎클로버의 꽃말은 행운이다. 꽃말에 비추어 보면, 행복보다 행운을 더 귀하게 여기는 것처럼 보인다. 하지만, 행운도 행복한 사람에게 찾아온다. 우리의 삶 속에서 행복은 우리가 자주 보고 듣는 것 중의 하나이다. 행복은 어떤 사람의 성격을 묘사할 때 "그는 행복한 사람이야"처럼 쓰이고, 궁극적인 인생의 목표를 말할 때에도 "난 그저 행복하기만 바라"처럼 쓰이며, 심지어 단순히 수락의 뜻을 표시할 때에도 "행복한 마음으로, 기꺼이"처럼 쓰인다. 이처럼 우리는 행복이란 말을 일상생활 속에서 늘 사용하고 있지만, 행복이 무엇이냐고 물으면 답하기가 결코 쉽지 않다.

2.1. 인류의 핵심가치

심리학에서는 사람들이 소중하게 생각하는 것을 가치value라고 한다. 시대적 흐름에 따라서 인류가 가장 소중하게 생각하는 핵심가치core value는 달랐다. 아마도 대부분의 사람들은 18세기의 핵심가치가 자유였고, 19세기는 평등이었으며, 20세기는 평화라는 것에 동의할 것이다. 그럼 21세기의 핵심가치는 무엇일까? 조금씩 생각이 다를 수 있겠지만, 21세기의 핵심가치는 행복이다. 왜냐하면 행복이란 말이 가장 많이 회자되고, 가장 많이 연구되기 때문이다. 인류는 한마음으로 자유로운 삶을 추구했고, 평등한 세상을 이루려고 노력했으며, 평화로운 세계를 만들어 왔다. 그리고 21세기를 맞아서 누구나 행복을 지향한다.

행복에 대한 물음은 철학의 탄생과 함께 시작되었다. 많은 위대한 철학자들이 오랜 세월에 걸쳐 행복에 대한 물음의 성격을 해명하고, 가능한 한 그 의미와 방법에 대한 답변까지 제시하려고 노력해 왔지만 오늘날까지도 여전히 물음이 계속되고 있다. 행복에 대한 정의는 학자마다 다르지만, 한 가지 분명한 것은 사람들이 평생 끊임없이 행복 추구를 한다는 점이다(김정희, 2022; 남승규, 2021; 남윤주, 2020). 실제로, 미국, 그리스, 한국, 아르헨티나, 바레인 등 여러 나라 사람들에게 인생에서 가장 원하는 것이 무엇이냐는 질문에 한목소리로 행복을 첫째로 꼽았다(Diener, 2000). 사람이면 누구나 행복에 이르기를 소망하지만, 누구도 자신이 진정으로 무엇을 소망하고 의욕적으로 추구하는지 명확하고 일관되게 말하지 못한다. 왜냐하면, 행복의 개념에 속하는 많은 요소들이 모두가 주관적이고 경험적이기 때문이다(Kant, 2014). 행복을 제대로 이해하기 위해서는 감정으로서의 행복과 가치로서의 행복 그리고 경험으로서의 행복을 구분할 필요가 있다. 행복은 단순히 기쁨과 슬픔처럼 하나의 감정일 뿐만 아니라, 우리가 추구하는 가치로서 기능하며, 누구나 경험하는 심리적 체험이기 때문이다.

2.2. 감정으로서의 행복

행복은 여러 감정 중의 하나이다. 감정으로서의 행복은 행복의 쾌락주의적 관점을 취하는 것으로, 그 핵심은 쾌락 추구이다. 우리는 살아가면서 행복한 감정이 넘치는 순간들을 많이 경험하게 된다. 우리의 마음이 행복한 감정을 느끼면 우리 몸에서도 행복호르몬이 넘쳐난다. 큰 소리로 웃으며 즐거울 때 엔도르핀Endorphine이, 여유로운 시간 속에 평안함을 느낄 때 세로토닌Serotonin이, 좋아하는 사람과 함께 하면서 친근감을 느낄 때 옥시토신Oxytocin이, 열심히 노력한 시간들이 결실을 맺어서 성취감을 느낄 때 도파민Dopamine이 자연스럽게 분비되면서, 우리의 몸과 마음을 행복하게 만들어준다.

행복연구의 이론적 토대를 제공하는 긍정심리학 분야에서는 행복이란 말보다는 긍정정서Positive Emotion라는 용어를 더 많이 사용한다. 정서의 기본적 기능은 현재의 상황 또는 미래에 겪게 될 상황에 대응하는 현재의 대처 방식이 얼마나 적절한지 알려주는 것이다(Morris, 1999). 대부분의 기본정서는 타고나는 것이며, 이처럼 타고나는 것들은 대부분 적응에 필요한 진화적 기능을 지니고 있다. 데이비드 버스(David Buss, 2000)와 같은 현대의 진화심리학자들은 긍정정서가 인간의 진화, 적응, 생존에 절대적으로 필요하다고 본다. 긍정정서의 대표적인 연구자인 바바라 프레드릭슨(Barbara Fredrickson, 2009)에 의하면, 행복을 경험하려면 긍정정서와 부정정서의 비율이 3:1이 되어야 한다. 긍정정서를 유지하는 것이 무엇보다도 중요한데, 긍정정서는 기쁨joy, 감사gratitude, 평온serenity, 흥미interest, 희망hope, 자부심pride, 재미amusement, 영감inspiration, 경외심awe, 사랑love의 10가지 형태로 나타난다.

2.3. 가치로서의 행복

행복은 우리가 추구하는 가치이다. 가치로서의 행복은 자기실현적 관점에서 행복을 보는 것으로, 그 핵심은 성장 추구이고 자기실현이다. 행복은 21세기의 핵심가치이다. 이미 오래 전에 심리학자인 로키치(Rokeach, 1973, 1979)는 사람들이 추구하는 18가지 목적가치terminal value 중의 하나로 행복을 제안하였다. 사람들은 저마다 자신이 추구하는 가치를 지니고 있는데, 대부분이 공통적으로 갖고 있는 가치가 바로 행복이다. 사람들은 자신의 삶을 끊임없이 개선하기 위해 노력하는 존재이고, 많은 사람들이 인생의 여러 난관과 역경을 극복하고 성공적인 삶을 성취한다. 사람들은 누구나 행복하기를 원한다. 편안하고 즐거우며 만족스러운 삶을 추구한다. 또한 사람들은 자신의 잠재능력을 계발하고 발휘함으로써 성장하려는 욕구를 지닌다. 사람들이 진정한 행복이라는 가치를 누리기 위해서는 다양한 목표와 욕구들이 균형 있고 조화롭게 충족되어야 한다.

매슬로(Maslow)와 로저스(Rogers) 같은 대표적인 인본주의적 심리학자에 의하면, 인간은 좀 더 가치 있는 존재로 성장하기 위해서 자신의 모든 잠재력을 발현시켜 유능한 존재가 되려는 타고난 성향을 지니는데, 이를 자기실현Self-Actualization이라 한다. 사람들은 자신과 타인을 있는 그대로 수용하면서 타인과 인간적인 유대를 형성하되, 자율성과 독립성을 추구하면서 자신의 일에 애정을 지니고 몰입하며 창의적인 활동을 통해 자기실현을 이루는 것을 성숙한 삶이고 행복이라고 보았다. 우리가 살아가는 의미를 찾는 것은 우리의 삶을 가치 있게 만든다. 의미치료Logotherapy를 제안한 실존주의자인 프랭클(Frankl)은 인간의 기본 욕구가 자기탐구라기보다는 의미탐구라고 보면서, 개인을 자기 자신을 뛰어넘어 타인과 세계에서 의미를 찾을 수 있는 존재로 보았다. 의미가 없다면 가치도 없다.

공자(孔子)는 인(仁)을 최고의 덕목으로 삼았으며 수신(修身) · 제가(齊家) · 치국(治國) · 평천하(平天下)의 실현을 삶의 가치이자 목표로 삼았다. 『논어(論語)』의 핵심 사상인 인(仁)은 "사람을 사랑하는 것"으로, 최선의 삶은 긍정적이고 조화로운 인간관계 속에서 평화로운 사회와 국가를 위해 공헌하는 것이다. 맹자(孟子)는 인간이 지켜야 할 5가지 기본적 덕목인 오상(五常), 즉 인(仁) · 의(義) · 예(禮) · 지(智) · 신(信)을 강조하였다. 노자(老子)의 『도덕경(道德經)』에서는 도(道)를 따르는 것이 최선의 삶이라고 주장한다. 음(陰)과 양(陽)의 균형과 조화를 반영하고 자연의 도리에 순응하며 살아가는 무위자연(無爲自然)의 삶을 지향하면서, 상선약수(上善若水), 즉 물이 흘러가는 것처럼 자연스럽게 살아가는 것이 최선의 삶이라고 주장하였다.

2.4. 경험으로서의 행복

행복은 우리가 살아가면서 누리는 경험이다. 하버드대의 인기 강좌 『행복학』에서 탈 벤-사하르(Tal Ben-Shahar, 2007)는 행복을 '쾌락과 의미의 전반적 경험the overall experience of pleasure and meaning'이라고 정의하였다. 사람마다 각기 다른 관점에서 볼 수 있기에, 행복에 관한 절대적인 정의가 존재할 수 없지만, 많은 사람이 동의하는 경험으로서의 행복은 분명하게 존재한다. 우리가 행복을 경험하려면, 즉, 우리가 진정 행복해지기 위해서는 적어도 4가지가 필요한데, 긍정사고와 긍정정서, 긍정경험 그리고 향유하기가 그것이다. 우리가 행복하다는 경험을 하려면 모든 것의 긍정적인 측면을 바라보고 생각하는 '긍정의 힘'이 중요하다. 이런 긍정사고Positive Thinking는 이성적인 마음을 가꾸고 키우는 데 필요하다. 또한 우리가 지속적으로 행복한 삶을 영위하기 위해서는 긍정적으로 생각하는 긍정사고도 중요할 뿐만 아니라, 기쁨과 자부심과 같은 긍정정서Positive Emotion를 다양하게 자주 느껴야 한다. 이런 긍정정서는 감성적인 마음을 키우는 데 절대적이다. 그리고 행복이 완성되기 위해서는 성취경험이나 절정경험 그리고 연애나 여가와 같은 다양한 긍정경험Positive Experience을 몸과 마음으로 겪어야 한다. 다시 말해서, 행복은 자신의 삶에 대한 개인의 주관적이고 전반적인 긍정 평가이기 때문에, 우리가 행복한 삶을 누리기 위해서는 누구나 긍정사고와 긍정정서 그리고 긍정경험이 필요하다. 그리고 현재를 있는 그대로를 맘껏 즐기고 음미하고 누리는 향유하기savoring를 경험해야 한다.

"행복은 건강과 좋지 못한 기억력에 달려 있다."는 영화배우 잉그리드 버그먼(Ingrid Bergman)의 말처럼, 행복하려면 건강해야 하고, 잊을 것은 잊어야 한다. 순간의 행복도 중요하지만, 행복의 지속가능성을 염두에 두어야 한다. 항상 행복할 필요는 없지만, 적어도 전반적으로 행복하다고 느끼고 자신의 삶이 행복한 삶을 살아가고 있다고 동의할 수 있어야 한다. 그리고 지속가능한 행복을 위해서는 좋지 못한 기억들은 떨쳐버려야 한다. 나쁜 기억만 갖고 있기에는 우리의 삶이 너무나 소중하기 때문이다.

3. 행복한 삶

행복과 행복한 삶은 같은 듯하지만 다르다. 행복이라는 추상적인 개념을 지향하는 것과 행복을 행복한 삶이라는 구체적인 개념으로 만드는 것은 조금 다르다. 행복이라는 심리적 구성 개념을 우리의 삶과 연결하여 현실 속에서 구현하는 것이 행복한 삶이다. 누구나 행복한 삶을 원하지만, 행복에 대한 정의가 무엇인가에 따라서 행복한 삶의 실체가 달라질 수 있다. 단순히 밥 먹고 사는 것을 행복이라고 정의한다면, 밥만 먹을 수 있다면 그것이 행복한 삶이 될 것이다. 행복을 자신의 꿈을 실현하는 것이라고 정의한다면, 자신의 꿈을 이루는 과정과 꿈을 이룰 때 행복한 삶이 될 것이다. 아무런 걱정 없이 사는 것을 행복으로 정의한다면 무탈한 하루하루가 행복한 삶이 될 수 있다.

21세기로 접어들면서 과학적인 연구방법론을 적용하여 행복에 대해 집중적으로 연구하기 시작했다. 그 결과로 태동된 심리학의 새로운 분야가 긍정심리학Positive Psychology이다. 인간의 부정적인 측면이 아니라 긍정적인 측면을 과학적으로 탐구하는 심리학의 새로운 분야이다. 긍정심리학이라고 해서 당신에게 억지로 웃음을 지으라고 강요하는 것이 절대 아니라는 것이다. 또 골치 아픈 문제들을 일부러 외면하고, 문제가 아예 존재하지 않는 것처럼 거짓 마음을 먹으라고 말하지도 않는다. 모든 일이 잘될 것이라는 막연한 희망을 주는 것도 아니다. 우리가 자연스럽게 깨달은 진리가 하나 있다면, 행복한 척 가식적인 표정을 짓는다고 해서 절대 행복해지지 않는다는 사실이다. 가식적인 장밋빛 비전과는 출발점부터 다르다.

행복한 삶은 적어도 즐거운 삶과 적극적인 삶, 그리고 의미 있는 삶이 되어야 한다.

행복한 삶의 첫 번째 조건은 즐거운 삶pleasant life이다. 과거, 현재, 미래에 대해서 긍정적인 감정을 느끼며 살아가는 삶이다. 과거의 삶에 대해서는 수용과 감사를 통해서 만족감과 흡족함을 느끼고, 현재의 삶 속에서는 '지금 이 순간'의 체험에 대한 적극적 참여와 몰입을 통해서 유쾌함과 즐거움을 경험하며, 미래의 삶에 대해서는 도전의식과 낙관적 기대를 통해서 희망과 기대감을 느끼며 살아가는 삶이다. 즐거운 삶은 긍정정서를 최대화하고 부정정서를 최소화하는 삶으로서 행복에 대한 쾌락주의적 입장을 반영하는 것이라고 할 수 있다.

두 번째 조건은 적극적인 삶engaged life이다. 매일의 삶에서 자신이 추구하는 활동에 열정적으로 참여하고 몰입함으로써 자신의 성격적 강점과 잠재력을 최대한 발휘하며 자기실현을 이루어나가는 삶이다. 여러 강점들 중에서 개인의 독특성을 가장 잘 보여주는 것들을 대표 강점Signature Strength이라고 지칭한다. 진정한 행복authentic happiness은 이러한 대표 강점을 찾아내고 계발하여 일, 사랑, 자녀양육, 여가활동과 같은 일생생활에서 잘 활용하는 가운데 발견된다. 과학으로서의 긍정심리학은 모든 사람이 삶의 궁극적 목표로서 반드시 행복을 중시해야 한다거나 특정 성품을 갖추어야 한다거나 어떤 가치가 최선이라고 주장하지 않는다. 그보다는 특정한 성품과 가치관을 지녔을 때 나타나는 삶의 결과를 탐구한다. 긍정심리학은 인간의 삶을 행복하고 풍요롭게 만드는 긍정적 성품과 강점을 이해하고 함양하는 일에 깊은 관심을 지닌다.

세 번째 조건은 의미 있는 삶meaningful life이다. 우리의 삶과 행위로부터 소중한 의미를 발견하고 부여할 수 있는 삶을 말한다. 삶의 의미는 자신보다 더 큰 것과의 관계 속에서 발견될 수 있다. 자신만을 위한 이기적인 삶보다는 자신보다 더 커다란 어떤 것을 위하여 공헌하고 있다는 인식으로부터 도출될 수 있다. 긍정심리학은 개인과 사회의 밀접한 관계를 중시한다. 개인은 타인과 사회를 위해 봉사하고 기여할 때 더 큰 행복을 경험할 수 있을 뿐만 아니라 사회적 환경의 개선을 통해서 자신의 행복이 증진될 수 있음을 강조한다.

셀리그먼(Seligman, 2004)은 자신의 책 『마틴 셀리그먼의 긍정심리학』에서 다음과 같이 결론을 짓고 있다. "행복한 삶은 일상생활에서 자신의 대표 강점을 날마다 발휘하여 행복을 만들어가는 것이다. 의미 있는 삶은 행복한 삶에 한 가지가 더해진다. 대표 강점을 발휘하되, 지식과 능력과 선을 촉진시키는 데 활용하는 것이다. 그렇게 하면 참으로 의미 있는 삶이 될 것이며, 신god을 자기 삶의 궁극적인 목표로 삼는다면 숭고한 삶이 될 것이다(p. 377)."

우리가 해야 할 것은 행복과 행복한 삶을 선택하는 것이다. 우리는 누구나 자신의 행복의 양과 질을 선택할 수 있다. 아직 행복과 행복한 삶을 선택하지 않았다면, 지금 당장 행복과 행복한 삶을 선택하자. 우리는 행복하기로 마음먹은 만큼 행복해질 수 있다. 어렵지 않다. 마음만 먹으면 된다. 행복한 삶을 선택하면서 하나 더 고려할 것이 있다면, 행복은 혼자만 행복한 것으로 완성되지 않는다는 점이다. 함께 행복해야 한다. 적어도 가까이 있는 사람들, 소중한 사람들과 함께 행복해야 한다. 우리가 가장 먼저 해야 할 것은 행복을 선택하는 것이다. 가까이 있는 사람들과 소중한 사람들이 행복하기를 진정으로 바란다면, 나부터 먼저 행복과 행복한 삶을 선택하면 된다. 그리고 혼자만 행복한 것이 아니라, 다른 사람들과 함께 더불어 행복하게 살아가는 삶을 만들어가야 한다.

그런데 행복과 행복한 삶은 그냥 달려들어 먹을 수 있는 잘 차려진 밥상이 아니다. 행복은 아무런 노력이나 수고 없이 저절로 얻을 수 있는 것이 아니다. 사람들은 저마다 행복과 행복한 삶 그리고 행복을 이루는 과정도 다르기 때문에, 맛난 밥상을 차리듯이 각자 노력과 수고가 뒤따라야 한다. 하지만, 누구나 작은 노력과 수고만으로도 행복해질 수 있다. 행복의 본질에 대한 논의는 수없이 많지만, 행복은 누구와 무엇을 어떤 마음으로 하는가에 달려 있다(남승규, 2014). 지금까지 행복에 대한 연구들을 살펴보면, 누구와 함께 하는가, 무엇을 하는가, 그리고 어떤 마음으로 하는가, 3가지에 의해 행복의 양과 질이 결정된다. 특히, 행복한 삶을 살려면, 어떤 마음인가가 중요하다. 우리는 마음의 힘power of heart and mind을 최상의 상태로 가꾸고 키워야 한다.

우리는 2가지 마음을 가지고 있다. 좌반구의 영향을 받는 합리적이고 이성적인 마음과 우반구의 영향을 받는 비합리적이고 감성적인 마음으로 구분할 수 있다. 우리의 마음은 모두 두뇌brain의 영향을 받지만, 이성적인 마음은 우리가 흔히 머릿속에 있는 마음으로 'Mind'라는 용어를, 감성적인 마음은 가슴속에 있는 마음으로 'Heart'라는 용어를 사용한다. 우리의 행복은 이성적인 마음mind과 감성적인 마음heart이 균형과 조화를 이룰 때 최대가 된다. 그래서 마음의 힘을 제대로 가꾸고 키우려면 2가지 마음을 함께 고려해야 한다.

자기진단

1. 행복은 무엇이라고 생각하시나요?

2. 행복한 삶을 살아가기 위하여 필요한 3가지가 있다면 무엇일까요?

3. 지금 얼마나 행복하신가요?

Chapter 02

긍정심리학

Positive Psychology

Chapter 2

긍정심리학

인간은 근본적으로 성장과 행복을 지향하는 존재이다.

Human beings are fundamentally oriented toward growth and happiness.

– 긍정심리학의 창시자, 마틴 셀리그먼(Martin Seligman) –

이 장에서 다루고자 하는 내용은 '긍정심리학'에 대한 것이다. 행복 연구의 이론적 토대를 제공하면서, 행복의 과학이 긍정심리학Positive Psychology이라는 이름으로 진행되고 있다. 긍정심리학은 삶을 살 만한 가치가 있게 만들어주는 것을 연구하는 학문으로, 심리학에서 사람들에게 긍정적인 마음 상태를 계발할 수 있는 능력을 갖추게 하는 것이 중요하다는 믿음으로부터 긍정심리학이라는 이름이 탄생했다. 긍정심리학은 사람들로 하여금 가능한 한 가장 보람 있고 행복한 삶을 살 수 있게 해주는 것이 인간의 약점과 병리현상의 치유에만 집중해 온 전통적인 심리학의 관심사 못지않게 중요한 연구대상으로 취급되어야 한다는 관점을 취한다.

1. 긍정심리학

우리는 누구나 행복을 원한다. 우리가 행복을 체험하기 위해서는 긍정적인 마음가짐인 긍정심리가 절대적으로 중요하고, 긍정심리에 대한 체계적인 연구와 행복에 대한 과학적인 접근을 하는 대표 분야가 바로 긍정심리학이다. 행복은 누구나 받기 원하는 성배이고, 아리스토텔레스의 유명한 표현대로 '생의 의미와 목적'이며 '인간 존재가 추구하는 목적의 전부이자 궁극'이다. 우리는 영원한 행복을 원하기 때문에, 행복해지려는 노력은 진지하고 정당하며 추구할 가치가 있는 목표이다. 무엇보다도 행복해지기 위해서는 연습과 훈련이 필요하다. 탈-벤 사하르가 말하는 '행복트레이닝 happy training'도 그 중 하나이다. 긍정적인 생각과 긍정적인 마음가짐 그리고 긍정적인 행동양식은 자연스럽게 우리에게 행복과 행복한 삶을 가져다 준다.

1.1. 우리가 잊었던 심리학의 사명

21세기로 접어들면서 비로소 행복에 대한 과학적 접근이 본격적으로 시작되었다. 1998년에 마틴 셀리그먼(Martin Seligman)을 비롯한 여러 심리학자들이 과학적인 연구 방법론을 적용하여 행복에 대하여 집중적으로 연구하기 시작했다. 그 결과 긍정심리학이라는 새로운 학문 분야가 태동하였다. 긍정심리학은 행복을 비롯한 인간의 긍정적인 측면을 과학적으로 탐구하는 학문 분야로서 많은 사람들의 주목을 받고 있다.

셀리그먼(Seligman, 1998)에 따르면, 제2차 세계대전 이전의 초기 심리학은 인간의 의식과 행동에 대한 과학적 연구를 통해서 구현하고자 하는 3가지의 실천적 사명을 지니고 있었다. 그 첫째는 정신장애를 치료하는 일curing mental illness이었고, 둘째는 탁월한 재능과 천재성을 발견하여 육성하는 일identifying and nurturing high talent이었으며, 셋째는 모든 사람들이 좀 더 행복한 삶을 살도록 돕는 일making lives of all people more fulfilling이었다.

1.2. 긍정심리학의 태동

마틴 셀리그먼은 "인간강점의 구축: 심리학의 잊혀진 사명Building human strength: Psychology's forgotten mission"이라는 연설에서 '심리학은 인간의 약점과 장애에 대한 학문만이 아니라 인간의 강점과 덕성에 대한 학문이기도 해야 한다. 진정한 치료는 손상된 것을 고치는 것만이 아니라 우리 안에 있는 최선의 가능성을 이끌어내는 것이어야 한다'고 제안하면서, 이러한 심리학의 새로운 방향을 긍정심리학Positive Psychology이라고 명명하였다. 긍정심리학은 인간의 강점과 재능을 함양하고 행복을 증진시키는 심리학의 중요한 사명을 재확인하고 구현하려는 노력이다.

1.3. 긍정심리학의 관점

긍정심리학은 "인간의 긍정적인 심리적 측면을 과학적으로 연구하고 인간의 행복과 성장을 지원하는 학문 분야"이다. 긍정심리학의 정의에 기초할 때 다음과 같은 학문적 특성을 지닌다. 첫째, 긍정심리학은 인간의 긍정적이고 적응적이며 창조적이고 자기실현적인 모습을 이해하고 증진하기 위해서 심리학 이론, 연구방법 그리고 개입방법을 사용한다. 둘째, 긍정심리학은 심리학자들로 하여금 인간이 지니는 잠재력, 동기 그리고 능력을 좀 더 열린 마음으로 높이 평가하는 관점을 취하도록 촉구하는 노력이다. 대다수 심리학자들이 인간의 긍정적 측면과 부정적 측면을 연결하는 연속선상에서 다양한 활동을 하고 있으며, 부정적 측면의 이해와 극복 역시 소중하고 필요한 일이다. 다만 긍정심리학은 부정적 측면의 제거보다는 긍정적 측면의 향상에 더 많은 관심을 지닌다. 셋째, 긍정심리학은 불필요한 부정정서를 줄이려는 것이지 완전히 없애려는 것은 아니다. 우리 삶에는 다양한 부정적인 측면이 존재한다. 부정적인 측면을 제거하고 개선하려는 노력의 소중함도 부인하지 않는다. 부정정서가 적절한 수준에서는 적응적인 기능을 하기 때문에 부정정서를 완전히 제거하는 것이 바람직하다고 보지도 않는다. 다만 인간에게는 행복하고 만족스러운 삶을 추구하는 욕구가 더 보편적이고 중요하다. 긍정정서와 부정정서는 반대 개념이 아니다. 흔히 긍정정서는 좋은 것, 부정정서는 나쁜 것으로 이해하고 부정정서를 무조건 배척하려는 경향이 있다. 우리는 보통 상대에게 긍정감정을 느낄 때는 다가가지만, 부정감정을 느낄 때는 피한다. 빵집 근처에서 고소한 빵 굽는 냄새가 나면 가까이 가지만, 누군가 길거리에 토해 놓은 오물로 역겨운 냄새가 진동하면 다른 길로 돌아간다. 넷째, 인간의 긍정정서와 부정정서는 독립적이기 때문에, 부정정서를 없앤다고 긍정정서가 자동적으로 유발되지는 않는다. 긍정정서와 부정정서는 서로 뿌리가 다르기 때문이다. 화, 불안, 긴장과 같은 부정정서 상태에서 기쁨, 평안, 만족과 같은 긍정정서를 개입시키면 부정정서가 상쇄된다. 긴장과 압박을 받으면 교감신경이 활성화되고 근육이 경직된다. 이 상태가 지속되면 신체의 손상이 따른다. 이때 긍정정서를 개입시키면 부지불식간에 부정정서가 상쇄된다. 부정정서의 감소와 긍정정서의 증진은 독립적인 과정이기 때문에 비관성을 약화시키면 부정정서는 감소하지만 긍정정서가 증가하지는 않는다. 따라서 행복을 증진시키려면 비관성과 부정성을 약화시켜 부정정서를 감소시킬 뿐만 아니라 낙관성과 긍정성을 강화해 긍정정서를 배양시켜야 한다.

1.4. 긍정심리학의 연구주제

긍정심리학은 인간이 근본적으로 행복과 성장을 추구하는 존재라는 가정에 근거한다. 인간은 누구나 행복하기를 원한다. 편안하고 즐거우며 만족스러운 삶을 추구한다. 또한 인간은 자신의 잠재능력을 계발하고 발휘함으로써 성장하려는 욕구를 지닌다. 왜냐하면 진정한 행복을 위해서는 이러한 욕구들이 균형 있고 조화롭게 충족되어야 하기 때문이다. 쾌락 추구와 성장 추구는 일시적으로 서로 괴리될 수도 있으나 장기적으로는 수렴되는 것이다.

인간이 불행해지는 이유는 이러한 동기를 효과적으로 추구하지 못하거나 부적절한 목표와 잘못된 방법을 통해서 추구하기 때문이다. 행복에 대한 잘못된 생각은 부적절한 목표를 추구하게 만든다. 행복한 삶을 위해 적절한 목표를 추구한다 하더라도 그러한 목표를 실현할 수 있는 접근 방법이 효과적이지 못하면 불행과 좌절의 늪에 빠져들 수 있다.

인간은 자신의 삶을 끊임없이 개선하기 위해 노력하는 존재이다. 많은 사람들이 인생의 여러 난관과 역경을 극복하고 성공적인 삶을 성취한다는 점에 주목하면서 이들의 성취 과정을 밝혀내고자 한다. 이처럼 긍정심리학은 인간의 행복과 성장에 관여하는 심리적 요인을 탐구한다. 나아가서 행복과 성장을 증진할 수 있는 효과적인 방법을 모색한다.

긍정심리학은 인간이 주관적으로 경험하는 다양한 긍정적 심리 상태를 연구한다. 이러한 긍정 상태로는 행복감, 안락감, 만족감, 사랑, 친밀감 등과 같은 긍정정서를 비롯하여 자신과 미래에 대한 낙관적 생각과 희망, 열정, 활기, 확신 등이 포함된다.

긍정심리학은 개인이 지니는 긍정적인 특질, 즉 개인의 긍정적인 성격특성과 강점의 연구에 초점을 맞추고 있다. 긍정 특질이란 일시적인 심리 상태가 아니라 개인이 지속적으로 나타내는 긍정적인 행동양식이나 탁월한 성품과 덕목을 의미한다. 긍정심리학자들이 관심을 지니는 긍정 특질로는 창의성, 지혜, 끈기, 진실성, 겸손, 용기, 열정, 리더십, 낙관성, 유머, 영성 등이 있다.

긍정심리학은 구성원의 행복과 자기실현을 지원하는 긍정적인 기관과 사회에 대해서도 관심을 지닌다. 긍정심리학은 행복하고 건강한 가족, 학교, 직장, 지역사회의 특성과 실현방법을 탐구한다.

인간의 긍정적 요소를 신체적 · 심리적 · 대인관계적 · 사회문화적 측면에서 탐구한다. 인간의 삶은 육체와 정신, 자신과 타인 그리고 개인과 환경의 상호작용 속에서 펼쳐지는 것이기 때문이다. 전생애에 걸쳐 나타나는 인간의 긍정적 특성과 그 변화 과정을 연구한다. 긍정심리학은 학술적 연구뿐만 아니라 실천적 개입을 중시한다. 긍정심리학은 이론과 실제, 연구와 실천, 분석과 개입 모두에 관심을 지닌다.

1.5. 긍정심리학의 행복관

긍정심리학의 행복관은 21세기의 행복관으로 제1장 행복과 행복한 삶에서도 살펴본 것처럼, 즐거운 삶, 적극적인 삶, 그리고 의미 있는 삶을 지향한다. 다시 말해서, 재미와 의미 그리고 열정적인 삶을 지향한다.

긍정심리학에서 지향하는 행복한 삶의 첫 번째 조건은 즐거운 삶pleasant life이다.

과거, 현재, 미래에 대해서 긍정적인 감정을 느끼며 살아가는 삶이다. 과거의 삶에 대해서는 수용과 감사를 통해서 만족감과 흡족감을 느끼고, 현재의 삶 속에서는 '지금 이 순간'의 체험에 대한 적극적 참여와 몰입을 통해서 유쾌함과 즐거움을 경험하며, 미래의 삶에 대해서는 도전의식과 낙관적 기대를 통해서 희망감과 기대감을 느끼며 살아가는 삶이다. 즐거운 삶은 긍정정서를 최대화하고 부정정서를 최소화하는 삶으로서 행복에 대한 쾌락주의적 입장을 반영하는 것이라고 할 수 있다.

두 번째 측면은 적극적인 삶engaged life이다. 매일의 삶에서 자신이 추구하는 활동에 열정적으로 참여하고 몰입함으로써 자신의 성격적 강점과 잠재력을 최대한 발휘하며 자기실현을 이루어나가는 삶이다. 이러한 강점들 중에서 개인의 독특성을 가장 잘 보여주는 것들을 대표 강점Signature Strengths이라고 지칭하면서, 진정한 행복authentic happiness은 이러한 대표 강점을 찾아내고 계발하여 일, 사랑, 자녀양육, 여가활동과 같은 일생생활에서 잘 활용하는 가운데 발견되는 것이라고 주장한다. 과학으로서의 긍정심리학은 모든 사람이 삶의 궁극적 목표로서 반드시 행복을 중시해야 한다거나 특정한 성품을 갖추어야 한다거나 어떤 가치가 최선이라고 주장하지 않는다. 그보다는 특정한 성품과 가치관을 지녔을 때 나타나는 삶의 결과를 탐구한다. 긍정심

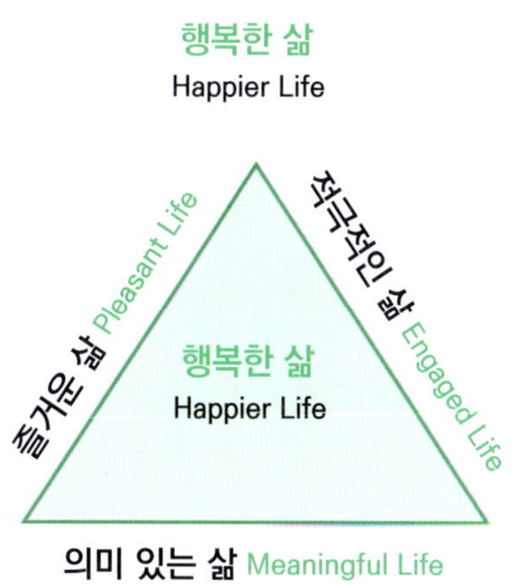

리학은 인간의 삶을 행복하고 풍요롭게 만드는 긍정적 성품과 강점을 이해하고 함양하는 일에 깊은 관심을 지닌다.

세 번째 측면은 의미 있는 삶meaningful life이다. 우리의 삶과 행위로부터 소중한 의미를 발견하고 부여할 수 있는 삶을 말한다. 삶의 의미는 자신보다 더 큰 것과의 관계 속에서 발견될 수 있다. 자신만을 위한 이기적인 삶보다는 자신보다 더 커다란 어떤 것을 위하여 공헌하고 있다는 인식으로부터 도출될 수 있다. 긍정심리학은 개인과 사회의 밀접한 관계를 중시한다. 개인은 타인과 사회를 위해 봉사하고 기여할 때 더 큰 행복을 경험할 수 있을 뿐만 아니라 사회적 환경의 개선을 통해서 자신의 행복이 증진될 수 있음을 강조한다.

긍정심리학은 즐거운 기분을 느끼면서 자신의 일에 열정적으로 몰입하며 삶의 의미를 발견할 수 있을 때 진정한 행복을 누릴 수 있다고 본다. 즐거운 삶은 삶의 재미를, 의미 있는 삶은 삶의 의미를, 적극적인 삶은 삶의 열정을 강조하지만, 때때로 서로 불일치하거나 불균형한 경우가 생긴다. 그러나 우리가 진정한 행복과 행복한 삶을 누리고자 한다면, 서로가 밀접하게 연결되고 서로를 촉진하는 균형 잡힌 관계를 구축하고 유지하여야 한다.

1.6. 대표적인 긍정심리학자

긍정심리학 분야는 많은 사람들이 참여하고 있다. 우선, 긍정심리학의 창시자라고 일컬어지는 마틴 셀리그먼(Martin Seligman)이다. 그는 이미 널리 알려진 학습된 무기력 이론Learned Helplessness Theory과 절망감 이론Hopelessness Theory 그리고 학습된 낙관주의Learned Optimism라는 개념을 발표하고, 『진정한 행복Authentic Happiness』과 『변화시킬 수 있는 것과 없는 것What You Can Change and What You Can't』을 저술하였다. 긍정심리학은 몰입의 연구자인 미하이 칙센트미하이(Mihaly Csikszentmihalyi), 주관적 웰빙 연구의 선구자인 에드 디너(EdWard Diener), 성격 강점과 덕성의 연구자인 크리스토퍼 피터슨(Christopher Peterson), 긍정정서 연구의 대표적인 학자인 바바라 프레드릭슨

(Barbara Fredrickson)과 같은 긍정심리학자들이 기여하였다.

1.6.1. 마틴 셀리그먼

마틴 셀리그먼(Martin Seligman)은 펜실베이니아 대학교 심리학과 교수로, 1942년에 뉴욕 주 알바니에서 태어나 프린스턴 대학교에서 철학을 공부하고 펜실베이니아 대학교에서 심리학으로 박사학위를 받았다. 셀리그먼 교수가 추출한 행복 공식은 'PERMA'이다. 첫째, P는 긍정적 정서positive emotion로 기쁨, 희열, 따뜻함, 자신감, 낙관성을 말한다. 둘째, E는 몰입engagement으로 시간 가는 줄 모르는 것, 어떤 활동에 빠져든 동안 자각하지 못하는 것, 자발적으로 업무에 헌신하는 것을 말한다. 셋째, R은 관계relationship로 타인과 함께 하는 것을 말한다. 말할 수 없이 기뻤던 순간이나 자신의 성취에 엄청난 자긍심을 느꼈을 때를 생각해 보면 거의 타인과 함께 했을 때이다. 넷째, M은 의미meaning로 자신보다 더 중요하다고 믿는 어떤 것에 소속되고 거기에 기여하는 것에 기초한다. 끝으로, A는 성취accomplishment로 남에게 이기기 위해서이거나 돈을 벌기 위해서가 아니라 성취 그 자체가 좋아서 추구하는 것을 말한다.

1.6.2. 미하이 칙센트미하이

창의성과 행복 연구로 유명한 미하이 칙센트미하이(Mihaly Csikszentmihalyi)는 1934년에 이탈리아 태어난 헝가리인으로 22세에 미국으로 이민 와 시카고 대학교에서 박사학위를 받고 시카고 대학교 등에서 40년 이상 교수로 재직하였다. 그는 행복한 이들의 공통적인 특성은 어떤 일이나 상황에 완벽하게 몰입flow하는 속성이 있다고 설명하면서, 완벽하게 몰입한 암벽 등반가는 자신이 마치 암벽의 일부이며 암벽에서 춤을 추는 것 같다고 말하고, 연주에 몰입한 음악가는 자신이 악기나 음악소리 자체가 된 것은 물론 우주의 일부분이 된 것 같다고 말하는 것처럼, 어떤 일에 몰입을 하면 강물에 뜬 배처럼 아무리 어려운 상황에서도 자연스럽게 물이 흐르듯 일이 진행된다. 몰입 상태에 든 사람들은 천장이 무너져도 모를 정도로 하고 있는 일에 집중하게 되고, 잡념이 사라지며 실패 걱정을 하지 않게 된다. 다른 사람의 시선을 의식하지 않으며 시간 개념이 달라지고 아무리 지루한 일도 재미있게 바뀌게 된다. 현대사회는 휴대폰, 컴퓨터 등 몰입을 방해하는 요소들이 많지만 분명한 목적의식을 갖고 단계별로 일을 진행하고, 즉각적인 피드백을 참조해 다음 행동을 하면 몰입이 쉬워진다고 조언하면서, 몰입을 위해서는 도전challenges과 기술skills의 균형이 중요하다고 강조한다. 갖고 있는 기술에 비해 도전지수가 너무 높으면 걱정과 불안을 느끼게 되는 반면에, 높은 기술을 갖고 있는데도 안일한 일을 맡으면 지루함을 느끼게 된다. 보유한 기술과 도전 기회가 1대 1로 조화를 이룰 때 몰입 상태에 들 수 있다.

1.6.3. 에드 디너

Dr. Happiness로 알려진 에드 디너(Edward Diener)는 1946년에 캘리포니아 주 글렌데일에서 태어나 워싱턴 대학교에서 심리학 박사학위를 받고, 일리노이 대학교 심리학과에서 교수로 재직하였다. 그는 행복이란 각 개인이 주관적 웰빙Subjective Well-Being; SWB을 누리는 것이라고 주장하였는데, 주관적 웰빙이란 현재 상태에 대한 개인의 주관적인 평가를 말하며, 이런 주관적 웰빙은 긍정정서(부정정서가 없는)와 일반적인 생활만족(삶의 보상에 대한 주관적인 감사와 같은)의 조합으로 보았다.

1.6.4. 크리스토퍼 피터슨

크리스토퍼 피터슨은 1950년에 태어나 2012년에 사망한 긍정심리학자이다. 콜로라도 대학교에서 사회심리학으로 박사학위를 받고 미시간 대학교 심리학과에서 교수로 재직하면서 셀리그먼과 함께 성격 강점과 덕성의 연구인 VIAValues in Action 프로젝트를 수행하면서 대표 강점signature strength 연구의 초석을 다지었다.

1.6.5. 바버라 프레드릭슨

바버라 프레드릭슨(Barbara Lee Fredrickson)은 1964년에 태어나 스탠포드 대학교에서 사회심리학으로 박사학위를 받고 노스캐롤라이나 대학교 심리학과에서 교수로 재직하면서 긍정정서에 대한 연구를 진행하고 있으며, 긍정정서의 확장구축이론 Broaden-Build Theory of Positive Emotion과 긍정정서와 부정정서의 황금비율 3:1로 널리 알려져 있다.

1.7. 긍정심리학이 말하는 진정한 행복

우리가 진정 행복해지기 위해서는 긍정사고와 긍정정서 그리고 긍정경험이 필요하다. 행복하게 살려면 모든 것을 긍정적으로 생각하는 '긍정의 힘'이 중요하다. 이런 긍정사고는 이성적인 마음을 가꾸고 키우는 데 필요하다. 또한 우리가 지속적으로 행복한 삶을 영위하기 위해서는 긍정적으로 생각하는 긍정사고도 중요할 뿐만 아니라, 기쁨과 자부심과 같은 긍정정서를 다양하게 자주 느껴야 한다. 이런 긍정정서는 감성적인 마음을 키우는 데 절대적이다. 그리고 행복이 완성되기 위해서는 성취경험이나 절정경험 그리고 여가와 같은 다양한 긍정경험을 몸과 마음으로 겪어야 한다. 다시 말해서, 행복은 삶에 대한 개인의 주관적이고 전반적인 긍정 평가이기 때문에, 우리가 행복한 삶을 누리기 위해서는 누구나 긍정사고와 긍정정서 그리고 긍정경험이 필요하다.

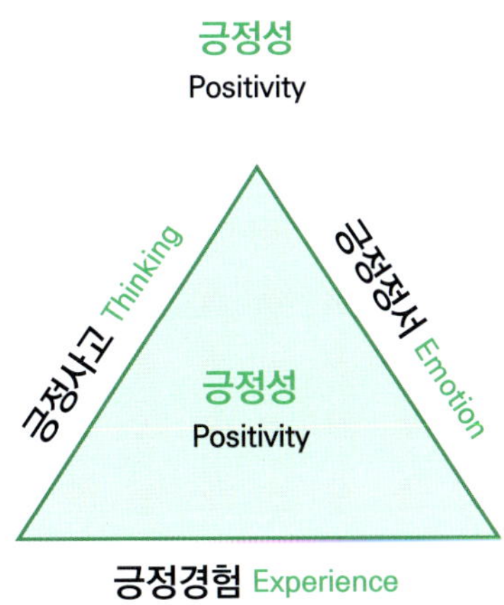

2. 긍정사고

2.1. 긍정사고

긍정적인 사고는 행복의 디딤돌이다. 스펜서 존슨(Spencer Johnson, 2006)의 『행복』에서 주장하는 것처럼, 우리 모두는 어느 누구도 아닌 '나 스스로'가 행복해져야 행복해진다. 우리는 우리 자신을 소중하게 여겨야 하고 지금 이 자리에서 우리가 할 수 있는 최선의 방법이 무엇인가를 적극적이면서도 긍정적으로 스스로에게 물어봐야 한다. 난관과 실패 속에서도 꿈과 희망을 잃지 않고 현재와 미래를 살아가는 긍정적인 사고와 마음가짐은 성공과 행복을 가져오는 보증수표이다. 무소유를 주장한 법정 스님은 "행복이란 밖에서 오는 행복도 있지만 자기 마음 안에서 향기처럼, 꽃향기처럼 피어나는 것이 진정한 행복이다."라고 말하였다.

행복하기 위해서는 긍정적인 생각과 부정적인 생각의 균형이 중요한데, 심리적으로 건강한 사람들은 긍정적인 사고와 부정적인 사고가 대체로 황금비, 즉 1.6 대 1.0의 비율로 적절한 균형을 이루고 있다고 한다(Kendall, Howard, & Hays, 1989). 긍정사고는 자동차의 액셀레이터처럼 우리에게 낙관적 기대와 더불어 의욕과 활기를 불어넣는 삶의 추진기인 반면, 부정사고는 자동차의 브레이크처럼 비관적 기대와 더불어 삶의 폭과 속도를 감소시키는 삶의 제동기라고 할 수 있다. 따라서 심리적으로 건강한 사람은 삶의 추진기와 제동기를 모두 구비하고 적절하게 사용하는 사람이라고 할 수 있다. 즉, 긍정적 사고와 부정적 사고의 적절한 균형이 건강한 삶의 비결이라고 할 수 있다.

긍정사고를 하는 사람들은 비판이나 자아상에 위협적인 정보에 대해 덜 방어적으로 만든다(Trope & Pomerantz, 1998). 나아가, 긍정사고를 하는 사람들은 자신의 신념이나 선입견과 일치하지 않는 정보를 부정하거나 왜곡할 가능성이 적다(Estrada, Isen, & Young, 1997). 테일러와 브라운(Talyor & Brown, 1988)은 자신에 대한 긍정적인 평가, 미래에 대한 낙관적인 신념, 통제감에 대한 실제 이상의 과장된 지각이 모두 정신건강을 향상시킨다고 보고하였다. 우리는 우리 자신이 스스로 믿고 있는 것보다 그리고 다른 사람들이 생각하고 있는 것보다 훨씬 더 훌륭한 존재이다. 우리 자신의 무한한 가능성을 믿고, 그것을 실현시켜줄 사람은 우리 자신뿐이다. 우리는 스스로를 자신의 부정적인 생각의 틀 속에 가두어 두어서는 안 된다. 스스로 자신을 부정이라는 틀 안에 가두어 두고서는 어떤 노력도 아무런 결과를 얻어낼 수 없다. 우리는 긍정적으로 생각해야 한다.

2.2. 낙관주의

낙관주의와 비관주의는 미래에 대한 일반적인 기대이다. 낙관주의자들은 보다 좋은 일이 일어날 것으로 기대하는 반면에, 비관주의자들은 보다 나쁜 일이 일어날 것이라고 기대한다(Caver & Scheier, 2002). "잔이 반쯤 비어 있는가 아니면 아직도 반이 남아 있는가?"라는 물음에 대한 답변은 낙관적 전망과 비관적 전망 간의 근본적인 차이를 보여준다. 긍정적 사고의 대표적인 것이 바로 낙관주의이다.

낙관주의자들은 비관주의자들보다 나은 건강을 유지한다는 것을 많은 연구들이 보여주고 있다. 예를 들어, 낙관적인 대학생들은 비관적인 대학생들에 비해 지난 1년 동안 감기나 인후염, 유행성 질환에 덜 걸렸다(Affleck, Tennen, & Apter, 2002). 보스턴에 살고 있는 1,300명의 남자들을 대상으로 10년에 걸친 연구에서 낙관적인 사람들은 비관적인 사람들보다 심혈관 질환에 걸릴 가능성이 50% 낮았다(Kubzansky, Sparrow, Volkonas, & Kwachi, 2001). 하버드대 졸업생들을 대상으로 한 35년 후의 추적 연구에서도 낙관주의적 동창생들이 비관주의적 동창생들보다 유의하게 더 건강하였다(Peterson, Seligman, & Vaillant, 1988).

일반적으로, 낙관적인 사람이 비관적인 사람보다 장기적인 웰빙 증진에 도움이 되기 위해서는 낙관성이 현실적이어야만 한다(Schneider, 2001). 낙관주의는 긍정적 기분과 의욕, 인내심과 효과적인 문제 해결, 신체적 건강, 학문적이거나 직업적 성공을 촉진할 뿐만 아니라 심지어 장수와 관련되는 것으로 알려져 있다. 반면, 비관주의는 우울증, 소극성, 실패 경험, 사회적 고립, 신체적 질병, 사망률을 높이는 것으로 알려져 있다(Peterson & Bossio, 1991). 가능한 한 긍정적인 관점에서 바라보고자 하는 전반적 경향이야말로 행복의 조건이다.

2.3. 행복의 장애물

우리가 스스로 행복해지는 것을 방해하는 장애물은 사람들이 행복한 삶을 살려고 할 뿐 아니라 동시에 완벽한 삶을 살고 싶다는 염원이 있다는 것이다. 우리가 완벽한 삶을 살고자 원하고 그런 완벽함을 생활 속에서 추구하기 때문에 스스로를 불행하게 만든다.

2.3.1. 완벽주의자는 행복할 수 없다

완벽주의 그 자체는 기본적으로 중요한 삶의 방식이다. 완벽을 기하는 삶은 우리가 보다 안정되고 성취적인 삶을 살아가는 데 매우 필요하다. 그러나 극단적인 완벽주의자는 문제이다. 극단적인 완벽주의자perfectionist를 특징짓는 3가지 측면은 실패에 대한 거부, 고통스러운 감정에 대한 거부, 그리고 성공에 대한 거부이다.

완벽주의자는 우선적으로 실패를 거부한다. 실패를 좋아하는 사람은 아무도 없다. 하지만 실패에 대해 정상적인 거부감을 느끼는지 극심한 두려움을 느끼는지에 따라 차이가 생긴다. 실패하지 않겠다는 생각은 필요한 예방조치를 취하고 성공하기 위해 좀 더 열심히 노력하게 한다. 반면, 실패에 대한 극심한 두려움은 종종 성장에 필요한 모험을 할 수 있는 용기를 꺾어버린다. 그 결과 능력을 마음껏 발휘할 수 없을 뿐 아니라 전반적인 정신건강에도 문제가 생긴다. 전체적으로, 인생에서 실패는 불가피한 것으로 결국 성공에 도움을 준다. 실패를 하지 않으면 배울 수 없다.

역설적이지만 고통스러운 감정을 느끼지 못하면 행복을 느낄 수 있는 능력도 제한된다. 우리가 느끼는 모든 감정은 같은 경로를 따라 흐르므로 고통스러운 감정을 차단해버리면 간접적으로 즐거운 감정까지 차단된다. 행복한 삶을 살기 위해서는 인간이 누릴 수 있는 모든 감정을 느낄 수 있어야 한다. 다시 말해, 우리 자신에게 인간적인 감정을 허락해야 한다. 긍정적인 감정들뿐만 아니라 질투나 분노, 실망이나 슬픔, 두려움이나 불안을 느껴야만 진정한 행복을 체험할 수 있다.

완벽주의자에 대비되는 개념이 최적주의자optimalist이다. 완벽주의자와 최적주의자는 둘 다 같은 수준의 야망을 품고 목표를 달성하기 위해 열심히 노력한다. 그러나 결정적으로 그들은 목표 달성 과정에 접근하는 방식이 다르다. 완벽주의와 최적주의의 중요한 차이점은 전자는 본질적으로 현실을 거부하는 반면 후자는 현실을 받아들인다는 것이다. 이 둘의 차이는, 나중에 자세히 설명하겠지만, 실패와 고통스러운 감정, 그리고 성공을 인식하고 반응하는 방식에 있다.

철학자 미니어 몰도비아누가 "우리가 진실을 원한다고 말할 때 사실은 우리 자신이 옳다는 것을 확인하려는 것"이라고 한 말은 완벽주의자에게 완벽하게 해당된다. 완벽주의자는 말로는 다른 사람들에게 배우고 싶다고 할지 모른다. 하지만 그들의 가장 큰 관심사는 실제로 자신이 옳다는 것을 증명하는 것이므로 학습을 위한 대가(결점, 부족함, 실수를 인정하는 것)는 치르지 않으려고 한다.

완벽주의자를 방어적으로 만드는 2가지 특별한 심리 기제가 있는데, 첫째는 자기 향상이고 둘째는 자기 확인이다. 자기 향상Self-Enhancement이란 우리 자신을 더 나은 사람으로 보이고 싶어 하는 욕망이다. 자기 확인Self-Verification은 우리 자신을 있는 그대로, 또는 우리가 알고 있는 우리 자신을 보여줌으로써 우리 자신을 올바로 인식시키고자 하는 욕망이다. 이 2가지 기제는 종종 충돌한다.

"이 세상은 마음먹기에 따라 지옥이 될 수도 있고 천국이 될 수도 있다"는 미국의 철학자이자 시인인 랠프 월도 에머슨(Ralph Waldo Emerson)의 말처럼, 세상을 어떻게 해석하고 어디에 초점을 맞추는지가 큰 차이를 만들어낸다. 최적주의자가 어떤 상황에서도 잠재적인 가능성에 초점을 맞춘다고 해서 모든 부정적인 사건에 긍정적인 면이 있다고 생각하는 것은 아니다. 세상에는 많은 잘못이 있고 상황에 따라 부정적으로 반응하는 것이 적절할 때가 있다. 부정적인 것을 전혀 보지 못하는 것은 순진한 낙천주의자이며 세상을 부정적으로만 보는 사람과 마찬가지로 비현실적이다.

완벽주의자와 최적주의자와의 관점의 차이는 자기 자신과 다른 사람을 대하는 부분에서도 뚜렷하게 보인다. 완벽주의자는 잘못은 피할 수 있는 것이므로 스스로 책임을 지기 위해 자신에게 가혹해져야 한다고 여긴다. 책임을 진다는 개념을 지나치게 극단적으로 몰고 가는 것이다. 최적주의자는 실수를 했을 때 책임을 지고 실패에서 배운다. 실수와 실패는 불가피하다는 사실을 받아들인다. 따라서 실패에 대해 훨씬 관대하고 실패한 자신을 용서한다. 완벽주의자의 가혹함과 최적주의자의 관대함은 다른 사람들과의 관계로까지 확대된다. 자신을 대하는 것처럼 다른 사람들을 대하는 것이다. 자신에게 친절하고 동정적이면 다른 사람들에게도 친절하고 동정적이다. 반대로, 자신에게 가혹하면 다른 사람들에게도 가혹하다. 완벽주의자는 끊임없이 자기 향상을 도모한다. 자존감 연구로 유명한 심리학자인 나다니엘 브랜든(Nathaniel Branden)이 거짓 자긍심이라고 부른 "실제로는 느끼지 못하는 자신감과 자존감"으로 위장한 완벽한 모습을 바깥세상에 보여주려고 노력했다.

자주 실패한다는 것은 그만큼 자주 시도하고 모험하고 도전한다는 의미이다. 우리는 도전을 통해 배우고 성장하며 종종 성공보다는 실패를 겪으면서 훨씬 더 성숙하고 발전한다. 게다가 모험을 하고 넘어지고 다시 일어날 때마다 더욱 강해지고 더욱 탄력을 받게 될 것이다. 역설적으로 좌절을 극복할 수 있는 믿음과 자신감은 실패할 때 오히려 강화된다. 그 이유는 우리가 항상 두려워했던 그 '괴물' 실패라는 것이 생각했던 것만큼 무시무시하지 않다는 것을 알게 되기 때문이다. 오즈의 마법사가 정체를 드러냈을 때 더 이상 무섭지 않았던 것처럼 실패는 막상 마주하면 오히려 위협적이지 않다.

완벽주의는 어느 시대에나 문제가 되지만 비교적 변화가 느린 세상에서는 완벽주의자로 살아남을 수 있었고 성공할 수도 있었다. 하지만 오늘날, 그리고 앞으로는 누구나 점점 더 완벽주의에서 최적주의로 변하지 않으면 어려움을 겪을 수밖에 없다. 경직된 사고방식은 지금의 유동적인 세상에 맞지 않는다. 이것은 미국과 전례 없는 성장을 거듭하고 있는 중국을 포함한 전 세계에서 젊은이들 사이에 우울증, 불안증, 자살이 증가하고 있는 이유이기도 하다. 최적주의자는 융통성 있고 변화에 열려 있으므로 끊임없이 변화하는 환경에 좀 더 수월하게 대처할 수 있다. 최적주의자는 때로는 변화와 씨름을 해야 하지만 예측불허의 불확실성을 이겨내기 위해서 필요한 자신감과 의지를 갖고 있다. 최적주의자에게 미지의 세상은 두려움이 아닌 매혹의 대상이다. 변화는 위협이 아니라 도전이다.

실패가 성공을 하기 위한 충분조건은 아니다. 다시 말해 실패가 성공을 보장해 주는 것은 아니다. 하지만 실패가 없으면 성공도 없는 것은 확실하다. 실패가 업적과 밀접한 관계가 있다는 것을 이해하는 사람들은 배우고 성장하고 결국 성장한다. 실패하지 않으면 배우지 못한다.

『다중지능』의 저자인 하버드 대학교의 하워드 가드너(Howard Gardner)는 간디, 프로이트, 피카소, 아인슈타인을 비롯한 성공한 인물들의 삶을 연구했다. 가드너는 비즈니스, 운동, 의학, 예술 등 어떤 분야에서든 성공하기 위해 필요한 전문적인 수준에 오르려면 적어도 10년 동안 열심히 노력해야 한다는 것을 알았다. 물론 그 노력은 10년 이후에도 계속되어야 하며 성공을 유지하기 위해서는 때로 전보다 더 분발해야 한다. 최적주의는 어떤 일에 대해서는 완벽주의자가 하듯이 많은 시간을 투자한다. 하지만 모든 일이 똑같이 중요하지 않으며 똑같은 노력을 하지 않아도 된다는 사실을 알고 있다.

2.3.2. 우리는 누구나 치유하는 능력을 갖고 태어난다

우리의 본성은, 그리고 삶의 현실은 좋든 싫든 모든 감정을 경험한다. 따라서 만일 우리가 어떤 감정을 거부한다면 불가피하게 극심한 고통을 겪을 수밖에 없다. '바람직하지 않은' 감정이라고 해서 무조건 억누르고 거부한다면 정신건강에 해롭다. 자연에 대한 인위적인 개입의 결과가 대부분 그렇듯이 자연스러운 감정을 억누르면 반드시 부작용이 생기기 마련이다. 웨그너(Wegner, 1989)는 "떠오르는 어떤 생각을 억누르거나 피하기보다는 생각나는 대로 받아들이고 표현하는 것이 불안과 우울증을 다스리는 데 효과적"이라고 말한다.

과학자들이 중력, 열역학 등과 같은 물리적 자연 법칙을 받아들임으로써 중요한 과학기술의 발전을 이루었던 것처럼, 우리도 역시 본성의 법칙을 받아들임으로써 좀 더 풍요롭고 충만한 삶을 살 수 있다. 좋든 싫든 고통스러운 감정은 우리 본성의 일부이기 때문이다.

우리는 누구나 자신을 치유하는 능력을 갖고 태어난다. 우리는 몸 안에 들어온 세균과 싸워 이기고, 부러진 뼈를 다시 붙이고, 새 살이 돋아나게 할 수 있다. 이러한 신체적 재생을 위해서는 우리가 갖고 있는 치유력이 그 힘을 사용할 수 있는 시간이 필요하다. 마음의 상처를 치유하는 것도 마찬가지다. 마음의 상처를 치유하기 위해서는 우리가 느끼는 '감정의 고통'에 주목해야 한다. 모든 상처에 전문적인 치료가 필요한 것은 아닌 것처럼, 많은 경우 마음의 상처도 외부의 도움 없이 우리가 가진 치유력으로 충분히 치료할 수 있다.

심리적 문제를 해결하기 위해서는 고치려고 노력하는 것이 아니라 받아들이고 인정해야 한다. 어떤 감정들은 피할 수 없다. 누구도 질투나 두려움이나 분노나 불안감에서 벗어날 수 없다. 문제는 우리가 그런 감정을 느낀다는 사실이 아니라 그 감정을 처리하는 방식에 있다. 우리는 감정과 이성의 동물이기 때문에 어떤 감정을 느끼면 그 이유를 찾으려고 한다. 따라서 어떤 불편한 감정을 느끼는 이유를 자신에게서 찾지 못하면 다른 사람들을 탓하는 것으로 그 감정을 정당화하려 한다. 우리는 종종 우리 자신의 잘못을 정당화하기 위해 상대방을 비난한다.

긍정적인 수용은 상황을 있는 그대로 인정하고 나서 가장 적절하다고 생각하는 행동 방향을 선택하는 것이다. 두려움을 느끼면서도 용기 있게 행동하고, 질투를 느끼면서도 자애롭게 행동하고, 인간성을 받아들이고 인간애를 발휘하는 것처럼 우리는 매 순간 어떻게 행동할 것인지 선택할 수 있다.

2.3.3. 있는 그대로 보라

철학과 심리학에 기여한 아리스토텔레스(Aristotle)의 가장 중요한 사상 중의 하나는 모순율이다. 모순율principle of contradiction이란 '모든 사물은 그 자체가 아닐 수 없다'는 명제다. 예를 들어, 말은 말이 아닐 수 없다. 사람은 사람이 아닐 수 없다. 동일률Principle of Identity은 모든 사물은 그 자체와 같다는 사실이 함축하는 모든 의미를 인정하는 것이다. 다시 말해, 모든 사물은 어떤 사람(또는 세상 전체)이 어떻게 생각하든지 간에 그 자체로 존재한다.

어떤 사물이 그 자체와 같다는 사실을 인정하지 않는다면, 그리고 그러한 인정에 기초해서 행동하지 않는다면 무서운 일이 일어날 수 있다. 예를 들어, 어떤 사람이 트럭을 트럭이 아니라 꽃이라고 생각한다면 그는 트럭에 치일 수 있다. 마찬가지로 독약을 음식이라고 생각한다면 십중팔구 죽게 될 것이다.

거울이 우리에게 설교하지 않고 단지 있는 그대로 보여주는 것처럼, 감정의 폭풍 속에 있는 상대에게 설교를 하지 말아야 한다. 상대가 느끼는 슬픔이나 분노를 가라앉히기 위해서는 "너 무척 슬퍼 보여" 또는 "너 화가 많이 난 것 같구나"라는 말로 충분하다. 누구나 강렬한 감정을 느낄 때는 다른 누구의 말에도 귀를 기울이지 않는다. 아무리 유익하고 필요할지라도, 조언이나 위안이나 건설적인 비판을 받아들이지 못한다. 단지 자신을 이해해 주기를 바란다. 잔소리는 기분이 안 좋게 만들고, 충고는 기분을 매우 안 좋게 만들 뿐이다.

물론 우리 자신이나 상대방의 감정을 받아들인다고 해서 모든 문제가 해결되는 것은 아니다. 어떤 문제는 해결하려면 상당한 노력과 시간을 투자해야 한다. 하지만 일단 감정을 인정하는 것은 문제 해결로 가는 중요한 첫 단계이다. 거의 즉시 감정의 강도가 완화될 뿐 아니라 정기적으로 동일률과 현실을 존중하는 법을 배우게 된다.

완벽주의를 극복하고 최적주의로 가기 위해서는 실패, 감정, 성공, 무엇이든 현실을 있는 그대로 받아들여야 한다. 실패를 받아들이지 않으면 도진과 노력을 피하게 되고 그 결과 학습과 발전의 기회를 놓치게 된다. 고통스러운 감정을 받아들이지 않으면 결국 그러한 감정에 사로잡히게 되어 마음의 평화에서 멀어진다. 그리고 성공을 받아들이고 포용하고 감사하지 않는다면 세상만사가 부질없는 일이 된다.

2.3.4. 너무 개입하지 말고, 그냥 내버려 두라

심리학자 수니야 루사(Suniya S. Luthar)의 연구진은 소위 불행한 행운아들의 가장 큰 문제는 부담감과 외로움이라고 말한다. 그 문제의 원인 중 하나는 부모와 교사가 아이들의 삶에 지나치게 개입하기 때문이다. 안타깝게도 오늘날 교육제도는 본의 아니게 완벽주의를 부추긴다. 명문 대학에 입학하기 위해서는 어떤 학생이 되어야 할까? 자신의 열정을 발견하기 위해 이것저것 시도해 보다가 여러 번 실패를 해본 학생일까, 아니면 나무랄 데 없이 깨끗한 성적증명서를 받은 학생일까? 다른 모든 조건이 동일하다면 대부분의 대학에서는 전자보다 후자를 받아들인다. 용기 있는 실패보다는 정형화된 성공을, 열정적인 탐구보다는 측정 가능한 결과를 중요하게 생각하는 것이다. 이런 생각과 관행은 반드시 개선되어야 하는 부분이다.

아이들에게 높은 기대를 거는 것은 필요하다. 사실 가난한 동네의 공통적인 문제점은 일부 부모들, 교사들, 그리고 교육자들이 아이들에게 거는 기대가 낮은 것이다. 높은 기준에 맞추려고 노력하면 우리가 최적주의라고 부르는 건강하고 현실적인 완벽주의로 갈 수 있다. 장기적인 성공과 행복을 위해서는 대체로 도전적인 목표를 추구하면서 동시에 실패와 부족함을 받아들여야 한다. 부모와 교육자가 해야 할 일은 아이들에게 높은 기대를 걸고 또한 탐험하고 모험하고 실수하고 실패할 수 있는 기회를 가능한 한 많이 주고 격려하는 것이다.

아이러니하게 부모의 과다한 칭찬과 격려는 과다한 비난만큼이나 아이에게 해로울 수 있다. 일부 부모는 심리학자와 육아 전문가의 조언에 따라 아이가 뭔가를 잘할 때마다 아낌없이 칭찬을 한다. 칭찬은 물론 중요하지만 아이들은 또한 칭찬이나 비판을 듣지 않고 스스로 공부나 놀이에 집중하는 시간이 필요하다. 최악의 경우는 2가지가 결합된 상황이다. 수니야 루사의 연구진은 부유한 배경의 10대 아이들이 약물을 남용하고 탈선할 가능성이 큰 원인은 보통 '부모의 부재와 잔소리'라는 사실을 밝혀냈다. 아이들과 보내는 시간이 적고 방과 후에 적절한 감독을 하지 못하는 부모들이 자신들의 부재를 만회하기 위해 지나치게 간섭하고 잔소리하는 것이다.

부모의 참여는 반드시 필요하다. 아리스토텔레스의 중용을 빌려서 말하자면, 여기서 중요한 것은 적절한 시간에 적절한 정도로 적절한 동기를 갖고 적절한 방식으로 참여하는 것이다. 왜냐하면 아리스토텔레스가 말하는 중용이란 너무 지나치지도 않고 너무 부족하지도 않은 상태를 말한다. 물론, 모든 부모가 알고 있듯이, 말하기는 쉽지만 실천하기는 어렵다.

현실 세계에서 실패는 불가피하다는 사실에 비추어보면, 진정으로 아이를 사랑하는 엄마라면 안전한 환경 속에서 점차적으로 아이가 혼자 어려움을 극복할 수 있도록 훈련을 시켜야 한다. 아이가 독립하는 과정(예를 들어, 우는 아이가 엄마의 부재를 견디는 시간)은 부모나 아이 모두에게 불편하고 힘들다. 하지만 다른 방법은 없다. 아이가 넘어지지 않도록 계속 안아주고 보호한다면 아이는 혼자 걷는 법을 배우지 못할 것이다. 실패가 없으면 배우지 못한다.

부모는 아이가 청년이 될 때까지 방임과 과잉보호 사이에서 중도를 찾아야 한다. 아이가 불편한 경험들을 비켜가고, 자신보다 행복하게 살기를 바라는 부모의 마음은 지극한 사랑과 관심에서 비롯되는 당연한 것이다. 하지만 부모가 모르는 것이 있다. 그것이 당장 아이를 행복하게 해줄지 몰라도 장기적으로는 아이에게서 자신감, 융통성, 의지, 사회성을 배우는 기회를 빼앗는 결과가 된다는 사실이다. 19세기 영국 작가 새뮤얼 스마일즈(Samuel Smiles)는 "원하는 모든 것을 갖추고 더 이상 희망하거나 욕망하거나 노력할 필요가 없는 것보다 무서운 저주는 없을 것이다."라고 말했다. 건강한 발달을 위해, 성장하고 성숙하기 위해, 아이들은 어느 정도 실패와 시련, 고통스러운 감정을 경험할 필요가 있다. 나 역시 부모로서 종종 우리 아이들이 고통을 피할 수 있는 지름길이나 우회로를 찾아가기를 바라지만 현실에서 그런 길은 있을 수 없다.

스탠포드 대학교의 심리학과 교수인 캐롤 드웩(Carol Dweck, 2006)은 마인드셋을 고

정형 사고방식과 성장형 사고방식으로 구분한다. 고정형 사고방식fixed mindset은 우리의 지능, 신체적 기능, 인격, 사회성과 같은 특성들이 고정적이며 변하지 않는다고 믿는다. 지능과 재능을 타고나면 학업, 직업, 운동, 대인관계에서 성공할 수 있고 그렇지 못하면 영원히 부족한 사람이 되고 결국 실패할 수밖에 없다는 것이다. 반면, 성장형 사고방식growth mindset은 우리의 능력이 향상될 수 있으며 평생 변화할 수 있다고 믿는다. 타고난 능력은 있지만 그것은 단지 출발점에 불과하며, 뭔가를 잘하기 위해서는 시간과 노력을 투자해야 한다는 것이다.

캐롤 드웩(Carol Dweck)의 연구 결과처럼 "노력을 강조하면 아이들은 자제력을 배우고 스스로 성공을 통제할 수 있다고 생각하게 된다. 타고난 지능을 강조하면 아이들은 성공이 자신의 통제력에서 벗어나 있다고 생각하게 되고 실패에 대해 속수무책이 된다." 아이들은 모든 일에서 최고가 될 수 없으며, 단지 즐거움을 느끼는 것만으로도 뭔가를 하는 충분한 이유가 있다고 생각할 수 있어야 한다. 뭔가를 잘하기 위해서는 노력이 필요하지만, 그렇다고 해서 가는 길에서 즐거움을 제외시켜야 하는 것은 아니다. 최적주의자는 일반적으로 인간의 본성에 대해 우리의 본성이 고정적이라는 제한적 관점과 함께 성장형 사고방식도 갖고 있다. 반면, 완벽주의자는 우리의 본성은 고정적이 아니라는 무제한적 관점과 고정적 사고방식을 믿는다.

2.4. 긍정 재평가

긍정 재평가란 문제를 보다 긍정적인 맥락에서 재구성하는 인지적 전략을 말한다. 이런 전략은 긍정적 사고를 높일 수 있다. 후천성면역결핍증AIDS으로 죽어가는 사람들을 간호하는 데서 오는 스트레스나 정서적인 고통에도 불구하고, 보호자들은 자신의 노력과 관련된 긍정적인 느낌들을 보고하였다(Folkman & Moskowitz, 2000). 배우자의 간호에 대한 자신의 헌신이 배우자에 대한 사랑의 깊이를 표현하는 것으로 여겼으며, 자신들의 노력이 배우자의 존엄성을 유지시켜왔다고 믿었다.

행복은 실천을 통해 마음에서 느끼는 것이다. 행복은 일에서의 성공이나 일확천금, 또는 권력이나 명성을 통해 얻는 거창한 것이 아니다. 왜냐하면 행복이란 자신 밖에 있는 것이 아니라 자신 안에 있기 때문이다. 행복은 마음의 상태이고, 지각하는 방식이며, 자신이 살고 있는 세상과 자신에게 접근하는 방식이다. 따라서 학교 성적, 돈, 대학 합격, 취업 등과 같이 어떤 환경이 바뀌면 행복해질 것이라고 주장하는 것은 잘못이다. 왜냐하면 환경은 마음에 영향을 주지만 마음 그 자체가 아니기 때문이다. 중요한 것은 생각을 바꾸는 것이다. 다시 말해서, 우리의 삶을 긍정적으로 재평가하는 것이다.

3. 긍정정서

주관적인 심리 상태로서의 행복에 있어서 가장 중요한 요소는 긍정적인 정서체험이다. 일반적으로 쾌감pleasure은 대부분 지속기간이 짧고 특정한 자극과 연결되어 있으며 단순한 것인 반면, 정서emotion는 주관적인 느낌뿐만 아니라 특징적인 생리적 반응, 사고 및 행동 패턴과 관련되어 있다는 점에 있어서 좀 더 복잡한 것이다.

정서는 크게 3가지 요소, 즉 정서적 체험, 생리적 반응 그리고 행동준비성으로 구성된다. 정서의 첫째 요소는 유쾌함-불쾌함 또는 좋음-싫음을 포함하는 주관적인 체험이다. 둘째, 정서는 생리적 반응을 수반한다. 특정한 감정은 그에 상응하는 자율신경계의 생리적 반응을 동반하게 된다. 마지막으로, 정서의 핵심적 요소는 행동준비성action readiness이다. 특정 감정을 느끼게 되면, 그와 연관된 특정한 행동들을 표출하게 되는 압력을 느낌으로써 그러한 행동을 할 준비를 하게 된다. 이러한 행동준비성은 감정을 유발한 사건에 대해서 효과적인 대처를 하도록 돕는 정서의 핵심적 기능이라고 할 수 있다.

3.1. 정서의 기본 특성

영어단어들 중에는 정서범주에 속하는 단어가 2,000단어가 넘지만, 심리학자들은 여러 해 동안 인간의 정서를 다양한 방식으로 분류하려고 노력하였다. 오늘날, 공포심fear, 분노anger, 혐오disgust, 기쁨joy, 놀람surprise, 슬픔sadness이 기본적인 인간의 정서라는 것에 대해서는 광범위하게 인정되고 있다. 각각은 독특한 얼굴 표정을 수반하는데, 유아들과 어린 아동들도 그런 표정을 보일 수 있고, 다양한 문화와 지역에서 자신들의 감정을 기술할 때 사용되는 단어들에서 찾을 수 있는 것들이다. 어떤 연구자들은 흥미interest, 편애acceptance, 경멸contempt, 자부심pride, 수치심shame, 예기감anticipation 그리고 죄책감guilt을 목록에 추가해야 한다고 주장하기도 한다. 동양에서는 인간의 기본정서를 희로애락(喜怒哀樂)으로 말하기도 하고, 사단칠정(四端七情)이라 하여 인간의 기본 감정으로 희(喜), 노(怒), 애(哀), 구(懼), 애(愛), 오(惡), 욕(慾)을 말하기도 한다.

3.2. 긍정정서의 빈도와 강도

행복을 느끼는 데에는 긍정정서의 빈도가 중요할까 아니면 강도가 더 중요할까? 정서의 강도와 빈도는 주관적 웰빙에 각기 다른 영향을 미치는 것으로 여겨지고 있다(Diener, Larson, Levine, & Emmons, 1985). 일반적으로 긍정정서의 빈도가 전반적인 행복에 더 중요하다. 드물게 경험하는 환희 경험보다는 일상생활에서 일관성 있게 자주 경험되는 즐거움이 주관적 웰빙에 더 중요하다. 강렬한 긍정정서가 그 경험의 기억에 중요한 영향을 미친다. 긍정정서 강도는 부정정서 강도와 상관이 있는 것으로 밝혀졌다(Diener et al., 1985). 매우 강렬한 행복을 느끼는 사람은 부정적인 정서경험 역시 매우 강렬하게 느낀다는 것이다. 일반적으로 여성은 남성보다 긍정정서든 부정정서든 더 강렬하게 경험하는 것으로 알려져 있다.

3.3. 긍정정서의 기능

정서의 기본적 기능은 현재의 상황 또는 미래에 겪게 될 상황에 대응하는 현재의 대처 방식이 얼마나 적절한지 알려주는 것이다(Morris, 1999). 대부분의 기본정서는 타고나는 것이며, 이처럼 타고나는 것들은 대부분 적응에 필요한 진화적 기능을 지니고 있다. 데이비드 버스(David Buss, 2000)와 같은 현대의 진화심리학자들은 긍정정서가 인간의 진화, 적응, 생존에 절대적으로 필요하다는 의견이 지배적이다.

그런데 긍정정서와 부정정서는 작동 기제나 적응적 기능이 다른 것으로 밝혀지고 있다. 부정정서는 인간이 처하게 될 위험과 위협에 대응하도록 만드는 적응적 기능을 지닌다. 또한 부정정서는 특정적인 행동경향성specific action tendency을 유발하여 특정한 방식으로 행동하도록 만든다. 부정정서가 우리에게 위험을 알리고 반응범위를 좁혀서 위험신호에 재빨리 대처하도록 하는 반면, 긍정정서는 안전의 신호로서 그 주요한 기능은 대처역량을 집중하는 것이 아니라 확장하고 증대시키는 것이라는 것이다. 다시 말해서 긍정정서의 진화적 이득은 현재 상황에 대한 것이 아니라 미래 상황에 대한 것이라는 주장이다.

3.4. 긍정정서이론

3.4.1. 헬슨의 적응수준이론

헬슨(Helson)의 적응수준이론Theory of Adaptation Level은 사람들은 변화에 쉽게 적응한다고 본다. 인간은 감각적이고 생리적인 변화에 빠르게 익숙해지려는 능력을 가지고 있다. 생리적이거나 감각적인 적응과 똑같은 현상이 쾌락의 변화라는 영역에서도 일어난다. 이사, 결혼, 새로운 직장과 같은 일신상의 변화는 우리를 단지 잠시 동안만 행복하게 해준다. 쾌락적응hedonic adaptation은 왜 일어날까? 하나는 기대가 높아진다는 점이고, 다른 하나는 사회적으로 비교를 하게 된다는 점이다. 횡재를 한 후에 큰 집을 사면 얼마 지나지 않아서 그 큰 집이 당연하게 여겨진다. 횡재가 슬그머니 정상적인 상황으로 자리 잡으면서 그보다 더 큰 횡재를 원하기 시작한다. 새 차를 사서 좋아하다가도, 다른 사람이 BMW를 타고 다니니까 나도 그래야만 할 것 같은 기분이 들 수 있다. 쾌락적응의 나쁜 점은 그것이 어떤 긍정적인 사건이나 행운 뒤에서 따라오는 행복과 만족에 결국은 찬물을 끼얹는다는 것이다. 그러나 좋은 점도 있다. 나쁜 일이 일어났을 때 이런 능력은 말할 수 없이 유용하다. 우리는 장애를 입게 되는 질병이나 사고를 당한 후에도 행복을 회복하는 놀라운 능력을 가지고 있다. 우리가 모든 것에 적응할 수는 없으며 그렇게 되지도 않을 것이다. 그러나 쾌락적응의 증거, 특히 긍정적인 사건에 금방 적응된다는 사실을 보여주는 증거는 매우 설득력이 있다. 인간은 돈과 집, 소유물은 물론이고 아름다움이나 아름다운 사람들에게 둘러싸여 사는 것, 건강, 결혼에 이르기까지 온갖 긍정적인 변화에 적응한다.

3.4.2. 프레드릭슨의 확장구축이론

바버라 프레드릭슨(Barbara Fredrickson)은 긍정정서의 기능과 관련하여 긍정정서의 확장구축이론Broaden-and-Build Theory을 제시하였다. 이 이론에 따르면 긍정정서 경험은 이후에 다른 상황에서 사용할 수 있는 개인적 자원을 확장하고 구축하는 기능을 지닌다. 우선, 긍정정서는 직면한 상황에서 적응행동으로 이끄는 불특정적인 행동경향성nonspecific action tendency을 유발한다. 또한 긍정정서는 그 상황에 적합한 새로운 적응적 사고-행동경향성thought-action tendency을 생성하는 인지적 활동을 촉진한다.

이 이론의 핵심원리는 2가지이다. 하나는 긍정정서가 일시적으로 우리의 사고와 행동 목록을 확장시켜 마음과 생각의 문을 열어준다는 것이다. 우리의 마음과 생각을 열어주어 보다 수용적이고 창의적이며 자발적이게 되도록 한다. 다른 하나는 긍정정서가 지속적으로 개인적 자원을 구축해 우리를 보다 나은 모습으로 변화시킨다는 점이다. 긍정정서는 우리의 마음과 생각을 스스로 열어줌으로써 새로운 기술과 인맥, 지식 및 존재방식을 발견하고 구축할 수 있도록 한다.

긍정정서를 경험하게 되면 우리의 일시적인 사고기능과 행동양식이 확장되며, 그 결과로서 얻어진 학습경험을 통해서 미래의 상황에 효과적으로 대처할 수 있는 인지적 자원과 정서적 자원을 구축하게 된다. 일시적인 정서 상태를 통해 습득한 자원들은 그러한 정서 상태가 종료된 이후에도 지속된다. 즉, 긍정정서경험은 이후에 다른 상황에서 사용될 수 있는 개인적 자원을 구축하고 증대시키는 효과를 가진다. 따라서 이러한 자원 증대로 인해 개인의 상향적 발전과 성장이 일어나며, 새로운 상황에 대한 효과적인 대응으로 인해서 다시 긍정정서를 경험하게 되는 선순환을 통해 적응을 돕게 된다. 이와 달리, 부정정서는 일반적으로 사고와 행동의 선택 범위를 축소시킨다. 위험에 처하면 그것을 피하기 위한 행동을 한다. 그러나 긍정정서는 요구하는 선택 범위의 축소가 아니라 미래의 대처자원을 극대화하기 위해 선택 범위를 확장한다. 긍정정서는 우리의 인식을 확장시키고 대처자원을 축적시키는 기능을 지닌다.

긍정정서는 다음과 같은 4가지 특성을 지닌다(Baumgardner & Crothers, 2009). 첫째, 긍정정서는 우리의 사고-행동 레퍼토리를 확장시킨다. 사람들은 만족하고 행복할 때 화가 나고 두려울 때와는 달리 자기초점에서 벗어나 다양한 대안과 개방적인 사고방식을 보인다. 둘째, 긍정정서는 부정정서를 상쇄시킨다. 긍정정서와 부정정서는 양립하지 않기 때문에, 긍정정서는 부정정서의 영향을 상쇄시킬 수 있다. 셋째, 긍정정서는 회복탄력성을 고양시킨다. 회복탄력성Resilience은 스트레스를 주는 사건으로부터 회복할 수 있는 능력이고 평정을 찾고 웰빙의 느낌을 얻는 능력을 말한다. 긍정정서는 스트레스 경험으로 야기된 부정정서를 상쇄시키는 효과를 통하여 우리의 회복탄력성과 대처능력을 향상시킨다. 끝으로, 긍정정서는 지속적인 자원을 구축하고 웰빙을 향상시켜서 개인과 조직을 변화시키고, 나선형 상승upward spirals이라는 상향적 선순환을 일으킨다. 부부 중 한 사람이 걷기나 달리기를 한 후 활기를 느끼면 기억력이 증진되고 창의성이 향상돼 배우자를 기쁘게 해줄 수 있는 새로운 아이디어가 잘 떠오른다. 그러면 결혼생활이 더욱 원만해지고 만족도도 높아져 서로에게 헌신하고 감사하며 잘못도 용서하고 싶은 마음이 생겨난다. 또한, 리더의 긍정정서는 확장성이 매우 높고, 리더의 긍정정서는 조직 전체의 성과를 예측할 수 있다. 조직에서 한 임원이 긍정경험을 하면 그 긍정정서가 부서장들에게, 부서장들은 팀장들에게, 팀장들은 팀원들에게까지 이어져 조직 전체로 확산된다. 이처럼, 긍정정서는 일상생활에서 우리를 더 행복하게 만들어주고 조직생활의 만족도를 높여준다. 조직 내에서 구성원들이 긍정정서를 경험하면 조직에서 가장 버리고 싶어 하는 정서인 분노, 불안, 좌절, 무기력

같은 부정정서를 줄여주고, 역경을 극복할 수 있는 회복력과 자부심을 키울 수 있다.

프레드릭슨의 확장구축이론처럼, 긍정정서는 웰빙의 상향적 선순환을 낳는다. 긍정정서는 우리의 시야를 넓혀주고, 부정정서의 영향을 상쇄시키며, 회복탄력성을 고양시키고, 정서적 웰빙을 고양시킨다. 확장된 시각과 증가된 회복탄력성은 다시금 긍정정서 경험을 높인다. 그리고 이러한 패턴은 반복된다. 요약하면, 긍정정서는 질병에 대처하는 신체적 자원, 스트레스에 대처하는 심리적 자원, 그리고 거의 모든 삶의 도전들을 다루는 데 중요한 사회적 자원을 구축하는 데 도움을 준다.

3.4.3. 카너먼의 절정대미이론

프린스턴 대학교 명예교수이며 2002년 노벨경제학상을 받은 심리학자인 대니얼 카너먼(Daniel Kahneman)은 쾌락경험에 대한 매우 가치 있는 이론을 주장하였다. 우리가 누렸던 과거의 쾌락경험은 그 경험을 구성하는 매 순간의 경험을 합산하거나 요약하는 것이 아니라 그 경험을 하는 동안 가장 강렬했던 감각과 그 경험의 마지막 부분에서 느낀 감각에 의해 영향을 받는다는 절정대미이론Peak-End Theory을 제안하였다.

연구참가자들에게 영화 보기와 같은 유쾌한 상황과 의료검사와 같은 불쾌한 상황을 번갈아 제시하고 그 진행 과정에서 실시간으로 유쾌함-불쾌함 정도를 평가하게 했다. 전반적인 평정점수는 그런 경험을 하는 과정에서 가장 극단적인 평정치와 그런 경험이 끝나기 직전의 평정치의 평균점수로 나타났다(Kahneman, 1999). 다시 말하자면, 어떤 경험을 하는 과정에서 가장 강력한 최고의 감각을 느낀 절정경험과 그 경험이 끝나는 시점에서 느낀 종료경험이 전체 경험의 평가에 중요한 영향을 미친다는 것이다.

많은 경우에 우리는 쾌락경험을 많이 그리고 오래 경험하고자 한다. 그러나 절정대미이론은 지속기간이 중요하지 않다는 것이다. 물론 쾌락경험이 너무 짧으면 오히려 긍정정서가 아니라 짜증이나 실망과 같은 부정정서를 만들 수 있다. 긍정정서와 관련하여 우리가 유념해야 할 것은 즐거운 경험을 하게 될 때 그 경험을 단지 오래 지속되도록 하기보다는 강렬한 즐거움을 느끼는 절정시점을 만들고 끝부분을 즐겁게 해서 이후에 돌이켜 볼 때 긍정적인 경험이 되도록 만들 수 있어야 한다는 점이다. 흔히 말하는 "끝이 좋으면 다 좋다."라는 말과도 일맥상통하는 것이다. 애매하고 적당한 것보다는 확실하게 특별하고 최고의 경험을 할 수 있게 만들어주고, 그 끝에 감동이 있다면 훨씬 효율적인 접근이라 할 수 있다.

3.4.4. 프레드릭슨의 원상복구가설

긍정정서는 부정정서의 해독제 기능을 하는 것으로 밝혀지고 있다. 긍정정서는 부정정서의 생리적 효과를 원 상태로 회복시키는 기능을 한다(Fredrickson & Levenson, 1998; Tugade & Fredrickson, 2004). 프레드릭슨(Fredrickson)은 긍정정서가 부정정서의 유해한 영향에 대해서 해독제 역할을 한다는 원상복구가설Undoing Hypothesis을 제시하였다. 긍정정서는 부정정서나 스트레스의 신체적이거나 심리적 후유증으로부터 안정된 평정 상태로의 회복을 돕는다는 것이다.

긍정정서는 이타주의 성향과 같은 의사결정의 효율성을 높이고, 창의력을 증진시키며, 공격성을 줄이는 경향이 있다(Isen, 2002). 또한 긍정정서는 인간관계의 질을 향상시키며 직업만족도 향상에도 도움이 된다(Isen, 2001; Morris, 1999). 특정한 기분을 느끼는 상태에서는 그 기분과 일치하는 기억들이 더 잘 회상되는 경향이 있는데, 이러한 현상을 기분 일치 회상Mood Congruent Recall이라고 한다. 긍정적인 정서 상태에서는 긍정적인 과거 기억의 회상을 촉진하는 반면, 부정적인 기억의 회상을 억제한다.

3.5. 긍정정서와 신체

정서는 신체생리적 반응과 행동적 반응으로 표출되지만, 가장 즉각적으로 표현되는 것은 얼굴 표정이다. 정서 표현은 문화에 따라 달라질 수 있으며 개인에 따라 차이가 있다.

3.5.1. 긍정정서와 호르몬

긍정정서는 우리의 몸에서 분비되는 호르몬과 밀접한 관련이 있다. 특정 호르몬의 상태를 살펴보면 그 사람의 긍정정서 상태를 알 수 있다. 키스를 할 때 심장을 뛰게 하는 흥분 호르몬인 아드레날린Adrenalin, 쾌감을 주는 엔도르핀Endorphine, 행복을 느끼게 하는 세로토닌Serotonin, 짜릿한 맛을 느끼게 하는 도파민Dopamine, 면역력을 높여주는 인슐린Insulin, 사랑하는 마음과 신뢰를 주는 옥시토신Oxytocin 등이 분비돼 우리의 가슴을 두근거리게 하고, 혈관을 넓혀 체내 산소량을 증가시킴으로써 몸 곳곳에 시동을 걸어준다. 우리가 정상적인 생활을 위해서는 이와 같은 호르몬의 생성이 매우 중요하다. 예를 들어, 인슐린을 제대로 생성하지 못하는 상태를 당뇨병이라고 하고, 우울증은 엔도르핀과 세로토닌의 분비가 제대로 되지 않을 때 나타난다.

행복경험은 도파민 수준의 증가와 관련된다는 연구가 있다. 마라톤과 같은 육체적 훈련 시에 경험하게 되는 유쾌감runner's high은 엔도르핀 수준의 증가 때문인 것으로 밝혀졌다(Farrell, Gustafson, Morgan, & Pert, 1987). 강렬한 쾌감을 느끼는 성관계 시에는 엔도르핀 수준이 평소보다 200%까지 증가한다는 보고가 있다.

3.5.2. 긍정정서와 유전

재미있는 사실은 정서 체험이 유전에 의해 영향을 받는다는 점이다. 개인의 기본적인 정서반응 성향은 상당 부분 유전적 요인에 의해 정해진다. 유전율heritability은 유전적 요인의 영향력을 나타내는 지표로서, 쌍둥이들 간의 유사성에 있어서 일란성 대 이란성 쌍둥이들의 차이로 산출된다. 일반적으로 키와 몸무게는 높은 유전율을 나타내며, 지능은 중간 정도의 유전율을 나타내는 것으로 알려져 있다. 우리의 장기적인 정서 상태를 결정하는 주요 요인은 초기 아동기의 정서경험이나 후천적인 학습 경험보다는 유전적 형질이라는 연구결과가 보고되고 있다. 유전적인 특성 때문에 낙관적인 태도로 여러 사람과 즐거운 경험을 나누며 활기와 열정을 지니고 긍정정서를 주로 경험하며 살아가는 사람들이 있는 반면, 비관적이고 소극적인 태도로 다른 사람과의 접촉을 두려워하며 부정적인 감정을 자주 느끼며 살아가는 사람들이 있다. 예를 들어, 바넘 효과로 유명한 심리학자 폴 밀(Paul Meehl, 1975)은 즐거움과 기쁨을 더 잘 느끼는 기질을 타고나는 사람들이 있음을 지적하면서 긍정적인 정서 성향에 대한 관심을 촉구하였다. 그는 긍정정서를 경험하는 것도 일종의 능력이라고 가정하면서 '쾌락능력Hedonic Capacity'이라는 용어를 사용하였다. 또한 일란성 쌍둥이의 행복도 점수는 상당히 높은 상관(r=.44~.53)을 나타낸 반면, 이란성 쌍둥이의 상관(r=.08~.13)은 미약하다는 연구결과도 긍정정서에 대한 유전의 영향을 보여주는 것이다.

3.5.3. 행복기준점

대부분의 심리학자들은 유전적 요인이 완전하게 행복 수준을 결정하는 것은 아니라고 생각하지만, 유전의 강력한 영향을 보여주는 개념이 행복기준점이다. 행복기준점happiness set point이라는 개념은 대다수 사람들이 일시적으로 높거나 낮은 정서경험을 한 후에 되돌아오게 되는 행복의 평균 수준 또는 기준점을 갖고 있다는 것이다. 우리가 일시적으로 강렬한 기쁨이나 슬픔을 경험하게 되지만, 장기적으로 보면 어떤 수준의 정서 상태로 되돌아오게 된다. 어떤 사람들은 기준점이 긍정정서 쪽으로 기울어져 있어서 전반적으로 활기찬 기분 상태를 유지하는 반면, 어떤 사람은 부정정서 쪽으로 기울어져서 비관주의에 이끌리고 걱정을 많이 하는 경향을 나타내게 된다는 것이다.

물론 행복 수준을 유전적 요인이 모두 좌지우지하는 것은 아니다. 유전은 상당히 강렬하게 정신에 영향을 미친다. 만약 우리의 행복기준점이 평균 이하라면, 우리의 유전적 운전자가 우리를 비생산적인 방식으로 행동하도록 유혹하여 행복을 저하시키는 방향으로 인도해 간다는 것을 의미한다. 만약 우리가 우리의 유전적 운전자가 제멋대로 하도록 내버려둔다면, 그것이 지향하는 목적지에 도달하게 될 것이다. 그러나 인생은 우리의 것이다. 우리는 상당히 넓은 선택의 범위 내에서 우리 자신의 목적지를 선택할 수 있다. 성장환경, 가족 상황, 교육 경험, 문화적 배경과 같은 다양한 요인들이 개인의 행복 수준에 영향을 미친다. 우리가 행복한 삶을 위해서 할 수 있는 일들은 분명히 많다.

행복은 개인의 기준점, 삶의 상황, 의지적 활동이라는 3가지 요인에 의해 결정된다. 삶의 상황Life circumstances은 나이, 성별, 교육 수준, 사회적 계층, 수입, 가족 및, 자녀, 지능 수준, 신체적 매력도와 같이 행복에 영향을 미치는 외부적인 여건들을 의미한다. 의지적 활동Volitional activity은 개인의 동기와 의지에 의해서 선택된 자발적인 활동들을 의미한다. 즉, 행복은 유전적 요인에 의해 결정되는 기준점, 외부적인 환경 여건 그리고 개인의 의지와 선택에 의한 행위의 산물이라는 것이다.

어떤 사람이 긍정정서를 자주 경험하는 정도를 긍정정서성Positive Affectivity이라고 부른다. 일정한 강도의 긍정정서를 안정되게 경험하는 사람들이 있는 반면, 매우 변덕스럽게 정서 변화를 나타내는 사람이 있음을 보여준다(Larsen, 1987; Watson, 2000, 2002). 긍정정서성이 결혼생활과 직업만족도에 영향을 미치는 것으로 추정된다. 긍정정서성은 유전적 기반을 지니는 것으로 여겨지고 있다. 그러나 다시 말하지만 긍정정서가 유전에 의하여 결정되는 것은 아니다. 정서 성향에 대한 대표적 연구자인 데이비드 왓슨(David Watson, 2002)은 "유전이나 생물학적 요인이 영향을 미

행복 = 행복기준점(50) + 삶의 상황(10) + 의지적 활동(40)

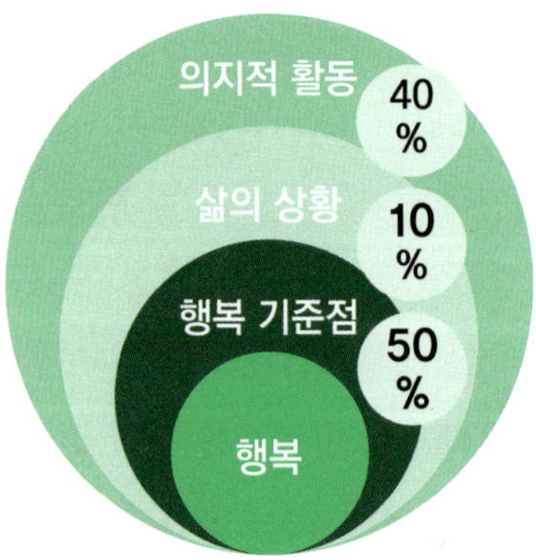

행복 = 유전(50) + 환경여건(10) + 노력과 선택(40)

친다고 해서 숙명론적 체념을 할 필요는 없다. 우리는 긍정 감성을 증대시킬 수 있는 자유를 지니고 있다."라고 말하였다. 반복적으로 경험하는 정서를 좀 더 긍정적인 것으로 변화시키기 위해서는 개인이 지향하는 목표의 달성보다 목표를 향해 노력해 가는 과정에 집중하면서 그 미세한 변화와 과정을 잘 음미하는 것이 도움이 된다(Peterson, 2006).

4. 긍정경험

우리는 살아가면서 다양한 긍정사고와 긍정정서뿐만 아니라 긍정경험을 체득할 수 있다. 성공, 연애, 몰입, 여가 등과 같은 긍정경험은 우리를 행복하게 만들어준다.

4.1. 성공경험

아무리 작은 것이라고 할지라도 성공경험은 최고의 긍정경험이다. 아무리 긴 여정도 모든 여행은 처음 한걸음을 내딛음으로써 시작하듯이, 성공경험은 긍정경험의 첫걸음이다. 성공 비결은 아주 간단하다. 일단 시작하는 것이다. 현재, 지금 이 순간에 중심을 잡고 시작하는 것이 바로 성공경험의 시작이다. 대부분의 경우, 우리가 기다리는 상황은 다음 주 혹은 내년에도 크게 달라지지 않는다. 상황이 완벽하게 준비되어야 한다고 미리 걱정하지 마라. 중요한 것은 '그럼에도 불구하고' 첫 번째 걸음을 내딛어야만 한다는 점이다. 작든 크든 상관없이 성취경험은 자신감을 고양시키는 긍정경험으로 우리를 행복하게 만든다. 자신이 제일 잘하는 일을 할 때 우리는 긍정적인 감정을 불러일으킬 수 있다. 흥미롭고 관심 있는 것에 도전을 하면서 묵혀두었던 재능을 마음껏 발휘할 수 있는 기회를 만들고, 그 순간을 즐기면서 원하는 바를 달성하는 성취경험은 진정 행복에 가까이 가는 것이다.

4.2. 연애경험

우리는 누군가와 사랑이나 친밀감을 느낄 때 행복하다. 사랑은 삶 속에서 특별하게 경험하는 강렬한 긍정적인 체험이다. 친구 간의 우정과 친밀함, 타인과의 신뢰감 등과 같은 인간관계도 행복에 중요한 긍정경험이지만, 남녀 간의 사랑은 매우 중요한 심리적 체험이며, 우리가 다양한 긍정경험을 할 수 있게 만들어 준다. 행복은 누구와 무엇을 어떤 마음으로 하는가에 달려 있는데, 연애경험이야말로 이런 행복의 3가지 구성요소가 완벽하게 조화를 이루고 있는지를 살펴볼 수 있는 긍정경험이다.

4.3. 몰입경험

흔히 몰입이라 번역되는 플로우flow는 어떤 일을 하면서 고도의 집중 상태에서 즐겁게 몰입하는 긍정적인 심리 상태로서, 미하이 칙센트미하이(Mihalyi Csikszentmihalyi, 1975)가 명명한 용어이다. 자기목적적 경험autotelic experience, 몰입경험은 무언가에 "흠뻑 빠진 집중 상태being in flow"로서 개인의 역량을 최고도로 발휘하게 하는 기능을 지니고 있으며, 다양한 상황에서 경험할 수 있다. 창의적 예술 활동뿐만 아니라 종교의식에의 참여, 컴퓨터 사용, 교실에서 가르칠 때, 즐기기 위해 독서를 할 때, 직접적 일을 즐길 때, 혼자만의 시간을 갖는 휴양 시에 몰입경험을 보고하였다. 몰입경험은 사람들이 인생을 더 즐기고, 더 행복하게 살며, 다양한 상황에서 더 잘 기능하도록 만드는 경험이다.

4.4. 여가경험

여가leisure는 의무적인 일이나 직업적인 업무를 떠나 한가하게 즐기는 여유로운 휴식이나 재미를 찾기 위한 취미활동을 의미하는데, 휴식경험과 같은 여가는 긍정적인 체험을 제공하며, 삶의 만족과 행복과도 밀접한 관계를 지니고 있다. 여가경험은 즐거움과 더불어 즐김이 함께 해야 한다. 즐거운 것과 즐기는 것은 다르다. 즐거운 것은 "Pleasure"이고 즐기는 것은 "Enjoyment"이다. 즐거움과 즐김을 모두 갖고 있는 것이 바로 여가이다. 올바른 여가를 체험하려면 다음의 3가지 기준을 만족해야 한다. 첫째, 체험이 마음에 와 닿아야 한다. 둘째, 자발적으로 참여해야 한다. 끝으로, 본질적으로 자기만의 장점으로 동기 부여가 되어야 한다.

4.5. 절정경험

절정경험peak experience은 인생의 과정에서 경험하게 되는 매우 기쁘고 흥분되는 감격적인 순간으로서 강렬한 행복을 느낀다. 절정경험은 자기실현의 과정에서 느끼는 일시적인 경험이라고 할 수 있다. 오랜 기간 힘든 노력을 통해 목표하는 바를 성취했을 때, 강렬한 사랑을 체험했을 때, 위대한 미술작품을 보거나 음악을 듣게 되었을 때, 자연의 아름다움에 압도되었을 때, 종교적 수행이나 의식에 몰두하게 되었을 때 갑작스럽게 또는 우연히 찾아오게 된다. 대부분의 사람들은 절정경험을 할 수 있을 뿐만 아니라 인생의 과정에서 여러 번 경험을 하게 되지만 그 각별한 의미를 인식하지 못하고 넘겨버리게 된다.

4.6. 고원경험

정서적인 속성이 강한 절정경험에 비해서, 고원경험은 어떤 깨달음을 수반하는 인지적 요소를 지니고 있다. 절정경험은 의도하지 않게 찾아오는 순간적인 경험이기 때문에 그러한 상태에 머무를 수가 없다. 고원경험plateau experience은 평정 상태, 즉 현재 순간에 대한 자각과 이완 상태로 안정적인 인생을 느끼는 것이다. 절정경험이 우발적으로 우연하게 발생하는 반면, 고원경험에 이르는 방법은 학습될 수 있다. 즉, 고원경험은 절정경험에 비해 인지적 속성이 강하다. '지금 여기'의 경험에만 국한하여 세상을 협소하게 보는 것이 아니라 넓은 관점에서 새롭게 보게 된다. 즉, 지금 여기에 매몰되지 않은 채 많은 것들과의 연관성 속에서 사물을 보기 때문에 매사가 새롭게 느껴지며, 강렬하지는 않지만 평온함 속에서 세상의 소중함과 아름다움을 경험하게 된다(Cleary & Shapiro, 1995).

4.7. 소비경험

소비경험은 매우 중요한 긍정경험 중의 하나이며 우리를 행복하게 만든다. 돈으로 행복을 사는 일은 의외로 쉽다(Achor, 2010). 다만 일반적인 쇼핑이 아니라 경험을 위해 투자할 때만 그렇다. 『사치 열병luxury fever』의 저자 로버트 프랭크(Robert Frank)는 "새로운 물건을 살 때 얻는 기쁨은 실망스러울 만치 대단히 짧지만, 경험을 위해 돈을 투자하거나 특히 다른 사람과 의미 있는 시간을 함께 보내는 일은 장기적으로 긍정적인 감정을 유지하는 데 큰 도움을 준다. 신발, 텔레비전, 명품시계에 돈을 쓸 때보다 다른 사람들과 함께 콘서트를 보거나 저녁식사를 하느라 돈을 쓸 때 더 많은 행복을 느낀다"고 하였다(Van Boven & Gilovich, 2003).

자기진단

지난 24시간 동안 어떤 기분이었습니까? 지난 24시간을 돌이켜보며 각 문항의 느낌을 1부터 5까지 솔직하게 답해주시면 감사하겠습니다.

긍정성

No.	다음 느낌을 어느 정도나 받았습니까?	전혀 그렇지 않다	그렇지 않다	반반이다	그렇다	매우 그렇다
1	웃거나, 재미나거나, 우스꽝스러운 느낌	1	2	3	4	5
2	화나거나, 신경질 나거나, 약 오른 느낌	1	2	3	4	5
3	경이롭거나, 놀랍거나, 경탄스러운 느낌	1	2	3	4	5
4	수치스럽거나, 모욕적이거나 망신스러운 느낌	1	2	3	4	5
5	은혜롭거나, 감사하거나, 고마운 느낌	1	2	3	4	5
6	경멸적이거나, 조롱당하거나, 무시당한 느낌	1	2	3	4	5
7	희망적이거나, 낙관적이거나, 기운 나는 느낌	1	2	3	4	5
8	역겹거나, 불쾌하거나, 혐오스러운 느낌	1	2	3	4	5
9	흥미롭거나, 관심 가거나, 호기심이 생긴 느낌	1	2	3	4	5
10	무안하거나, 겸연쩍거나, 부끄러운 느낌	1	2	3	4	5
11	고무되거나, 사기충천하거나, 의기양양한 느낌	1	2	3	4	5
12	죄책감 들거나, 후회스럽거나, 비난받을 느낌	1	2	3	4	5
13	즐겁거나, 기쁘거나, 행복한 느낌	1	2	3	4	5
14	밉거나, 증오스럽거나, 수상쩍은 느낌	1	2	3	4	5
15	사랑스럽거나, 친밀하거나, 신뢰로운 느낌	1	2	3	4	5
16	슬프거나, 우울하거나, 불행한 느낌	1	2	3	4	5
17	자랑스럽거나, 자신감이 들거나, 자부심 느낌	1	2	3	4	5
18	두렵거나, 무섭거나, 겁나는 느낌	1	2	3	4	5
19	평온하거나, 만족스럽거나, 평화로운 느낌	1	2	3	4	5
20	스트레스 받거나, 긴장되거나, 부담스런 느낌	1	2	3	4	5

홀수 문항의 응답의 합과 짝수 문항의 합을 구하신 다음에, 홀수 문항의 합을 짝수 문항으로 나누어서 그 값을 계산하시면 됩니다. 합의 비율이 3:1 이상이면 건강한 상태입니다.

Chapter 03

행복이론

Theories of Happiness

Chapter 3 행복이론

자기 자신이 스스로 행복하다고 느끼지 못하는 사람은 행복할 수 없다.

A person who does not feel happy himself can not be happy.

– 로마황제, 마르쿠스 아우렐리우스(Marcus Aurelius) –

컵이 반이나 차 있는 것인지 반쯤 비어 있는 것인지를 결정하기 전에, 컵 속에 들어있는 게 무엇인지 한번 살펴볼 필요가 있다. 왜냐하면 컵 속에 무엇이 담겨 있는가에 따라서 우리의 삶도 그 가치도 달라지기 때문이다. 우리의 인생은 늘 아름답기만 하지 않다. 선택할 수 없는 것들이 많기 때문이다. 날씨, 유전자, 재난, 이웃 따위가 그렇다. 또한 개인적인 잘못이나 과실과는 무관하게 발생하는 불의의 사고나 질병도 있다. 간단히 말해서, 우리가 살아가는 과정에서 불행은 찾아오기 마련이다. 조나단 헤이트(Jonathan Haidt)는 『행복 가설』이란 자신의 책에 옛 지혜와 현대의 행복학에서 뽑아낸 행복의 정수들을 모아놓고 “사람들에게는 상처와 불행이 필요하다. 그래야 자신의 진정한 강점을 발견하고, 충만한 삶을 살고, 완전한 발전을 이룰 수 있다.”라고 결론지었다. 우리의 삶에서 모든 고통이 제거된다면 우리는 행복도 체험하지 못할 것이다. 다시 말해서, 불행이 없다면 고난과 시련을 통해 인생에서 얻게 될 최고의 선물인 ‘행복’을 빼앗는 일이 될 수 있다.

그렇지만 이 장에서 다루고자 하는 내용은 불행이 아니라 행복에 대한 것이다. 행복추구는 미국 독립선언문에서 명시되어 있는 양도불가한 인간의 기본적인 권리 중의 하나이고, 사람들이 바라는 삶의 목표들 중 행복을 1순위로 선택한다는 것을 보여준 조사결과도 많다. 예를 들어, 42개국에서 7천 명의 대학생들을 대상으로 수행된 조사에서는 행복추구와 삶에 대한 만족이 대학생들의 가장 중요한 목표라는 것이 밝혀졌다(Suh, Diener, Oishi, & Triandis, 1998).

이 장에서 다루고자 하는 내용은 긍정심리학을 포함하여 행복에 대해서 관심을 갖고 있는 다양한 학문 분야들의 관점에서 나온 행복에 대한 여러 이론들을 정리해서 살펴보는 것이다. 행복에 대한 다양한 이론들은 권석만(2008)의 저서 『긍정심리학』과 이현수(2008)의 저서 『긍정적 심리학』에 잘 정리되어 있다. 보다 자세한 내용을 원한다면 참고하기 바란다. 여기서는 중요한 행복이론을 8가지로 정리하였는데, ① 욕망충족이론, ② 목표이론, ③ 비교이론, ④ 웰빙이론, ⑤ 적응대처이론, ⑥ 강점덕목이론 ⑦ 통합이론 ⑧ 선택이론이 그것들이다. 이미 논의한 것처럼, 행복에 대한 관점은 쾌락주의적 관점, 자기실현적 관점 및 통합적 관점으로 구분할 수 있다. 잘 알려진 행복이론의 대부분은 쾌락주의적 관점을 취하는데, 욕망충족이론, 목표이론, 비교이론,

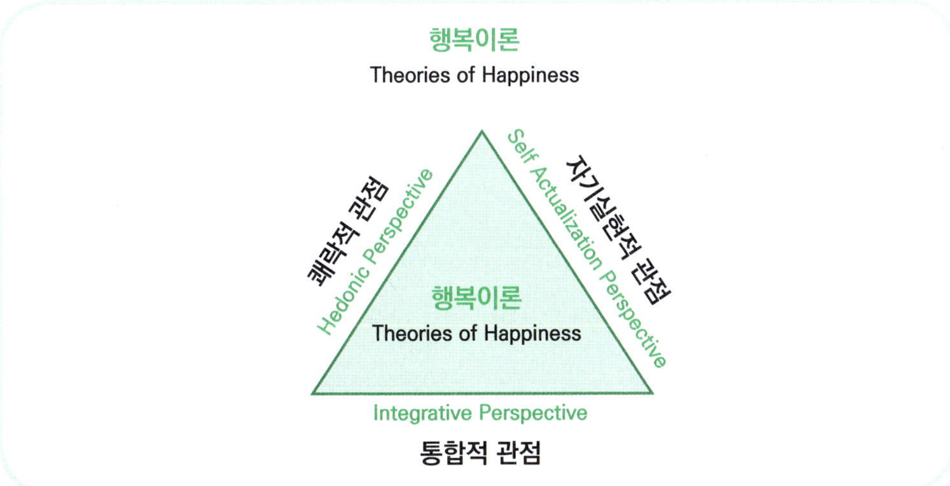

웰빙이론이 여기에 해당한다. 반면에, 적응대처이론과 강점덕목이론은 자기실현적 관점을 취하는 행복이론으로 분류할 수 있으며, 통합이론과 선택이론은 통합적 관점을 취하는 행복이론으로 구분할 수 있다.

1. 욕망충족이론

욕망충족이론Desire Fulfillment Theory은 인간은 식욕, 성욕, 물욕, 권력욕, 명예욕 등과 같은 다양한 욕망을 지니고 있고, 이러한 욕망이 충분히 충족되었을 때 행복을 느낀다는 주장이다(Diener, 1984). 욕망충족이론은 대표적인 행복에 대한 2가지 관점 중 쾌락주의적 관점을 취하는 행복이론이라고 볼 수 있다. 쾌락주의적 관점에서는 인간의 행복 정도가 욕망의 충족으로 인한 쾌락이나 만족 수준에 비례할 뿐만 아니라 욕망을 충족시킬 수 있는 외부적 또는 상황적 조건(예: 의식주, 재산, 계층, 사회적 지위, 교육 수준 등)에 비례한다는 생각으로 이어진다.

1.1. 욕망과 동기

일생생활에서는 욕망이라는 용어가 일반적이지만, 심리학 분야에서는 동기나 욕구라는 용어가 훨씬 더 많이 사용된다. 연구자의 관심사나 학문적 특성에 따라서 동기motivation는 욕구need, 요구demand, 욕망desire, 소망want, 추동drive, 그리고 모티브motive 등과 같이 다양한 이름을 갖고 있다. 보다 학문적으로 정의하면, 동기란 “어떤 행동의 원인이 되는 것으로서 그 행동의 방향과 강도를 결정하고 그 행동의 지속성을 유지시켜주는 심리적 구성 개념”이다(남승규, 1999). 인간의 욕망과 동기는 다음과 같은 특징을 지닌다. 첫째, 동기는 목표 지향적 행동을 유발하는 행동의 원인으로 작용한다. 둘째, 동기의 기능은 목표 지향적 행동을 지속하게 하는 추진력, 즉 에너지를 제공하는 것이다. 셋째, 동기는 목표 지향적 행동을 조절하는 기능을 한다. 특정한 행동이 어떤 식으로 그리고 얼마나 강력하게 나타나는가를 포함하여 행동의 방향과 강도를 결정한다.

1.2. 욕구와 욕구위계

욕구need는 기업과 같은 생활 현장에서는 복수형을 취해서 니즈needs라는 용어로 사용되기도 하는데, 그 근원에 따라 생리적 욕구와 심리적 욕구로 구분될 수 있다. 생리적 욕구는 배고픔이나 갈증, 성욕과 같이 그 생리적 근거가 분명하고 태어날 때부터 갖추어진 욕구로서 모든 인간들이 공유하는 선천적인 욕구이다. 심리적 욕구는 자존심이나 성취욕과 같이 생리적 근거보다는 직간접적인 경험과 학습의 영향에 의하여 획득된 후천적인 욕구이다. 이러한 욕구들은 다른 종들과 공유되지 않고 모든 사람들에게서 발견되지도 않는다.

1954년에 아브라함 매슬로(Abraham Maslow)는 "사람들이 세상에서 가장 원하는 것이 무엇인가?"에 관심을 갖고 욕구위계이론Need-Hierarchy Theory을 제안하였다. 이것은 사람들은 위계를 이루고 있는 생득적인 욕구를 충족시키기 위하여 동기화된다는 것이다. 이 이론은 3가지 기본가정을 전제로 이루어져 있다.

첫 번째 가정은 결핍원리이다. 인간은 특수한 형태의 충족되지 못한 욕구들을 만족시키기 위하여 동기화되어 있다고 가정한다. 이 욕구들 가운데 개인별로 충분히 충족되지 못한 욕구들이 긴장을 유발한다. 긴장이 유발되면 인간은 긴장을 감소시킴으로써 내적 평형 상태를 회복하고자 행동하게 된다. 그러나 일단 그 욕구가 충족되면 이 욕구는 더 이상 동기로서 힘을 발휘하지 못하게 된다.

두 번째 가정은 위계원리이다. 비록 사람에 따라서 차이가 있지만, 대부분의 사람들이 추구하는 욕구들은 몇 개의 공통된 범주로 나눌 수 있다. 이 보편적인 공통된 욕구들은 충족되어야 할 심리적 발달 수준에 따라서 순서대로 피라미드 형태의 위계로 계열화되어 있다고 주장한다. 인간이 충족시키고자 추구하는 욕구들은 최하위 욕구인 생리적 욕구부터 시작되어, 안전 욕구, 사회적 욕구(애정 및 소속감 욕구), 존경의 욕구, 인지적 욕구, 심미적 욕구 그리고 최상위욕구인 자기실현 욕구로 위계를 갖추고 있다.

세 번째 가정은 전진 원리이다. 사람들을 동기화시키는 것은 우선적으로 하위욕구부터 시작되어 점차적으로 상위욕구로 전진해 나간다는 것이다. 그러므로 낮은 수준의 욕구가 충족되고 난 다음에 한 번에 한 계층씩 상승하여 바로 이웃한 상위 위계의 욕구를 충족시키기 위하여 동기화된다고 주장한다.

위계의 맨 바닥에는 음식, 물, 산소, 수면 그리고 성을 위한 생리적 욕구가 존재한다. 일단 이런 욕구들이 충족되면, 사람들은 안전, 안정적인 직장, 재정상의 여유, 안정적인 가정, 및 예측 가능한 환경들을 추구한다. 위계사다리의 다음은 사회적 욕구로 친교, 소속감, 애정, 친밀한 관계, 집단멤버십과 같은 것을 추구한다. 이런 욕구가 충족되지 않으면, 고독과 소외감을 느끼게 된다. 다음은 존경욕구인데, 사회적 지위, 존경, 인정, 성취, 및 권력과 같은 것에 대한 욕망을 포함한다. 이 욕구가 충족되지 않으면 열등감과 무가치감을 경험한다. 이와 같이, 모든 사람들은 위계상의 모든 욕구들을 충족시키기 위하여 자기 자신의 방식을 취하게 된다.

하지만, 욕구위계이론은 몇 가지 측면에서 문제가 있다. 첫째, 전반적으로 피라미드상의 하위욕구부터 우선적으로 충족되어야 하지만, 때때로 예외를 발견할 수 있다. 가장 기본이 되는 생리적 욕구와는 무관하게 자신의 고유한 삶을 사는 사람들을 쉽게 발견할 수 있다. 둘째, 매슬로가 제안한 것처럼, 모든 사람들이 동일한 순서를 따르는 것은 아니다. 어떤 사람들은 자존욕구를 충족시키기 전에 애정 및 소속감을 추구하지만, 성취 지향적인 사람들은 가족보다는 경력을 확립하는 데 더 많은 노력을 한다. 셋째, 문화에 따라서 동기적 우선순위가 달라질 수 있다. 동양 문화권과 서양 문화권에 따라서 추구하는 바가 다르다. 예를 들어, 개인주의를 지향하는 서양문화권은 집단주의를 지향하는 동양문화권보다 존경욕구를 추구하는 정도가 훨씬 더 강하다.

1.3. 외적 동기와 내적 동기

동기의 유형에 따라 행복에 미치는 영향이 달라진다. 외부적 보상에 의해 충족되는 동기보다는 행위 자체에서 만족을 얻게 되는 동기를 추구하는 사람들이 더 행복을 느낀다. 내적 동기가 외적인 보상에 의해 대체되는 현상을 과잉정당화overjustification라고 한다. 동일한 일을 하더라도 외적인 보상에 대한 기대를 갖게 하면, 그 일 자체에 대한 흥미나 선호는 오히려 떨어지게 된다. 왜냐하면 그 일을 하게 되는 이유가 일 자체에 대한 흥미 외에도 외적 보상이라는 이유로 정당화될 수 있기 때문이다.

외적 동기는 타인의 인정이나 칭찬을 얻기 위한 욕구나 사회적 비판과 처벌을 회피하기 위한 욕구에서 파생되는 것으로서 그 자체로는 행복을 고양시키는 역량이 없는 것이다. 외재적 가치(경제적 성공, 신체적 매력, 사회적 인기)를 추구하는 사람은 주관적 웰빙이 저하되어 있는 것으로 나타난 반면, 내재적 목표를 추구하는 사람들은 주관적 웰빙 수준이 높은 것으로 나타났다(Kasser & Ryan, 1993, 1996).

내적 동기를 지닌 사람들은 외적인 보상에 의해 동기가 부여된 사람들에 비해서 업무성과, 끈기, 창의성, 자존감, 활기가 향상되었으며 전반적 행복 수준을 더 높게 보고했다. 내적 동기를 지닌 사람들은 건강 증진 행동, 종교적 참여, 친밀한 인간관계, 정치적 활동과 같은 다양한 영역에서도 긍정적인 결과를 나타내는 경향이 있었다. 내적 동기를 지니고 흥미로운 일에 전념하게 될 때, 몰입이라는 독특한 긍정적 심리 상태를 경험하게 된다.

라이언과 데시(Ryan & Deci, 2000)는 내적 동기를 '새롭고 도전적인 것을 추구하고, 자신의 능력을 확장하여, 연마하며, 항상 탐구하고 배우고자 하는 선천적 성향'이라고 정의하면서 인간의 대표적인 긍정적 속성으로 간주했다. 내적 동기를 구성하는 3가지 기본적 욕구 첫째는 유능성competence의 욕구로서 환경에 효과적으로 대응할 수 있는 숙달된 경험을 추구하는 성향이고, 둘째는 관계성relatedness의 욕구로서 서로에게 지지적인 인간관계를 형성하고자 하는 성향이며, 셋째는 자율성autonomy의 욕구로서 삶의 중요한 문제에 관해서 독립적이고 자주적인 결정을 내리고자 하는 성향이다.

자기결정이론Self-Determination Theory은 행복이 자율성, 유능성, 관계성 이 3가지의 기본적인 심리적 욕구의 충족으로부터 나온다고 본다(Baumgardner & Crothers, 2009). 자율성 욕구는 자신의 활동을 다른 사람이 시켜서가 아니라 자기 스스로 선택할 수 있을 때, 그리고 자기개념과 일치할 때 충족된다. 유능성 욕구는 우리 능력에 좀 더 많은 확신을 갖게 하는 바라던 결과가 자신의 노력을 통해 달성되었을 때 충족된다. 관계성에 대한 욕구는 타인과의 긴밀하고 긍정적인 연결에 의해 충족된다. 친밀함과 지지를 제공하는 사회적 상호작용은 이 욕구를 만족시키는 데 기여한다.

1.4. 쾌락주의와 금욕주의

욕망을 포함하여 쾌락에 대하여 긍정적인 입장과 부정적인 입장이 있다. 긍정적인 입장을 쾌락주의hedonism라 한다. 쾌락주의자들은 다음과 같은 주장을 한다. 첫째, 욕망은 삶의 의욕과 활기를 제공한다. 둘째, 욕망은 삶에 필요하고 시급한 과제에 대응하는 능력을 증진시킨다. 인간의 자연스러운 욕망은 생존과 적응에 필요한 활동을 촉진하는 신호라고 할 수 있다. 셋째, 욕망은 즐거움의 원천이다. 욕망의 충족을 통해서 우리는 즐거움과 행복감을 느끼게 된다. 마지막으로, 금욕주의자들은 욕망과 쾌락 추구를 무절제한 탐욕이나 방종과 같은 극단적인 상태로 간주한다는 것이다. 즉, 욕망의 위험성을 지나치게 과장하고 있다는 것이다. 그러나 적절한 욕망과 쾌락의 추구는 몸과 마음을 즐겁게 함으로써 인생을 향유하도록 만든다. 오히려 욕망에 대한 과도한 억제나 억압은 삶을 메마르게 할 뿐만 아니라 때로는 정신장애의 원인이 되기도 한다.

반면에 욕망과 쾌락을 위험한 것으로 보는 입장이 금욕주의asceticism인데, 금욕주의자들은 다음과 같은 주장을 한다. 첫째, 욕망은 충족되기 어렵기 때문이다. 대부분의 중독현상은 욕망과 쾌락을 추구한 결과로 초래된 불행한 결과이다. 둘째, 욕망은 인간을 무절제하고 나태한 존재로 만들 수 있다. 행복에는 쾌락의 강도뿐만 아니라 쾌락의 결과가 중요하다. 쾌락 중에는 단기적으로는 즐거운 것이지만 장기적으로는 부정적인 결과를 초래하는 것들이 많다. 셋째, 욕망과 쾌락에는 의미가 없다는 것이다. 궁극적으로 공허감을 줄 수밖에 없다. 마지막으로, 욕망은 사회적 관계와 유대를 약화시킨다. 욕망은 기본적으로 이기적인 것이어서 다른 사람의 욕구나 입장에 둔감하다.

1.5. 쾌락과 즐거움

대표적인 긍정심리학자 중의 한 명인 칙센트미하이(Csikszentmihalyi)는 쾌락과 즐거움을 구분하고 있다. 쾌락pleasure은 식욕이나 성욕 같은 생물학적 욕구나 타인의 칭찬과 같은 사회적 욕구가 충족될 때 느끼는 긍정정서 상태지만 심리적 성장이나 발달로 이어지지는 않을 뿐만 아니라 반복적인 경험을 통해서만 이러한 유쾌함이 지속될 수 있다. 반면에, 즐거움enjoyment은 추구하는 목표의 달성, 기대의 충족, 뜻밖의 심리적 체험이나 창의적 성과에 의해서 경험되는 긍정정서를 의미한다. 이러한 즐거움은 그 자체로 성취감과 신선감을 주며 그 영향이 지속적일 뿐만 아니라 우리의 가능성과 잠재력을 확장시켜 새로운 것을 창조하는 데 기여한다. 따라서 사람들로 하여금 유쾌한 경험과 더불어 생산적이고 성장적인 즐거움을 체험해 가도록 만드는 방법을 연구하는 것이 긍정심리학의 중요한 과제이다(Csikszentmihalyi, 1990).

1.6. 욕망충족이론의 한계

신화 속에 나오는 이카루스나 바벨탑에 대한 이야기에서 시사하는 바와 같이, 욕망충족이론은 근본적으로 몇 가지 한계가 있다. 첫째, 다양한 욕망을 충족시킬 수 있는 외부 조건과 행복 정도의 상관관계가 상당히 미미하다. 둘째, 욕망의 충족 상태는 일시적이다. 욕망을 지속적으로 충족시키기는 어렵다. 셋째, 하나의 욕망이 충족되면, 곧 그러한 상태에 익숙해져 행복을 느끼지 못하는 경향이 있다. 넷째, 개인적 욕망이 충분히 충족되어도, 자신보다 더 풍요로운 상태에 있는 사람을 보게 되면 행복이 저하된다. 끝으로, 행복은 욕망의 충족 이외에 타인과의 비교, 지향하는 목표, 적응 과정 등과 같은 다양한 심리적 요인의 영향을 받는 것으로 여겨지고 있다.

2. 목표이론

목표이론Goal Theory이란 인간은 자신이 추구하는 목표를 달성하거나 목표를 향해 진전되고 있다고 믿을 때 행복을 느낀다는 입장이다. 이 이론은 욕망충족이론의 발전된 형태라고 할 수 있다. 왜냐하면 욕망을 좀 더 구체적인 목표로 명료화하고 목표달성과 관련된 인지적 평가를 포함하고 있기 때문이다.

내면적인 충동 상태인 동기는 성장 과정을 거치면서 인지적 요인과 결합되고 사회적 영향을 받으면서 가치로 변환된다. 달리 말하면, 가치는 동기가 사회적 영향을 받아 인지적 믿음의 형태로 변화된 것이라고 할 수 있다. 이러한 가치는 우리의 선택과 행동에 영향을 미칠 뿐만 아니라 어떤 목표를 지향하게 만드는 중요한 심리적 요인이 된다.

목표이론에 따르면, 인간은 목표의 설정, 목표를 향한 진전감 그리고 목표의 성취를 이룰 때 행복을 느낀다(Austin & Vancouver, 1996). 인생에서의 목표와 성취 간의 격차가 작을수록 더 행복하다고 보았다.

2.1. 목표의 유형

일반적으로, 추구하는 목표가 인간의 내적 동기와 잘 부합할 때 행복이 증가한다. 자기수용, 긍정적 인간관계, 다른 사람을 돕는 것과 관련된 목표를 추구하는 사람들이 물질적 성공, 신체적 매력, 사회적 명성을 추구하는 사람들보다 행복 수준이 더 높다(Cantor & Sanderson, 1999; Kasser & Ryan, 1993).

접근 목표approach goals는 무언가를 향해 움직이도록 동기를 부여하는 것인 반면, 회피 목표avoidance goals는 위험, 곤란, 공포 등을 피하기 위한 것이다. 일반적으로, 접근 목표가 회피 목표보다 주관적 웰빙과 관련성이 높다. 기대했던 속도나 그보다 더 빠른 속도로 진전되는 것을 느끼게 되면, 행복이 훨씬 더 증대된다(Hsee & Abelson, 1991).

자신의 상황적 조건을 고려하여 달성 가능성이 높은 현실적인 목표를 추구하는 것이 중요하다. 죄수의 경우, 뚜렷한 목표가 없거나 교도소 밖에 있는 사람과의 친밀한 관계를 추구하는 사람은 체력단련의 목표를 지닌 사람보다 삶의 만족도가 현저하게 낮았다.

추상적인 목표를 추구할수록 현재의 행복도가 낮아진다. "장대한 환상과 하찮은 추구"의 갈등, 구체적인 목표와 추상적인 목표 간의 균형을 위해서는, 추상적이며 의미 있는 장기적 목표와 더불어 직접 행동으로 연결될 수 있는 구체적인 목표를 세우는 것이 가장 좋은 방법이다(Emmons, 1992).

2.2. 목표위계와 통합성

행복한 삶을 위해서는 서로 조화롭게 밀접히 연결된 목표를 선택하여 추구하는 것이 중요하다. 추구하는 목표들 간의 통합성이 높고 경쟁적 목표들 간의 내적 갈등이 적을수록 주관적 웰빙 수준이 높았다. 더 크고 추상적인 목표를 성취하는 데 도움이 될 만한 작은 목표들을 개인적 추구personal strings라 하는데, 작은 목표가 큰 목표와 위계적 구조를 이루고 통합되면 더 많은 행복을 느낄 수 있다. 개인적인 특성뿐만 아니라 문화도 목표의 선택에 중요한 영향을 미친다. 개인이 속해 있는 문화나 하위문화에서 높이 평가하는 목표를 성취할수록 행복이 증가한다.

2.3. 목표의 실현 가능성

목표이론에 따르면, 행복은 개인이 추구하는 목표의 실현 가능성뿐만 아니라 목표 달성을 위해 다가가고 있다는 진전속도에 대한 주관적 평가에 의해서 결정된다. 행복은 지속적으로 유입되는 정보들을 어떻게 평가하느냐에 의해서 결정된다. 평가 과정의 핵심은 우리가 추구하는 주요한 목표가 현재 얼마나 달성되었으며 앞으로 얼마나 잘 달성될 것인가에 대한 평가이다.

스나이더, 랜드, 시그먼(Snyder, Rand, & Sigmon, 2002)에 따르면, 희망hope은 2가지 믿음의 결과이다. 그 첫째는 목표에 이르는 경로에 대한 것으로서 목표를 달성하는 방법을 찾을 수 있다는 믿음이다. 두 번째는 목표를 향한 추구의지에 관한 것으로서 그러한 목표를 달성할 만큼 충분히 동기와 의지를 지니고 있다는 믿음이다. 즉, 희망이란 목표를 달성할 수 있는 현실적인 방법이 있으며 그 목표를 향해 충분한 욕구를 스스로 불러일으킬 수 있다는 믿음의 결과라는 것이다. 이러한 희망 수준이 높은 사람들은 긍정정서를 더 많이 느끼고, 미래에 행복해질 것이라고 기대하며, 더 확신에 차 있고, 스트레스에도 더 성공적으로 대처하며, 목표를 향한 대안적인 방법들을 찾을 가능성이 높고, 더 많은 사회적 지원을 받아내는 경향이 있다(Snyder et al., 2002).

목표이론은 목표를 추구하는 것이 행복에 도달하는 길이라고 본다. 목표를 추구한다는 것은 우리가 삶에 적극적으로 참여하고 있다는 징표이다. 내적 동기에 의해 자발적으로 목표를 선택하여 추구하면서, 현실적이고 구체적인 목표를 향한 활동에 적극적으로 참여함으로써 우리의 행복이 증진될 수 있다.

3. 비교이론

비교이론Comparison Theory은 행복이 비교의 결과라고 본다. 인간은 매우 다양한 기준에 의해서 자신을 평가하지만, 가장 주요한 비교기준은 다른 사람, 과거의 삶, 이상적 자기상, 지향하는 목표이다. 비교이론에 따르면, 개인은 자신의 현재 상태를 이러한 기준들과 비교했을 때 우월한 방향으로의 차이가 클수록 더 높은 행복을 경험한다. 비교이론에 따르면, 높은 기준과의 상향적 비교를 하는 사람은 불행을 느끼기 쉬운 반면, 하향적 비교를 하는 사람은 행복이 증가한다.

3.1. 다른 사람과의 비교

우리가 자기평가를 위해 적용하는 가장 일반적인 비교기준은 다른 사람들이다. 사회적 비교social comparison는 우리가 자기평가를 하는 가장 대표적인 방법인데, 이때 어떤 사람들을 비교대상으로 하느냐에 따라 평가결과가 크게 달라진다. 비교대상에 따라서 사회적 비교는 자신과 비슷한 사람들과 비교하는 수평적 비교lateral comparison, 자신보다 더 나은 사람들과 비교하는 상향적 비교upward comparison, 자신보다 못한 사람들과 비교하는 하향적 비교downward comparison로 구분할 수 있다.

행복한 사람들은 상향적 비교보다 하향적 비교를 더 많이 한다(Lyubomirsky & Ross, 1997). 일반적으로, 하향적 비교를 많이 할수록 행복도가 증가한다. 행복은 우리가 다른 사람들보다 우월하다는 평가와 관련되어 있다. 주변의 비교대상이 어려운 상황에 처해 있을수록 개인은 더 행복을 느낀다. 높은 기대 수준과 낮은 성취 상태에 있더라도 목표를 향해 적절한 진전이 있다고 느낀다면 행복을 느끼게 된다.

3.2. 과거와의 비교

현재의 자신을 평가하는 두 번째 비교기준은 과거의 자신이다. 우리는 현재를 과거와 비교하여 긍정적인 변화를 인식할 때 행복을 느끼게 된다. 불행한 사람은 자신의 성격이나 태도로 인해서 불행을 영속화시키는 경향이 있으며, 행복한 사람은 긍정적 변화를 위해 끊임없이 노력하는 경향이 있다. 행복에 있어서 중요한 것은 현재의 절대적 상태가 아니라 과거보다 나아졌다는 긍정적 변화의 인식이다. 행복한 삶을 지속하기 위해서는 점진적인 긍정 변화가 지속적으로 나타나고 있다는 인식을 필요로 한다.

3.3. 이상적 자기와의 비교

히긴스(Higgins, 1987)에 따르면, 이상적 자기상에는 이상적 자기와 의무적 자기가 있다. 이상적 자기ideal self는 스스로 이상적인 것으로 여기는 자신의 특성인 반면, 의무적 자기ought self는 부모와 같이 중요한 사람들에 의해 기대되는 자신의 모습이다. 우리는 자기평가를 할 때 이상적 자기와 더불어 의무적 자기와도 비교를 하게 된다. 자신에 대한 만족감이 실제적 자기뿐만 아니라 이상적 자기의 수준에 의해 결정된다는 것이다. 이상적 자기의 수준이 너무 높은 경우에는 자신에 대한 만족을 느끼기 어렵다. 개인의 행복은 자기평가를 할 때 적용하는 이상적 자기와 의무적 자기의 수준에 의해서 커다란 영향을 받는다. 너무 높은 이상적 자기상을 지닌 사람들은 행복을 느끼기 어렵다. 그렇다고 이상적 자기상의 수준이 낮은 사람들이 행복을 더 많이 느끼는 것도 아니다.

3.4. 지향하는 목표와의 비교

어떤 사건들이 얼마나 행복에 영향을 미치는지는 우리가 지향하는 목표와의 비교를 통해서 이루어진다. 일차적 평가 과정에서 개인은 직면한 사건을 목표 관련성, 목표 합치성, 자아 관여성의 측면에서 평가한다. 긍정적 자존감의 형성과 유지에는 3가지 과정이 관련이 있는 것으로 보았다. 첫째는 자신에 대해서 정확한 평가를 하려고 노력하는 자기평가 과정self-assessment이고, 둘째는 현재의 자신에 대한 자기 평가를 확인하려고 노력하는 자기입증 과정self-verification이며, 셋째는 자신에 대해서 호의적인 평가를 하려고 노력하는 자기고양 과정self-enhancement이다. 연구에 의하면, 자존감이 높은 사람들은 자기고양 과정을 많이 사용하는 경향이 있었다(Sedikides, 1993).

3.5. 사회적 비교 과정

재물과 행복의 관계를 포함하여 우리는 인생에서 일어나는 대부분의 변화에 대해 대략 3개월 이내에 적응하게 된다(Diener & Lucas, 2000). 경제적 부가 지속적인 행복을 가져오지 못하는 이유 중의 하나는 사회적 비교 과정social comparison process 때문이다. 사람들은 자신의 삶을 다른 사람의 삶과 비교하는 경향이 있다. 소득 수준이 증가할수록 물질에 대한 욕구도 증가한다(Sirgy, 1998). 소득 수준이 증가할수록 행복해지기 위해서 "가져야만 하는 필요한 것들"의 기대 수준도 상승한다(Brickman & Campbell, 1971).

4. 웰빙이론

웰빙이론Well-being Theory은 사회복지학 분야에서 많이 연구되었다. 웰빙이론에서는 행복이라는 용어보다는 웰빙well-being이라는 용어를 사용하고는 있지만, 그 취지와 내용은 거의 동일하다. 웰빙은 흔히 '안녕', '참살이', '잘 사는 법', '삶의 질'과 함께 사용되는데, 사전적으로 몸과 마음의 편안함과 행복을 추구하는 태도나 행동으로 정의할 수 있다. 웰빙은 몸과 마음, 일과 휴식, 가정과 사회, 자신과 공동체 등 모든 것이 조화를 이루어 어느 한쪽으로 치우치지 않은 상태를 의미하기도 한다.

웰빙이론에서는 웰빙을 평가할 때 기준이 되는 것은 삶에 대한 만족과 긍정적 정서의 경험으로 정의되는 주관적 웰빙subjective well-being이어야 된다고 본다(Diener, 1984). 왜냐하면 사회경제적 지표와 같은 객관적인 측정치는 개인이 자신의 삶에 대해 얼마나 행복해하거나 만족해하는지를 직접적으로 평가하지 못하기 때문에 불완전하다. 비록 이런 지표들이 개인의 삶에 대한 객관적 사실을 말해주고 있더라도, 사람들이 이런 사실에 대해 어떻게 생각하고 느끼는지에 대해서는 알려주는 것이 없기 때문이다.

웰빙이론에서는 진정한 행복과 긍정적 정신건강이 정서적 웰빙, 심리적 웰빙, 그리고 사회적 웰빙이라는 3가지 측면으로 구성된다고 본다(Keyes & Lopez, 2002). 진정으로 행복하고 건강한 삶이란 긍정정서를 반영하는 정서적 웰빙emotional well-being, 개인의 원활한 기능 수준과 적응 상태를 반영하는 심리적 웰빙psychological well-being 그리고 적극적인 사회적 참여와 기여를 뜻하는 사회적 웰빙social well-being이 함께 이루어진 상태라고 보는 것이다.

또한 키이스와 워터맨(Keyes & Waterman, 2003)은 사람들이 살아가면서 경험하는 주관적 웰빙을 크게 정서적 웰빙, 심리적 웰빙, 사회적 웰빙으로 구분할 수 있으며, 15가지 측면들이 고려되어야 하는데, 각각은 서로 다른 특별한 기능이 있다고 주장하였다. 첫째, 정서적 웰빙은 자신의 삶을 통해서 경험한 긍정적·부정적 경험의 균형 상태로 자신의 삶에 대하여 느낀 행복과 만족이다. 정서적 웰빙은 ① 긍정정서, ② 부정정서, ③ 삶의 만족, ④ 행복감으로 구성된다. 둘째, 심리적 웰빙은 삶의 과정에서 자신이 경험한 긍정적 경험을 의미한다. 심리적 웰빙의 6가지 긍정적 측면은 ① 자기수용, ② 타인과의 긍정적 관계, ③ 개인의 성장, ④ 삶의 목표, ⑤ 환경통제 그리고 ⑥ 자율성인데, 이것들은 정신건강과 밀접한 관계가 있다. 독자적으로 자기 자신의 가치와 이상을 추구해 나가는 사람은 행복한 사람이다. 끝으로, 사회적 웰빙은 보다 개인적 기준에 역점을 두고 있는 심리적 웰빙과는 대조적으로, 보다 공개적이고 사회적 기준에 역점을 둔다. 사회적 웰빙의 수준은 ① 사회적 일관성, ② 사회적 실현, ③ 사회적 통합, ④ 사회적 수용, ⑤ 사회적 공헌의 차원에 의해 평가된다.

우리의 삶은 삶에 대한 감정 상태, 개인적 건강 상태, 혹은 사회적 건강 상태 등에 의해 평가된다(이현수, 2008). 정서적 웰빙의 수준이 높은 사람은 자기 자신의 삶을 불만보다는 만족, 불행보다는 행복, 부정보다는 긍정적으로 평가한다. 심리적 웰빙의 수준이 높은 사람은 자신이 스스로 원만한 심리적 역할을 수행하고 있다고 생각하며, 더불어 개인의 성장감, 삶의 목표, 그리고 원만한 자기수용을 하고 있다고 생각한다. 사회적 웰빙을 누리고 있다고 생각하는 사람은 스스로 원만한 사회적 관여와 사회적 공헌을 하고 있다고 생각한다.

제2장 긍정심리학에서도 논의한 것처럼, 셀리그먼(Seligman, 2011)은 웰빙과 행복을 연결하여 '번성' 혹은 '번영'의 뜻을 지닌 플로리싱floursing이라는 개념을 제안하면서, 웰빙의 핵심요소를 'PERMA'라고 하였다. 여기서 P는 긍정정서positive emotion로 기쁨, 희열, 따뜻함, 자신감, 낙관과 같은 긍정적인 감정을 말한다. E는 몰입engagement으로 시간 가는 줄 모르고, 어떤 활동에 빠져든 동안 자각하지 못하며, 자발적으로 업무에 헌신하는 것을 말한다. R은 관계relationship로 타인과 함께하는 것을 말한다. 우리가 말할 수 없이 기뻤던 순간이나 자신의 성취에 엄청난 자긍심을 느꼈을 때를 생각해 보면 대부분 타인과 함께할 때이다. M은 의미meaning로 자신보다 더 중요하다고 믿는 어떤 것에 소속되고 거기에 기여하는 것을 말한다. 끝으로 A는 성취accomplishment로 남에게 이기기 위해서이거나 돈을 벌기 위해서가 아니라 성취 그 자체가 좋아서 추구하는 것을 말한다.

5. 적응대처이론

행복의 비밀 중 하나는 아무리 긍정적인 환경과 행복 속에 있더라도 그러한 상태가 지속되면 행복은 저하된다는 점이다. 인간은 긍정 상태가 지속되면 적응을 하기 때문이다. 즉, 쾌락경험의 지속기간은 행복에 있어서 경시되는 경향이 있는데, 그 이유는 우리가 그것에 적응하기 때문이다.

5.1. 적응

쾌락은 유쾌한 보상적 경험이기 때문에 우리는 쾌락을 추구하며 반복적으로 경험하기를 원하게 된다. 그러나 쾌락은 반복경험을 통해서 그 유쾌함의 강도가 감소하는 경향을 지닌다. 처음에는 매우 유쾌한 경험이었지만 그러한 경험을 반복하면서 쾌감이나 흥미가 저하되는 경우가 흔하다. 이러한 현상을 적응adaptation이라고 하며, 둔감화desensitization 또는 습관화habituation라고 부르기도 한다. 즉, 우리는 쾌락을 추구하지만 반복되는 경험 속에서 지루함을 느끼며 항상 새로운 쾌락을 추구하며 살아간다는 의미이다. 이처럼 인간은 새로운 변화 상황에 계속적으로 적응하면서 중립적인 상태로 돌아가는 경향이 있다(Brickman & Campbell, 1971).

행복의 비밀 중 하나는 우리가 '반복에 둔감하며 변화에 민감하다'는 점이다. 동일한 활동을 반복하게 되면 흥미를 잃게 되지만, 매번의 활동 속에서 약간의 변화를 주게 되거나 새로움을 발견하게 되면 흥미를 유지할 수 있다. 쾌락에 대한 적응 과정은 매우 보편적인 것으로서 행복을 이해하는 데 중요하다. 커다란 행운 또는 불운을 경험한 사람들이 우리가 생각하는 것보다 자신의 삶을 현저하게 더 행복하거나 불행하게 느끼지 않는다는 것이다. 왜냐하면 현격한 삶의 변화를 겪더라도 그러한 삶에 적응하기 때문이다.

적응현상이 일어나는 이유는 첫째, 적응 과정은 어떤 특정한 감각을 유발하는 외부의 자극에 의해 우리가 압도되지 않도록 보호해 주는 기능을 지닌다. 커다란 행운 또는 불운을 경험했던 사람들도 시간이 흐르면 그가 경험한 행복과 불행이 평소 수준으로 회귀하는 경향이 있다(Brickman, Coates, & Janoff-Bulman, 1978). 왜냐하면 우리가 생존을 위해서, 다시 말해서 우리가 일상적인 생활로 돌아와 정상적인 생활을 하기 위해서는 이러한 흥분 상태가 오래도록 지속되지 않는 것이 유익하기 때문이다(Barkow, 1997). 둘째, 적응은 우리가 주변 환경에서 일어나는 변화에 민감해지도록 해준다.

5.2. 대처

적응은 수동적인 과정인 반면, 대처는 능동적인 적응 과정이다. 새로운 변화에 대해서 긍정적 의미를 부여하고, 합리적으로 행동하며, 필요할 때는 도움을 요청할 줄 알고, 역경 속에서 분발하며 문제 해결적 대처를 하는 사람이 행복을 많이 느낀다. 미래의 긍정적 결과에 대한 기대는 기분을 고양시킬 뿐만 아니라 스트레스 상황에서도 더 효과적인 대처전략을 사용하게 만든다.

대처coping는 '자신의 자원에 부담을 주거나 자원을 압도하는 것으로 평가되는 요구를 처리하려는 끊임없이 변화하는 인지적 및 행동적인 노력(Lazarus & Folkman, 1984)'으로 정의된다. 삶을 살아가는 동안 사람들은 누구나 스트레스를 겪을 수밖에 없고, 스트레스 자체보다 그 스트레스들에 대해 어떻게 대처하고 대처의 효과가 어떠한가가 건강에 더욱 중요한 의미를 지닌다.

라자루스와 포크먼(Lazarus & Folkman, 1984)은 사람들이 상황을 평가할 때 일차적 평가, 이차적 평가 그리고 재평가를 거쳐 간다고 본다. 이때 일차적 평가primary appraisal는 더 중요하다는 뜻이 아니라 시간적으로 볼 때 최초라는 의미다. 예를 들어 '시험'이나 '승진'과 같은 생활 사건은 자신의 안녕이나 복지의 관점에서 평가된다. 개별 사건들은 나의 복지나 안녕에 무관하거나 긍정적이거나 부정적인 것으로 평가된다. 부정적인 것은 상황의 세부적인 의미에 따라 상해harm나 상실loss, 위협threat 및 도전challenge으로 평가될 수 있다. 상해나 상실은 질병이나 사고와 같이 이미 발생해 버린 상황이라는 평가에서, 위협은 장차 있을 수 있는 위험에 대한 평가에서, 도전은 자신이 하기에 따라서는 위험만 있는 것이 아니라 긍정적인 결과도 초래될 수 있다고 판단하는 데서 유래한다.

이차적 평가secondary appraisal는 부정적으로 평가된 상황에 대하여 자신이 사용할 수 있는 대처 자원과 관련된 것이다. 일차적 평가가 특정 상황이나 사건이 '나에게 어떤 의미가 있는가?'에 대한 것이라면, 이차적 평가는 '내가 이 상황이나 사건에 대하여 무엇을 할 수 있는가?'에 초점이 맞추어져 있다. 이차적 평가에서는 흔히 3가지 질문을 하게 된다. '내가 이용 가능한 대처방안에는 어떤 것이 있는가?', '내가 이런 대처방안들을 성공적으로 적용할 수 있는 가능성은 어느 정도인가?', '내가 이런 대처방안들을 성공적으로 적용할 수 있는 가능성은 어느 정도인가?', '그것이 스트레스를 경감시켜 줄 확률은 어느 정도인가?' 등의 질문이 그것이다. 일차적 평가에서 부정적으로 평가된 사건들은 이차적 평가 과정을 통해 그 강도가 달라진다. 예컨대 일차 평가에서는 앞두고 있는 입사를 위한 면접시험이 매우 위협적인 사건으로 평가되었으나, 그 시험에 대해 자신이 지니고 있는 대처자원과 그 결과를 예측해 볼 때 위협적인 평가 정도는 줄어들고 도전적인 평가라는 생각이 더 지배적이 될 수도 있다.

재평가reappraisal란 새로운 정보가 입수되어 평가가 변화하는 것을 의미한다. 예를 들어 실직한 사람이 입사지원서를 작성하고 면접을 받는 자신의 기술이 종전에 생각하던 것보다 높다거나 눈높이를 조금만 낮추면 재취업 시장이 생각보다 나쁘지 않다는 새로운 정보를 입수하게 되면 부정적인 평가는 상당 부분 줄어들 수 있다. 물론 재평가가 부정적인 생각을 늘 감소시키는 것은 아니고, 증가시킬 수도 있다. 종전에는 긍정적으로 평가되던 상황이 변하거나 다르게 보이기 시작하면 위협적이거나 도전적인 양상으로 다가올 수 있다.

5.2.1. 대처자원

우리가 대처를 얼마나 잘 하는가는 대처자원과 그것을 효과적으로 활용하는가에 달려 있다. 라자루스와 포크먼(Lazarus & Folkman, 1984)은 의미 있는 대처자원으로 다음과 같이 5가지를 들고 있다. 첫째, 건강과 에너지이다. 건강하고 힘이 넘치는 사람은 아프고 약한 사람보다 외적 및 내적 스트레스 요구들을 더 잘 관리할 수 있다. 둘째, 긍정 신념이다. 자신이 바라는 결과를 성공적으로 성취할 수 있다는 믿음이 강할수록 대처능력이 증진된다. 셋째, 문제 해결 기술이다. 당면 문제를 해결하는 데 필요한 기술이 있으면 더 효과적으로 대처할 수 있다. 넷째, 사회적 기술이다. 다른 사람들로 하여금 협조하게 만드는 사회적 기술이 있는 경우 스트레스를 보다 효과적으로 다룰 수 있으며, 스트레스의 극복에 힘을 주는 사회적 지원social support을 끌어낼 수 있다. 끝으로, 물질적 자원이다. 자동차가 고장이 났을 경우 수리에 드는 비용을 댈 수 있는 충분한 돈이 있다면 그 스트레스를 쉽게 극복할 것이다.

최근에 긍정정서가 대처자원으로 주목을 받게 되었다(Baumgardner & Crothers, 2009). 긍정정서는 스트레스와 삶의 외상에 대처하는 데 중요한 역할을 한다. 긍정정서경험은 고통의 와중에서도 스트레스의 부정적인 효과를 완충시키거나 감소시킴으로써 이득을 준다. 긍정정서는 낙관주의, 희망, 자신감을 증진시킴으로써 고갈된 심리적 자원을 북돋을 수 있다. 또한 면역기능을 향상시키는 신체적인 자원에도 기여한다. 역경에도 불구하고 사람들은 긍정정서 경험을 통해 같이 웃을 수 있는 방도를 찾고, 기억을 공유하는 것을 즐기며, 긍정적인 삶의 교훈을 얻는다.

5.2.2. 대처방법

일반적으로 대처방법은 라자루스와 포크먼이 제안한 문제초점 대처와 정서초점 대처로 구분한다(Lazarus & Folkman, 1984). 문제초점 대처Problem-Focused Coping는 스트레스를 유발하는 문제를 해결하기 위해 직접적으로 노력하는 것으로, 자신의 대처자원이나 기술을 믿으며 문제 자체를 해결하려는 노력을 지속하는 것이다. 이에 반해 정서초점 대처Emotion-Focused Coping는 문제 자체가 아니라 문제 상황에서 발생하는 부정적인 정서 상태를 완화하려는 노력을 의미한다. 예를 들어, 직장 상사와의 관계에서 스트레스를 경험하고 있는 사원이 상사와의 대화를 통하여 상사의 요구를 보다 분명하게 알아채고 이를 잘 처리하거나 상사가 하는 요구의 부당성에 대항해서 문제를 바로잡으려는 노력을 한다면 이를 문제초점 대처라 할 수 있다. 반면, 상사와의 갈등에서 오는 분노나 불안 등의 정서를 감소시키기 위하여 술을 마시거나 오락에 빠져 들거나 직장생활의 중요성을 평가절하 한다면 이는 정서초점 대처라 할 수 있다. 현재까지의 연구 결과들을 살펴보았을 때 일반적으로 문제초점 대처가 보다 효율적인 것으로 나타나고 있지만, 통제가 불가능한 상황에서나 단기적으로는 정서초점 대처가 더 효과적이다. 우리는 생활하면서 필연적으로 스트레스를 경험할 수밖에 없다는 점을 감안하면, 건강이나 질병은 스트레스 그 자체보다는 스트레스에 어떻게 대처하는가에 따라 달라진다고 보아야 할 것이다.

아스핀월과 테일러(Aspinwall & Taylor, 1997)는 예방초점 대처라는 세 번째 범주의 대처를 제안하였다. 예방초점 대처Proactive Coping는 스트레스가 생기는 것을 사전에 차단하려는 노력을 말한다. 예를 들어, 심각한 질병의 조짐이 될 수도 있는 증상을 처음 알아차렸을 때, 증상이 없어지길 바라면서 증상에 대해서 걱정하거나 정말로 심각한 질병에 걸릴 때까지 기다리지 않고 바로 의사를 찾는 것이다. 마감시간 전에 기말보고서를 마치는 것도 예방초점 대처의 한 예이다.

5.3. 적응대처이론의 시사점

적응 및 대처 이론이 시사하는 바는 다음과 같다. 첫째, 긍정적 변화에 주목하라. 그것이 미세한 것이라도 주목하여 긍정적 변화가 있음을 자각하라. 둘째, 사건의 부정적 측면을 무시하지 않되, 긍정적 측면에 주의를 기울여라. 셋째, 사건의 의미를 긍정적으로 해석하여 받아들여라. 부정적 사건에 대해서는 수용을 하면서 미래를 위한 교훈적 의미를 발견하라. 마지막으로, 미래에 대한 긍정적 기대를 지니고, 최선의 결과를 유발할 수 있는 대처를 해라. 행복은 주어지는 것이 아니라 적극적으로 발견하고 발굴하는 것이다.

6. 강점덕목이론

강점덕목이론Strength and Virtues Theory은 자기실현적 관점을 취하는 이론으로 행복이란 개인의 강점과 덕목을 계발하고 현실 세계에 활용하는 것이라고 본다. 자신의 강점, 자신만의 재능을 발휘함으로써 우리는 행복을 맛볼 수 있다. 누구나 자신이 좋아하는 일을 통해 행복을 얻고자 노력할 수 있고 노력해야 한다. 먼저 자신의 강점을 살피고, 이를 일상생활 속에서 실천할 수 있는 아이디어를 짜보는 것이 우리가 선택할 수 있는 방법이다. 자신의 대표강점 Signature Strength 5가지를 확인하고 싶다면 www.viacharacter.org 사이트를 방문해서 설문조사에 응하면 무료로 이용 가능하다.

자기 자신을 소중히 여기지 않으면 어떠한 일도 제대로 할 수 없고 그 누구도 소중히 여길 수 없다. 먼저 자기 자신에게 집중해야 한다. 자기 자신이란 밖으로 보이는 나의 모습이 아니라 나라는 사람의 본래 모습을 의미한다. 우리 모두 지문이 다른 것처럼 각자의 본질도 다르다. 우리가 소중하게 여겨야 하는 건 바로 '자신의 본질'이라는 부분이다. 우리가 우리 자신을 소중히 여길 때 우리는 더 건강해지고 더 행복질 수 있기 때문에, 먼저 자기 자신을 소중히 여겨야 한다. 스스로 소중한 사람이 되기 위한 출발점은 바로 자신의 대표 강점을 찾아 계발하고 적극적으로 활용하는 것이다.

강점덕목이론에서는 DSM에 상응될 수 있는 심리적 강점과 덕목에 대한 분류체계를 개발하였는데, VIAVirtues in Action 분류체계가 그것이다. 이것은 1999년에 돈 클리프톤(Don Clifton)에 의해 시작되었으며, 메이어슨(Mayerson) 재단의 후원 아래 피터슨(Peterson)과 셀리그먼(Seligman)이 확장한 것이다. VIA 분류체계는 6개의 덕목과 24개 강점으로 분류되어 있다.

6.1. 정신장애진단 및 통계편람

미국정신의학회(APA)에서 만든 『정신장애진단 및 통계편람Diagnostic & Statistical Manual for Mental Disorders, DSM』은 1994년에 제4판(DSM-IV: APA, 1994)이 발행되었고,

2000년에 개정판(DSM-Ⅳ-TR: APA, 2000)이 나왔다. DSM-Ⅳ-TR은 심리장애를 17개의 주요 범주로 나누고, 그 하위 범주로 200개 이상의 장애를 기술하고 있다.

심리장애를 분류하고 설명하는 데 가장 보편적으로 사용되고 있는 DSM-Ⅳ의 특징을 살펴보면 다음과 같다(Kaplan, Sadock, & Grebb, 1994). 첫째, 심리장애의 원인과 정의를 이론보다는 임상적인 특징을 중심으로 서술하였다. 둘째, 각 장애에 대한 구체적인 진단 준거를 마련함으로써 객관적이고 신뢰할 만하게 진단할 수 있게 되었다. 셋째, 각 장애와 관련된 부가적인 특징들(예를 들어, 발병 연령, 유병률, 병의 진행 과정, 합병증 등)을 세분하여 심리장애를 이해하고 치료 계획을 세우는 데 도움이 되었다. 넷째, 진단을 위한 정보가 부족하거나 환자의 임상적 상태 또는 병력이 진단 준거와 완전히 일치하지 않을 경우는 진단을 유보하거나 분화시키지 않을 수 있는 방법을 제시하였다. 끝으로, 환자를 종합적으로 진단하기 위하여 다양한 변인을 평가(5개의 진단 축을 이용하여 평가)하는 방법을 사용하였다.

6.2. 강점 및 덕목 분류체계

강점 및 덕목 분류체계VIA Classification of Character Strengths and Virtues는 상위 6개

덕목the High Six이라 불리는 6개의 핵심덕목이 포함되어 있는데, 그것은 지혜와 지식wisdom & knowledge, 인간미humanity, 용기courage, 절제temperance, 정의justice, 그리고 초월transcendence이다.

6.2.1. 지혜와 지식

지혜와 지식wisdom & knowledge과 관련된 강점들은 더 나은 삶을 위해서 지식을 습득하고 활용하는 것과 관련된 인지적인 강점들이다. 삶에서의 지혜로운 판단과 지적인 성취를 돕는 강점들이다. 지혜와 지식 덕목은 창의성, 호기심, 개방성, 학구열, 지혜를 포함하는 5개의 강점들로 구성되어 있다.

6.2.2. 인간미

인간미humanity와 관련된 강점들은 다른 사람을 보살피고 친밀해지는 것과 관련된 대인관계적 강점들을 의미한다. 인간미 덕목은 사랑, 친절성, 사회지능을 포함하는 3개의 강점으로 구성되어 있다.

6.2.3. 용기

용기courage와 관련된 강점들은 내면적·외부적 난관에 직면하더라도 추구하는 목표를 성취하려는 의지와 관련된 강점들이다. 용기 덕목은 용감성, 끈기, 진실성, 활력을 포함하여 4개의 강점으로 구성되어 있다.

6.2.4. 절제

절제temperance와 관련된 강점들은 지나침으로부터 우리를 보호해 주는 긍정적 특질들로서 극단적인 독단에 빠지지 않는 중용적인 강점들이다. 절제 덕목은 용서, 겸손, 신중성, 자기조절을 포함하여 4개의 강점으로 구성되어 있다.

6.2.5. 정의

정의justice와 관련된 강점들은 건강한 공동체 생활과 관련된 사회적 강점을 말한다. 정의 덕목은 시민정신, 공정성, 리더십을 포함하여 3개의 강점으로 구성되어 있다.

6.2.6. 초월

초월transcendence과 관련된 강점들은 현상과 행위에 대해 의미를 부여하고 커다란 세계인 우주와의 연결성을 추구하는 초월적 또는 영적 강점을 의미한다. 초월 덕목은 감상력, 감사, 낙관성, 유머감각, 영성을 포함하여 5개의 강점으로 구성되어 있다.

7. 통합이론

행복은 우연히 외부에서 찾아온 행운이 아니라, 그 사람에 의한 올바른 노력의 결과이다. 외향성, 긍정적 인간관계, 인생의 목적의식, 정서적 안정성 등은 삶의 만족도를 향상시키는 요인이라는 증거들이 있다(Argyle, 1999; Compton, 2005; Diener & Lucas, 1999).

7.1. 상향이론

행복이 생활 속에서 경험하는 여러 가지 즐거운 순간들의 총합에 의해서 결정된다는 입장으로서, 이를 상향이론Bottom-up Theory이라고 부른다. 이 이론에 의하면, 행복, 주관적 웰빙 또는 삶의 만족 등은 삶 속에서 얼마나 많은 행복한 순간들을 경험하느냐에 달려 있다는 것이다. 즐겁고 기쁜 순간들을 더 자주 많이 경험할수록 사람들은 더 행복할 것이라는 것이다. 이러한 입장에 따르면, 우리는 생활 속에서 즐거운 경험들을 증가시킬수록 행복도 증가할 것이다. 또한 즐거운 경험을 제공할 수 있는 삶의 환경적 여건들(결혼, 직업, 종교, 재정 상태, 건강 등)이 행복에 중요하다. 따라서 행복을 증진하려는 노력은 환경적 여건과 상황을 개선하는 데에 중점을 두어야 할 것이다.

7.2. 하향이론

행복이 개인의 유전적 기질, 성격, 정서 성향 등에 의해서 강력한 영향을 받는다는 것으로서 이를 하향이론Top-down Theory이라고 한다. 개인의 유전적 기질이나 성격적 요인들은 일상적 경험을 긍정적인 방식으로 해석하고 인간관계에서 사교적인 행동을 나타내며 환경에 적극적인 대처를 하게 함으로써 주관적 웰빙에 영향을 미치게 된다. 하향이론에 따르면, 행복은 개인이 처한 환경적 여건보다 삶에 대한 태도에 의해서 더 강력한 영향을 받는다.

행복 증진을 위해서는 개인의 태도와 신념을 변화시키는 데에 중점을 두어야 할 것이다. 셀리그먼(Seligman, 1991)은 낙관주의와 같은 삶의 태도도 학습에 의해서 변화될 수 있다고 주장한다. 행복도의 편차 중 52%는 성격에 의한 것이며 단지 23%만이 상황적 여건들에 의한 것이었다. 다른 유사한 연구에서는 상황적 요인의 영향이 8~15% 정도로 더 작게 나타났다(Diener et al., 1999; Lyubomirsky, 2001). 이러한 연구들은 성격과 환경여건이 모두 중요하지만 성격이 주관적 웰빙에 더 중요하다는 것을 보여준다.

객관적인 환경여건과 성격특질은 행복의 측정방식과 평가 차원에 따라 서로 다른 방식으로 상호작용하여 영향을 미칠 수 있다(Heady, Veenhoven, & Wearing, 1991; Leonardi, Spazzafumo, Marcellini, & Gagliardi, 1999). 구체적인 삶의 영역(예: 결혼, 직업)에 대한 만족도는 상향이론에 의해서 더 잘 설명될 수 있는 반면, 인생 전반에 대한 만족도는 하향이론이 더 적절하게 적용될 수 있을 것이다(Diener et al., 2003).

7.3. 통합이론

통합이론Integration Theory에 의하면 행복은 유전적 기질과 성격요인에 의해 하향적인 영향을 받는 동시에 삶의 여건과 경험들을 통해서 상향적인 영향을 받는 것이라고 볼 수 있다. 행복은 개인이 삶의 상황을 어떻게 인식하고 그에 반응하느냐에 따라서 영향을 받게 된다. 행복은 성격특성과 삶의 여건의 상호작용에 영향을 받게 되는 심리적 과정에 의해서 결정되는 것이다. 첫째, 행복은 유전적·심리적·사회적·환경적 요인들에 의해 영향을 받는다. 둘째, 행복의 하향이론과 상향이론이 통합될 필요가 있다. 셋째, 행복에 영향을 미치는 요인들은 그 영향력의 근접성에 따라 원격 원인과 근접 원인으로 구분될 필요가 있다. 원격 원인distal causes은 어떤 심리적 경험을 유발하는 인과적 과정에서 여러 단계를 거치거나 간접적인 방식으로 영향을 미치는 요인을 의미하는 반면, 근접 원인proximal causes은 그 심리적 경험을 직접적으로 유발하는 요인을 뜻한다(Abramson, Alloy, & Metalsky, 1988). 마지막으로, 행복은 이러한 요인들의 결과인 동시에 원인이 될 수도 있다는 점이다. 통합적 설명모델에 따르면, 행복에 가장 강력한 영향을 미치는 근접 원인은 심리적 과정이다. 즉, 생활사건이라는 원재료를 성격이라는 가공방식에 따라 행복이라는 제품으로 만들어가는 공정 과정에 해당하는 것이 심리적 과정이다.

아마도 이 세상에서 행복 수준이 가장 높은 사람들은 서유럽 국가의 중상류계층에 속하는 행복한 가정에서 태어나 수용적이고 지지적인 부모의 양육을 받으며 성장하여 굳건한 자존감을 갖춘 낙관적이고 외향적인 성격의 소유자로서 원하는 직업 분야에서 활동하고 있는 건강한 기혼자들일 것이다. 이들은 내적 동기를 지니고 가정, 직장 여가 등의 영역에서 적극적이고 효율적으로 행동하며, 여러 가지 유쾌한 생활사건을 경험하는 동시에 이러한 사건들에 긍정적인 의미를 부여하면서 다양한 긍정적 감정들을 느낄 것이다. 그 결과, 자신의 삶 전반에 대해 긍정적인 평가를 하면서 주로 긍정정서를 많이 느끼고 부정정서를 드물게 느끼며 살고 있을 것이다.

8. 선택이론

선택이론Choice Theory은 우리의 삶이 선택이듯이, 행복도 선택의 과정과 결과로 보는 것이다. 선택이론에 의하면, 쾌락적이든 자기실현적이든 상관없이, 삶에 대한 관점과 마인드셋 및 라이프스타일에 대한 개인의 선택이 행복에 무엇보다도 중요하

행복선택이론
Choice Theory of Happiness

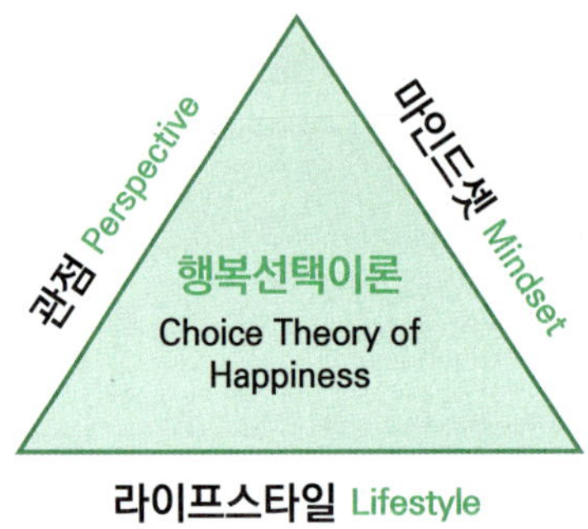

다. 첫째, 우리가 살아가는 동안에 나타나는 다양한 현상들은 긍정적인 측면과 부정적인 측면을 모두 갖고 있는데, 어떤 측면에 중점을 둘 것인가 하는 관점perspective의 선택이 행복에 영향을 미친다.

둘째, 앞으로의 삶이 지금보다 더 나아질 것이라는 희망을 갖고 최선의 노력을 다하는 낙관적인 삶과 더 나아질 것이 없다는 절망을 갖고 최소의 노력만을 하는 비관적인 삶 중에서 어떤 삶을 살 것인가에 대한 태도attitude인 마인드셋mindset의 선택이 행복에 영향을 미친다. 건강하고 행복한 삶을 살아가기 위해서 긍정, 성장, 무한 및 부자 마인드셋을 포함하여 4가지 마인드셋을 갖추어야 한다. 우리가 건강하고 행복한 사람을 살아가기 위해서는 어두운 면을 보는 부정적인 마음가짐이 아니라 밝은 면을 보는 긍정적인 마음가짐인 긍정 마인드셋positive mindset을 갖고, 달라질 수 없다는 고정적인 마음가짐이 아니라 더 좋아질 수 있다는 성장적인 마음가짐인 성장 마인드셋growth mindset을 가져야 한다. 또한, 우리의 성장과 성공은 그 끝이 정해진 유한한 마음가짐이 아니라 끝없이 펼쳐지는 무한한 마음가짐인 무한 마인드셋limtless mindset을 가져야 하고, 결핍과 부족함을 강조하는 가난한 사람의 마음가짐이 아니라 풍요와 넉넉함을 강조하는 부유한 사람의 마음가짐인 부자 마인드셋wealthy mindset을 가져야 한다.

끝으로, 자신의 삶뿐만 아니라 다른 사람들과 함께 행복하게 살아갈 수 있는 재미있고 의미 있으며 열정적인 생활방식을 취할 것인가 아니면 불행하게 살 수밖에 없는 생활방식을 취할 것인가에 대한 라이프스타일lifestyle에 대한 선택이 행복에 영향을 미친다.

오늘 우리가 하루하루를 살아가는 방식인 라이프스타일이 우리의 미래와 삶의 질을 결정한다. 진정 행복하고 싶다면, 건강하고 행복한 라이프스타일을 선택하고 실천해야 한다.

선행연구(Lyubormirsky, 2008; Lyubormirsky, Sheldon, & Schkade, 2005)에 의하면, 행복은 마음으로 느끼는 주관적인 개념으로, 이를 결정하는 요소는 유전이 50%, 환경이 10%, 의지적 활동이 40%라고 주장한다. 이것은 행복이 태어날 때부터 절반은 정해져 있다는 사실을 말해 준다. 그리고 나머지 절반은 환경여건과 개인의 태도라는 것인데, 환경여건이 행복에 미치는 영향은 10% 정도로 작고, 의지적 활동인 태도가 40%로 그 영향이 더 크다는 점을 알 수 있다. 다시 말해서 행복은 자신의 삶에 대한 관점과 마인드셋 및 라이프스타일을 어떻게 선택할 것인가가 중요하고, 행복은 이런 선택의 과정과 결과라고 할 수 있다.

9. 행복에 대한 7가지 진실

당신이 결코 알고 싶어 하지 않지만, 우리가 이미 알고 있는 행복의 7가지 진실은 다음과 같다.

9.1. 사람들은 가끔씩 불행을 원한다

우리는 뜨뜻미지근한 감정보다는 차라리 고통을 더 좋아한다. 우리는 통제할 수 있다면 밀려왔다가 사라지는 고통을 기꺼이 감수한다. 이것은 여자들이 늘 자신의 발 치수보다 조금 작은 구두를 사는 이유도 설명해 주는데, 저녁에 구두를 벗을 때 썰물처럼 고통이 사라지면서 느끼는 행복의 순간을 위한 것처럼, 우리는 가끔은 행복뿐만 아니라 불행을 원한다. 번지점프를 하거나 귀신의 집을 스스로 찾아가서 불안과 공포를 경험하거나, 맛집 탐방을 한다고 하면서 극도로 매운맛에 땀을 뻘뻘 흘리면서 고통을 감내하거나, 편안한 도시를 떠나서 일부러 자연인을 자처하며 불편한 삶을 살기도 한다.

9.2. 우리는 항상 행복하기 위해 이 땅에 태어나지 않았다

진화의 목표는 언제나 살아남는 것이다. 행복의 순간들은 우리로 하여금 생존 기회를 더 높이기 위해 노력하도록 만든다. 먹는 게 즐거워서 필요한 영양을 보충하며 건강을 챙기고, 섹스가 즐거워서 친밀한 인간관계를 만들고 후속세대를 번성시킨다. 그런데 마냥 행복하다면 어떨까? 안 된다. 그러면 죽을 수도 있다. 우리는 행복이 금방 사라지는 탓에 계속해서 새로운 경험을 쌓아 살아남을 수 있었다. 계속해서 마냥 행복하도록 '저주받은' 사람은 없다. 가끔 불행한 것이 행복의 소중함을 일깨워주고 행복을 만끽할 수 있게 도와준다.

9.3. 우리를 평생 행복하게 해줄 것이라고 믿는 천생연분은 없다

누구에게나 천생연분의 짝이 있어서 그 짝만 찾으면 평생토록 행복하게 살 수 있다는 낭만적인 생각은 오랜 세월 인간을 불행하게 만들어왔다. 솔직히, 80억이 넘는 인구 중에서 자신에게 꼭 맞는 단 한 사람을 찾을 확률은 얼마나 되겠는가? 그것도 늦어도 평균수명인 80년 안에. 세상에 완벽한 사람은 없다. 그런데도 우리는 혹시나 하는 기대를 저버리지 못해서 현재의 파트너 몰래 한눈을 판다. 완벽하지 않을 수도 있지만, 누릴 수 있는 최상의 삶을 위해 그리고 최선의 삶을 위해서 사랑하는 사람끼리 서로 응원하고 격려하는 것이 우리 행복의 근원이다.

9.4. 행복도 불행도 영원하지 않다

행복 안에 있을 때 우리는 그 행복이 영원할 것이라고 생각한다. 그러나 행복은 언제나 왔다가 다시 간다. 불행도 마찬가지다. 정신적 외상에 대한 연구결과에 의하면, 엄청난 불행을 겪은 사람의 80% 이상이 그것을 잘 극복한다는 것이다. 물론 시간이 필요하지만 적극적인 치료행위 없이도 2년 정도만 지나면 더 이상 지속적인 고통을 겪지 않으며, 심지어는 심신이 전보다 더 강해지기도 한다. 사고, 질병, 이별, 죽음은 모두 삶의 일부이다.

9.5. 동메달리스트처럼 살아라

올림픽 메달 시상의 순간, 은메달리스트와 동메달리스트 중 누가 더 행복할까? 그렇다. 동메달리스트이다. 우리를 행복하거나 불행하게 만드는 것은 결과가 아니라 평가이다. 중요한 것은 자신의 비교대상이 누구인가 하는 것이다. 동메달리스트가 은메달리스트보다 더 행복한 이유는 은메달리스트는 선망의 대상인 금메달리스트와, 동메달리스트는 4위와 비교하기 때문이다. 위만 보지 말고, 하늘을 보라. 땅만 보지 말고 아래도 봐야 한다.

9.6. 네 자신을 위해 진정으로 무언가를 하고 싶다면 남을 위해 무언가를 해라

우리는 자기 자신을 간지럽힐 수 없다. 내 손가락이 발에 닿기 전에 이미 나의 뇌가 간지러움에 대비하기 때문이다. 행복도 마찬가지다. 행복은 자신에게 없을 때도 남에게 전해 줄 수 있다. 행복은 전염된다. 다른 누군가를 행복하게 해주고 그의 행복한 모습을 보는 것은 자신의 배부른 배를 쓰다듬는 것보다 더 많은 것을 우리에게 준다. 이를 위해서 우리의 머릿속에서는 거울뉴런Mirror Neuron이라는 신경세포가 마련되어 있다. 웃음도 전염된다. 그러므로 웃으면 주변이 온통 즐거운 사람들로 가득해진다. 나에게 투자하는 것은 현재의 행복에 중점을 두는 것이지만, 다른 사람들에게 투자하는 것은 미래의 행복을 만들어준다.

9.7. 네 자신을 사랑하라, 그러면 다른 이들도 너를 좋아하리라

여성들이 패션잡지를 보고나면 기분이 나빠진다는 것은 이미 증명된 사실이다. 그 이유는 그 놈의 비교 때문이다. 그러나 남자들은 헬스잡지의 모델과 자신을 비교하지 않는다. 남자들은 자신의 몸매가 미심쩍으면 사우나에 가서 한 번 쓱 훑어보고는 "뭐, 그렇게 나쁘지 않은데!"라고 생각한다. 거울 앞에 선 여자는 계속 이리저리 몸을 움직인다. 완벽하지 않은 곳을 찾아낼 때까지 잠시도 긴장을 늦추지 않는다. 거울 앞에 선 남자는 아무런 움직임 없이 정면으로 잠시 거울을 보고는 약 2초쯤 위에 간단히 "괜찮군!"이라고 말한다. 나이가 들면서 체중이 느는 것은 정상이다. 태어났을 때 우리의 몸무게는 3킬로그램밖에 되지 않았다. 행복하게 사는 비결은 간단하다. 자신을 사랑하라. 자기 스스로도 사랑하지 않는 사람을 그 누가 사랑하겠는가?

자기진단

1. 행복이 무엇이라고 생각하시나요?

2. 행복이론을 새롭게 만든다면, 어떤 행복이론을 만들고 싶은가요?

3. 행복한 삶을 누리기 위하여 새로운 계획을 구체적으로 3가지만 세워볼까요?

Chapter 04

행복한 사람들

Happy People

Chapter 4
행복한 사람들

행복의 한쪽 문이 닫히면, 다른 문이 열린다.
그러나 우리는 닫힌 문을 오랫동안 보느라 열린 문을 보지 못한다.

When one door of happiness closes, another opens; but often we look so long at the closed door that we do not see the one which has been opened for us.

– 빛의 천사, 헬렌 켈러(Hellen Adams Keller) –

우리는 누구나 행복해지고 싶어 한다. 비록 다른 말로 자신이 행복하고 싶은 바람을 감추거나 드러내 놓고 인정하지는 않을지라도, 우리는 진심으로 행복해지고 싶어 한다. 우리의 꿈이 직업적인 성공이든, 타인과의 친밀감이든 또는 사랑과 섹스든, 그것이 우리를 좀 더 행복하게 해줄 것이라고 믿기 때문에 갈망한다(Lyubomirsky, 2008). 세상에는 많은 사람들이 존재한다. 수치상으로는 80억이 넘는 인구가 세상에 살고 있다. 그중에는 행복한 사람들도 있고 그렇지 않은 사람들도 있다. 행복한 사람들 중에서도 매우 행복한 사람이 있고 약간 행복한 사람이 있다. 행복한 사람은 왜 행복할까? 행복한 사람들은 그렇지 않은 사람들과는 어떤 차이가 있을까? 단지 행복의 정도에서만 차이가 있는 것일까? 아니면 삶의 다른 부분에서도 차이가 있는 것일까? 행복하면 어떤 점이 좋을까? 우리는 얼마나 더 행복해질 수 있는가? 어떻게 하면 더 행복한 사람이 될 수 있는가? 이런 의문들에 대한 해답을 찾아보는 것은 매우 흥미롭고 재미있으며 의미 있는 일이다.

최근 행복이 뜨거운 이슈로 떠오르며 폭발적인 관심을 받게 되었다. 그러나 행복에 대한 넘쳐나는 대부분의 내용은 과학적인 자료에 근거하지 않은 부정확한 정보들도 많기 때문에 엄격하게 과학적인 기준을 준수해서 논의할 필요가 있다. 행복한 사람은 그렇지 않은 사람과 비교하여 행복뿐만 아니라, 삶과 살아가는 삶의 방식에서 너무 많은 차이가 있다. 이제부터 행복한 사람들에 대해서 알아보자.

1. 행복한 사람

행복한 사람은 그렇지 않은 사람과 차이가 있다. 적어도 행복한 사람은 그렇지 않은 사람과는 다른 행동을 한다. 예를 들어, 류보머스키(Lyubomirsky, 2008)에 의하면, 행복한 사람들은 다음과 같은 행동을 한다. 첫째, 가족과 친구들에게 많은 시간을 할애하면서 관계를 돈독하게 만들고 즐긴다. 둘째, 자기가 가지고 있는 모든 것들에 대해서 감사한다. 셋째, 동료나 낯선 사람에게 맨 먼저 도움의 손길을 내민다. 넷째, 미래를 낙관적으로 생각한다. 다섯째, 삶의 즐거움을 음미하며 현재의 순간에 충실해지려고 노력한다. 여섯째, 규칙적으로 운동하는 습관을 가지고 있다. 일곱째, 평생에 걸쳐 지속할 수 있는 목표와 포부에 깊이 헌신한다. 끝으로, 스트레스와 슬픔, 시련에 대처할 때 균형을 잃지 않으며 단호하다.

남승규(2021)에 의하면, 진정 행복한 사람들은 자신과 인생을 대하는 자세가 매력적이고 격이 있다. 첫째, 진정 행복한 사람은 자신을 있는 그대로 받아들인다. 그래서 가식적이지 않으면서 자기다운 삶을 산다. 둘째, 감사하는 마음으로 자기의 일을 즐긴다. 그래서 무엇을 하든 자신이 하고 있는 일을 소중하게 여긴다. 셋째, 도움이 되는 사람으로 살아간다. 그래서 나누고 베푸는 행동이 자연스럽다. 넷째, 변화와 도전을 놓지 않는다. 그래서 후회 없는 삶을 살고, 자신의 가치를 스스로 만들어간다. 다섯째, 열린 자세로 임한다. 그래서 늘 배울 점을 찾고 배움을 멈추지 않는다. 여섯째, 긍정적인 마음을 동력 삼아 어려워도 미소를 잃지 않는다. 그래서 크게 웃지 않아도 늘 미소를 짓는다. 끝으로, 말하기보다 듣기를 좋아한다. 입은 다물고 귀는 연다. 그래서 주위에 사람들이 많고 인간관계가 좋다.

2. 행복한 사람의 특징

행복에 관한 많은 연구들은 행복한 사람들이 훗날 삶의 여러 영역(결혼생활, 친구관계, 직장생활 및 직업성취도, 경제적 수입, 정신건강, 신체건강)에서 긍정적인 결과를 나타내게 된다는 잠정적인 결론을 내리고 있다. 행복한 사람에 관한 연구들에서 일관되게 나타나는 행복한 사람들, 행복인happy people은 3가지 공통점이 있다. 첫째는 인생을 즐긴다는 것이고, 둘째는 건강하고 원만한 인간관계를 쌓았으며, 셋째는 하고 싶은 일이 있고 그 일을 감사하며 하고 있다는 것이다. 이제부터 학문적으로 검증된 행복한 사람들의 다양한 특징들을 정리하면 다음과 같다.

행복인의 공통점
Common Point of Happy People

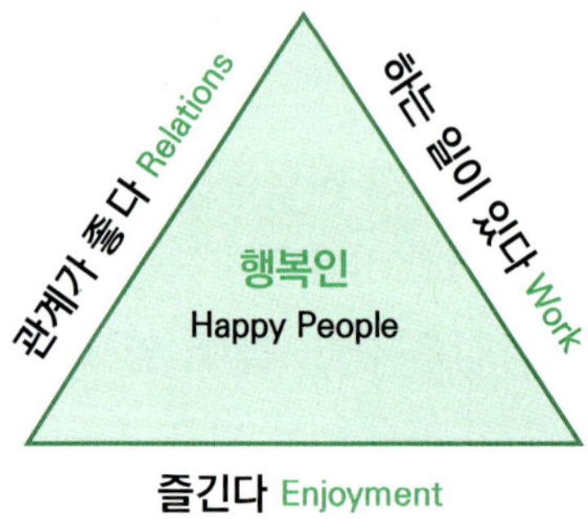

2.1. 행복한 사람은 즐길 줄 안다

행복한 사람은 삶의 순간순간을 즐긴다. 행복한 사람들은 기분을 일시적으로 좋게 만드는 쾌락 지향적인 노력이 아니라 지속적인 행복 속에서 성장과 자기실현을 이루는 삶을 지향한다. 칙센트미하이(Csikszentmihalyi, 1990)는 즐거움enjoyment이란 추구하는 목표의 달성, 기대의 충족, 뜻밖의 심리적 체험이나 창의적 성과에 의해서 경험되는 긍정정서를 의미한다고 말했다. 이러한 즐거움은 그 자체로 성취감과 생동감을 주며 그 영향이 지속적일 뿐만 아니라 우리의 가능성과 잠재력을 확장시켜 새로운 것을 창조하는 데 기여한다. 따라서 쾌락을 추구하는 것과 더불어 좀 더 생산적이고 성장적인 즐거움을 많이 체험할 필요가 있다. 적어도 무엇을 하든 즐거운 마음으로 기꺼이 해야 한다. 하루하루를 숙제가 아니라 축제를 하듯 즐기며 살아야 한다.

행복한 사람은 여가를 즐긴다. 여가leisure는 의무적인 일이나 직업적인 업무를 떠나 한가하게 즐기는 여유로운 휴식이나 재미를 찾기 위한 취미활동을 의미하는데, 여가활동은 긍정적 체험을 제공하며 행복과 삶의 만족과 밀접한 관계를 지니고 있다. 대부분의 사람들은 삶의 속도를 늦추고 좀 더 여유롭게 살아가기를 원한다. 여가생활의 만족도는 전반적인 삶의 만족도를 예측하는 강력한 요인이다. 편안한 이완 상태에서 휴식을 하고 좋은 음식을 즐기며 취미활동에 참여하는 것은 행복 수준을 단기적으로 증진시키는 효과를 지닌다(Argyle, 2001). 특히, 취미활동을 집단적으로 하는 경우에 만족도가 더 높은 경향이 있다. 그 이유는 같은 취향, 가치관, 활동시간, 사회적 관계를 공유하는 동호인 집단 속에서 유쾌한 흥분감, 협동적 성취, 소속감과 유대감 등을 경험하기 때문일 것이다(Carr, 2004). 여가활동이 사람들을 행복하게 하는 것은 분명하지만, 단지 여가시간을 많이 갖는다고 해서 삶의 만족도가 증가되는 것은 아니다. 여가활동을 통해서 긍정적인 경험을 많이 하는 것이 중요하다. 일반적으로 다양하고 활동적인 여가활동에 참여할수록 삶의 만족도가 높아지는 경향이 있고(Bammel & Burrus-Bammel, 1996), 개인적으로 의미를 느끼는 여가활동에 참여할수록 행복도가 높았다(Ogilvie, 1987).

2.2. 행복한 사람은 인간관계가 좋다

행복한 사람은 긍정적인 인간관계를 누리고 있다. 우리는 좋아하는 사람과 함께 있을 때 행복하다. 긍정적인 인간관계는 주관적 웰빙에 긍정적 영향을 미치는 정서적 친밀감과 사회적 지지를 제공한다. 주관적 웰빙을 가장 일관성 있게 잘 예측하는 요인은 인간관계이다. 인간의 주요한 활동영역 중에서 전반적인 삶의 만족도를 가장 잘 예측하는 것은 결혼 및 가정생활이었다. 또한 인생에서 가장 소중한 것이 무엇이냐고 물었을 때 가장 흔한 대답은 친밀한 인간관계이다(Emmons, 1999). 배우자, 가족, 친구와의 관계에서 경험하는 친밀감은 삶의 만족과 행복을 예측하는 가장 강력한 변인으로 알려져 있으며, 인간관계는 물질적 풍요, 건강 및 여가활동보다 더 강력한 예측요인이다(Cummins, 1996). 좋은 사람들과 친밀하고 지지적인 관계 속에서 살고 있다고 느낀다면, 자존감과 자신감이 높아질 뿐만 아니라 어려움에 적극적으로 잘 대처하게 될 것이며 심리적 장애를 나타낼 가능성이 줄어든다.

많은 연구들은 긍정적인 인간관계를 행복에 필수적인 요소로 들고 있다. 삶의 만족과 행복에 기여하는 가장 중요하면서도 단일한 원천은 다른 사람과의 긍정적인 관계라고 결론내리고 있다. 긍정적인 인간관계는 그 자체로 만족감을 주게 된다. 다른 사람과 관계를 맺고자 하는 것은 인간의 기본적인 내적 욕구이기 때문이다(Deci & Ryan, 1985). 다른 사람과의 연결감과 사회적 지지는 전반적인 육체적 기능을 향상시킬 뿐만 아니라 질병으로부터 회복하는 데 도움이 된다(Cohen & Herbert, 1996). 인간관계의 결여는 흡연보다도 더 강력한 수명 단축요인으로 알려져 있다(House, Landis, & Umberson, 1988). "최근에 일어난 가장 괴로운 일"이 무엇이냐고 물었을 때 응답자의 50% 이상이 인간관계, 특히 중요한 사람과의 이별이나 갈등을 들었다. 사람들이 심리치료를 받게 되는 가장 흔한 문제 역시 인간관계 문제이다(Pinsker, Nepps, Redfield, & Winston, 1985). 고통스러운 인간관계는 신체적 건강에도 해로운 영향을 끼쳐서 면역기능을 저하시킨다(Kiecolt-Glaster, 1999). 이처럼 인간관계는 우리의 행복과 불행에 심각한 영향을 미치는 매우 중요한 삶의 영역이라고 할 수 있다.

2.3. 행복한 사람은 대표 강점이 있다

행복한 사람은 자신만의 대표 강점을 지니고 있다. 개인이 지닌 재능과 강점을 충분히 발현함으로써 행복한 삶을 누릴 수 있다. 셀리그먼(Seligman, 2002b)은 개인이 지니는 대표 강점을 발휘하며 사는 것이 진정한 행복이라고 주장한다. 대표 강점 Signature Strength은 개인을 잘 나타내고 그의 독특성 혹은 개성을 보여주는 긍정적인 성격특성으로 보다 우수한 수행과 성과를 만들어 낼 수 있다. 대표 강점을 활용할 때, 사람들은 더 활기찬 열정을 느끼고 '진정한 자기'가 표현되고 있다는 느낌을 갖게 된다. 진정한 행복authentic happiness은 자신의 가장 근본적인 강점을 찾아내어 계발하고 일, 사랑, 놀이, 자녀양육에 매일 매일 활용함으로써 발견하는 것이 가능하고, 자연스럽게 행복이 자신의 삶에 스며들게 만들 수 있다.

DSMDiagnostic and Statistical Manual of Mental Disorders에 상응될 수 있는 심리적 강점과 덕성에 대한 분류체계가 최근에 개발되었는데, VIAVirtues in Action 분류체계가 그것이다. 이것은 1999년 돈 클리프톤(Don Clifton)에 의해 시작되었고, 메이어슨(Mayerson) 재단의 후원 아래 피터슨(Peterson)과 셀리그먼(Seligman)이 확장한 것이다. VIA 분류체계는 6개의 범주 아래 24개 강점과 6개 덕목이 분류되어 있다. 성격적 강점 연구의 시발점인 VIA 프로젝트는 미시건 대학 심리학과 교수인 크리토퍼 피터슨(Christopher Peterson)과 마틴 셀리그먼(Martin Seligman)의 주도하에 진행된 VIA 프로젝트의 결과물 중 하나가 2004년에 발간된 『성격적 강점과 덕목Character Strengths and Virtues』이다.

VIA 분류체계에 포함된 6개의 핵심덕목은 지혜 및 지식wisdom & knowledge, 인간미humanity, 용기courage, 절제temperance, 정의justice, 초월transcendence이다. 이 핵심덕목은 상위 6개 덕목the High Six이라고 부르며, 각 덕목마다 독립적이면서 구체적인 대표 강점을 포함하고 있다. 성격강점과 덕목은 능력ability이나 재능talent과 구분되어야 한다. 첫째, 재능과 능력은 강점과 덕목에 비해서 좀 더 선천적으로 타고나는 것이며 환경에 의해 변화되기 어렵고 의도적으로 나타내기 어려운 것이다. 둘째, 강점과 덕목은 그 자체로 긍정적인 가치를 지니는 반면, 재능과 능력은 그 자체보다 구체적인 성과와 연결되어야만 그 가치를 갖게 된다.

첫 번째 덕목인 지혜 및 지식wisdom & knowledge과 관련된 강점들은 더 나은 삶을 위해서 지식을 습득하고 활용하는 것과 관련된 인지적인 강점들이다. 삶에서의 지혜로운 판단과 지적인 성취를 돕는 강점들이다. 즉, 창의성, 호기심, 개방성, 학구열, 지혜로 구성되어 있다. 두 번째 덕목인 인간미humanity와 관련된 강점들은 다른 사람을 보살피고 친밀해지는 것과 관련된 대인관계적 강점들을 의미한다. 즉 사랑, 친절성, 사회지능으로 구성되어 있다. 세 번째 덕목인 용기courage와 관련된 강점들은 내면적이거나 외부적인 난관에 직면하더라도 추구하는 목표를 성취하려는 의지와 관련된 강점들이다. 즉 용감성, 끈기, 진실성, 활력으로 구성되어 있다. 네 번째 덕목인 절제temperance와 관련된 강점들은 지나침으로부터 우리를 보호해 주는 긍정적 특질들로서 극단적인 독단에 빠지지 않는 중용적인 강점들이다. 즉, 용서, 겸손, 신중성, 자기조절이 포함된다. 다섯 번째 덕목인 정의justice와 관련된 강점들은 건강한 공동체 생활과 관련된 사회적 강점을 말한다. 즉, 시민정신, 공정성, 리더십으로 구성되어 있다. 마지막 덕목인 초월transcendence과 관련된 강점들은 현상과 행위에 대해 의미를 부여하고 커다란 세계인 우주와의 연결성을 추구하는 초월적 또는 영적 강점을 의미한다. 즉 감상력, 감사, 낙관성, 유머감각, 영성을 포함한다.

2.4. 행복한 사람은 균형 잡힌 정서적 체험을 한다

행복한 사람은 부정적인 정서보다 긍정적인 정서를 조금 더 많이 경험하는 균형 잡힌 정서적 체험을 한다. 긍정심리학 분야에서 정서경험을 말할 때, 사람들로 하여금 평생 동안 매일 그리고 온종일 긍정정서만을 경험하게 하는 것을 지향하지 않는다. 그러한 목표는 가능하지도 않을 뿐만 아니라 오히려 정신건강이나 심리적 측면에서도 좋지 않다. 물론 주관적인 심리 상태로서의 행복에 있어서 가장 중요한 요소가 긍정적인 정서를 많이 느끼는 것은 분명하다.

정서는 크게 3가지 요소, 즉 정서적 체험, 생리적 반응 그리고 행동준비성으로 구성된다. 정서의 첫째 요소는 유쾌함-불쾌함 또는 좋음-싫음을 포함하는 주관적인 체험이다. 예를 들어, 공포나 행복을 느낀다. 둘째, 정서는 생리적 반응을 수반한다. 특정한 감정은 그에 상응하는 자율신경계의 생리적 반응을 동반하게 된다. 예를 들어, 심장박동수나 호흡에 변화가 생긴다. 마지막으로, 정서의 핵심적 요소는 행동준비성 action readiness이다. 특정한 감정을 느끼게 되면, 그와 연관된 특정한 행동들을 표출하게 되는 압력을 느낌으로써 그러한 행동을 할 준비를 하게 된다. 예를 들어, 울거나 미소를 짓는다. 이러한 행동준비성은 감정을 유발한 사건에 대해서 효과적인 대처를 하도록 돕는 정서의 핵심적 기능이라고 할 수 있다. 대부분의 기본정서는 타고나는 것이며, 이처럼 타고나는 것들은 대부분 적응에 필요한 진화적 기능을 지니고 있다. 데이비드 부스(David Buss, 2000)와 같은 현대의 진화심리학자들은 긍정정서가 인간의 진화, 적응, 생존에 절대적으로 필요하다고 보았다.

긍정정서와 부정정서는 작동 기제나 적응적 기능이 다른 것으로 밝혀지고 있다. 부정정서는 인간이 처하게 될 위험과 위협에 대응하도록 만드는 적응적 기능을 지닌다. 또한 부정정서는 특정적인 행동경향성 specific action tendency을 유발하여 특정한 방식으로 행동하도록 만든다. 부정정서가 우리에게 위험을 알리고 반응범위를 좁혀서 위험신호에 재빨리 대처하도록 하는 반면, 긍정정서는 안전의 신호로서 그 주요한 기능은 대처역량을 집중하는 것이 아니라 확장하고 증대시킨다. 긍정정서의 진화적 가치는 현재 상황에 대한 적응이 아니라 미래 상황을 대비하도록 적응하는 것이다.

정서의 강도와 빈도는 주관적 웰빙에 각기 다른 영향을 미치는 것으로 여겨지고 있다(Diener, Larson, Levine, & Emmons, 1985). 일반적으로 긍정정서의 빈도가 전반적인 행복에 더 중요하다. 드물게 경험하는 환희경험보다는 일상생활에서 일관성 있게 자주 경험되는 즐거움이 주관적 웰빙에 더 중요하다. 강렬한 긍정정서가 그 경험의 기억에 중요한 영향을 미친다. 긍정정서 강도는 부정정서 강도와 상관이 있는 것으로 밝혀졌다(Diener et al., 1985). 매우 강렬한 행복을 느끼는 사람은 부정적인 정서경험 역시 매우 강렬하게 느낀다는 것이다. 일반적으로 여성은 남성보다 긍정정서든 부정정서든 더 강렬하게 경험하는 것으로 알려져 있다.

긍정정서는 이타주의 성향과 같은 의사결정의 효율성을 높이고, 창의력을 증진시키며, 공격성을 줄이는 경향이 있다(Isen, 2002). 또한 인간관계의 질을 향상시키며 직업만족도 향상에도 도움이 된다(Isen, 2001; Morris, 1999). 특정한 기분을 느끼는 상태에서는 그 기분과 일치하는 기억들이 더 잘 회상되는 경향이 있는데, 이러한 현상을 기분 일치 회상mood congruent recall이라고 한다. 긍정적인 정서 상태에서는 긍정적인 과거 기억의 회상을 촉진하는 반면, 부정적인 기억의 회상을 억제한다.

행복경험은 도파민과 엔도르핀의 수준과 밀접한 관련이 있다. 도파민Dopamine은 새로운 경험을 하거나 사랑을 나누는 것처럼 기쁨, 쾌감, 흥분과 같은 긍정적인 상황에 분비되어 즐거움을 더 즐겁게 만드는 역할을 하면서 행복경험을 강화하는 효과를 준다. 뇌 속의 마약이라고 하는 엔도르핀은 스트레스와 고통스러운 자연분만 같은 불편한 상황에서 분비되어 진통 효과를 준다. 마라톤과 같은 육체적 훈련 시에 경험하게 되는 유쾌감인 러너스하이runner's high는 엔도르핀 수준의 증가 때문인 것으로 밝혀졌다(Farrell, Gustafson, Morgan, & Pert, 1987). 마음은 뇌 활동에 의해 영향을 받을 뿐만 아니라 뇌 활동에 영향을 미친다. 적어도 인간의 경우, 정서경험은 환경적 자극의 의미를 해석하는 인지적 과정과 밀접한 관련성을 지니고 있다.

2.5. 행복한 사람은 자기존중감이 높다

행복한 사람은 자기존중감이 높다. 사람들은 자기 자신을 스스로 가치 있다고 생각하고, 다른 사람들에게 존중받고 있다고 느끼면 행복하다. 자기존중감Self-Esteem은 자기 자신에 대한 전반적인 긍정적 평가와 우호적 태도를 의미하는데, 자기존중감은 행복, 주관적 웰빙의 매우 강력한 예측변인으로 알려져 있다(Campbell, 1981). 자기존중감은 개인의 다양한 적응적 기능과 밀접하게 관련되어 있다. 긍정적 자기존중감을 지닌 사람은 인간관계에서의 만족도, 친밀감, 타인을 배려하는 능력, 생산적 수행

능력 등이 높을 뿐만 아니라 분노를 잘 조절하며 반사회적 행동을 하지 않는 경향이 있다(Hoyle, Kernis, Leary, & Baldwin, 1999).

2.6. 행복한 사람은 낙관적이다

행복한 사람은 낙관적인 태도를 지녔다. 심리적 개념인 낙관성optimism은 미래에 대해서 긍정적인 기대와 전망을 하는 인지적 경향성을 의미하는데, 세 가지 특징을 지닌다(권석만, 2008). 첫째는 미래에 일들이 긍정적인 방향으로 잘 펼쳐질 것이라는 전반적인 기대를 뜻하는 기질적 낙관성dispositional optimism이고, 둘째는 자신의 행동과 노력으로 인해서 추구하는 목표를 성취할 수 있을 것이라는 믿음을 의미하는 희망hope이며, 셋째는 사건의 원인을 자신에게 유리한 긍정적 방향으로 돌리는 설명방식explanatory style이다. 낙관성이 높은 사람들은 자신의 행복도와 삶의 만족도가 높은 것으로 보고한다. 물론, 비현실적인 낙관성은 거짓된 안전감과 잘못된 위험 지각을 하게 하여 불행한 결과를 초래할 수도 있기 때문에, 낙관성이 장기적인 행복 증진에 기여하려면 현실적인 근거에 바탕을 두고 있어야만 한다(Schneider, 2001).

2.7. 행복한 사람은 외향적이다

행복한 사람은 외향적인 사람이다. 행복과 외향성은 높은 상관이 일관성 있게 보고되고 있을 뿐만 아니라 일부 연구에서는 그 상관이 무려 .80 수준인 것으로 보고되기도 했다(Fujita, 1991). 외향적인 사람들이 긍정정서 성향, 즉 긍정적 보상에 대한 민감성을 타고나서 긍정적 사건에 더 강하게 반응하기 때문에 이들은 사건들을 긍정적으로 기억하고 나중에 긍정적인 것으로 회상하는 경향이 있다(Seidlitz & Diener, 1993). 외향성은 요즘과 같이 매우 사교적인 시대에 잘 맞는 성격특질이라고 할 수 있다(Moskowitz & Cote, 1995).

2.8. 행복한 사람은 자신에게 통제력이 있다고 생각한다

행복한 사람은 내적 통제자이다. 통제감sense of perceived control은 개인적으로 중요한 삶의 사건들에 대해서 자신이 통제할 수 있다는 신념을 의미한다. 내적 통제 소재internal locus of control를 지닌 사람들이 외적 통제 소재를 지닌 사람들보다 다양한 측면에서 주관적 안녕 수준이 더 높다는 것을 보여주고 있다(Lefcourt, 1981). 최근에 피터슨(Peterson, 1999)은 개인적 통제감sense of personal control이란 "좋은 결과를 극대화하고 나쁜 것은 최소화하는 방향으로 스스로 행동할 수 있다는 믿음"이라고 정의하면서 어떤 일을 하게 되었을 때 우리에게 정서적·동기적·행동적·생리적 활력을 북돋우는 것이라고 설명했다.

2.9. 행복한 사람은 목적의식이 분명하다

행복한 사람은 인생의 목적의식을 지니고 있다. 인생의 목적의식이 반드시 종교적이거나 이념적인 신념과 연관되는 것은 아니다. 하나 더, 행복을 목표로 여기는 것은 잘못된 생각이다. 왜냐하면, 행복이 인생의 종착점이 아니기 때문이다. 행복한 사람들은 자신이 이루길 원하는 구체적인 목표와 현실적인 목표를 가지고 있다. 그리고 그런 목표를 달성하는 과정에서 행복이 재생산된다. 연구에 따르면, 그것이 어떤 것이라도 자신에게 의미 있는 다양한 목표를 적극적으로 추구할수록 행복이 증진될 수 있다(Oishi, Diener, Suh, & Lucas, 1999).

2.10. 행복한 사람은 신체도 마음도 건강하다

건강은 행복과 쌍방향적 관계이다(Baumgardner & Crothers, 2009). 건강이 행복에 기여하고 행복이 또한 건강에 기여한다. 우리의 신체적 건강 상태는 우리의 행복 수준에 영향을 미친다. 질병과 상해는 통증과 고통을 초래하고, 즐겁고 신나는 활동을 할 수 있는 기회를 제한한다. 이런 까닭에 질병은 부정정서를 증가시키고 긍정정서를 감소시킬 수 있다. 사람들이 자신의 신체적 건강 상태에 어떤 중요성과 의미를 부여하느냐에 따라서 건강이 행복에 미치는 영향은 달라질 수 있다. 객관적으로 동일한 질병도 주관적인 평가에 따라서 질병에 적응하고 행복의 기준점set point으로 돌아가지만, 질병이 심각하고 만성화되면 행복과 삶의 만족도는 장기적으로 감소한다.

정신건강도 행복에 강력한 영향을 미친다. 행복한 사람들은 그렇지 않은 사람들보다 더 낮은 수준의 정신질환 증상을 보인다(Diener & Seligman, 2004). 과거에는 우울증이 청소년들 사이에서는 드물었다. 평균 발병연령이 30세였다. 오늘날에는 14세밖에 안 되는 십대들 중의 상당수가 우울증을 앓고 있다. 대부분 정신장애에서 나타나는 심리적 고통, 부정적 정서, 불안 등이 높아지는 것은 삶의 만족도를 낮추고 개인적으로 행복하지 않다고 느끼게 만든다.

2.11. 행복한 사람은 하고 싶은 일이 있고, 적어도 일을 한다

행복을 위해서는 하고 싶은 일이 있어야 하고, 할 일이 있어야 한다. 사람은 자신이 좋아하는 일을 할 때 행복하다. 행복에 대한 정의는 여러 가지가 있을 수 있지만, 행복은 자신이 쓸모 있는 존재라고 느낄 때 찾아온다. 내가 좋아하는 일을 하고, 그 일을 잘하고 있고, 내 자신이 필요한 존재라는 느낌을 받는데 행복하지 않을 수 없다. 행복한 사람은 자신의 일에서 만족을 찾고, 일에 대한 만족은 개인의 행복에 기여한다. 실직은 행복에 즉각적이고 부정적인 영향을 미친다. 실직은 우울증과 신체적 질환을 앓을 위험성을 높이고 자존감을 떨어뜨리며 불행감을 증가시킨다(Argyle, 2001; Diener & Seligman, 2004; Layard, 2005).

직업은 행복에 있어서 매우 중요하다. 직업은 경제적 소득을 얻을 뿐만 아니라 개인의 잠재능력을 발휘하고 인생의 의미를 찾는 행복의 주요한 원천이다. 직업을 가진 사람들은 미취업자보다 더 행복하다. 행복과 직업만족도의 상관은 약 .40으로서 상당히 높은 것이다(Diener et al., 1999). 행복한 사람은 직업적 활동에 있어서 더 생산적이며, 직장에서 생산적인 성과를 나타내는 사람은 더 행복하다.

2.12. 행복한 사람은 공부를 즐긴다

지능과 행복 간의 상관은 유의미하지 않다. 지능이 높다고 더 행복한 것은 아니다. 그러나 교육을 많이 받은 사람이 교육을 적게 받은 사람보다 약간 더 행복하다. 높은 교육 수준은 개인적 만족과 재정적 보상을 더 많이 주는 직업을 선택할 수 있는 기회와 자유를 더 갖게 해준다. 아가일(Argyle, 2001)에 의하면, 많은 교육을 받는 것은 더 높은 주관적 웰빙, 더 좋은 정신적·신체적 건강, 증가된 개인적 통제감, 및 더 많은 타인의 지지 등과 관련이 있다.

그러나 교육 수준이나 지능 수준은 행복과 관련이 없는 것으로 나타났다. 교육 수준이 행복도와 정적인 상관을 보이긴 하지만 그 상관 정도가 상당히 미약한 것으로 밝혀졌다(Argyle, 1999). 오히려 실업 상태에서는 교육 수준이 높은 사람이 낮은 사람보다 더 많은 불행감을 느끼는데, 이는 기대 수준이 높기 때문인 것으로 해석되고 있다. 지능 수준 그 자체도 행복도에 영향을 미치지 못했다.

2.13. 행복한 사람은 돈이 아주 많지도 아주 적지도 않다

사람들은 돈으로 행복을 살 수 없다는 것을 알고 있다. 하지만 실제 행동은 돈으로 행복을 살 수 있는 것처럼 한다. 지난 30년에 걸친 대학생 조사연구는 사람들의 삶에서 돈이 차지하는 중요성이 증가하고 있음을 보여준다. 1970년대에는 불과 39%의 학생들만 돈이 인생의 주요 목표라고 했는데, 1998년에 실시한 조사에서는 74%에 해당하는 대다수의 학생들이 인생의 주요 목표가 부자가 되는 것이라고 하였다(Myers, 2000b). 하지만, 전반적으로 돈은 가난한 사람들에게 있어서는 웰빙에 상당한 기여를 하지만, 그 사회에 속한 다른 사람들과 비교해서 평균적인 수준의 소득을 가지고 있는 사람들은 돈이 행복에 거의 영향을 미치지 않는다.

대부분의 미국인들은 과거에 비해서 더 부유해졌지만, 더 행복하지는 않다. 정신건강 통계치는 물질적 풍요가 증가할수록 정신적 문제가 감소하기는커녕 오히려 증가하였다. 예를 들어, 신경쇠약을 경험한 사람들은 1957년에는 18.9%가, 1976

년에는 20.9%가, 1996년에는 26.4%까지 상승하였다(Swindle, Heller, Pescosolido, & Kikuzawa, 2000).

행복한 사람이 돈을 더 많이 버는가? 답은 '그렇다'이다. 멜론재단과 UCLA가 미국 내 수백 개 대학의 수천 명의 신입생을 대상으로 연구한 결과에 의하면, 대학에 들어올 때 가장 유쾌했던 학생들이 더 유쾌했던 학생들에 비해 돈을 더 많이 벌었고, 직업만족도가 더 높았으며, 실직 경험이 더 적었다(Diener, Nickerson, Lucas, & Sandvik, 2002).

유쾌한 대학생이 덜 유쾌한 학생에 비해서 더 많은 돈을 버는 이유는 다음과 같다. 첫째, 유쾌한 모습은 학생에게 '할 수 있다'는 태도를 심어줘서 새로운 도전을 하게 하고 좌절을 할 때도 덜 괴로워하게 한다. 둘째, 유쾌함은 다른 사람들이 좋아하는 긍정적인 자질이어서 사람들이 가까이 하고 함께 일하는 것을 편하게 여긴다. 유쾌한 사람은 자신의 생각을 더 잘 설득시키고 다른 사람이 도움과 지지를 주도록 마음먹게 만드는 데도 유능하다. 끝으로, 유쾌한 사람은 쾌활하고 긍정적인 태도로 인해 다른 사람들의 호감을 더 받으며, 더 높은 수행평가를 받게 된다.

2.14. 행복한 사람은 결혼을 했다

결혼은 행복과 밀접한 관계가 있다(Baumgardner & Crothers, 2009). 우리들 중 약 90%는 결혼을 하고 그중 대다수가 그 전보다 더 행복해졌다(Myers, 2000). 결혼을 해서 매우 행복하다고 말하는 사람들의 비율은 기혼자들은 40%였고, 미혼자들은 26%로 거의 두 배 가까이 높았다. 미혼이거나 이혼했거나 별거 중이거나 혼자 된 사람들보다 부부로 있는 사람이 더 행복해했다(Diener, 1999). 결혼과 행복의 관계는 미국과 유럽의 대규모 조사에서도 일관되게 확인되었다. 소득과 나이와 같은 오염변인들을 통제한 뒤에도 결혼과 행복의 관계는 여전히 유의미하였다(Gove, Hughes, & Style, 1983). 직장 상대와 긴깅과 같은 삶의 다른 영역들과 비교할 때 결혼해서 가족을 갖는 것이 삶의 만족도와 행복에 가장 강하게 관련되는 것으로 반복해서 확인되고 있다

(Inglehart, 1990).

선택 효과selection effect를 염두에 두어야 한다(Veenhoven, 1988). 이것은 결혼을 해서 더 행복해진 것이 아니라, 결혼한 사람이 미혼자에 비해서 결혼 전부터 이미 더 행복했을 가능성이 있다는 것이다. 행복한 사람들은 행복하지 않은 사람보다 더 바람직한 결혼 파트너이기 때문에 결혼할 가능성이 더 높아질 것이고, 이런 연유로 결혼을 했을 수 있고 더 행복했을 수 있다는 가정에 기반을 둔 것이다.

2.15. 행복한 사람은 다양한 긍정경험을 한다

행복한 사람은 살아가면서 다양한 긍정경험positive experience을 한다. 우리는 삶속에서 행복과 불행이 수없이 교차하는 경험을 하면서 산다. 삶에 재미와 의미를 찾기 위해서는 긍정경험이 중요하다. 행복한 사람들은 성공경험, 연애경험, 친교경험, 몰입경험, 절정경험, 고원경험뿐만 아니라, 휴가와 여행과 같은 여가경험 등 다양한 긍정경험을 몸소 체험하는 경향이 있다. 프랑수아 를로르(2004)가 쓴 『꾸뻬 씨의 행복여행』에서 불행한 사람들이 한 순간의 쾌락을 행복이라 여기는 이유가 삶에 대한 믿음을 잃었기 때문이라고 보았다. 주인공인 정신과의사 꾸뻬도 긍정경험을 위하여 여행을 떠나고, 그 여행을 마치고서는, "춤추고, 사랑하고, 노래하고, 오늘이 마지막 날인 것처럼 살라"고 말하면서 행복은 대단한 것을 통해서가 아니라 적은 것에 만족하고 받아들이는 것이라고 보았다. 삶에 믿음을 갖는 건강하고 행복한 사람이 되려면 다양한 긍정경험을 하는 데 적극적으로 동참해야 한다. 변화는 필요하지만, 먼저 있는 그대로의 것을 받아들이는 자세가 필요하다. 그래야 정상적인 변화도 발전도 가능하다.

2.16. 행복한 사람은 신뢰가 높다

행복한 사람은 신뢰 수준이 높다. 신뢰trust는 행복과 행복한 삶을 만드는 '보이지 않는 자본'이다. 신뢰가 높을수록 우리의 삶은 훨씬 여유롭고 따뜻해지며 효율성이 높아진다. 일반적으로 신뢰trust가 높은 사람들이 그렇지 않은 사람들보다 행복 수준이 더 높다. 소비자접점관리에 대한 연구(남윤주, 2020)에 의하면, 고객신뢰가 높은 소비자들은 그렇지 않은 소비자들보다 행복 수준뿐만 아니라 심신건강, 인간관계, 긍정경험 및 긍정실천 점수가 더 높았다. 신뢰 수준이 행복 수준을 높여주는 것과 마찬가지로, 행복 수준이 높은 사람들은 행복 수준이 낮은 사람들보다 신뢰 수준이 더 높았다. 일반적인 신뢰를 말하는 타인신뢰뿐만 아니라 자기 자신에 대한 신뢰인 자기신뢰와 기업에 대한 신뢰인 고객신뢰가 모두 더 높았다. 이런 연구결과는 행복한 사람들이 자기 자신뿐만 아니라 세상에 대한 신뢰가 높음을 보여주는 것이다.

2.17. 행복한 사람은 시련과 역경을 이겨내는 회복탄력성이 높다

행복한 사람은 곤경과 역경을 이겨내는 회복탄력성resilience이 높다. '마음의 심폐소생술'인 회복탄력성resilience은 자기조절능력, 대인관계능력, 긍정성 및 자기신뢰가 높을수록 높아진다. 일반적으로 회복탄력성이 높은 사람들이 그렇지 않은 사람들보다 행복 수준이 더 높다. 실제로, 회복탄력성 코칭 프로그램에 참여한 사람들은 그렇지 않은 사람들보다 행복 수준뿐만 아니라 심신건강, 인간관계, 긍정경험 및 긍정실천 점수가 더 높았다(김은희, 2021). 회복탄력성이 행복 수준을 높여주는 것과 마찬가지로, 행복 수준이 높은 사람들은 행복 수준이 낮은 사람들보다 회복탄력성이 더 높았다. 이런 연구결과는 행복한 사람들이 곤경과 역경을 더 잘 헤쳐 나갈 수 있는 회복탄력성이 높음을 보여주는 것이다.

2.18. 행복한 사람은 삶의 의미를 찾았고 그 의미를 소중하게 지키고 있다

행복한 사람은 자신만의 삶의 의미meaning를 가지고 있다. '마음의 백신'인 삶의 의미meaning는 행복과 행복한 삶을 구성하는 가치를 만들어준다. 일반적으로 삶의 의미가 높은 사람들이 그렇지 않은 사람들보다 행복 수준이 더 높다. 실제로, 의미앎이 해결 프로그램에 참여한 사람들은 그렇지 않은 사람들보다 행복 수준뿐만 아니라 심신건강, 인간관계, 긍정경험 및 긍정실천 점수가 더 높았다(윤은영, 2021). 삶의 의미가 행복 수준을 높여주는 것과 마찬가지로, 행복 수준이 높은 사람들은 행복 수준이 낮은 사람들보다 삶의 의미가 더 높았다. 이런 연구결과는 행복한 사람들이 삶의 의미를 더 중요시함을 보여주는 것이다.

2.19. 행복한 사람은 감사를 경험하고 실천한다

행복한 사람은 감사gratitude하는 마음이 크다. 감사gratitude는 행복과 행복한 삶을 만드는 '소중한 기억'의 산물로 다른 사람들의 행복에 관심을 가지면서 스스로도 행복해지게 만든다. 일반적으로 행복한 사람은 선천적인 감사성향도 높고, 후천적인 감사경험도 많이 하고, 행동적인 감사표현도 자주 실천한다(최미심, 2024). 감사하는 마음은 소중하게 기억하는 마음에서 나온다. 행복한 사람은 자신에게 주어진 것에 대하여 그리고 자신이 누리는 것에 대하여 진심으로 감사한다. 행복한 사람은 그런 감사하는 마음으로 다른 사람들에게 표현하고 나누려고 하며, 감사하는 마음이 큰 사람은 더 큰 행복을 누리는 선순환을 경험한다.

3. 더 행복한 사람이 되려면

정말로 행복한 사람처럼 미소 짓고 몰두하고 에너지와 열정을 따라 하면, 행복과 동반하는 유익한 것들, 예를 들어, 미소에 대한 답례, 돈독한 우정, 일터나 학교에서의 성공 등을 얻을 수 있을 뿐만 아니라 정말로 더 행복해진다(Lyubomirsky, 2008). 행복한 마음을 신체적으로 표현해 보면 우리는 그것을 적어도 약간은 느낄 수 있게 된다. 미간을 펴고 미소주름을 만들고 손을 펴면 그대로 기쁨을 더 많이 체험하게 된다. 반대로 미간을 찌푸리고 이마주름을 찡그리고 주먹을 꽉 쥐면 그대로 짜증을 더 많이 체험하게 된다. 우리의 얼굴과 몸 그리고 음성이 뇌에 신호, 즉 피드백을 보내서 우리가 특별한 감정을 느끼고 있다고 알려주면 뇌가 놀랍게도 그것을 실제로 느끼게 이끌어준다.

참가자들이 미소를 짓는 것처럼 치아에 사인펜을 직접 물거나 찌푸린 것처럼 오므린 입술 사이에 물고 있었던 연구(Strack, Martin, & Stepper, 1988)에서, 참가자들에게 만화를 보여주고 얼마나 재미있는지를 평가하라는 지시를 한 결과 자신도 알지 못하는 사이 얼굴 근육을 미소 지을 때처럼 만들고 있었던 참가자들이 찌푸리는 표정을 지었던 사람들보다 만화를 더 유머러스하다고 평가하였다. 이처럼 행복한 얼굴 표정과 자세를 취하는 것만으로도 기쁨을 체험하는 데 상당한 도움을 받을 수 있다. 그러나 그 효과가 그리 대단치는 않다. 훈련된 배우들에게 진짜 미소를 짓는 모습이 되도록 얼굴근육을 움직이도록(눈을 둘러싸고 있는 안륜근을 수축시키고 입술 끝을 위쪽으로 끌어당기는 대협골근을 수축시키는 것) 요청했을 때 배우들은 긍정적이고 행복한 느낌을 받았다고 보고했다. 그런데 그 느낌은 실제 행복이라기보다는 '마치 내가 행복한 것 같았다'는 느낌에 더 가깝다는 반응이었다(Levenson, Ekman, & Friesen, 1990).

감정을 신체적으로 표현하는 능력에 장애가 있으면 그 감정을 느낄 수 있는 능력도 심각하게 영향을 받는다. 모비우스 증후군Mobius Syndrome은 얼굴 근육을 움직이는 능력이 상실되는 선천적 장애다. 실제로 모비우스 증후군 환자들은 무심하게 굳은 표정만 지니고 있다. 그런 환자들은 감정을 생각할 뿐 체험할 수 없다고 주장한다. 한 환자는 "나는 실제로 행복하거나 슬프다고 느끼지는 못하고, 행복하거나 슬프다고 생각한다."라고 응답했다(Cole, 1998).

사람들은 나이가 들면서 자신의 성격에 맞는 표정주름을 갖게 된다. 아주 고령의 무척 행복한 사람은 얼굴에 행복한 표정이 고정된 것처럼 보이며 평생 동안 슬프거나 화가 났던 사람은 슬픈 또는 화난 표정이 얼굴에 새겨진다. 만약 슬프거나 화가 난 주름을 제거해 버리면 실제로 더 행복해질까? 만약 얼굴 표정 피드백 가설이 옳다면 그렇다는 대답이 나온다. 36세에서 63세에 이르는 여성들은 짧게는 2년에서 길게는 17년 동안 우울증을 앓았다. 모든 환자들은 일명 보톡스라고 하는, 근육을 마비시키는 보툴리눔 톡신 Abotulinum toxin A 주사를 찡그린 주름 부위(콧등, 미간과 그 바로 윗부분)에 맞았다. 2개월이 지났을 때 10명의 참가자들 중의 9명은 더 이상 우울증 증세를 보이지 않았으며 나머지 한 명도 상당히 호전되었다. 찌푸린 주름을 제거하면 확실히 다른 사람들이 우리를 더 행복하고 매력적인 사람으로 인식하게 된다. 그리고 본인들도 실제로 더 행복하다고 느낀다.

'나는 이 사진에 포즈를 취하고 싶지 않은데'라고 생각하며 짓는 어정쩡한 미소나 '이건 썰렁한 농담인데'라는 싱거운 웃음까지 포함해서 모든 미소나 웃음이 긍정적인 웰빙의 느낌을 살짝 상승시켜준다. 이런 미세한 변화는 문제에 대응하거나 사회적 관계를 맺을 때 강력한 상승작용을 일으키는 초기 에너지를 제공할 수도 있다. 이에 따라 불안과 고통이 줄어들고 행복과 기쁨이 점점 더 커질 수 있다. 한번 미소 짓고, 웃고, 몸을 쭉 펴고, 활기차게 행동하며 포옹을 해보라. 마치 자신만만하고 낙관적이며 외향적인 사람인 것처럼 행동해 보라. 그러면 우리는 역경을 다스리고 이겨내며 사람들과 수월하게 유대를 맺고 친구를 사귀며 사람들에게 영향을 주고 더 행복한 사람이 될 것이다.

4. 행복 지속의 5가지 비결

행복은 아주 드물게 찾아오는 거창한 행운보다는
매일 일어나는 자잘한 편리함과 기쁨 속에 깃들어 있다.
– 벤저민 프랭클린 –

행복을 지속시키는 5가지 비결이 있다(Lyubomirsky, 2008). 잠시 동안 더 행복해지는 것은 비교적 쉬운 일이다. 새롭게 도달한 행복의 수준을 유지하는 것은 진짜 어려운 도전과제다. 우리는 의도적인 활동을 함으로써 행복의 40%를 바꿀 수 있는 힘을 가지게 된다. 행복 수준을 장기적으로 향상시키려면 5가지 비결을 준수해야 한다.

4.1. 긍정적인 감정을 유지하라

행복한 순간을 많이 만들어라. 실제로 자주 체험하는 긍정적인 감정 즉 기쁨, 즐거움, 만족, 평온, 호기심, 흥미, 활기, 열정, 활력, 전율, 자부심과 같은 감정이 바로 행복의 징표이다(Diener, Sandvik, & Pavot, 1991). 모든 인간이 부정적인 감정을 견디며 살아가지만 행복한 사람들은 그렇지 못한 사람들보다 긍정적인 상태를 더 자주 경험한다. 긍정적인 감정이 행복한 사람들을 만든다. 의식적인 노력을 기울여서 얻어지는 지속적인 긍정적 체험은 오랜 기간 특별히 행복한 상태를 유지하도록 도와줄 것이다. 갑자기 금전적인 횡재를 했다면 그 돈을 커다란 한 가지 일에 몽땅 써버리는 것보다 매일 또는 매주 기분 좋은 여러 가지 일에 나누어 쓰는 게 궁극적으로 훨씬 더 행복해지는 방법이다.

긍정적인 감정은 대개 지속기간이 아주 짧기 때문에 그런 감정을 사소한 것으로 생각하는데, 그것은 큰 잘못이다. 한 순간의 기쁨은 그저 기분 좋게 만들어주는 데 그치지 않고, 그런 순간은 삶의 지평을 넓혀주고 사회적·신체적·지적인 능력을 높여준다(Fredrickson, 2001). 긍정적인 감정은 상승나선 효과를 만들어낸다. 긍정적인 감정이 조금 상승하면서 일어나는 크고 작은 변화들이 누적됨으로써 긍정적인 감정이 우리를 정말로 더 행복한 사람으로 변화시켜준다. '행복하게 살 때 우리는 상승음계를 타고 올라가는 삶을 살게 된다.'고 『보물섬』의 작가 로버트 루이스 스티븐슨이 말했다.

사람들은 왜 지진이나 해외여행, 결혼이나 이혼과 같이 크고 극적인 사건들만 중요하다고 생각할까? 우리가 기대하고 기억하고 되씹고 다른 사람들과 이야기하는 것들은 바로 그런 사건들이기 때문이다. 우리는 삶에서 특별하고 중요한 에피소드만 알아보고 기억하는 경향이 있다. 그래서 평범한 364일보다 무슨 일이 크게 잘되거나 잘못되었던 단 하루만을 기억한다. 그러나 평범한 날에 겪었던 긍정적인 감정들을 제대로 이해한다면 우리의 관점이 완전히 바뀔 수 있으며, 방금 전까지 존재하는지 몰랐던 새로운 가능성에 마음을 열 수 있다. 긍정적인 체험은 단지 기분이 좋다는 데서 그치지 않고, 새로운 통찰과 이해를 주고 사람을 변화시킨다. 세상을 전혀 다른 눈으로 보도록 자극한다. 행복한 순간은 가능성과 희망의 느낌을 준다.

우울증은 긍정적인 감정의 결여가 주된 특징인 증후군이다. 즐거움과 호기심, 만족과 열정이 결여된 상태, 다시 말해서 텅 빈 그릇 같은 상태다(Davidson, 1993). 실제로 즐거운 사건에서 기쁨을 느끼지 못하는 것이 우울증의 징표다. 나쁜 일이 일어날 것이라고 기대한다는 것보다도 좋은 일이 일어날 것이라는 사실을 믿지 못하는 것이 그들의 문제이다. 우울증에 빠진 사람들은 자신에게 일어났던 즐거운 사건들을 기억하는 데서도 애를 먹었다. 부정적인 사건이 우울증의 회복을 저지하기보다는 긍정적인 사건이 회복에 시동을 건다. 우울증의 호전이나 회복은 긍정적인 사건, 특히 여성들에게 '새 출발'의 느낌을 주었던 사건을 통해서 촉발되었다. 우울증을 완화시키는 데 가장 효과적인 활동은 긍정적인 감정, 그것을 둘러싼 긍정적인 생각들, 그리고 긍정적인 체험이나 사건을 증가시켜주는 활동들이다.

우리의 일상에서 감정, 생각, 체험은 연결되어 있으며 대개는 함께 일어난다는 사실에 주목할 필요가 있다. 12가지 행복전략은 긍정적인 감정을 증가시키고, 긍정적인 사고를 배양하며, 긍정적인 체험에 불을 붙여주는 전략들이다. 행복활동은 긍정적인 감정을 고양시켜준다. 기쁨, 만족 또는 자부심의 느낌은 사람들이 자기 삶의 '큰 그림'을 보도록 도와주고 스트레스나 정신적 외상을 겪는 와중에도 '심리적인 휴식기'를 제공해 불쾌한 사건의 고통을 완화시켜줄 수 있다. 역경에 처했을 때 동원되는 긍정적인 느낌은 이렇게 스트레스를 주는 체험으로부터 벗어나도록 도와줌으로써 회복력을 높일 수 있다.

행복활동은 긍정적인 사고를 증진시켜준다. 인지이론Cognitive Theory과 절망이론Hopelessness Theory은 부정적이고 역기능적인 생각이 우울증의 근원이라고 본다. 비관적이고 우울한 태도와 기억이 슬픔, 분노, 질투, 두려움과 같은 부정적인 감정에 불을 붙이며 그것이 또 부정적인 사고를 낳는 식으로 악순환에 빠져들도록 만들기 때문이다. 이와는 대조적으로 행복활동은 부정적인 사고양식을 떨쳐버리도록 도와줌으로써 부정적인 편견을 중화시켜줄 수 있다. 행복활동은 긍정적인 체험을 촉진한다. 관계에 투자하는 활동을 실천하면 가족과 친구들과 함께 있을 때 편안하고 만족스러운 시간을 가지게 된다. 친절을 실천하면 갑자기 자신이 유능하고 인정받는다고 느끼게 된다. 몰입을 많이 체험할수록 더욱 생산적이고 성공적으로 일상생활에서 더 많은 활동과 즐거움을 누리게 된다.

미국 국민들 중 11%가 '생기가 없다'고 한다. 임상적 우울증을 앓는 것은 아니지만 침체되고 공허한 삶을 살고 있으며, '조용한 절망의 삶'을 이어가고 있다. 즐거움을 조롱하지 마라. 시시껄렁한 쇼를 보면서도 즐거움을 발견할 수 있고 천체물리학 강의에 몰입해서 즐거움을 발견할 수도 있다. 2가지 기쁨 모두 행복한 삶에 기여하며 2가지 즐거움 모두 자신이 더 사교적이고, 더 활기 있고, 더 수완이 있다고 느끼게 해주는 등 여러 가지 유익을 줄 수 있다. 수많은 연구들이 근원이 무엇이든 상관없이 행복한 기분은 사람들을 보다 생산적이고 더 호감이 가고, 건강하며, 적극적이고, 친절하며, 도움을 주고, 회복력이 강하며, 창의적이게 해준다는 사실을 보여주었다. 이 말은 긍정적인 감정이 실제로 우리가 목표를 달성하도록 도와주며 삶의 의미와 목적을 추구하도록 도와준다는 뜻이다. 사람들은 행복한 기분이 들면 자신의 삶을 더 의미 있는 것으로 인식하게 된다. 긍정적인 감정을 더 많이 체험할수록 그날이 더 의미 있다고 평가한다(King, Hicks, Krull, & Del Gaiso, 2006). 진지함과 위대함은 반드시 엄숙함을 동반해야 한다는 것은 그릇된 통념에 불과하다.

행복의 근원이 무엇인가에 따라서 그 체험이 저절로 유지될 수 있는지 여부가 달라질 수 있기 때문에 행복한 순간의 근원은 중요하다. 올바르지 않은 쾌락에서 느끼는 환희가 어렵게 노력해서 얻은 환희와 마찬가지로 지적·사회적·신체적 유익함을 유발할 수 있긴 하다. 그렇지만 올바르지 않은 쾌락은 금방 사라지며 나아가 쾌락으로부터 깨어날 때 죄책감이나 또 다른 부정적인 느낌을 남길 수 있다. 12가지 행복전략을 통해서 얻는 즐거움은 지속적으로 반복되며 저절로 강화된다. 그 한 가지 이유는 그러한 즐거움은 죄책감이 담긴 즐거움과 달리 노력해서 자기 힘으로 얻은 것이기 때문이다. 자신이 능력과 책임을 가지고 있다는 느낌 자체도 강력한 행복증진 효과를 발휘한다. 긍정적인 감정의 근원이 월드컵 게임이나 초콜릿이나 와인 한잔이 아니라 우리 자신일 때, 그 행복한 감정은 지속적으로 기쁨을 주고 행복하게 해줄 것이다. 긍정적인 감정의 근원이 우리 자신일 때 그 감정은 재생될 수 있다.

4.2. 최적의 타이밍에 맞춰서 변화하라

무엇을 해야 할지 알아내는 것도 물론 중요한 진전이지만, 그것을 정확히 어떻게 실천할 것인지 아는 것이 중요하다. 유머와 마찬가지로 행복활동에도 타이밍이 중요하다. 적응이 일어나는 것을 방지할 수 있도록 시간을 맞추어야 한다. 각 활동이 참신하고 의미 있고 긍정적으로 지속되도록 실행빈도를 조절할 필요가 있다. 제대로 맞아 들어가 효과를 보기 시작할 때까지 행복활동을 실행하는 시기와 빈도를 조절해 가면서 타이밍을 정하는 여러 가지 방법을 실험해 볼 필요가 있다. 정통 유대교 부부들은 여성의 생리기간 전후 7일간은 친밀한 접촉은 물론이고 서로 만지는 것도 금한다. 부주의하게 몸이 닿는 일이 없도록 일상적인 행동조차도 신중히 한다. 이런 규칙은 어떤 사람들에게는 정신 나간 짓으로 보이겠지만, 사랑과 열정의 불꽃을 유지한다는 의도하지 않은 부차적인 효과를 가져온다.

행복활동은 같은 상태로 그대로 남아 있지 않고 역동적이기 때문에 빨리 적응되지 않는다. 사람들이 소유물 대신에 어떤 체험에 시간과 자원을 투자하면 더 행복해진다는 사실을 발견했다(Van Boven, 2005). 그 이유는 첫째, 물질적인 대상과 비교했을 때 체험은 시간이 흐르면서 더 좋은 기억으로 개선될 가능성이 더 높다. 둘째, 사람들은 소유물과는 달리 자신의 체험을 평가할 때 더 운이 좋은 다른 사람들의 체험과 비교해서 좋지 않게 평가할 가능성이 낮다. 셋째, 체험은 사회적 가치가 더 높으며 좋은 관계를 조성해 줄 가능성이 높다. 끝으로, 여러 가지 체험은 쾌락적응에 비교적 덜 영향을 받는다.

다양한 활동을 구사하는 것도 행복활동의 효과를 강화할 수 있는 또 다른 중요한 방법이다. 다양하게 행동하면 적응이 일어나는 것을 막을 수 있다. 사람들은 행동에 변화를 추구하는 경향이 있는데, 그 이유는 생각과 행동의 변화가 본질적으로 즐겁고 자극적이기 때문이다(Berns, 2005; Ratner, Kahn, & Kahneman, 1999). 10주 동안 친절행위를 다양하게 해 볼 기회가 주어졌던 참가자들이 더 많이 행복해졌으며 그 상태를 유지했다. 그렇지만 매주 비슷한 활동을 했던 참가자들에게서 친절전략은 역효과를 냈다. 이처럼 다양성은 활동의 효과를 극대화하는 결정적인 방법이다. 행복활동을 시작할 때는 방법에 변화를 주어야 한다. 물론 노력도 중요하지만 그것을 어떻게 실천하는가도 역시 중요하다.

4.3. 사회적 지원을 확보하라

우리는 대부분 광범위한 관계와 사회적 관계망에 속해서 살아간다. 우리는 다른 사람에게 의존해서 살아가며 다른 사람으로부터 도움과 협력을 받지 않고는 많은 목표들을 달성할 수가 없다. 사회적 지원social support은 다른 사람, 특히 강력하고 의미깊은 관계를 맺고 있는 사람들로부터 받은 온갖 도움과 위안을 표현하기 위해 심리학자들이 사용하는 전문용어다. 삶의 도전과 불행에 대응하기 위한 도움을 얻는 데는 사회적 지원이 매우 소중하다. 적어도 한 사람의 친구가 있는 여성이 친구가 없는 사람들보다 문제에 더 잘 대응할 수 있다. 사회적 지원은 우리가 목표를 향해 길을 따라가도록 동기를 부여하고 안내해 준다. 직장, 인간관계, 개인적인 성장을 포함하는 광범위하고 다양한 목표들을 실현하도록 해준다. 배우자, 자녀, 친구, 부모, 형제 또는 동료의 지원을 받으면 노력과 헌신이 요구되는 행동의 변화를 더 쉽게 이룰 수 있다. 우리에게 커다란 무리가 필요한 것이 아니라 한 사람의 친절한 친구면 족하다는 사실을 기억하라. 사회적 지원은 행동 변화와 함께 작용하는 필수적인 요인이다. 배우자, 친구, 인생의 코치 또는 다른 동료들은 우리가 동기를 상실하거나 구태의연해질 때 목표를 향해 더 열심히 노력하도록 격려해 주는 공명판이 되어줄 수 있다.

4.4. 동기, 노력, 헌신을 유지하라

성공적인 행복증진 프로그램의 또 한 가지 필수적인 열쇠는 헌신하고 전심전력으로 노력하는 것이다. 새로운 결심을 끝까지 지킨다는 것은 쉬운 일이 아니지만, 삶에서 가장 훌륭하고 의미 있는 다른 모든 일에 요구되는 노력도 어렵기는 마찬가지다. 동기부여 또는 무엇인가를 이루려는 추진력과 영감은 결심하고 배우고 노력하고 헌신하는 네 번째 단계에서 없어서는 안 될 역할을 한다. 어떤 새로운 시도를 하려고 할 때 자신에게 아이디어와 열정이 넘치는 모습을 보면 강하게 동기부여 되었음을 알 수 있다. 어떤 경험이나 그 결과가 궁극적으로 재미있고 도전적이며 즐겁다고 진심으로 믿기 때문에 무슨 일을 한다면 자신이 강한 동기를 가지고 있다는 것을 알 수 있다. 동기의 효과는 놀랍다. 활동의 종류에 상관없이, 동기를 가지고 있었던 참가자들은 훨씬 더 행복해진 반면에 동기가 없었던 참가자들은 별 변화가 없거나 약간 개선되는 데 그쳤다.

노력하지 않고, 시도하지 않고, 애쓰지 않고, 집요하지 않고, 목적을 일관되게 유지하지 않으면 오로지 실패, 주저함, 나약한 마음과 미진한 노력만 남을 뿐이다. 더 행복한 사람이 되는 것이든 금연을 하는 것이든 질병을 치료하는 것이든 어떤 변화를 일으키려면 실천이 핵심이다. 노력과 헌신 외에 왕도는 없다. 매일 새롭게 시작하고 새롭게 헌신하라. 헌신이 흔들리거나 실천하겠다는 결심을 잊어버리거나 실천하지 못할 때가 있다. 그것은 지극히 정상적이고 불가피하며 인간적인 상황이다. 누구도 완벽하지 않기 때문이다.

4.5. 좋은 습관을 구축하라

처음에는 가장 힘들지만 시간이 지나면서 새로운 행동과 실천이 반복하여 습관화될수록 노력이 덜 필요해진다. 우리는 누구나 좋은 습관과 나쁜 습관을 가지고 있다. 습관으로 분류되는 행동들은 결심을 하지 않고 행동한다는 특징이 있다. 그것들은 의도적인 행동이 아니다. 그냥 행동으로 옮긴다. 습관은 반복과 연습을 통해서 형성된다. 긍정적인 사고와 행동전략을 습관화하는 것을 목표로 삼아야 한다.

습관이 형성되려면 적어도 3개월이 필요하다. 프레드릭슨(2009)에 의하면, 우리는 끊임없이 변화한다. 대세를 차지하는 것은 변화이며, 불변성은 지극히 드문 예외다. 세포의 재생속도는 신체부위별로 다르다. 미뢰는 단 몇 시간밖에 살지 못하며, 백혈구는 열흘가량 살고, 근육세포는 3개월 정도 산다. 심지어 뼈마저도 반복해서 재생된다. 이런 재생주기의 차이를 고려하여 과학자들은 매일 몸 전체의 세포 중 약 1%가 새 세포로 대체된다고 말한다. 매일 1%씩의 변화가 계속 쌓이다보면 다음 달이면 대략 30%가 되고, 다음 계절이면 100%에 도달한다. 우리는 약 3개월마다 완전히 새로운 사람으로 탈바꿈하는 셈이다. 이런 연유로 우리가 변화를 모색하고 습관을 확립하기 위해서는 적어도 3개월이 필요하다.

자기진단

사람들은 살아가면서 새로운 것을 알아갑니다. 그리고 조금씩 세상에 대해서 그리고 자신에 대해서 알기 시작하면, 누구나 궁금해하는 것이 생깁니다. 그중에는 이런 궁금함이 있습니다. "나는 행복한 사람인가?" 혹은 "나는 잘 살고 있는가?"

이제부터 이런 궁금증을 조금이나마 해소해 볼까요?

개인행복척도(Personal Happiness Scale)

No.	문항	전혀 그렇지 않다	그렇지 않다	반반이다	그렇다	매우 그렇다
1	나는 정신적으로 건강하다.	1	2	3	4	5
2	나는 신체적인 건강을 잘 유지하고 있다.	1	2	3	4	5
3	나는 정서적으로 안정되어 있다.	1	2	3	4	5
4	나는 현재의 내 삶에 만족한다.	1	2	3	4	5
5	나는 인간관계가 좋은 편이다.	1	2	3	4	5
6	나는 사람들과 소통할 때 잘 공감하는 편이다.	1	2	3	4	5
7	나는 내가 행복한 사람이라고 생각한다.	1	2	3	4	5
8	나는 다른 사람들에게 사랑을 주기도 하고 받기도 한다.	1	2	3	4	5
9	나는 내게 일어나는 일을 스스로 통제할 수 있다.	1	2	3	4	5
10	나는 살면서 기분 좋은 감정을 자주 경험하는 편이다.	1	2	3	4	5
11	나는 긍정적인 감정을 많이 경험하는 편이다.	1	2	3	4	5
12	나는 낙관적인 사람이다.	1	2	3	4	5
13	나는 세상이 소중하고 아름다운 곳이라 생각한다.	1	2	3	4	5
14	나는 내 삶의 순간순간을 즐기려고 한다.	1	2	3	4	5

No.	문항	전혀 그렇지 않다	그렇지 않다	반반 이다	그렇다	매우 그렇다
15	나는 자아존중감이 높은 편이다.	1	2	3	4	5
16	나는 소중하게 생각하는 삶의 의미가 있다.	1	2	3	4	5
17	나는 시련과 역경을 이겨낼 수 있는 힘이 있다.	1	2	3	4	5
18	나는 나 자신을 무엇보다도 신뢰한다.	1	2	3	4	5
19	나는 앞으로 더 잘 될 거라는 희망을 갖고 있다.	1	2	3	4	5
20	나는 나 자신을 잘 알고 있다.	1	2	3	4	5
21	나는 활발하고 적극적으로 생활하는 외향적인 사람이다.	1	2	3	4	5
22	다른 사람들은 나를 행복한 사람이라고 말한다.	1	2	3	4	5
23	나는 정상에 서보는 절정경험을 해본 적이 있다.	1	2	3	4	5
24	나는 원하는 바를 계획하고 실천한 성취 경험이 있다.	1	2	3	4	5
25	나는 여유롭고 자유로운 여가 경험을 즐긴다.	1	2	3	4	5
26	나는 하는 일에 흠뻑 빠져드는 몰입경험을 해봤다.	1	2	3	4	5
27	나는 사람들에게 내세울 만한 나만의 대표 강점이 있다.	1	2	3	4	5
28	나는 다양한 감사경험이 있다.	1	2	3	4	5
29	나는 가슴이 따듯해지는 연애경험이 있다.	1	2	3	4	5
30	나는 갖고 있거나 주어진 것을 음미하고 만끽하는 향유경험을 즐긴다.	1	2	3	4	5

자기진단	하위 요인	문항 수	문항 번호	채점 및 해석
개인행복	심신건강	4	1-4	해당 요인의 반응을 합산 후 해당 문항수로 나누어서 평균을 구한다.
	인간관계	4	5-8	
	긍정실천	14	9-22	
	긍정경험	8	23-30	
전체	개인행복	30	1-30	

우리가 얼마나 행복한 사람인가를 알아 볼 수 있는 개인행복 자기진단 척도이다. 이것은 행복한 사람들이 지니는 다양한 특성들에 대한 22개의 문항들로 구성되어 있다. 합산한 다음에 22로 나누어서 자신의 행복지수를 계산하면 된다. 개인행복척도는 4개의 요인으로 구성되어 있는데, 심신건강(1-4), 인간관계(5-8), 긍정실천(9-22), 그리고 긍정경험(23-27)이다. 235명의 대학생들을 대상으로 연구한 김은희(2021)에 의하면, 전체 개인행복점수(평균 = 3.67, 표준편차=0.65), 심신건강(평균=3.68, 표준편차=0.70), 인간관계(평균=3.69, 표준편차=0.79), 긍정실천(평균=3.64, 표준편차=0.73), 및 긍정경험(평균=3.68, 표준편차=0.72)는 중간점수인 3.0을 모두 넘는 것으로 나타났다. 대전/세종/충청에 거주하는 10대부터 60대에 걸쳐서 224명을 대상으로 자료가 수집된 윤은영(2021)에 의하면, 전체 개인행복점수의 평균은 3.64이고, 표준편차는 0.53이었다.

PART 02

행복의 원리

Principle of Happiness

Chapter 05

감사

Gratitude

Chapter 5
감사

세상에서 가장 지혜로운 사람은 배우는 사람이고,
세상에서 가장 행복한 사람은 감사하며 사는 사람이다.

The wisest people in the world are those who learn,
the happiest people in the world are those who live with gratitude.

– 탈무드 –

우리는 누구나 하루하루를 행복하게 살고자 한다. 하루의 행복에 지대한 영향을 미치는 요인 중의 하나가 인간관계이다. 우리는 매일 많은 관계 속에서 살아가는데, 인간관계를 더욱 풍요롭게 만드는 것이 '감사'이다. 감사gratitude는 우리가 생각하는 것보다 훨씬 더 가치 있는 심리적 구성 개념이다. 감사한 마음으로 산다는 것은 자기 삶을 가치 있게 느낀다는 것을 말한다. 감사는 자신의 존재가치를 스스로 느끼고 있고, 자기 삶 자체가 행복이고 긍정적으로 살고 있다는 것을 스스로 증명하는 것이다. 타인에 대한 감사 또한 상대방의 존재 자체와 행동에 대한 인정이자 존중의 표현이다. 이런 인정과 존중은 상대방에게 자신의 가치를 확인하는 기회를 주고, 서로의 관계에 대한 결속과 안정감을 느끼게 만든다.

감사는 행복과도 밀접한 연관이 되어 있는데, 긍정심리학자 셀리그먼(Seligman, 2002)은 개인이 지니는 대표 강점을 발휘하며 사는 것이 진정한 행복이라고 하였다. 그가 말한 6개의 핵심 덕목과 24개의 대표 강점 중 초월transcendence이라는 덕목과 관련된 강점에 감사와 함께 감상력, 낙관성, 유머감각, 영성이 포함되어 있다. 그중에서도 감사라는 강점이 행복과 높은 상관이 있다.

감사는 나에게 주어지는 모든 것들을 당연히 여기지 않는 마음에서 출발한다. 내게 주어진 모든 것이 다 감사의 대상이 될 수 있다. 타인뿐만 아니라 자기 자신, 비인격적 대상, 자연 등이 모두 포함된다. 우리는 길가에 피어난 한 송이 꽃, 아름다운 석양과 싱그러운 바람, 따뜻한 햇살 한 줌에도 감사할 수 있다. 나를 지금 이 순간 숨 쉬며 살아갈 수 있도록 해주는 모든 것들, 나를 둘러싼 자연과 환경이 감사거리이다. 일상 중에 지나칠 수도 있었던 타인의 작은 호의에도 우리는 고마움을 느낄 수 있다.

1. 감사의 본질

감사하는 마음의 가장 근본적인 본질은 '관심'과 '기억'에 있다. 관심interst은 나 자신과 다른 사람들, 범우주적 대상을 향해 열린 마음이다. 진정한 관심은 표면적인 호기심을 넘어서 상대방의 마음과 상황에 진심으로 귀 기울이고, 그들의 입장과 관점에서 생각하면서, 상대방의 감정과 경험을 이해하려는 노력을 포함한다. 인간관계에서 관심은 마치 식물에게 주는 물과 같아서 관심 없이는 어떤 관계도 제대로 키워나갈 수 없다. 지금 상대방의 기분은 어떤지, 상황은 어떤지 물어보고 살펴보는 것은 관심이 없다면 대부분 불가능한 일이다.

인간관계에서 기억memory은 관계의 지속성과 깊이를 결정짓는 핵심 요소 중 하나이다. 생일이나 기념일 같은 특별한 날뿐만 아니라, 상대방이 좋아하고 싫어하는 음식, 취향, 고민 등을 기억한다는 것은 마음에서 우러나는 소중한 기억에 대한 감사이기도 하다. 누군가 자신에 대해 작은 것까지 기억해 준다는 사실을 알 때, 우리는 자신이 소중한 존재로 느껴진다. 건강한 관계는 과거의 기억과 감정을 함께 나누고, 앞으로도 새로운 경험을 함께하면서, 새로운 기억을 쌓아간다. 좋은 기억들이 많이 쌓여 갈 때 그 관계는 더 충만해지고 지속적으로 유지된다.

1.1. 감사의 정의

매년 5월을 감사의 달이라고 한다. 어버이날, 스승의 날 그리고 부부의 날까지, 감사하는 마음을 전하기에 바쁜 날들의 연속이다. 감사(感謝)는 '느낄 감(感)'과 '사례할 사(謝)'라는 한자로 구성되어 있어 "고맙게 여기는 마음" 또는 "고마움을 나타내는 인사"라는 뜻이다. 다시 말해서, 감사는 타인의 호의에 대해 고맙게 여기고 보답하고자 하는 마음이다. 감사는 단순한 예의나 사회적 관례를 넘어서는 것으로, 우리가 상대방과 맺는 관계에서 드러내는 긍정적 감정이며 사람은 홀로 존재할 수 없는 사회적 존재임을 확인시켜주는 행위이다. 하지만 사람들은 마음속으로는 누군가에게 고마워하면서도 막상 표현하는 데에는 인색하기도 하고, 가까운 관계에서는 고마움을 당연한 것으로 인식하기도 한다.

학자들마다 감사의 정의는 조금씩 다르다. 감사를 다른 사람이나 사물에 의해 얻게 되는 혜택, 혹은 자연에 의한 평온한 축복의 순간 등을 선물로 받아들이면서 고마움과 기쁨으로 반응하는 정서 상태(Emmons, 2004), 사람이나 사건, 행동, 그리고 사물의 의미와 가치를 인식하고, 그와 관련된 긍정적인 정서를 경험하는 것(Adler & Fagley, 2005)으로 정의한다. 또한, 감사를 자신이 경험한 긍정적인 결과들에서 다른 사람들이 베푼 선의를 자각하고 긍정적인 감정으로 반응하는 일반화된 경향성(McCullough et al., 2002)으로 정의하면서 감사에 대해 은혜를 베푼 사람이나 다른 사람의 복지에 기여하고자 하는 행동 경향성으로 보거나, '살맛나는 행복한 세상을 위해 부정성을 비우고 긍정성을 채우며 고마운 마음을 나누는 것'(최미심, 2025)이라고도 정의한다.

이처럼, 감사는 '고마움'이라는 단순한 정의로 시작하지만, 크게 인지적 · 정서적 · 행동적 측면 세 가지로 구성된 복합 개념이다.

첫째, 감사하는 마음은 인지적 측면을 포함하고 있다. 감사하기 위해서는 내가 어떤 좋은 일의 수혜자임을 인식할 수 있어야 한다. 어떤 긍정적인 경험에 대하여 나를 위해 누군가 선한 의도를 가지고 도움을 주었다는 것, 그리고 그 도움에 대해 보답하겠다는 것을 인식할 때 감사할 수 있다. 영어의 'thank'와 'think'의 어원이 같다는 것은 감사의 인지적인 측면을 말해준다. 실존주의 철학자 하이데거(Heidegger)는 '생각하는 것이 곧 감사하는 것이다Denken ist Danken'라고 표현하였다(Heidegger, 1954).

둘째, 감사하는 마음은 긍정정서라는 정서적 측면을 포함한다. 감사는 자신에게 주어진 긍정적인 경험의 의미와 가치를 인식했을 때, 그것이 긍정적인 정서와 연결된 느낌이다. 감사를 자주 경험하는 사람은 기쁨, 평온, 희망, 경이, 사랑 등의 긍정정서를 느낀다.

셋째, 감사하는 마음은 감사표현이라는 행동적 측면으로 이어진다. 긍정적인 경험에 대하여 다른 사람의 공헌을 인정하면 고마운 마음으로 반응하게 되고, 뒤이어 나도 호의를 베풀고 싶은 마음이 생기고 관용의 마음이 커진다. 감사는 친사회적인 행동을 증가시키며 결과적으로 대인관계에도 긍정적인 영향을 미친다. 감사는 다른 사람의 호의나 도움을 받았을 때 생겨나는 기쁜 감정을 넘어 자신에게 이로움과 혜택을 준 대상이나 사람뿐만 아니라 자연과 사물에 대해 고마움과 소중함을 가지고 행동하려는 경향성을 포함한다.

이러한 감사의 인지적 · 정서적 · 행동적 측면을 통합하여, 감사는 삶을 대하는 태도이자 자세로서 감사성향Disposition, 감사경험Experience, 감사표현Expression이라는

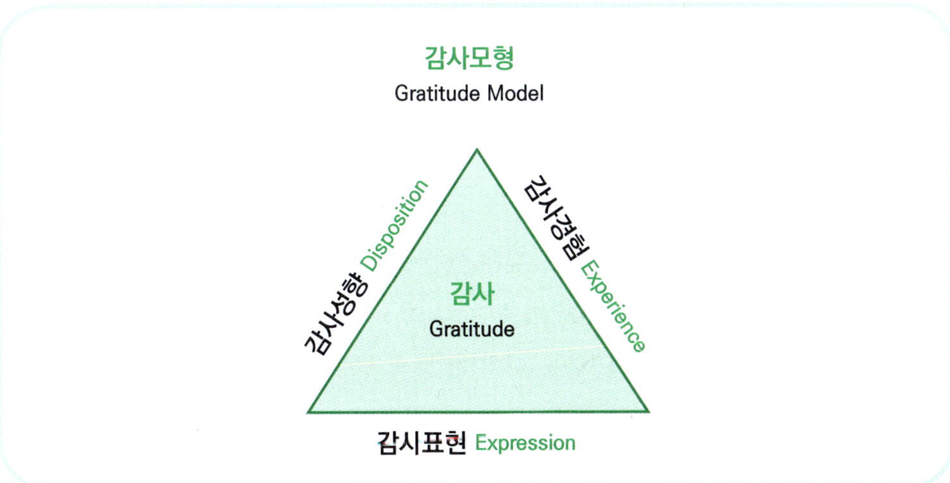

세 가지 요소로 구성된다고 볼 수 있다.

첫째, 감사성향은 개인의 선천적인 경향성으로, 타고난 성향에 따라 감사할 줄 아는 감수성이 다르게 나타날 수 있음을 의미한다. 타인의 호의나 삶 속의 작은 혜택에 민감하게 반응하고 그것을 긍정적으로 해석하려는 성향으로, 감사성향이 높은 사람이 일상에서 감사할 대상을 더 잘 발견하고, 사소한 일에도 의미를 부여한다.

둘째, 감사경험은 살아가면서 후천적으로 학습되고 심화되는 감사의 체험이다. 이는 개인의 성장과정이나 환경 등에 따라 다양하게 형성되며, 같은 상황에서도 감사의 깊이나 표현 방식이 다르게 나타난다. 감사경험은 반복될수록 삶의 태도로 자리 잡아 감사성향을 강화시키는 역할도 한다.

셋째, 감사표현은 감사를 말과 행동으로 표현하고 실천하는 행동적 측면을 말한다. 감사한 마음을 언어와 행동으로 구체화하는 과정을 통해, 감사를 받는 사람뿐만 아니라 표현하는 자신도 긍정적 정서를 경험하게 된다. 이러한 감사표현은 대인관계의 질을 높이고, 친사회적 행동을 확산시키는 매개 역할을 한다.

1.2. 감사의 효과

감사는 개인의 삶뿐만 아니라, 다른 사람과 함께 하는 인간관계에서 행복의 가능성을 높여준다. 감사는 행복과 밀접한 관계를 지니는 성격적 강점으로 감사는 부정적인 감정을 줄이는 효과보다 긍정적인 감정을 증진하는 효과가 더 큰 것으로 여겨진다(최미심, 2025). 감사하는 사람들은 그렇지 않은 사람들에 비해 긍정정서와 삶의 만족 수준이 높고, 우울과 스트레스 수준은 낮은 것으로 나타났다(McCullough et al., 2002). 감사는 삶의 만족도나 주관적 웰빙과도 깊은 연관성이 있으며, 부정적인 상태나 부정정서를 완충하는 수단으로 작용한다(김혜련, 2024; Emmons, Froh, & Rose, 2019). 높은 감사성향은 개인의 행복에 중요한 영향을 미치며(김유리, 이희경, 2012; 김희경 외, 2014), 감사하는 사람은 정신적·신체적으로 건강하고 높은 결단력과 열정을 보이며, 타인에 대한 배려나 친사회적 행동이 잦고, 더 잘 공감하는 경향이 있다(김경미, 김정희, 2011). 또한 감사하는 사람은 자신이 경험하는 긍정적 정서에 타인의 기여가 있음을 인지하여 덜 비난적이고, 정서를 보다 잘 조절하여 심리적인 안녕감이 높다(권윤선, 박상규, 2020). 아울러 일상에서 감사함으로써 더 행복해지며, 행복하기에 더욱 감사하는 선순환이 일어나게 된다. 중년기 여성을 대상으로 한 연구들에서도 감사와 행복 간에 유의한 상관이 있는 것으로 확인되었다(윤성민, 신희천, 2012). 감사의 효과를 확인한 또 다른 실험(Emmons & McCullough, 2003)에서는 참가자들을 세 집단으로 나누어 한 집단은 매일 감사한 일을, 두 번째 집단은 안 좋았던 일을, 세 번째 집단은 일상적인 생활사건을 기록하도록 하였다. 매일 감사한 일을 기록한 집단은 다른 집단들보다 자신의 삶에 대해 더 긍정적이고 낙관적인 평가를 하였고 다른 사람을 돕고 감정적 지지를 해줄 의향이 있다고 보고하였으며, 부정적인 정서는 감소하였다.

감사와 행복 간의 관계를 증명하는 연구들을 통해 감사가 행복을 촉진시키는 이유는 다음과 같다. 첫째, 감사는 자신이 세상에서 받고 있는 혜택을 선물로 인식하게 하여 행복 수준을 높여준다. 둘째, 일상 속에 숨어 있는 혜택에 습관화되는 것을 방지하고, 현재의 시점에서 감사할 조건들을 반복적으로 인식하게 하여 삶의 만족도를 높인다. 셋째, 나보다 더 많이 가진 사람들과의 비교로부터 주의를 돌리게 하여, 스스로의 삶에 긍정적 태도를 갖게 한다. 넷째, 감사는 부정적인 상황 속에서도 긍정적인 의미를 발견하고 적극적으로 대처할 수 있도록 도와줌으로써 행복을 증진시킨다. 끝으로, 즐겁고 긍정적인 생활경험에 대한 회상을 촉진시키고 기억을 정교화함으로써 지속적인 행복의 기반을 마련해 준다.

2. 감사의 기술

감사하는 마음이 아무리 깊고 진실해도, 그것이 상대방에게 제대로 전해지지 않는다면 관계는 생각보다 긍정적인 방향으로 진전되지 않는다. 감사함을 느끼는 것과 그것을 잘 표현하는 것은 전혀 다른 문제이기 때문이다. 마음속에는 고마움이 가득하더라도 표현할 수 있는 시기를 놓치거나, 서툰 방식으로 오히려 오해를 살 수도 있다. 에리히 프롬(Erich Seligmann Fromm, 2019)이 『사랑의 기술』에서 사랑도 훈련과 연습이 필요하다고 말한 것처럼, 인간관계에서 감사하는 것도 '기술'이 있어야 한다. 여기에서 기술은 'technique'이 아니라 'skill'을 의미한다. 기술이라는 말이 자칫 형식적이고 틀에 얽매인 것처럼 들릴 수도 있지만, 기술은 진심이 전달될 수 있도록 하는 실력 art을 의미한다. 진심 없는 감사도 겉으로 보기에는 예의 바른 사람처럼 보이게 할 수 있다. 중요한 것은 감사하는 진심과 감사하는 표현 사이의 간극을 줄이는 방법을 연습하고 훈련해서 감사하는 마음을 잘 표현하고 지속적으로 좋은 인간관계를 맺어야 한다는 점이다.

사람마다 감사를 받아들이는 정도가 다르다. 누군가는 말 한마디에 감동하고, 누군가는 조용한 행동 속에서 마음을 읽기도 한다. 어떤 사람은 직접적인 표현을 좋아하고, 또 어떤 사람은 부담스러워한다. 정답은 없지만, 분명히 더 효과적인 방식이 존재한다. 감사의 기술은 바로 이 다양함을 이해하고, 상대방에게 알맞게 표현하는 커뮤니케이션 능력이 필요하다는 것이다. 감사 기술은 훈련될 수 있다. 처음에는 어색하고 낯설 수 있지만 반복을 통해 자연스러워질 수 있다. 많은 사람들이 대화법, 경청법, 설득의 기술을 배우듯이 감사표현도 배울 수 있다. 감사 기술에 있어 핵심은 마음을 제대로 전하는 방법을 익히는 것이다. 내 마음이 상대의 마음에 닿기 위해서는 진심을 꺼내는 용기, 타인을 존중하는 방식, 일상의 순간을 귀하게 여기는 시선 등 그 모든 것이 감사의 기술이다. 감사는 마음만으로는 충분하지 않다. 올바르게 표현하고, 행동으로 실천하며, 제대로 마음을 전하는 기술을 익히는 것이 중요하다.

2.1. 감사표현

감사하는 마음을 품는 것과 감사를 표현하는 것 사이에는 상당한 거리가 있다. 표현되지 않은 감사는 마치 전달되지 않은 편지와 같아서, 아무리 진심이 담겨 있어도 상대방에게는 전해지지 않는다. 감사표현은 감사에 대한 단순히 예의를 지키는 차원을 넘어서, 인간관계와 우리의 삶을 더욱 깊고 의미 있게 만드는 핵심적인 소통 기술이다.

첫째, 감사표현은 구체적이어야 한다. "고마워"라는 일반적인 인사보다는 "어제 과제하는 데 자료 찾는 것을 도와줘서 정말 고마워"처럼 구체적인 상황과 행동을 명시하는 것이 훨씬 효과적이다. 구체적인 감사는 상대방으로 하여금 자신의 어떤 행동이 의미 있었는지 정확히 알게 해주며, 그 행동의 가치를 재확인하게 만든다. 또한 감사하는 사람 자신도 무엇에 대해 감사하고 있는지 명확히 인식하게 되어 더 진정성 있는 표현이 가능해진다.

둘째, 타이밍을 놓쳐서는 안 된다. '인생은 타이밍'이라는 말처럼, 감사에 대한 적절한 시기에 감사를 표현하는 것은 자연스럽고 진솔한 느낌을 주지만, 타이밍을 놓친 감사는 뒷북처럼 느껴질 수 있고 의무적으로 보이거나 효과가 떨어질 수 있다. 감사는 가능한 한 즉각적으로 하는 것이 좋다. 물론 즉각적으로 감사를 표현한 다음, 시간이 지난 후에 다시 한번 감사를 표현하는 것은 그 일이 얼마나 깊은 인상을 남겼는지를 보여주기도 한다. "그때 도와준 일 잊지 않고 있어"라는 말은 상대방에게 더 특별한 의미를 전달할 수 있다.

셋째, 맞춤형 감사표현을 해야 한다. 모든 사람에게 획일적인 감사를 표현하는 것은 지양해야 한다. 상대방의 성격, 취향, 관계의 특성을 고려한 맞춤형 표현이 필요하다. 어떤 사람은 공개적인 자리에서의 감사표현을 좋아하는 반면에, 다른 사람은 조용하고 사적인 감사를 더 소중히 여긴다. 형식적이고 경직된 표현보다는 그 사람만이 선호하는 방식으로 감사를 전달할 때 더 큰 감동을 줄 수 있다. 평상시 책을 좋아하는 사람에게는 책이나 감사 편지를, 음악을 좋아하는 사람에게는 특별한 의미가 있는 곡을 선물하는 방식으로 감사를 표현할 수 있다.

넷째, 감사는 말보다는 자세이고 태도이다. 감사를 할 때 언어적 표현은 가장 직접적이고 명확하지만, 비언어적 표현도 그 못지 않게 강력한 힘을 가지고 있다. "고마워", "덕분이야" 등과 같은 짧은 문장을 통해서도 마음을 전달할 수 있는데, 중요한 것은 그 말이 진심에서 나왔다는 것을 상대가 느낄 수 있게 하는 '톤'과 '몸짓'이다. 아무리 멋진 말이라도 형식적으로 들리면 마음을 울리지 못한다. 반대로 서툴러도 진심이 담긴 말은 오래 기억된다. 진심 어린 눈빛, 따뜻한 미소, 감사의 마음이 담긴 포옹, 정성스레 준비한 선물, 예상치 못한 손편지 등, 이 모든 것은 말보다 더 강한 울림을 줄 수 있다. 특히 말로 마음을 표현하는 데 익숙하지 않은 사람이라면 비언어적 행동으로 마음을 전하는 것도 좋은 방법이다.

2.2. 감사습관

감사는 일시적인 감정이 아니라 삶의 방식이라고 할 수 있다. 특별한 일이 있을 때만 잠깐 느끼는 고마움이 아니라, 매일매일의 일상 속에서 자연스럽게 스며들어 있는 삶의 자세를 넘어 습관이 되어야 한다. 늘 감사하는 습관은 단지 인간관계를 좋게 하는 것뿐만 아니라 궁극적으로는 삶 전체의 질을 높여주는 강한 힘을 발휘한다. 처음에 감사습관은 의식적인 노력에서 시작된다. 우리의 뇌는 부정적인 것들에 더 민감하게 반응하기 때문에, 자연스럽게 불편하거나 불만족스러운 것들에 먼저 반응하게 된다. 이를 극복하고 감사할 거리를 찾아내기 위해서는 마치 근육을 단련하듯이 감사하는 마음의 근육도 꾸준한 연습이 필요하다.

첫째, 감사습관을 기르는 가장 효과적인 방법 중 하나는 감사일기를 쓰는 것이다. 매일 잠자리에 들기 전이나 아침에 일어나서 그날 감사했던 일들을 세 가지 정도 적어보는 것부터 시작해 보자. 처음에는 큰 일들만 떠올릴 수 있지만, 시간이 지나면서 점점 아주 작은 것들에서도 감사함을 발견하게 된다. 따뜻한 아침 햇살, 향긋한 커피 한 잔, 엘리베이터 열림 버튼을 누르고 기다려준 사람, 바쁜 아침 출근시간에 딱딱 맞아떨어지는 신호등까지도 감사의 대상이 될 수 있다.

둘째, 감사습관을 기르는 다른 방법은 의도적으로 관찰하는 것이다. 의도적인 관찰을 통해서 평소에 당연하게 여겼던 것들을 새로운 시각으로 바라보는 연습이 필요하다. 엄마나 아내가 차려준 식사, 깨끗하게 정리된 사무실, 제시간에 도착한 지하철 등 일상의 모든 것들이 누군가의 노력과 배려로 이루어진 것임을 인식하는 것이다. 이러한 관찰력은 의식적으로 주변을 살펴보는 연습을 통해 점진적으로 발달할 수 있다.

셋째, 감사습관을 기르는 또 다른 방법은 나만의 감사 루틴을 만드는 것이다. 식사 전 감사한 일 한 가지 말하기, 아침에 일어나서 어제 나에게 도움을 준 사람 떠올리기, 퇴근길에 하루 일상을 보낸 자신에게 고마움을 표현하는 한마디 해보기 등 일상 속 특정한 순간과 감사를 연결시키는 것이다. 루틴이 생기면 감사는 더 이상 생각날 때만 하는 것이 아니라 자연스럽게 습관이 된다.

넷째, 감사습관은 꾸준히 노력해서 몸으로 익혀야 한다. 감사의 습관은 하루아침에 완성되는 것이 아니다. 힘든 일이 있거나 스트레스를 받을 때는 감사할 일을 찾기 어려워지기도 하고, 감사할 거리가 없다고 생각할 수도 있다. 그럴 때는 거창한 것부터 찾지 말고, 아주 사소하고 기본적인 것부터 감사하는 것을 연습해야 한다. 중요한 것은 자신에게 맞는 방식과 시간을 찾아서 꾸준히 지속하는 것이다. 때로는 중단되었다가 다시 시작하기를 반복할 수도 있다. 다시 시작할 수 있는 용기와 작은 변화라도 감사하고 인정하는 것이 감사 습관을 들이는 데 필요하다.

3. 감사의 실천

감사는 마음속에만 머무를 때보다 행동으로 옮겨져서 실천될 때 더 강력한 힘을 가진다. 진심 어린 고마움은 표현되어야 하고, 표현된 고마움은 실천될 때 완성된다. 감사는 그것이 작든 크든, 누군가에게 실질적인 따뜻함을 전하는 실천으로 이어져야 관계와 우리의 삶을 움직이는 에너지로 변할 수 있다. 감사의 실천은 거창할 필요가 없다. 오히려 실천은 구체적이고 작을수록 꾸준히 이어질 수 있다. 건물을 깨끗하게 청소해 주시는 미화원에게 감사 인사를 건네는 것처럼 작은 것부터 실천하는 경험이 쌓여 큰 감사도 잘 표현할 수 있게 된다.

감사의 실천은 우리가 어떻게 살아가고 싶은지에 대한 마음가짐mindset이기도 하다. 단순히 좋은 사람이 되기 위해서 감사하는 것이 아니라, 스스로 더 따뜻하고 성숙한 인간이 되기 위한 마음가짐의 표현이다. 누군가의 선의를 당연하게 여기지 않고, 받은 것을 기억하며 다시 누군가에게 베풀 줄 아는 태도가 감사가 제대로 실천되는 모습이다. 특히 인간관계에서 감사의 실천은 상대방의 반응을 위한 것이 아니라 나의 순수한 의지로 이루어진다. 누군가가 나에게 잘해주었을 때 고마움을 느끼는 것은 당연하지만, 실천은 그보다 한 걸음 더 나아가 능동적으로 고마움을 표현하는 적극적인 선택이다.

가족 간이든, 친구와 연인 사이든, 혹은 직장에서의 인간관계든 감사가 실천될 때 관계는 더 단단해진다. 감사는 실천될 때 단순한 감정이 아니라 행동의 언어가 된다. 사랑도 그렇듯, 감사도 표현되어야 진짜이다. 표현된 감사는 실천되어야 진심이 보인다. 고마움을 느끼는 데 그치지 않고, 상대의 마음을 살피고, 그에 맞는 방식으로 감사함을 행동으로 보여주는 것이 건강하고 행복한 삶과 인간관계를 지키는 핵심이다. 그래서 진짜 고마운 사람은 늘 한결같은 사람, 말보다는 행동으로 보여주는 사람이고, 감사를 실천으로 만들어가는 사람의 모습이다.

3.1. 가족

감사를 전하는 일에서 가장 어렵고도 잘 안 되는 존재가 바로 가족이다. 우리는 가족이라는 이유로 너무 많은 것을 당연하게 여기며 살아간다. 매일 함께 생활하다 보니 가족의 노력과 배려, 희생과 관심을 충분히 느끼지 못한 채 지나치는 경우가 많다. 하지만 가장 오랫동안 우리를 지탱해 주는 가족들이야말로 가장 먼저 그리고 자주 감사의 마음을 전해야 할 대상이다.

부모에게, 형제자매에게, 배우자나 자녀에게 감사하는 일은 단순한 예의가 아니라 가족이라는 관계를 신뢰와 존중으로 다시 세우는 일이다. '당연한 것'에 대한 감사를 다시 배우는 일이기도 하다. 감사의 실천은 먼저 깨닫는 데서 시작한다. 부모님의 헌신을 되새겨보고, 배우자가 곁에서 해주는 수고를 떠올려보고, 자녀가 보내는 사소한 관심에 주목해 보자. 그런 가족에 대한 감사를 깨닫게 되면 말과 행동이 뒤따르게 된다. 가족에 대한 감사는 우리 삶의 가장 깊은 뿌리에서 시작되어 일상의 모든 순간을 풍요롭게 만든다. 가족이 있다는 것만으로도 우리는 이미 충분히 축복받은 존재이며, 이러한 깨달음은 삶 전체에 대한 감사로 확장되어 나간다.

첫째, 부모에 대한 감사는 가장 기본적이면서도 가장 깊은 차원의 감사이다. 부모는 우리가 세상에 태어날 수 있게 해준 첫 번째 은인이다. 부모는 우리가 아무것도 할 수 없던 시절부터 무조건적인 사랑으로 돌봐주었다. 부모가 키우는 동안 보여준 그 모든 순간들이 사실은 엄청난 희생과 헌신의 결과이고, 성인이 되어서도 부모는 자식의 안녕을 걱정하며, 언제나 든든한 버팀목이 되어준다. 부모의 사랑은 그 어떤 조건도 달지 않는 가장 순수한 애정의 표현이다.

둘째, 자녀에 대한 감사는 특별한 의미를 갖는다. 부모에게 아이들은 무조건적인 사랑을 주는 존재인 동시에 세상 무엇과도 바꿀 수 없는 기쁨과 감동을 선사해 준다. 자녀를 양육하는 동안 경험하는 울고 웃는 다양한 경험은 부모가 아니라면 결코 알 수 없는 감정이고 기억이다. 아들과 딸을 양육하는 경험은 결코 쉽지 않은 여정이지만, 개인에게는 가장 값진 삶과 관계를 만들어주고, 국가와 인류를 위한 나름대로의 의무라 할 수 있다.

셋째, 형제자매에 대한 감사도 빼놓을 수 없다. 요즘은 외동이 많기는 하지만 형제자매가 있는 경우에는 어린 시절부터 함께 자라며 수많은 추억을 공유한 공동체이다. 때로는 다투기도 하고 경쟁하기도 하지만, 그 모든 과정을 통해 우리는 타인과 어울려 사는 법을 배운다. 성인이 된 후에도 형제자매는 가장 솔직하게 조언해줄 수 있는 사람이자 연로한 부모님에 대한 케어를 함께 고민하는 사이이기도 하다.

끝으로, 가족에 대한 감사를 실천하는 구체적인 방법들도 많다. 가장 간단한 것은 매일 가족 구성원 각각에게 고마운 점을 하나씩 찾아보는 것이다. 아버지가 묵묵히 가정을 책임지는 모습, 어머니가 보여주는 세심한 배려, 배우자의 작은 관심, 자녀들의 해맑은 웃음 등을 의식적으로 인식하고 감사하는 마음을 가져보자. 또한 감사의 마음을 직접 표현하는 것도 중요하다. “고맙다”, “사랑한다”는 말을 자주 하고, 가족을 위해 작은 일들을 해주며 마음을 표현해 보자. 부모님께 안부 전화를 드리고, 배우자가 좋아하는 것을 준비해 주고, 자녀들과 진심 어린 대화를 나누는 것들이 모두 감사를 실천하는 방법이다.

3.2. 친구와 연인

가족이 혈연으로 맺어진 관계라면, 친구와 연인은 우리가 능동적으로 선택하고 가꾸어 나가는 관계이다. 이들은 마음과 마음이 통해서 만나는 사람들이기에, 감사를 실천하는 것은 단순히 고마움을 표현하는 것을 넘어서, 인간관계의 깊이를 더하는 중요한 과정이다. 친구와 연인에 대한 감사에서 특별한 점은 서로의 성장을 돕는다는 것이다. 그들은 우리의 장점을 발견하고 격려해 주며, 동시에 부족한 점을 채워나갈 수 있도록 도와준다. 그들은 우리를 있는 그대로 사랑하면서도 더 나은 사람이 될 수 있도록 해준다. 이런 관계에서 우리는 혼자서는 불가능했던 성장과 변화를 경험하게 된다.

친구는 우리 삶에서 가장 순수한 형태의 관계 중 하나이다. 친구관계는 의무나 책임보다는 순수한 즐거움과 공감이 바탕이 된다. 진정한 친구는 우리의 성공을 진심으로 축하해 주고, 실패했을 때는 위로해 주는 사람이다. 그들은 우리가 힘들 때 곁에 있어주고, 기쁠 때 함께 웃어준다. 특히 오랜 친구들에 대한 감사는 더욱 깊은 의미를 지닌다. 시간이 흘러 서로의 환경이 바뀌고, 각자의 길을 걷게 되어도 변함없이 연락하고 만나주는 친구들이 있다는 것은 정말 축복이다. 그들과 함께 나눈 추억들은 우리 인생의 소중한 자산이 되며, 현재의 우리를 이해하고 지지해 주는 든든한 기반이 된다. 친구들이 있기에 우리는 어떤 어려움이 와도 혼자가 아니라는 확신을 가질 수 있다.

연인에 대한 감사는 또 다른 차원의 깊이를 지닌다. 연인은 우리가 가장 솔직하고 진실한 모습을 보여줄 수 있는 사람이며, 동시에 미래를 함께 그려나가는 동반자이다. 연인이 보여주는 작은 감사와 배려들은 일상을 특별하게 만든다. 바쁜 하루를 보내고 집에 돌아왔을 때 반갑게 맞아주는 모습, 좋아하는 음식을 만들어주거나 함께 나누려고 기다려주는 마음, 힘든 일이 있을 때 말없이 안아주는 따뜻함, 꿈과 목표를 응원해 주고 함께 노력하는 모습들이 모두 감사의 이유가 된다. 연인과 함께 보내는 평범한 일상들, 함께 산책하며 나누는 대화, 영화를 보며 함께 웃고 우는 시간, 서로의 하루 이야기를 들어주는 것들이 소소하지만 소중한 순간들이다.

친구와 연인에게 감사를 실천할 때 몇 가지를 고려하면 더욱 풍성한 인간관계를 만들어갈 수 있다.

첫째, 친구와 연인에 대한 감사를 실천하는 방법에는 감사하는 마음을 직접 표현하는 것이 중요하다. 감사의 말과 함께 기념일이나 특별한 날을 챙겨보자. 친구의 생일을 기억하고 축하해 주거나, 연인과 만난 날을 기념하는 것들은 관계에 특별함을 더해 준다. 특히 상대방이 좋아하는 것을 기억하고 준비해 주거나, 힘든 시기에 곁에 있어주는 것들이 진정한 감사표현이다.

둘째, 함께하는 시간의 질을 높이는 것도 감사의 실천이다. 친구나 연인과 함께 있을 때는 온전히 그 순간에 집중하고, 스마트폰이나 다른 일에 신경 쓰지 말고 진심으로 대화하고 소통하자. 상대방의 이야기를 진심으로 들어주고, 공감해 주는 것만으로도 큰 선물이 될 수 있다.

셋째, 갈등이 있을 때도 감사하는 마음을 잊지 않는 것이 중요하다. 친구나 연인과의 관계에서 의견 차이나 오해가 생기는 것은 자연스러운 일이다. 이런 순간에도 그 사람과의 관계 자체에 대한 감사를 기억한다면, 문제를 해결하는 과정에서도 서로를 존중하고 배려할 수 있다. 갈등을 통해 서로를 더 깊이 이해하게 되는 것도 감사할 일이다.

끝으로, 무엇보다 친구와 연인에 대한 감사를 실천할 때는 상대방도 불완전한 인간이라는 것을 인정하는 것이 중요하다. 그들도 실수하고 부족할 수 있지만, 그런 불완전함까지도 사랑하고 받아들이는 것이 진정한 감사이다. 완벽한 사람은 존재하지 않지만, 서로를 완벽한 사람으로 만드는 데 아낌이 없고 현재의 모습을 인정하면서 받아주고 함께해 주는 친구와 연인이 있다는 것은 기적처럼 감사한 일이다.

3.3. 직장과 사회

우리는 하루의 대부분을 직장과 사회 속에서 많은 사람들과 교류하며 일상을 살아간다. 이런 바쁘고 치열한 일상 속에서 감사의 마음을 잊기 쉽지만, 동료의 작은 도움이나 상사의 배려, 고객과의 만남 같은 순간들은 우리가 살아가면서 직장과 사회에 감사를 실천할 일이 많다는 것을 상기시켜 준다.

첫째, 직장에 대한 감사는 무엇보다 일할 기회가 있다는 것 자체에서 시작된다. 일하고 싶어도 일하지 못하는 취준생이나 실업으로 고통받고 있는 현실을 생각해 보면, 안정적인 수입을 얻을 수 있는 일자리가 있다는 것은 정말 축복이다. 직장은 단순히 돈을 버는 곳이 아니라 자신의 능력을 발휘하고 성장할 수 있는 곳이며, 사회에 기여할 수 있는 기회를 제공하는 공간이다. 매일 아침 출근할 곳이 있고, 우리를 필요로 하는 업무가 있다는 것은 우리 존재의 가치를 확인시켜주는 소중한 일이다.

둘째, 직장 동료들에 대한 감사도 중요하다. 함께 일하는 동료들은 단순한 업무 파트너를 넘어서 우리 인생의 중요한 일부가 된다. 어려운 프로젝트를 함께 완수하며 느끼는 성취감, 점심시간에 나누는 소소한 대화들, 힘든 일이 있을 때 서로 격려해 주는 마음들이 모두 직장 생활을 풍요롭게 만든다. 각자 다른 전문성과 경험을 가진 동료들로부터 우리는 끊임없이 배우고 성장한다. 때로는 의견 차이로 갈등이 생기기도 하지만, 그런 과정을 통해서도 우리는 소통하는 법과 협력하는 법을 배워나간다.

셋째, 직장이 제공하는 학습과 성장의 기회에 대해서도 감사해야 한다. 새로운 기술을 배우고, 다양한 활동에 참여하며, 교육 프로그램을 통해 역량을 개발할 수 있는 환경이 제공된다는 것은 개인적 발전에 있어 매우 소중한 기회이다. 실패를 통해 배우는 경험들, 성공을 통해 얻는 자신감, 다양한 사람들과 협업하며 쌓는 인간관계 등이 모두 우리를 더 나은 사람으로 만들어준다.

넷째, 사회에 대한 감사는 더 넓은 관점에서 시작된다. 우리의 안전을 지켜주는 경찰관과 소방관, 물건을 배달해 주는 택배기사들, 대중교통을 운행하는 운전기사 등 수많은 사람들의 노력이 모여서 우리의 일상이 가능하다. 각자의 자리에서 최선을 다하는 사회의 여러 구성원들에게 감사하는 마음을 가져야 한다.

끝으로, 직장과 사회에 대한 감사를 실천하는 구체적인 방법들도 있다. 먼저 동료들에게 감사의 마음을 자주 표현하자. 도움을 받았을 때 진심으로 고마워하고, 상대방의 좋은 점을 인정하고 칭찬해 주는 것이 중요하다. 팀워크를 중시하고, 서로의 성공을 축하해 주며, 어려울 때는 도움을 주고받는 문화를 만들어가야 한다. 사회에 대한 감사는 작은 실천들로 표현할 수 있다. 공공장소를 깨끗하게 사용하고, 교통규칙을 잘 지키며, 다른 사람들을 배려하는 마음을 가지는 것들이 모두 감사의 실천이다. 자원봉사 활동에 참여하거나, 기부를 통해 사회에 기여하는 것도 좋은 방법이다.

자기진단

감사와 관련하여 자기진단을 해 볼까요? 감사는 감사성향, 감사경험 및 자기표현을 포함하여 세 가지 측면에서 살펴볼 수 있습니다. 솔직하게 자신의 감사 수준을 확인해 볼까요?

감사 척도(Gratitude Scale)

No.	문항	전혀 그렇지 않다	그렇지 않다	반반 이다	그렇다	매우 그렇다
1	나는 내 주변에는 고마운 사람들이 많다고 생각한다.	1	2	3	4	5
2	나는 나에게 감사할 가족과 친구들이 있어서 행복하다.	1	2	3	4	5
3	나는 지금 나의 행복이 소중한 사람들 덕분이라고 생각한다.	1	2	3	4	5
4	나는 내가 한 일에 비해 나를 더 많이 사랑해주는 사람들에게 감사한 생각이 든다.	1	2	3	4	5
5	나는 나를 도와주고 있는 사람들을 생각하면 가슴이 따뜻함을 느낀다.	1	2	3	4	5
6	지금까지 나의 삶에서 만난 사람들과 사건, 상황들에 관해 더욱더 고마움을 느낀다.	1	2	3	4	5
7	나는 다른 사람들이 나를 위해 해주었던 모든 것에 대해 고마움을 느낀다.	1	2	3	4	5
8	나는 고마운 마음에 보답하기 위하여 구체적인 행동을 한다.	1	2	3	4	5
9	나는 감사하는 마음을 행동으로 나타낸다.	1	2	3	4	5
10	나는 고마운 마음을 전하기 위해 편지나 선물 등을 한다.	1	2	3	4	5
11	나는 나쁜 일이 생겨도 더 나쁜 일이 생기지 않은 것이 다행이라고 생각한다.	1	2	3	4	5

No.	문항	전혀 그렇지 않다	그렇지 않다	반반 이다	그렇다	매우 그렇다
12	나는 원했던 일이 잘되지 않았어도 감사한 것을 찾아본다.	1	2	3	4	5
13	나는 시련과 역경이 오히려 감사하는 마음을 갖게 만든다고 생각한다.	1	2	3	4	5
14	나는 상황이 힘들어도 긍정적으로 생각하면서 감사한 마음을 갖는다.	1	2	3	4	5
15	나는 매일매일 살아 있음에 감사하는 것이 중요하다고 생각한다.	1	2	3	4	5
16	나는 살아가면서 겪었던 어려운 일들도 나에게 도움이 되었다고 생각한다.	1	2	3	4	5
17	나는 미래가 희망적일 때 감사하는 마음이 생긴다고 본다.	1	2	3	4	5
18	나는 여유로운 시간을 많이 가질수록 감사하는 마음이 생긴다고 생각한다.	1	2	3	4	5
19	나는 감사하는 마음은 믿을 수 있는 관계에서 생겨난다고 생각한다.	1	2	3	4	5
20	나는 여가경험을 많이 할수록 감사하는 마음이 커진다고 생각한다.	1	2	3	4	5
21	나는 감사하는 마음을 표현하는 것이 중요하다.	1	2	3	4	5
22	나는 좋은 일을 하는 사람들에게 감사하다고 말하는 것이 중요하다.	1	2	3	4	5
23	나는 '고맙습니다'라는 말로 감사를 표현하는 것이 중요하다.	1	2	3	4	5
24	나는 사람들에게 내가 얼마나 고마워하는지 적극적으로 표현하는 것이 중요하다.	1	2	3	4	5
25	나는 감사한 마음을 말이나 행동으로 구체적으로 표현하는 것이 중요하다.	1	2	3	4	5

No.	문항	전혀 그렇지 않다	그렇지 않다	반반이다	그렇다	매우 그렇다
26	나는 고마운 분께 감사 편지나 카드를 써서 감사한 마음을 표현하는 것이 중요하다.	1	2	3	4	5
27	나는 고마운 사람들에게 감사의 선물을 하는 것이 중요하다.	1	2	3	4	5
28	나는 고마운 사람을 위하여 감사기도를 하는 것이 중요하다.	1	2	3	4	5
29	나는 내 삶의 계획이나 목표를 세울 때 감사한 마음을 반영하는 것이 중요하다.	1	2	3	4	5
30	나는 내가 받았던 감사한 경험을 주변 사람들에게 말하는 것이 중요하다.	1	2	3	4	5

자기 진단	하위 요인	문항 수	문항 번호	채점 및 해석
감사	감사 성향 감사 경험 감사 표현	10 10 10	1-10 11-20 21-30	해당 요인의 반응을 합산 후에 해당 문항수로 나누어서 평균을 구한다.
전체	감사	30	1-30	

전국 300명을 대상으로 전문조사기관을 통해 수집된 자료(최미심, 2025)에 의하면, 전체 감사 점수는 5점 척도상에서 평균이 3.59점(표준편차=0.58)으로 중간 수준 이상이었다. 감사성향 점수는 평균이 3.62점(표준편차=0.61), 감사경험 점수는 평균이 3.58점(표준편차=0.52), 감사표현 점수는 평균이 3.56점(표준편차=0.63)으로 모두 중간 수준 이상으로 나타났다.

Chapter 06

신뢰

Trust

Chapter 6

신뢰

누군가를 믿을 수 있는지 알아보는
가장 좋은 방법은 그 사람을 신뢰하는 것입니다.

The best way to find out if you can trust somebody is to trust them.

– 어니스트 헤밍웨이(Ernest Hemingway) –

우리의 건강하고 행복한 삶은 수많은 관계 속에서 이루어진다. 누구도 혼자서 세상을 살 수는 없다. 1960년대에 미국 사회심리학자 스탠리 밀그램(Stanly Milgram)은 중간 단계를 여섯 번만 거치면 모든 사람이 누구와도 아는 사이가 된다는 '작은 세상small world' 아이디어를 펼쳤다. 우리가 모든 사람을 다 알 수는 없지만, 우리가 아는 어떤 사람은 또 다른 사람을 알 수도 있다. 원하든 원치 않든, 우리는 누군가와 항상 연결된 존재이고 작은 세상에서 살고 있다. 그래서 믿을 수 있는 관계를 만드는 것은 삶의 중요한 과제인데, 인간관계의 근간이자 바탕이 되는 중요한 핵심 요인 중의 하나가 신뢰다. 우리가 건강하고 행복한 삶과 관계를 만드는 데 신뢰는 필수불가결하다. 세계행복보고서(World Happiness Report, 2025)에 따르면, 핀란드는 8년 연속 세계에서 가장 행복한 나라로 선정되었는데, 그 이유는 핀란드 사회 전반에 뿌리내린 근본적인 신뢰였고, 굳건한 신뢰를 통해 개인이 느끼는 안전함과 편안함이 핀란드를 세계에서 가장 행복한 나라로 만들었다.

"나는 나를 믿어요", "나는 당신을 믿어요", "나는 이 사회를 믿어요" 우리는 살면서 이런 말을 종종 하거나 듣곤 한다. 신뢰는 누군가에 대한 기대와 믿음으로 시작된다. 불확실성이 난무한 세상에서 누군가를 신뢰한다는 것은 말처럼 쉽지 않다. 누군가를 믿는다는 이 말처럼 사람을 든든하게 만드는 말이 있을까? 우리는 경험을 통해 신뢰를 바탕으로 한 관계와 그렇지 않은 관계의 차이가 크다는 것을 깨닫고 있으며, 그 차이가 극명하다는 사실을 이미 잘 알고 있다. 또한, 우리는 살아가면서 누군가에게 강한 확신을 주기도 하고 때로는 자신조차도 의심하는 신념과 믿음을 타인을 통해 단단하게 만들기도 한다. 이처럼 우리는 누군가를 신뢰할 때 그의 진정성과 능력을 믿는다. 반면, 신뢰가 부족하면 자연스럽게 의심이 생겨난다. 신뢰하지 않으면 상대의 성실함, 의도, 능력, 그리고 성과까지도 끊임없이 의구심을 갖게 된다.

1. 신뢰의 조건

'명성을 쌓는 데는 20년, 명성을 무너뜨리는 데는 5분'이라는 워렌 버핏(Warren Buffet)의 말처럼, 신뢰를 구축하는 과정은 많은 시간과 더불어 믿을 수 있는 말과 행동이 필요하지만, 신뢰를 잃는 데는 한순간일 수 있다. 인간관계에서 신뢰가 무엇보다 중요한 이유는 신뢰가 관계의 시작에도 중요하지만, 그 관계가 지속적으로 유지되기 위해서도 신뢰가 바탕이 되어야 하기 때문이다. 신뢰가 부족한 삶과 인간관계는 의문과 의심이 파고들고 서로에게 마음의 상처를 주면서 결국에는 갈등과 파국에 이르게 된다.

신뢰(信賴)는 '믿을 신(信)'과 '힘입을 뢰(賴)'로 구성된 한자이고, 영어로는 'Trust'라는 단어를 사용하며, 사전적으로 "굳게 믿고 의지함"이라는 뜻을 지니고 있다. 신뢰가 깊이 자리 잡은 관계는 서로에게 안정적으로 긍정적인 영향을 미치고, 상대방을 믿고 의지할 수 있으며, 갈등이 발생하더라도 해결 방법을 함께 모색할 수 있다. 신뢰가 있는 관계는 감정과 생각을 자유롭게 표현할 수 있어서 소통이 원활해지고, 서로의 성장과 발전을 지원하는 역할을 한다. 신뢰가 있는 관계에서는 상대방이 나의 말과 행동을 존중할 것이라는 확신이 있기 때문에 보다 솔직하게 대화할 수 있고, 긍정적인 에너지를 유지할 수 있으며, 불신으로 발생하는 감시와 통제에 따르는 비용 또한 줄일 수 있다. 신뢰는 보이지 않는 자본으로, 신용credit 사회의 가장 기본이 된다고 할 수 있다.

신뢰가 부족한 관계에서는 불안과 의심이 끊이지 않는다. 상대방의 말이나 행동에 대해 끊임없이 의구심을 품게 되고, 작은 오해가 쉽게 갈등으로 번질 가능성이 높다. 또한, 신뢰가 부족한 관계는 소통이 원활하지 않고, 서로의 의도를 곡해하는 일이 빈번하게 발생하며, 감정적인 안정감을 느끼기 어렵고, 시간이 지날수록 관계가 악화될 가능성이 크다. 신뢰가 없는 관계는 지속적으로 긴장과 갈등을 유발하고, 서로에게 부정적인 영향을 미칠 수 있다. 불신의 악순환은 기존의 관계를 해체시킬 뿐만 아니라, 신뢰를 회복하기 위해 막대한 비용을 지불해야 한다.

우리의 삶과 인간관계에 있어서 신뢰는 마치 집을 지탱하는 주춧돌과도 같다. 집의 세련된 외관이나 화려한 장식보다 그 관계가 오래 잘 지속될 수 있는가를 결정짓는 것은 바로 그 기초가 얼마나 단단한가에 달려 있다. 신뢰는 하루아침에 생겨나지 않는다. 신뢰가 제대로 확립되기 위해서는 다음과 같이 TRUST라는 단어에 기초하여 진실성, 현실성, 유용성, 안정성 및 전형성을 포함한 5가지 필요조건을 갖추어야 한다고 볼 수 있다.

1.1. 진실성

신뢰는 진실성truth이 있어야 한다. 개인 간의 관계에서나 조직과의 관계에서 신뢰를 만들기 위해서는 진정성을 느낄 수 있도록 진실성이 있어야 한다. 진실성과 정직함은 신뢰의 가장 기본적인 조건이다. 거짓말이나 속임수로 당장의 위기는 모면할 수 있어도 사실이 발각되었을 때 신뢰를 심각하게 훼손하게 된다. 감당하기 어려운 진실이라도 솔직하게 말하는 것이 장기적으로는 신뢰관계에 더 도움이 된다. 때로는 불편한 진실을 말하는 것이 쉽지 않을 수 있지만, 정직한 소통은 궁극적으로 더 강한 신뢰 관계를 형성한다. 진실한 사람은 자신의 실수도 숨기지 않는다. 오히려 솔직하게 털어놓고 책임지려는 자세를 보인다. 솔직함이야말로 신뢰의 강력한 토대가 된다.

1.2. 현실성

신뢰는 현실성reality이 있어야 한다. 신뢰할 수 있는 관계는 사실과 현실에 기반을 둔 현실성에 바탕을 두어야 한다. 현실적인 기대와 실현 가능한 약속만을 하고, 자신의 능력과 한계를 정직하게 인정할 때 신뢰가 쌓인다. 과장된 약속이나 비현실적인 기대로 결국 이행하지 못한다면 신뢰를 더 손상시키게 된다. 추상적이고 낙관적인 약속보다는 구체적이고 현실적인 약속이 신뢰 구축에 더 도움이 된다. 즉, 현실성이란 이상과 현실 사이의 건강한 균형을 찾는 것이다. 이는 자신과 타인, 그리고 관계의 본질에 대한 정직한 인식에 기반하며, 현실에 근거한 진정성 있는 상호작용을 추구하는 것을 의미한다.

1.3. 유용성

신뢰는 유용성usefulness이 있어야 한다. 건강하고 행복한 신뢰관계가 구축되기 위해서는 해당 관계를 구성하는 모두에게 쓸모 있고 도움이 되는 유용성을 갖추어야 한다. 우리는 보통 신뢰를 도덕적이고 감정적인 개념으로 여긴다. 하지만, 우리는 생각보다 자주, 그리고 무의식중에 상대방이 나에게 유용한 존재인지 생각한다. 여기서 유용성이란 단순히 이익을 가져다주는 수단적인 의미만 있는 것은 아니다. 그것은 그 사람이 나의 삶에 실질적으로 도움이 되는지, 내가 의지할 수 있는지, 함께 있을 때 내가 성장하거나 안정을 느낄 수 있는지 하는 실질적인 관계의 '작동 여부'를 말한다. 즉, 유용성은 상호 간의 실질적 도움과 지원을 의미한다. 신뢰관계에서 서로에게 필요할 때 실질적인 도움을 제공하고, 그 도움이 실제로 가치 있을 때 신뢰가 강화된다. 건강한 신뢰관계는 일방적인 이익이 아닌 양쪽 모두에게 가치가 있어야 하기 때문이다.

1.4. 안정성

신뢰는 안정성stability이 있어야 한다. 건강한 신뢰관계는 오랜 시간 지속되는 안정성을 갖추어야 한다. 신뢰는 불확실성 위에 세워질 수 없다. 그것은 끊임없이 흔들리는 땅 위에 집을 짓는 것과 같다. 겉보기엔 아름다워도 작은 진동 하나에 무너질 수 있는 구조물처럼, 관계도 쉽게 무너지고 만다. 그래서 신뢰에는 반드시 오랜 시간 함께하면서 유지되는 안정성이 필요하다. 안정성은 신뢰의 숨은 기둥이다. 겉으로는 잘 보이지 않지만, 그 존재 없이는 전체가 유지되지 않는다. 안정성은 본질적으로 예측 가능성을 지니고, 일관된 행동 패턴을 통해 표현된다. 내가 이 사람에게 어떤 말을 했을 때 어떤 반응이 올지 어느 정도 짐작할 수 있어야 하고, 평소에 보여준 모습이 오늘도, 내일도 별로 달라지지 않을 것이라는 기대와 믿음처럼 한결같음은 안정성의 핵심이다.

1.5. 전형성

신뢰는 전형성typicality이 있어야 한다. 세상에서 만들어진 관계는 많은 공통점을 갖기도 하지만, 저마다 자기 색깔을 갖고 영역별로 특성화하고 차별화할 수 있는 전형성을 갖추어야 한다. 신뢰는 모든 관계의 핵심이지만 모든 신뢰가 같은 방식으로 형성되는 것은 아니다. 우리가 누군가를 신뢰하게 되는 방식은 그 관계의 성격에 따라 달라지고, 그 차이를 가르는 결정적인 요소 중 하나가 바로 전형성이다. 전형성이란 어떤 대상이 우리가 기대하는 특정 범주의 대표적인 이미지에 얼마나 부합하는가를 말한다. 친구, 연인, 가족, 동료와 같은 대인관계에서 신뢰의 전형성은 감정에 뿌리를 두고 인간적인 따뜻함과 정서적 안정감에 기반을 둔다. 반면 조직, 비즈니스, 서비스와 같은 거래적 관계에서의 신뢰는 정서보다 기능과 성과에 의해 형성된다. 인간관계의 결은 전형성에 따라 특성화되어야 한다.

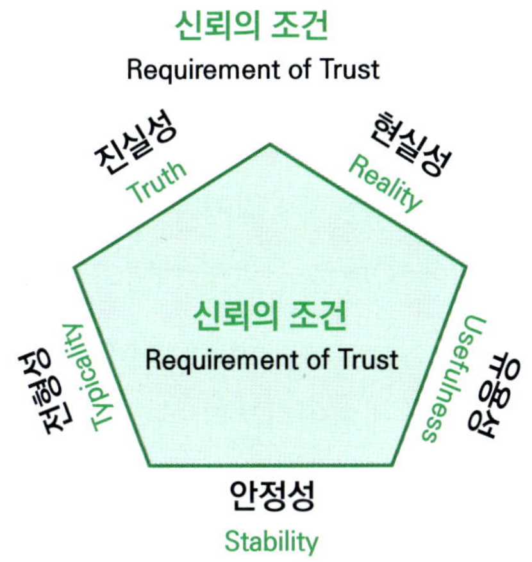

2. 신뢰의 유형

우리의 삶과 관계는 신뢰라는 토대 위에 세워진다는 점에서 인생의 중심축은 신뢰라고 할 수 있다. 흔히 신뢰를 '타인을 향한 마음' 혹은 '타인에 대한 믿음'으로 생각한다. 하지만 신뢰는 그보다 훨씬 더 복합적이고 다층적이다. 신뢰의 조건 중 전형성에 입각할 때, 적어도 신뢰는 자기신뢰, 타인신뢰, 조직신뢰 및 고객신뢰를 포함한 네 개의 차원으로 나누어서 살펴보아야 한다. 여기서 자기신뢰는 말 그대로 자기 자신에 대한 믿음을 말하며, 타인신뢰는 타인에 대한 믿음으로 우리가 신뢰를 말할 때 쉽게 연상할 수 있는 신뢰이다. 조직신뢰는 조직에 대한 신뢰로 조직 구성원들인 내부 고객이 해당 조직에 대해 갖고 있는 믿음을 말하는데, 여기서 조직은 기업이 될 수도 있고 병원이 될 수도 있으며, 정부가 될 수도 있다. 고객신뢰는 조직신뢰와는 달리 외부 고객이 해당 조직의 브랜드나 상품 혹은 서비스를 포괄하여 사용하면서 경험하게 되는 고객으로서 갖는 믿음을 말한다.

2.1. 자기신뢰

"자신을 신뢰하지 못하는 사람은 그 누구도 신뢰하지 못한다."라는 말처럼, 모든 신뢰의 기초가 되는 것은 바로 자기 자신에 대한 신뢰인 자기신뢰Self Trust다. "나는 나를 믿는가?", "나는 신뢰할 수 있는 사람인가?"처럼, 자기신뢰는 신뢰의 주체와 객체 모두가 자기 자신이라는 점에서 다른 신뢰의 개념과는 뚜렷하게 다른 특성을 갖는다. 랠프 월도 에머슨(Ralph Waldo Emerson, 2015)은 자기신뢰가 성공의 첫 번째 비결이고, 다른 사람들의 생각이 아니라 내면에서부터 우러나오는 자기 자신의 생각을 믿는 것이 중요하다고 보았다. 자신과의 약속을 지키거나 의미 있는 목표를 정하고 그것을 실행할 때 우리는 자신을 신뢰하게 된다(Covey, 2009). 모든 신뢰는 자기신뢰에서 시작되기 때문에, 타인을 믿고 싶다면 먼저 나를 믿을 수 있어야 한다. 그래서 건강하고 행복한 삶과 인간관계를 만들려면 자기 자신에 대한 신뢰부터 높이는 것이 중요하다.

최근 연구(남윤주, 2020)에 의하면, 자기신뢰는 자기개념Self Concept에 기초한 것으로 자신감, 자기효능감, 자기존중감, 및 자기만족을 포함하여 구성되어 있다. 자기신뢰가 높은 사람은 무엇이든 할 수 있다는 자신과 자신의 경험에 대한 신뢰인 자신감Self Confidence을 갖고 있고, 자신이 무슨 일이든 효과적으로 할 수 있는 능력에 대한 믿음인 자기효능감Self Efficacy을 높은 수준으로 유지하고 있으며, 자기 스스로의 가치를 존중하는 자기존중감Self Esteem이 높고, 현재의 자신의 모습에 만족하는 경향인 자기만족Self Contentment이 높다. 신뢰의 기초인 자기신뢰는 동양철학에서 만물을 생성하는 근원이 되는 기운이라는 '기(氣)'와 유사하다. '기를 살려주라'는 말이 스스로를 믿게 만들라는 뜻인 것처럼, 자기신뢰를 높이면 '기'가 살아나고, 자신이 만들어가는 관계와 삶에서도 진심을 다하게 된다.

2.2. 타인신뢰

우리가 매일 부딪히는 관계 속에서 가장 흔히 마주하는 신뢰는 바로 타인에 대한 신뢰다. 타인신뢰trust to others는 말 그대로 타인을 믿는 것이다. 우리는 살아가면서 마주치는 사람들에 대한 기대와 불안을 동시에 품고 있다. "이 사람은 좋은 사람일까?", "이 사람은 믿을 수 있는 사람인가?", "이 사람은 약속을 지킬까?", "내 비밀을 지켜줄까?", "필요할 때 내 편이 되어줄까?" 등, 이런 질문들 속에 타인에 대한 신뢰가 시작된다. 타인신뢰는 타인의 의도나 행동에 대해 긍정적인 기대를 함으로써 스스로 그들을 믿고자 하는 태도이다. 타인신뢰는 반복되는 행동과 경험 속에서 자라나고, 일관성과 진심을 통해 뿌리를 내리지만, 한번 배신당하면 쉽게 복구되지 않는다. 타인신뢰는 늘 시간을 필요로 하는데, 느리게 자라고, 빠르게 무너진다. 그래서 우리는 신뢰를 쌓는 것보다 신뢰를 지속적으로 유지하는 데 더 많은 에너지를 써야 한다.

하이머(Heimer, 2001)는 타인신뢰를 '자신의 이해관계와 관련하여 위험부담이 있는 상황하에서 상대방이 자신의 이해관계에 해가 되는 결과를 가져오지 않을 것이라고 기대하고, 자신의 이해관계를 상대방에게 믿고 맡기는 것'이라고 하였다. 이처럼, 타인신뢰는 상대방의 행동으로 인해 입을 수 있는 위험까지도 기꺼이 수용한다는 뜻을 포함하고 있다. 그래서 좋은 사람을 만나지 못하거나 건강한 관계가 만들어지지 않으면, 우리는 자주 그리고 많이 아프고 다칠 수 있다.

2.3. 조직신뢰

조직신뢰trust to organization란 조직에 대한 조직 구성원의 신뢰를 말한다. 조직에 대한 신뢰는 자연스럽게 구성원의 조직에 대한 몰입과 애착 및 충성을 이끌어내고, 조직의 체질과 전통이라는 조직문화와 조직윤리로 자리매김하게 된다. 사회가 전보다 투명해지고 글로벌 경제환경이 상호 의존적으로 바뀌면서, 조직신뢰는 그 어느 때보다 중요한 요소로 자리 잡고 있다. 조직신뢰의 핵심은 투명한 의사소통, 공정한 정책 실행, 직원 역량 강화, 그리고 리더의 윤리적 행동을 통해 구축된다. 조직신뢰는 구성원들이 그 조직이 공정하게 운영될 것이라는 믿음을 갖고, 노력이 제대로 보상받을 것이라는 기대를 하며, 리더가 일관되고 책임 있게 행동할 것이라는 확신에서 비롯된다. 위기 상황에서 조직이 보이는 반응도 구성원들의 신뢰 형성에 큰 영향을 미친다.

조직신뢰가 무너지면 사람들은 눈치를 보기 시작하고, 방어적으로 움직이며, 결국 심리적 이탈이 일어난다. 조직신뢰가 낮으면 개인과 조직 모두 큰 비용 부담을 감수해야 한다. 구성원 간에 솔직하지 않게 되고, 사무실 정치가 생겨나며, 개인 간의 갈등과 부서 간의 경쟁이 생기고, 자기보호적인 의사소통을 낳는다. 그리고 이 모든 것은 부메랑이 되어 다시 신뢰를 악화시킨다. 눈에 보이지 않지만 조직 전체를 지탱하는 것은 시스템이 아니라 신뢰다. 신뢰받는 조직은 사람들이 남고 싶어 하는 조직이다. 복지나 급여가 아닌 '함께할 수 있다는 믿음'이 사람을 붙들어 놓는다.

2.4. 고객신뢰

현대사회에서 가장 중요한 키워드 중 하나가 고객이다. 고객이 없으면 비즈니스도 불가능하다. 고객은 고객을 필요로 하는 모든 분야의 생존과 성장의 근원이고, 비즈니스는 고객의 신뢰를 얻어야만 굴러간다. 고객신뢰customer trust는 말 그대로 고객의 믿음이고, 소비상황에서 고객과의 우호적이고 장기적인 관계를 형성할 때 매우 중요한 요인이다. 현대사회에서 브랜드와 서비스, 그리고 제품은 모두 고객의 신뢰 위에 존재한다. 고객신뢰는 단순히 "좋은 물건을 팔겠지"라는 기대를 넘어선다. 적어도 "내가 거래하는 브랜드는 나를 실망시키지 않을 것", "문제가 생기면 책임을 질 것", "내 시간을 낭비하지 않을 것"이라는 믿음을 포함하는 복합적인 신뢰다.

고객신뢰는 쌓는 데는 수년이 걸리지만, 단 한 번의 거짓이나 무성의함으로 무너진다. 그래서 기업은 늘 신뢰를 마케팅하는 것이 아니라, 실천해야 한다. 진정한 브랜드 가치는 '신뢰의 총량'으로 측정된다. 고객과의 관계 형성은 기업의 존립뿐만 아니라 성장에도 절대적인 영향을 가지며, 고객신뢰는 경제학적인 관점에서 거래비용의 감소 효과를 가져올 수 있고, 고객을 영업사원으로 만들 수 있다. 신뢰하는 고객은 누구보다도 탁월한 홍보인력으로 제품과 기업을 다른 사람들에게 추천한다. 그러므로 고객신뢰는 고객과의 관계를 선순환구조로 만드는 데 중요하다. 광고보다 후기에, 설명보다 체험에, 약속보다 실행에 더 많은 관심과 투자를 함으로써 고객신뢰를 제고할 필요가 있다.

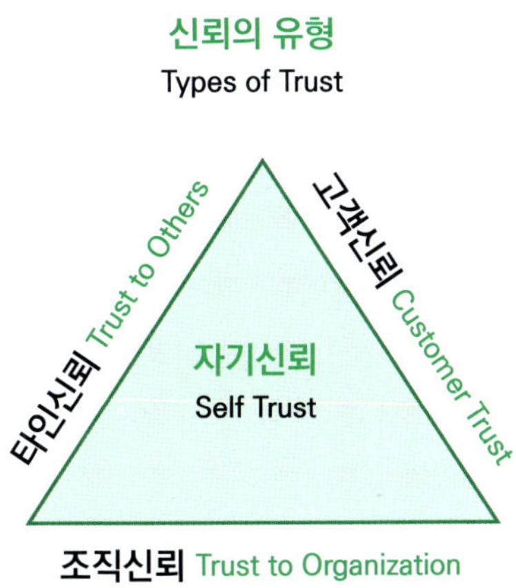

3. 신뢰의 유지

신뢰는 한번 형성되었다고 해서 영원히 지속되는 것이 아니다. 신뢰는 관계 속에서 끊임없이 변화가 일어나기 때문에 신뢰를 유지하기 위해서는 지속적인 노력이 필요하다.

3.1. 일관성

신뢰를 유지하려면 일관성 있게 행동해야 한다. 사소한 약속이라도 반드시 지키는 것이 중요하다. 작은 신뢰가 쌓이면 큰 신뢰로 이어지고, 상대방이 나를 믿을 수 있는 근거가 된다. 행동과 말이 일관성을 가지면 상대방은 나에 대한 신뢰를 더욱 확고히 할 수 있다.

3.2. 소통

솔직하고 개방적으로 소통한다. 신뢰를 유지하기 위해서는 감정과 생각을 솔직하게 표현하는 것이 필수적이다. 갈등이 발생했을 때 이를 피하거나 숨기기보다는 대화를 통해 해결하려는 태도가 중요하다. 서로의 감정을 존중하고 열린 마음으로 소통할 때 신뢰는 더욱 깊어진다.

3.3. 존중

상대방의 변화를 인정하고 존중한다. 사람은 시간이 지나면서 변화한다. 따라서 상대방의 변화를 부정하거나 비판하기보다는 이를 인정하고 존중하는 태도가 필요하다. 신뢰는 상대방이 변해도 변하지 않는 관계의 핵심 요소가 되어야 한다.

3.4. 책임

실수를 인정하고 책임지는 자세를 보인다. 완벽한 사람은 없다. 실수를 했을 때 이를 숨기거나 변명하는 대신, 솔직하게 인정하고 책임지는 태도를 보이는 것이 신뢰를 지키는 데 도움이 된다. 책임감 있는 태도는 상대방이 나를 더욱 신뢰할 수 있도록 만든다.

3.5. 배려

배려하는 마음과 태도를 유지한다. 상대방을 배려하는 작은 행동 하나하나가 신뢰를 유지하는 데 큰 역할을 한다. 타인의 감정을 존중하고, 말과 행동에 신중을 기하는 것이 중요하다. 진심 어린 관심과 배려는 신뢰를 지속시키는 중요한 요소이다.

4. 신뢰의 파괴

신뢰는 보이지 않는 도자기와 같다. 단단해 보이지만 한번 금이 가면 본래의 모습으로 되돌리기는 쉽지 않다. 신뢰가 깨지는 순간은 우리의 삶과 인간관계에서 가장 치명적인 순간이며, 이는 다양한 형태로 나타난다. 우리는 친구, 가족, 연인, 직장 동료 등 다양한 관계 속에서 신뢰를 쌓아가지만, 한순간의 실수나 배신으로 그것이 무너질 때 관계는 깊은 상처를 입는다. 신뢰가 무너질 때 발생하는 감정적 반응은 다양하다. 상대방에 대한 실망, 분노, 상실감, 배신감 등이 복합적으로 작용하며, 이러한 감정은 관계를 더욱 소원하게 만든다. 특히 신뢰가 중요한 역할을 하는 깊은 관계일수록, 깨진 신뢰가 가져오는 충격과 고통은 더욱 크다. 그로 인해 관계를 지속하기 어려워지고, 결국 파국과 절교로 이어지는 경우도 많다. 신뢰가 깨지는 이유는 다양한데, 그중 대표적인 이유를 살펴보자.

4.1. 거짓말

거짓말은 신뢰를 무너지게 만든다. 순간의 위기를 모면하기 위해 거짓말을 하는 것은 상대방을 잠시 속일 수는 있지만 거짓말이 드러나는 순간 신뢰는 무너지게 된다. 특히 신뢰에 있어 거짓말이 위험한 것은 하나의 거짓말을 덮기 위해 또다른 거짓말을 해야 한다는 것이다. 이것이 반복되면 아무리 진실을 얘기한다고 해도 더 이상 믿기도 어렵고 그 사람이 말하는 모든 것에 불신이 생기기 때문이다. 영원한 거짓말은 없다. 한번 생긴 의심은 쉽게 사라지지 않고, 점점 더 관계를 어렵게 만든다. 적어도 이솝 우화에 나오는 양치기 소년같은 오류를 범하지는 말아야 한다.

4.2. 약속 불이행

약속을 지키지 않는 것이다. 사소한 것부터 중요한 것까지 약속을 이행하지 않으면 신뢰가 깨지게 된다. 약속은 자기 자신과의 약속부터 타인과의 약속, 국가가 국민에게 하는 약속까지 다양하다. 매년 초가 되면 새해 결심, 어학 공부, 운동, 다이어트 등 새로운 목표를 세우곤 한다. 하지만 어느 순간이 되면 시간이 없어서, 귀찮아서 미루고 미루다 흐지부지되는 경우가 다반사이다. 자기 자신과의 약속부터 지켜야 한다.

타인과의 약속의 경우 매번 약속시간을 지키지 않거나 잦은 말바꿈은 상대방이 하는 말의 가치를 의심하게 한다. '나와의 약속이 중요하지 않나? 그럼 약속을 왜 하지? 또 안 지키겠지' 하는 생각과 함께 더 이상 그 사람과는 무슨 일이든 지속적인 관계 유지를 어렵게 만든다. 누군가의 말과 행동이 일치하지 않고, 상황이나 상대방에 따라 다른 모습을 보일 때 신뢰는 약해진다.

4.3. 역할 불성실

역할을 제대로 이행하지 않는 것이다. 우리는 여러 관계에서 각자에게 주어진 특정한 역할과 책임을 기대하게 된다. 부모-자녀 관계든 연인관계든 직장 내 관계든 기대된 자기 역할을 수행하지 않을 때 관계의 기반은 약해지고 신뢰는 흔들린다. 가정에서 내 역할을 다하는 것, 연인으로서 서로에게 정서적 지지자, 동반자의 역할을 다하는 것, 직장에서 주어진 내 임무를 다하는 것, 사회에서 구성원으로서 역할을 다하는 것은 매우 중요하다. 어느 한쪽만 역할을 다하고 다른 쪽은 그렇지 못할 때, 우리는 불균형과 불공정함을 느끼게 된다. 이는 점차 원망과 분노로 이어질 수 있다. 상대방이 기대에 미치지 못하고 자신의 역할을 수행하지 않으면, 관계의 안정성과 예측 가능성이 떨어져 안전감을 감소시키고 불안을 증가시키는 원인이 되며 결국 신뢰를 잃게 된다.

5. 신뢰의 회복

한번 무너진 신뢰를 다시 회복하는 것은 결코 쉬운 일이 아니다. 배신과 상처 이후에 신뢰를 회복하기 위해서는 이전보다 더 많은 시간이 필요하며, 진정한 노력과 행동 변화가 수반되어야 한다. 신뢰 회복은 단순한 사과나 변명이 아닌, 상처받은 상대방이 다시 믿음을 갖고 마음을 열도록 돕는 과정이다. 신뢰는 한번 무너지면 마치 깨진 도자기처럼 조각을 다시 맞춘다고 해도 금이 생기고, 투명했던 자리엔 이음새가 생긴다. 그래서 신뢰 회복은 단순한 복구가 아니다. 완전히 새로운 방식으로 관계를 다시 시작하는 것과도 같다. 그럼에도 불구하고 신뢰는 다시 회복될 수 있으며, 그 과정은 관계를 더욱 단단하게 만들 수 있는 기회가 되기도 한다. 중요한 것은 진정한 반성과 지속적인 노력을 통해서만 가능하다는 것을 잊지 말아야 한다. 신뢰의 조건에 입각하여 다시 관계를 구축하기 위해서는 다음과 같은 노력이 필요하다.

5.1. 원인 파악

신뢰를 회복하는 첫 번째 단계는 왜 신뢰가 깨졌는지 이유를 파악하고 깊이 이해하는 것이다. 신뢰가 깨진 것에 대한 상대방의 감정을 단순히 무마하려는 것이 아니라, 사실과 현실을 기반으로 내 말과 행동이 상대방에게 어떤 영향을 미쳤는지를 진지하게 고민해야 한다. 자신의 실수를 변명하려 하거나 상대방의 감정을 과소평가해서는 안 된다. 상대가 왜 마음에 상처받았고, 어떤 점에서 배신감을 느꼈는지를 명확히 알고 인정하는 것이 신뢰 회복의 출발점이다. 때때로 신뢰가 깨지는 이유가 단순한 오해에서 비롯되기도 한다. 상대방이 나의 의도를 잘못 해석했거나, 불충분한 소통으로 인해 문제가 발생했을 수도 있다. 하지만 이런 경우라도 "그건 네가 오해한 거야"라고 단정 짓기보다는, 상대의 감정을 존중하며 충분히 설명하는 과정이 필요하다. 왜냐하면, 신뢰가 깨진 사람은 상처받았고, 그 감정을 완전히 극복하는 데 시간이 필요하기 때문이다. "언제까지 그렇게 화내고 있을 거야?"와 같은 말로 상대방을 재촉하는 것은 오히려 관계를 더 악화시킬 뿐이다. 상대방이 충분히 감정을 표현할 수 있도록 시간을 주고 상대의 말을 경청하며, 이해하려는 태도를 유지해야 한다. 때로는 그들의 분노나 실망이 지나치게 보일 수도 있지만, 그것조차도 신뢰를 회복하는 과정의 일부라고 생각해야 한다.

5.2. 진정성 있는 자기성찰

신뢰가 무너졌다면 사과하는 것이 필요하지만, 단순히 "미안해"라고 말하는 것만으로는 부족하다. 진실함과 정직함을 느낄 수 있는 진정성 있는 사과는 상대방의 감정을 공감하는 태도에서 비롯된다. 상대방이 느꼈을 상처와 배신감을 이해하고, 그 감정을 가볍게 여기지 않는다는 것을 보여주는 것이 중요하다. "내가 그런 행동을 해서 너에게 상처를 줬다는 걸 알게 되었어. 정말 미안해. 앞으로는 같은 실수를 반복하지 않도록 신중하게 행동할게."와 같이 구체적으로 자신의 실수를 인정하고, 같은 잘못을 반복하지 않겠다는 의지를 보여주는 자기성찰이 신뢰 회복의 시작이다. 만약 상대방이 쉽게 용서하지 않는다고 해도 조급해하지 말고, 상대가 감정을 정리할 시간을 충분히 주어야 한다. 신뢰는 무너지는 순간은 짧지만, 다시 쌓는 데는 더 긴 시간이 걸린다. 사람마다 상처를 회복하는 속도가 다르며, 누군가는 쉽게 용서할 수도 있지만 누군가는 오랜 시간 동안 불안감을 가질 수도 있다. 중요한 것은 상대방이 신뢰를 회복할 준비가 될 때까지 기다려주는 것이다. 조급한 마음으로 상대방이 빨리 용서해주길 바라거나, 신뢰를 강요해서는 안 된다. 신뢰는 강요로 얻어지는 것이 아니라, 상대방이 자연스럽게 다시 믿음을 가질 때 회복되는 것이다.

5.3. 행동 변화

신뢰가 깨졌다는 건, 말의 무게가 사라졌다는 뜻이다. 그래서 회복은 말만으로는 회복되지 않는다. 말보다 그 사람이 지켜보는 앞에서 지켜지는 행동들이 더 중요하다. 아무리 진심 어린 사과를 해도, 이후의 행동이 변하지 않는다면 상대방은 다시 믿음을 가지기 어렵다. 예를 들어, 약속을 어겨 신뢰가 깨졌다면, 이후에는 약속을 철저히 지키는 모습을 보여야 한다. 거짓말로 인해 신뢰가 깨졌다면, 항상 솔직하게 소통하는 태도를 유지해야 한다. 행동의 변화는 단기간에 이루어지는 것이 아니라, 오랜 시간에 걸쳐 반복되면서 상대방의 마음을 다시 열게 만든다. 서로의 관계에 있어 도움이 되는 유용성을 위해 작은 약속을 꾸준히 지키고, 신뢰를 쌓을 수 있는 작은 행동부터 시작하는 것이 중요하다.

행동으로 보여주기 위해서는 꾸준한 소통이 필요하다. 신뢰가 깨졌을 때 사람들은 서로의 감정을 숨기고 대화를 피하려는 경향이 있다. 하지만 오히려 서로의 감정을 솔직하게 나누고, 오해가 쌓이지 않도록 지속적인 대화를 유지하는 것이 필수적이다. 상대방이 걱정하는 부분을 이해하고, 그에 맞춰 소통하는 것이 중요하다. 필요하다면 관계의 새로운 규칙을 정하거나, 서로의 기대치를 조정하는 것도 한 가지 방법이다. 다시 구축된 신뢰가 오랜 시간 지속되기 위해서는 안정성을 바탕으로 하는 것이 필요하다. 상처받은 사람의 고통을 인정하고, 그들이 다시 다가올 수 있는 시간과 공간적 여유를 주고 내가 먼저 다가가야 한다. 그것은 상대방에 대한 존중과 자기성찰을 동반해야 하며, 앞으로의 행동이 예측 가능하도록 일관된 모습을 보이려고 노력해야 한다.

5.4. 지속적인 노력

신뢰를 회복하는 과정은 힘들고 고통스러울 수 있다. 하지만 비가 온 뒤에 땅이 더 굳어지듯이 이 과정을 통해 관계는 더욱 단단해질 수 있다. 어려운 시기를 함께 극복하면서 서로의 중요성을 다시 깨닫고, 이전보다 더 깊은 유대감을 형성할 수 있다. 완벽한 사람은 없다. 실수를 했을 때 이를 숨기거나 변명하는 대신, 솔직하게 인정하고 책임지는 태도를 보이는 것이 신뢰를 지키는 데 도움이 된다. 책임감 있는 태도는 상대방이 나를 더욱 신뢰할 수 있도록 만든다. 신뢰를 다시 쌓는 것은 결코 쉬운 일이 아니지만, 그 노력은 분명 값진 결과로 돌아올 것이다. 신뢰를 기반으로 한 건강한 관계는 삶의 만족도를 높이고, 행복한 삶을 만들어준다. 신뢰가 있는 관계에서는 서로의 존재 자체가 안정감을 주며, 감정적으로도 편안함을 느끼고 행복한 순간순간을 만끽하게 해준다. 또한, 갈등이 발생하더라도 신뢰를 바탕으로 해결책을 찾아갈 수 있기 때문에 관계가 더욱 깊어지고 단단해진다. 이러한 신뢰관계는 가족, 친구, 연인, 직장 동료 등 모든 인간관계에서 긍정적인 영향을 미친다. 평생 신뢰를 유지하기 위해서는 지속적인 노력과 성찰이 필요하다. 신뢰를 지키는 것은 결코 쉬운 일이 아니지만, 이를 위해 꾸준히 노력한다면 더욱 건강하고 행복한 인간관계를 유지할 수 있을 것이다. 신뢰를 기반으로 한 관계는 우리 삶의 질을 높이는 가장 중요한 요소 중

하나임을 기억하고 실천해야 한다. 신뢰는 인간에 대한 애정과 존중의 또 다른 이름이기 때문이다.

자기진단

신뢰와 관련하여 자기진단을 해 볼까요? 신뢰는 크게 자기신뢰, 타인 신뢰 및 고객신뢰를 포함하여 세 가지 측면에서 살펴볼 수 있습니다. 솔직하게 자신의 신뢰 수준을 확인해 볼까요?

신뢰 척도 (Trust Scale)

No.	문항	전혀 그렇지 않다	그렇지 않다	반반 이다	그렇다	매우 그렇다
01	나는 나 자신을 믿을 수 있다.	1	2	3	4	5
02	나는 내가 맡은 일을 잘 처리할 수 있는 능력이 있다고 믿는다.	1	2	3	4	5
03	나는 내가 다른 사람들에게 존중받고 있다고 생각한다.	1	2	3	4	5
04	나는 내가 가치 있는 사람이라고 생각한다.	1	2	3	4	5
05	나는 나 자신에게 만족한다.	1	2	3	4	5
06	나는 대부분의 사람들이 기본적으로 정직하다고 생각한다.	1	2	3	4	5
07	나는 대부분의 사람들이 깨끗하고 올바른 삶을 산다고 생각한다.	1	2	3	4	5
08	나는 대부분의 사람들이 다른 사람들과 솔직하게 소통한다고 생각한다.	1	2	3	4	5
09	나는 대부분의 사람들이 약속한 일을 잘 지킨다고 생각한다.	1	2	3	4	5
10	내가 가입한 기업은 고객과의 약속을 성실히 지킨다고 생각한다.	1	2	3	4	5
11	내가 가입한 기업은 고객들을 친절하게 대한다고 생각한다.	1	2	3	4	5
12	내가 가입한 기업은 정직하다고 생각한다.	1	2	3	4	5

No.	문항	전혀 그렇지 않다	그렇지 않다	반반 이다	그렇다	매우 그렇다
13	내가 가입한 기업의 업무처리는 정확하다고 생각한다.	1	2	3	4	5
14	내가 가입한 기업은 고객들과 적극적으로 소통하려고 노력한다고 생각한다.	1	2	3	4	5
15	내가 가입한 기업을 전반적으로 신뢰한다.	1	2	3	4	5
16	내가 가입한 기업은 고객이 만족할 때까지 최선의 노력을 다할 것이라고 생각한다.	1	2	3	4	5

자기 진단	하위 요인	문항 수	문항 번호	채점 및 해석
신뢰	자기신뢰 타인신뢰 고객신뢰	5 4 7	1-5 6-9 10-16	해당 요인의 반응을 합산 후에 해당 문항 수로 나누어서 평균을 구한다.
전체	신뢰	16	1-16	

전국 300명을 대상으로 전문조사기관을 통해 수집된 자료(남윤주 외, 2018)에 의하면, 전체 신뢰점수는 평균이 5점 척도상에서 3.37점(표준편차=0.64)으로 중간 수준 이상이었다. 자기신뢰 점수는 평균이 3.56점(표준편차=0.73), 타인신뢰 점수는 평균이 3.20점(표준편차=0.82), 고객신뢰 점수는 평균이 3.35점(표준편차=0.69)으로 모두 중간 수준 이상으로 나타났다.

Chapter 07

공감

Empathy

Chapter 7
공감

공감은 우리의 차이점을 이해하고, 그 안에서 서로를 존중하는 능력이다.

Empathy is the ability to understand our differences and respect each other within them.

– 『정의란 무엇인가』의 저자, 하버드 대학 교수, 마이클 샌델(Michael J. Sandel) –

살아가면서 누군가에게 공감받는 경험은 우리를 매우 행복하게 만들어준다. 나와 생각과 감정이 같은 누군가가 존재한다는 사실을 안다는 것만으로도 우리는 많은 위안을 받는다. 공감은 인간이 가진 매우 중요한 자질로 아주 어린 시기부터 계발되는 능력이고, 우리 뇌 속에는 공감과 관련이 있는 신경회로가 존재한다. 공감은 인간관계의 지평을 확장하게 만들고 삶의 품격을 높여준다. 다른 누군가의 처지가 되어보고 그들이 어떤 기분인지, 무엇을 필요로 하는지를 이해하는 공감은 우리가 상대방에게 반응하고 그들과 소통하며 궁극적으로는 우리의 삶이 그들의 삶과 연대할 수 있도록 도와준다. 우리는 갓난아기의 울음, 돌봐주고 필요한 일을 해드려야 할 연로한 부모님, 도움이 필요한 친구, 함께 작업을 해야 하는 동료에게 자연스럽게 공감한다.

공감은 우리와 타인을 연결하는 비상한 힘을 갖고 있고, 일상생활의 수많은 영역에서 발전을 이끌어낸다. 가까운 사람과의 관계에서 공감은 타인의 기분과 필요에 집중하여 긴장을 풀고 다툼을 방지할 수 있고, 새로운 대화를 시작하며 상호 이해를 증진시킬 수 있다. 공감을 거리로 들고 나가서 낯선 사람과 대화함으로써 스스로 성장하는 놀라움을 맛볼 수도 있다. 직장에서 공감을 실천하면 동료들과의 팀워크를 개선할 수 있고, 상황에 적합하게 반응하고 조율하는 능력이 더 뛰어난 사람이 되는 데 도움이 된다. 사회와 세계의 공감을 갖고 나가면 사회정의의 감각을 계발할 수 있다. 이처럼 공감은 우리 자신의 개인적 행복이, 나아가 우리가 살아가는 사회와 인류의 행복이 궁극적으로는 우리가 맺는 인간관계의 질에 달려 있다는 사실을 깨닫도록 도움을 준다.

문제는 우리 속에 잠재된 공감능력이 모든 경우에 충실하게 발달하지도 않고 발현되지도 않는다는 점이다. 경험과 맥락에 따라서 차이가 발생한다. 부와 지위를 얻기 위한 세속의 사다리를 올라가느라 바쁘다면 개인적 야심 때문에 다른 사람의 삶에 눈길을 주기도 생각해 볼 시간을 내지도 못하게 된다. 그래서 우리 앞에 놓인 문제는 어떻게 하면 공감을 타인에게 건너가는 다리로 활용하여 인간관계의 질을 높여주고, 우리의 삶을 행복한 삶으로 이끌어 갈 수 있을까 하는 점이다.

1. 공감의 본질

공감empathy은 단지 부드럽고 따뜻하며 친절한 마음을 넘어서서 우리 삶을 바꾸어 놓고 근본적인 사회 변화를 이루어낼 힘을 가진다. 공감은 인간관계에 혁명을 일으킬 수 있다. 공감은 상상력을 발휘해 다른 사람의 처지에 서보고, 다른 사람의 느낌과 시각을 이해하며, 그렇게 이해한 내용을 활용해 자신의 행동지침으로 삼는 기술로 사회성을 키우는 데 핵심적인 역할을 한다.

1.1. 호모 엠파티쿠스

인간은 '지혜로운 인간' 호모 사피엔스homo sapiens이면서 '공감하는 인간' 호모 엠파티쿠스homo empathicus이다. 인간은 대부분 공감능력을 갖추고 태어난다. 공감하는

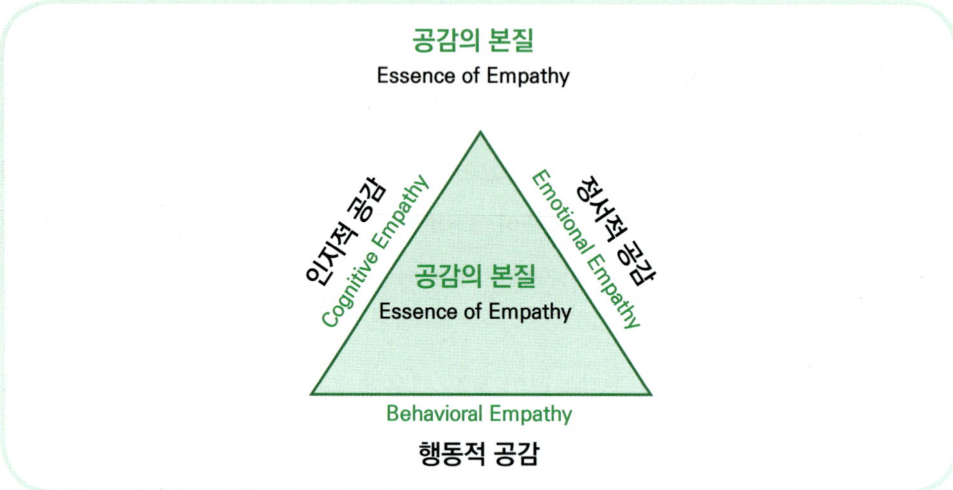

마음은 거의 누구에게나 있는 인간의 가장 위대한 숨은 재능 가운데 하나다.

공감은 "체험에 기반을 둔 인지적 · 정서적 · 행동적 공유"라고 정의할 수 있는데, 공감은 서로가 무엇인가를 함께 공유sharing하는 과정이 반드시 필요하다. 여기서 무엇인가를 공유한다는 것은 두 명 이상의 사람이 관련되고, 원활한 소통과 문제해결을 하는 과정뿐만 아니라, 친분관계나 업무적 관계를 포함하여 다양한 관계에서 공감이 이루어진다. 공감이란 용어를 사용할 때 상담과 임상분야에서는 '감정이입'의 의미를 지니는 Empathy를, 일상생활과 소비 장면에서는 '감정공유'의 의미를 지닌 Sympathy를 사용하기를 추천하기도 한다(남윤주, 김은희, 남승규, 2017). 공감은 크게 인지적 공감과 정서적 공감 그리고 행동적 공감으로 구분할 수 있다(김항중, 남승규, 2014). 공감은 함께 하는 사람의 현실을 그대로 인정하고 수용하고 이해하는 인지적 공감cognitive empathy, 상대방의 입장이 되어 느낌이나 감정을 자기 것으로 받아들이는 정서적 공감emotional empathy, 상대방에 대해 이해된 것을 언어로 의사소통 할 수 있는 능력인 행동적 공감behavioral empathy으로 구분할 수 있다. 공감을 제대로 잘하는 사람들은 이런 3가지 공감을 자유자재로 활용하는 경향이 있다.

임상심리학자 사이먼 배런코언(Simon Baron-Cohen)이 공감제로zero degrees of

empathy라고 부른 특성을 보인 사람은 극히 일부일 뿐이다. 그런 특성을 가진 사람의 범주에는 타인의 심리를 파악할 수는 있지만 그 어떤 감정적 연대도 맺지 못하는 사이코패스라든가, 아스퍼거증후군 같은 자폐스팩트럼장애를 가진 사람들이 해당하는데, 이런 사람의 비율은 전체 인구의 2퍼센트를 넘지 않는다. 나머지 98퍼센트는 천성적으로 공감할 수 있으며 사회적 연대를 맺을 수 있다. 우리가 호모 엠파티쿠스라는 사실과 함께, 고립될 때보다 사람들과 연결될 때 더 잘 살아가는 사회적 동물임을 깨달아야 한다. 우리의 행복은 각자 자신의 경계를 넘어서서 다른 사람들의 삶 속으로, 가까운 사람이든 멀리 있는 낯선 이든 그들의 삶 속으로 들어가는 데 달려 있다.

1.2. 공감회로

신경과학자들은 우리 두뇌 속에서 10개 구역으로 이루어진 공감회로를 밝혀냈다. 공감회로가 손상되면 남들이 무엇을 느끼는지 이해하는 능력이 줄어든다. 진화생물학자들은 우리가 영장류 사촌들과 똑같이 공감하고 협력하는 사회적 동물로 자연스럽게 진화해 왔음을 보여주었다. 그리고 아동심리학자들은 세 살짜리 아이도 자신 밖으로 나가 타인의 관점에서 설 수 있음을 밝혔다. 이런 연구들은 우리 본성에 이기적인 내적 충동 못지않게 강력한 이타적인 공감적 측면이 내재함을 보여주는 것이다.

2000년이 지나면서 신경과학은 공감연구의 가장 창조적인 분야로 자리매김했다. 이탈리아 파르마 대학교의 신경과학자 자코모 리졸라티(Giacomo Rizzolatti)가 이끄는 연구팀은 마카크 원숭이가 공감반응을 보일 때 전운동피질pre-motor cortex의 특정 부위가 활성화된다는 것을 발견하였는데, 그것은 '거울뉴런Mirror Neuron'이다. 거울뉴런은 우리가 뭔가를 경험할 때나 다른 사람이 같은 일을 겪는 것을 볼 때 작동한다. 거울뉴런을 많이 가진 사람은 공감능력, 특히 정서적 공감능력이 더 뛰어난 경향이 있다.

케임브리지 대학교의 심리학자이자 자폐증 전문가인 사이먼 배런코언은 거울뉴런 시스템은 그저 공감을 위한 건축자재에 지나지 않을 수 있다고 비판하면서, 공감은 아기에게 밥을 먹일 때 우리가 입을 벌리면 아기도 입을 벌리는 것과 같은 자동적인 모방 이상의 일을 하는 것이라고 주장한다. 거울뉴런은 독립적으로 작동하는 것이 아니라, 최소 10개 이상의 뇌 부위가 연결된 보다 복잡한 공감회로의 일부분이다. 편도체amygdala가 손상된 사람들은 정상적인 지적 능력을 가졌으면서도 타인의 얼굴에 나타난 공포감을 알아차리지 못한다. 경계성 성격장애를 지닌 사람들은 공감능력 수준이 낮다는 특징이 있는데, 이들은 편도체가 평균 크기보다 작고, 안와전두피질orbital frontal cortex과 측두피질temporal cortex에서의 신경활동이 상대적으로 적다.

1.3. 공감 결핍과 공감 과잉

공감은 인간관계의 핵심 역량이지만, 항상 적절하게 유지되는 것은 아니다. 어떤 사람은 공감이 부족한 상태를 보이고, 또 어떤 사람은 과도한 공감으로 인해 정서적으로 지치거나 심리적인 어려움을 겪는다.

공감 결핍empathy deficit은 타인의 감정이나 입장을 제대로 인식하거나 이해하지 못하는 상태를 말한다. 이들은 타인의 고통에 무관심하거나, 감정적 신호를 무시하고, 관계에서 반복적으로 갈등을 일으킨다. 공감 결핍은 반사회적 성향이나 자기애적 성격장애narcissistic personality disorder 또는 경계성 인격장애borderline personality disorder와 연관되기도 한다. 공감 결핍은 단순한 성격적 특성으로만 보기 어려우며, 때로는 어린 시절의 애착 손상이나, 외상 경험, 혹은 신경학적 이상에서 비롯되기도 한다. 이런 사람들은 타인의 감정을 읽는 데 어려움을 겪으며, 종종 타인의 고통에 무감각하거나, 상황을 자기중심적으로 해석한다.

반대로, 공감 과잉empathy excess은 타인의 감정에 지나치게 몰입하여 자신의 감정이나 에너지를 소진하게 되는 상태를 말한다. 이는 공감 피로empathy fatigue 또는 이차 외상 스트레스second-hand trauma로 이어질 수 있다. 특히 교사, 상담사, 간호사, 사회복지사 등 타인의 고통을 지속적으로 접하는 직업군에서 자주 나타난다. 공감 과잉 상태에 있는 사람은 타인의 감정을 자신의 것처럼 느끼기 때문에 정서적으로 금세 지치고, 심리적 경계boundary를 설정하는 데 어려움을 겪는다. 결국 자신을 돌보지 못하게 되고, 타인을 도우려는 본래의 의도조차 유지하기 힘든 상황에 이르게 된다.

이처럼 공감은 부족해도 문제지만, 지나쳐도 어려움을 만든다. 공감을 건강하게 유지하기 위해서는 자기인식self-awareness과 정서조절emotional regulation이 필요하다. 공감은 단지 타인을 향한 감정이 아니라, 나와 타인 사이의 경계를 지키며 조율하는 과정이기도 하다.

2. 공감의 구성요소

공감empathy을 제대로 이해하고 실천하기 위해서는 공감능력, 공감방식 및 공감화법을 포함하여 적어도 3가지 측면을 종합적으로 고려해야 한다. 이 3가지 요소는 각각 따로 떨어져 작동하기보다는 서로 밀접하게 연결되어 작용하면서 공감의 넓이와 깊이를 더해 준다. 공감은 단순히 타인을 이해하는 데서 멈추는 것이 아니라 감정을 함께 나누고 관계 속에서 서로의 생각과 느낌을 표현하고 소통하는 하나의 흐름이자 과정으로 이어지게 된다.

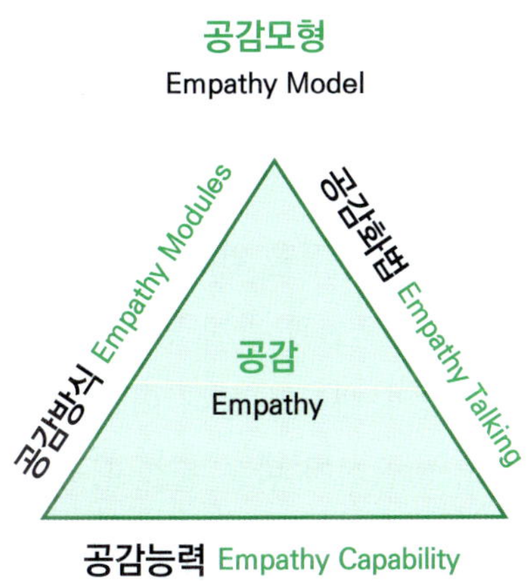

2.1. 공감능력

공감능력empathy capability은 어느 정도 타고난 성향일 수 있지만, 대부분은 교육과 경험을 통해 길러지는 기술에 가까운 능력이다. 사회적 관계 속에서 공감은 필수적인 역량이며, 이를 위해서는 먼저 자신의 생각을 분명히 인식하고, 타인의 생각과 행동을 이해하며, 그 감정을 함께 나누는 과정이 필요하다. 공감능력은 인지, 정서 및 행동 3가지 측면을 함께 이해하는 것이 중요하다. 공감능력은 머리로 이해하고, 마음으로 느끼며, 말과 행동으로 표현하는 통합적인 능력이고, 누구나 훈련과 실천을 통해 충분히 성장시킬 수 있다.

첫째, 인지적 공감능력은 타인의 입장에서 생각하고, 그들의 사고와 감정을 이해하려는 인지적 사고 과정으로 관점 수용이 핵심이다. 다른 사람의 생각, 신념, 감정, 욕구 등을 객관적 사실에 기반해 파악하는 능력으로 본다. 이는 관점 수용 능력과 사고 조절 능력으로 구성되며, 타인의 감정 상태를 인식하고 반응할 수 있다. 즉, 타인의 마음을 머리로 이해하고 설명할 수 있는 능력이다. 사회적 관계 속에서 타인의 내면을 읽고 해석하는 데 핵심 역할을 한다.

둘째, 정서적 공감능력은 타인의 감정을 함께 느끼고 감정적으로 반응하는 능력이다. 타인의 기쁨이나 슬픔을 마치 자신의 일처럼 느끼는 대리 경험surrogate experience이 포함된다. 감정 표현 능력은 타인의 감정을 나의 감정처럼 나타내는 것이며, 감정 몰입 능력은 그 감정을 실제로 경험하는 듯한 깊은 감정 동조를 말한다. 공감을 통해 감정의 흐름을 자연스럽게 주고받으며 감정적 유대를 형성한다.

셋째, 행동적 공감능력은 타인의 감정을 언어와 행동으로 표현하고 소통하는 능력이다. 단순한 이해를 넘어, 공감의 표현과 관계 형성까지 연결되는 실제적 능력이다. 상대의 내면세계를 이해하고, 말과 태도를 통해 이를 적절히 전달하는 것이 핵심이다. 따뜻한 말, 공감하는 표정, 비언어적 반응 등을 통해 관계를 발전시킨다. 행동적 공감능력은 훈련과 교육을 통해 개발할 수 있는 인간관계 기술이다.

2.2. 공감방식

히긴스(Higgins)의 조절초점 이론Regulatory Focus Theory에 따르면, 개인이 목표를 추구하는 동기는 현재 상태와 이상 상태 간의 차이를 줄이기 위한 방향으로 작동하는데, 이때 조절초점을 어디에 두는가와 조절초점이 일치하는가에 따라서 차이가 발생할 수 있다고 보았다. 조절초점은 향상초점과 예방초점으로 구분된다. 향상초점promotion focus은 성장, 발전, 성취 등 긍정적 가능성에 주목하며 목표에 접근하는 방식인 반면, 예방초점prevention focus은 책임, 의무, 안전 등 부정적 결과 회피에 중점을 두며, 위험을 피하고 손실을 방지하는 방향으로 동기가 유도되는 방식을 취한다. 사람들이 교류를 하는 과정에서 서로 간의 조절초점이 들어맞을 때 훨씬 더 많은 영향을 미친다.

조절초점과 마찬가지로, 사람들이 공감을 하는 방식도 서로 간의 공감방식이 일치할 때 더 큰 공감을 이끌어 낼 수 있다. 공감방식empathy module은 모든 사람이 공감을 경험할 때 사용하는 기본적인 심리적 틀로, 개인이 주로 사용하는 공감방식에 따라서 크게 인지적 공감, 정서적 공감, 행동적 공감으로 나눌 수 있다. 각각의 공감방식은 개인과 상대방의 동기 및 정보처리 방식에 영향을 미칠 수 있다.

첫째, 인지적 공감방식cognitive module을 취하는 사람들은 공감을 이성적이고 분석적으로 처리하는 경향이 있다. 인지적 공감은 이성적이고 분석적이기 때문에 주로 예방초점이 활성화될 때 작동한다. 타인의 심리 상태를 해석하고 예측하는 데 초점을 맞추며, 타인의 생각, 신념, 감정, 의도 등을 이해하는 정신표상mental representation 능력을 기반으로 한다. 이 방식을 사용하는 사람은 부정적인 결과나 손실을 피하려는 자기 조절 전략을 갖고 있으며, 책임과 의무를 다하려는 태도 속에서 공감을 실천한다. 따라서 인지적 공감방식을 취하는 사람들은 공감을 통해 위험을 예방하고 관계를 보호하고자 한다.

둘째, 정서적 공감방식emotional module을 취하는 사람들은 공감을 감정적으로 반응하고 공명하는 식으로 처리하는 경향이 있다. 정서적 공감은 감성적이고 감정적이기 때문에 주로 향상초점이 활성화될 때 작동한다. 정서적 공감방식은 타인의 감정 상태와 반응에 민감하며, 감정 정보를 처리하고 조절하는 방식에 초점을 둔다. 정서적 공감방식을 사용하는 사람은 타인의 기쁨에 함께 웃고, 슬픔에 함께 아파하는 정서교감 능력이 뛰어나다. 정서적 공감방식은 자아실현이나 성취, 향상 등을 추구하는 도전적인 자기조절 전략과 깊은 관련이 있고, 정서적 공감 수준을 더욱 풍부하고 깊이 있게 만드는 역할을 한다.

셋째, 행동적 공감방식behavioral module을 취하는 사람들은 공감을 행동과 실천 중심으로 처리하는 경향이 있다. 행동적 공감은 신체활동과 함께한 경험을 통한 정보처리를 선호하기 때문에 타인의 감정을 인식하고 느끼는 것을 넘어서서 실제 행동으로 옮기는 과정에 집중한다. 누군가 슬픔에 빠져 있을 때 말없이 따뜻한 차를 건네는 행위는 행동적 공감방식이 활성화된 공감 표현이다. 함께 어깨를 부딪치며 공을 차거나 대중목욕탕에서 서로 등을 밀어주는 것처럼, 행동적 공감방식은 비언어적 표현이 중요한 역할을 한다. 버군(Burgoon, 1994)은 메시지의 60~65%가 언어가 아닌 표정, 제스처, 억양, 리듬 등 비언어적 방식으로 전달된다고 주장한 것처럼, 비언어적 표현은 언어보다 감정을 더 직관적이고 정확하게 전달한다. 행동적 공감방식은 공감의 깊이를 확장하고, 건강하고 행복한 인간관계 형성에 기여한다.

2.3. 공감화법

공감화법empathy talk은 '공감하게' 혹은 '공감되게' 말하는 것을 말한다. 공감화법에서 중요한 것은 '무엇을 말하느냐'보다 '어떻게 말하느냐'이다. 공감을 보다 잘 일으키도록 말하는 공감화법은 긍정적이고, 해결적이며, 대화를 지속하려는 특성을 보인다. 사람들은 부정 화법보다는 긍정 화법에, 문제 중심 화법보다는 해결 중심 화법에, 그리고 단절 화법보다는 대화 화법을 취할 때 상대방으로부터 더 많은 공감을 느끼고, 나아가 신뢰와 만족 및 행복까지 경험하게 이끌 수 있다(김정희, 2022).

첫째, 긍정 화법positivity talk은 상대에게 따뜻하고 부드러우며 긍정적인 측면을 강조하는 말하기 방식이다. 긍정적인 언어를 사용하면 자신감이 자연스럽게 솟고 듣는이로 하여금 편안함과 신뢰 그리고 호감을 느끼게 만들 수 있다. 건강한 인간관계를 오래 유지하려면 서로를 존중하며 긍정 에너지를 주고받아야 한다. 상대의 이야기를 깊이 경청하고 나와 다른 관점도 있는 그대로 받아들이는 태도가 중요하다. “물이 반이나 남았다”와 같은 표현은 어려움 속에서도 가능성과 희망을 비추어준다. 긍정적인 생각을 말로 표현하는 것은 스스로에게 가능성을 불러일으키고 주변 사람들에게 열정과 희망을 전할 수 있다.

둘째, 해결 화법solution talk은 문제의 원인과 책임소재를 밝히는 것이 목적이 아니라, 문제를 해결하기 위한 방법과 절차에 중점을 두고 대화와 타협으로 해결방안을 찾아내는 말하기 방식이다. 상대의 감정과 관점을 이해하고 인정하면 불편한 마음이 가라앉고 문제를 바라볼 여유가 생긴다. 그리고 서로의 요구를 명확히 정리하고, 함께 실현 가능한 대안을 찾아본다. 해결방안은 두 사람 모두에게 이익이 되는 방향이어야 하며, 작은 양보도 신뢰가 깊어지는 데 도움이 된다. 실행 계획을 함께 결정하면 “우리가 같이 해냈다.”는 긍정적 메시지로 마무리하며 협력 의지를 높이는 화법이다. 해결 화법에서 중요한 것은 끝까지 따뜻한 태도를 유지하고, 비난보다 해결에 초점을 두어야 한다는 것이다. 긍정적인 감정 상태에서 열린 대화가 어우러질 때 복잡한 생각은 줄어들고, 명확한 해답이 눈에 들어올 수 있다.

셋째, 대화 화법dialogue talk은 언어와 행동으로 상대에게 관심을 표현하고, 상대의 말을 경청하면서 대화를 계속 이어가려는 말하기 방식이다. 대화 화법은 상호 존중과 배려를 바탕으로 상대의 이야기를 듣고 이해하는 것이며, 대화를 상호 협상의 과정으로 인식한다. 대화에 소극적으로 임하기보다 적극적으로 귀 기울이고 반응하여, 상대의 생각을 파악하고 지지하며 대화가 끊기지 않도록 애쓰기 때문에 대화의 흐름을 자연스럽게 이어주어 참여자 간의 원활한 소통을 가능하게 한다.

3. 공감과 행복

공감은 타인의 감정과 생각을 깊이 헤아리는 태도로 우리의 삶과 인간관계에 따뜻함을 불어넣는다. 공감이 오갈 때 신뢰와 친밀감이 자라나고, 갈등은 누그러지며, 협력은 한층 자연스러워진다. 'Happy Together'보다 각자가 살길을 도모하는 '각자도생(各自圖生)'이 강조되는 현실에서 공감에 중요한 표정, 목소리, 몸짓과 같은 미묘한 단서들의 가치는 희미해지고, 지구온난화와는 반대로 인간관계의 온도는 점점 낮아지고 있다. 건강하고 행복한 삶을 살려면 상대를 더욱 존중하고, 감정을 세심하게 읽으며, 진심으로 귀 기울이는 공감을 실천할 필요가 있다. 서로 교감하고 공감하는 과정 속에 차갑고 불편했던 관계를 다시 따뜻하고 편안하게 만들고, 사람과 사람을 이어주는 연결 고리를 만들 수 있다.

3.1. 공감의 효과

공감은 단순한 이해를 넘어, 사람과 사람을 잇는 정서적 다리이자 심리적 연결 고리이다. 우리는 모두 서로 다른 경험, 감정, 가치관을 가지고 살아간다. 그 차이로 인해 소통이 어긋나고, 관계마저 멀어지기도 한다. 그러나 공감은 그 다름을 인정하면서도 상대의 마음을 있는 그대로 이해하고자 하는 따뜻한 마음가짐에서 시작된다. 이러한 공감은 단순한 감정이입이 아니라, 삶 속에서 반복적으로 실천할 수 있는 태도이자 능력이다. 공감은 말보다 더 깊은 울림을 전한다. 상대가 말로 설명하지 않아도, 그의 표정, 눈빛, 침묵 속에서 마음을 읽고 다가가는 순간, 관계는 새로운 지점으로 나아간다. 이처럼 공감은 마음을 열고, 관계를 단단하게 만들며, 나와 타인의 삶을 변화시키는 힘이 된다.

공감은 사람의 마음을 여는 열쇠이며, 관계를 지탱하는 중심이고, 변화의 출발점이다. 진심으로 누군가의 감정을 이해하려는 마음가짐mindset은 말 한마디 없이도 삶을 위로하고 회복하게 만든다. 공감이 있는 곳에는 신뢰가 자라고, 갈등은 줄어들며, 상처는 회복된다. 공감 없는 관계는 얇은 유리처럼 쉽게 깨질 수 있지만, 공감이 중심에 있는 관계는 시간이 지날수록 더욱 단단해진다. 결국 공감은 기술이 아니라 사람을 대하는 태도이며, 함께 살아가는 삶의 방식이다. 조금 더 귀 기울이고, 조금 더 다정하게 반응하고, 조금 더 진심으로 다가가는 작은 실천이 나와 타인의 삶을 따뜻하게 바꾸는 첫걸음이 된다.

공감의 효과는 다음 세 가지 측면에서 살펴볼 수 있다.

첫째, 공감은 마음의 열쇠이다. 사람의 마음은 쉽게 열리지 않는다. 특히 상처받은 경험이 있는 사람일수록 자신의 감정을 쉽게 드러내지 않고 방어적인 태도를 보인다. 하지만 누군가가 나의 감정을 진심으로 수용해 주고, 비판 없이 받아들여줄 때, 마음은 서서히 열린다. 한 직장인이 회의 중 중요한 발표를 맡았는데 긴장한 나머지 실수를 하고 말았다. 발표를 마친 뒤, 그는 낙담한 채 자리를 지켰다. 그때 상사가 다가와 "긴장했을 텐데도 끝까지 해내느라 수고했어. 누구에게나 그런 순간은 있어."라고 말한다면, 그 말 한마디는 직원의 굳게 닫힌 마음을 천천히 열어준다. 그는 '나의 상황을 이해해주는 사람이 있다'는 감정을 느끼며, 자책 대신 다시 도전할 용기를 얻게 된다. 이처럼 공감은 상대방의 방어를 낮추고, 신뢰를 자라게 하는 열쇠가 된다. 설명이 부족해도 진심이 전달되면 마음은 반응한다. 공감은 관계의 문을 여는 가장 부드럽고 확실한 방법이다.

둘째, 공감은 관계의 중심이다. 관계는 서로 다른 두 사람이 만나 끊임없이 조율해가는 과정이다. 이때 서로에 대한 이해 없이 의무적으로만 이어지는 관계는 오래 지속되기 어렵다. 표면적으로는 괜찮아 보일지 몰라도, 내면에는 오해와 피로가 쌓이고 결국 관계는 금이 간다. 반대로, 공감이 중심에 있는 관계는 견고하다. 작은 오해나 갈등이 생겨도, 상대의 감정을 이해하려는 태도 하나가 문제 해결의 출발점이 된다. 친구가 약속에 자주 늦고 연락도 잘 안 되자 실망한 마음에 불만을 쏟아내는 경우가 있다. 하지만 "요즘 많이 지쳐 보이던데, 혹시 무슨 일 있어?"라고 먼저 물어본다면 상황은 달라진다. 친구는 "사실 요즘 집안일 때문에 너무 정신이 없어"라며 이야기를 털어놓고, 그동안의 거리감이 오히려 공감 속에서 좁혀진다. 공감은 상대방의 내면을 먼저 바라보려는 따뜻한 태도에서 시작되며, 그 태도는 곧 관계의 깊이와 안정성으로 이어진다. "내가 잘못했어"라는 한 마디가 갈등을 녹이고, "이해해줘서 고마워"라는 말이 관계를 다시 세운다. 이처럼 공감은 관계를 단단하게 이어주는 정서적 중심축이다.

셋째, 공감은 변화의 출발점이다. 공감은 관계를 유지하는 것을 넘어 삶의 방향을 바꾸는 강력한 힘이 있다. 타인의 감정을 진심으로 이해하게 되면 우리는 자연스럽게 그 사람을 돕고 싶어지고, 나의 태도 또한 변화하게 된다. 공감은 행동의 변화를 이끄는 내적 동기로 작용한다. 자녀가 시험에서 낮은 점수를 받고 "난 바보야"라며 좌절할 때, "그러니까 공부를 더 열심히 해야지"라고 반응한다면 아이는 자신의 감정을 이해받지 못했다고 느끼고 더욱 위축된다. 하지만 "많이 속상했겠다. 나도 그런 기분 느껴본 적 있어. 그동안 정말 노력했는데 결과가 아쉽구나."라고 말해준다면, 아이는 자신이 받아들여졌다고 느끼고 다시 일어설 힘을 얻는다. 공감은 이렇게 상대의 감정에 다가가는 동시에, 나의 관점을 전환하게 만든다. 이러한 관점 전환은 행동의 변화를 유도하고, 나와 타인의 삶에 긍정적인 영향을 미친다. 공감은 단지 이해에 머물지 않고, 관계와 삶을 변화시키는 시작점이 된다.

3.2. 공감을 높이는 방법

공감은 일부 사람들만 타고나는 특별한 능력이 아니다. 누구나 가지고 있는 잠재적인 심리적 자질이며, 반복되는 실천과 노력으로 키울 수 있는 힘이다. 근육이 운동을 통해 길러지듯이, 공감도 매일의 작은 실천을 통해 조금씩 자라난다. 특히 사람들과의 관계가 중요한 사회 속에서 공감은 관계의 온도를 따뜻하게 유지해 주는 핵심 요소가 된다. 갈등을 줄이고 신뢰를 쌓으며, 진심이 통하는 관계로 나아가는 데 공감은 필수적인 힘을 발휘한다. 공감은 거창한 기술이 아니라 상대와 나 자신을 이해하려는 따뜻한 시도들의 모음이다. 작은 실천이 쌓여 관계는 회복되고, 대화는 이어지며, 마음은 연결된다. 공감은 타인의 감정을 존중하는 동시에 나의 감정도 함께 살피는 이중적인 시선이며, 그 시선이 점점 확장될수록 우리는 더 깊은 인간관계를 경험하게 된다. 나의 하루를 들여다보고, 상대의 하루를 상상해 보는 것, 그 작지만 깊은 전환이 바로 공감의 시작이다.

공감을 높여주는 첫 출발점은 타인을 향한 마음이기도 하지만, 더 근본적으로는 자신을 향한 공감, 즉 자기 공감self-empathy에서부터 시작된다. 자신의 감정을 인정하고 이해할 수 있어야 타인의 감정에도 진심으로 반응할 수 있기 때문이다. 자기 자신과의 관계가 단절된 상태에서는 어떠한 공감도 피상적으로 흐르기 쉽다. 그러므로 진정한 공감은 나의 내면을 먼저 바라보고, 나에게 귀 기울이는 태도에서 출발해야 한다.

공감을 키우기 위한 두 번째 방법은 진심으로 '경청'하는 태도를 갖는 것이다. 우리는 흔히 타인의 말을 들으면서도 머릿속에서는 다음에 무슨 말을 할지 계산하거나, 이미 판단을 내리고 있는 경우가 많다. 그러나 공감적 경청이란 상대의 말 그 자체에 집중하며 판단 없이 끝까지 들어주는 것을 의미한다. 가벼운 고개 끄덕임, 눈 맞춤, 짧은 반응("그랬구나", "정말 힘들었겠네")만으로도 상대는 "내 이야기를 진심으로 들어주는구나"라는 따뜻함을 느낄 수 있다. 하루를 마무리할 때, "오늘 나는 어떤 일이 힘들었나?", "어떤 말이 나를 기쁘게 했지?"와 같은 질문을 통해 나의 마음에도 귀를 기울이는 습관을 들이면, 자신과의 관계 또한 공감적으로 변해간다.

세 번째로 중요한 실천은 성급한 판단을 멈추는 것이다. 우리는 누군가의 행동을 겉모습만 보고 해석하려는 습관을 지니고 있다. 하지만 그 행동 이면에는 다양한 정서적 맥락이 숨어 있다. 친구가 갑자기 연락을 피했다고 해서 "날 싫어하나 보다"라고 단정하기보다는, "요즘 그 친구에게 어떤 어려움이 있는 건 아닐까?"라고 한 번 더 생각해보는 태도가 필요하다. 이러한 태도는 감정적 반응을 완화시키고, 관계의 긴장을 부드럽게 만들어준다. 마찬가지로 나 자신에게도 성급한 평가를 내리지 않는 것이 중요하다. 실수를 했을 때 "나는 왜 이렇게 못하나"라고 자책하기보다는 "그만큼 이 일을 중요하게 생각했던 거야", "지금 내가 긴장했구나"라고 감정을 알아차리는 것이 자기 공감의 출발점이다.

네 번째는 입장을 바꾸어 생각하는 연습, 즉 '역지사지(易地思之)'의 태도다. 공감은 감정이 아니라 시선의 전환이다. 내 시각에서 벗어나 상대의 상황과 감정에 몰입해보려는 노력은 서로의 세계를 연결하는 강력한 다리가 된다. 친구가 실수했을 때 그 상황에 내가 있었다면 어땠을지 상상해 보자. 혹은 과거의 나에게 "왜 그랬어?"가 아니라, "그때의 너는 정말 최선을 다했어"라고 말해 보는 자기 공감도 소중하다. 입장을 바꾸는 이 작은 시도가 타인과 나 자신 모두에게 따뜻한 이해를 가져온다.

다섯 번째는 상대의 삶에 진심으로 관심을 가지는 태도이다. 공감은 표면적인 대화에서 깊은 이야기로 들어가는 순간에 꽃핀다. "그건 어땠어?", "그때 어떤 기분이 들었어?"와 같은 질문은 상대의 감정에 자연스럽게 접근하게 해준다. 동시에, 나 자신에게도 "나는 요즘 어떤 일을 하면서 웃고 있지?", "어떤 상황에서 가장 편안함을 느꼈지?"와 같은 질문을 던짐으로써 나의 감정을 보다 뚜렷하게 인식할 수 있다. 질문은 연결의 시작이며, 진심 어린 관심은 마음의 문을 여는 열쇠가 된다.

마지막으로는 공감의 롤모델을 통해 배우는 것이다. 공감은 단순히 지식으로 배울 수 있는 것이 아니다. 오히려 공감을 삶으로 실천한 사람들의 모습을 통해 더욱 깊이 이해할 수 있다. 공감하는 사람들은 말투와 표정, 행동 하나하나에 진심을 담으며, 그 존재 자체가 공감의 언어가 된다.

1979년 노벨평화상을 수상한 수녀 마더 테레사(1910~1997)는 공감을 행동으로 옮긴 대표적인 인물이다. 그녀는 병들고 굶주린 이들과 함께하며, 손을 잡고 눈을 맞추며 "당신은 소중한 존재입니다"라고 전했다. 그녀의 공감은 단순한 감정적 동정을 넘어, 고통받는 이들과 함께하려는 깊은 연대와 일상적 실천에서 비롯되었다. "작은 일에도 큰 사랑을 담으라"는 그녀의 말처럼, 일상의 사소한 행동 속에 공감의 진정한 의미를 담아냈다.

1964년 노벨평화상을 수상한 마틴 루터 킹(1929~1968) 역시 공감의 힘으로 세상을 변화시킨 인물이다. 그는 인종차별과 불의에 맞서 비폭력과 사랑의 메시지를 전하며 미국 인권 운동을 이끌었다. 그의 대표 연설 "I Have a Dream"은 억압받는 사람들의 고통을 정면으로 마주하고, 사랑과 용서를 바탕으로 한 평화로운 공존을 꿈꾸게 했다. 그는 증오에 폭력으로 맞서는 대신, 지속적인 공감과 연대를 통해 공동체의 존엄을 회복하고자 했다.

이처럼 공감을 실천한 이들의 삶과 태도를 지켜보는 것만으로도 우리는 자연스럽게 공감의 언어를 익히게 된다. 그들의 말과 행동, 존재 방식은 우리가 더 나은 인간관계를 맺고 살아가는 데 있어 소중한 길잡이가 된다.

자기진단

공감능력과 관련하여 자기진단을 해 볼까요? 공감능력은 크게 세 가지 차원과 여섯 개의 하위요인으로 구성되어 있습니다. 세 개의 차원은 인지적 공감 능력, 정서적 공감능력 및 행동적 공감 능력이고, 각 차원은 다시 두 개의 하위요인으로 구성되어 있습니다. 솔직하게 자신의 공감능력을 확인해 볼까요?

공감능력

No.	문항	전혀 그렇지 않다	그렇지 않다	반반이다	그렇다	매우 그렇다
01	나는 다른 사람을 비판하기 전에 내가 그들의 처지였다면 어떠할지를 생각해 보려고 노력한다.	1	2	3	4	5
02	내가 누군가에게 화가 났을 때, 나는 대개 잠시 동안이라도 그 사람의 입장을 이해하려고 노력한다.	1	2	3	4	5
03	나는 해로운 갈등을 피하기 위해 친한 친구에게(그것이 정당화되더라도) 내 감정을 폭발하지 않는 것을 잘한다.	1	2	3	4	5
04	나는 어떤 결정을 내리기 전에 나의 결정에 반대하는 모든 사람의 입장을 고려하려고 노력한다.	1	2	3	4	5
05	나는 친한 친구와 싸울 때 내 감정을 참을 수 있는 것을 잘 한다.	1	2	3	4	5
06	나는 친구에게 화가 났을 때, 동의하지 않더라도 그(녀)가 타당한 관점을 가지고 있다는 것을 받아들이는 것을 잘한다.	1	2	3	4	5
07	나는 위급한 상황에서 자신을 잘 통제하지 못하는 편이다.	1	2	3	4	5
08	나는 급박한 상황에서 걱정스러워하며 어쩔 줄 몰라 한다.	1	2	3	4	5
09	나는 도움을 절실히 필요로 하는 응급상황에 처한 사람을 보면 어쩔 줄 몰라 한다.	1	2	3	4	5

No.	문항	전혀 그렇지 않다	그렇지 않다	반반 이다	그렇다	매우 그렇다
10	나는 때때로 매우 감정적인 상황에서 아무것도 할 수 없다는 무력감이 든다.	1	2	3	4	5
11	나는 긴장되는 상황이 두렵다.	1	2	3	4	5
12	때때로 나는 곤경에 처한 타인을 보고도 많이 측은해하지 않는다.	1	2	3	4	5
13	나는 데이트 상대나 지인이 당신이 하고 싶지 않은 어떤 것을 하도록 요청했을 때 "NO"라고 말하는 것을 잘 한다.	1	2	3	4	5
14	나는 친구의 합리적이지 않은 요청을 거절하는 것을 잘 한다.	1	2	3	4	5
15	나는 친구에게 그(녀)가 내 기분을 상하게 하는 말을 했다고 말하는 것을 잘한다.	1	2	3	4	5
16	나는 친구가 약속을 지키지 않았을 때 친구에게 맞서는 것을 잘한다.	1	2	3	4	5
17	나는 친구가 내가 원하지 않는 운동을 같이 하자고 할 때, 친구에게 분명하게 거절을 할 수 있다.	1	2	3	4	5
18	나는 친구가 나를 무시하거나 배려하지 않을 때 나의 권리를 지키는 것을 잘한다.	1	2	3	4	5
19	나는 영화를 볼 때, 아주 쉽게 주인공의 입장이 되어 생각할 수 있다.	1	2	3	4	5
20	때때로 나는 곤경에 처한 타인을 보고도 측은해하지 않는다.	1	2	3	4	5
21	나는 흥미로운 이야기나 소설을 읽으면서, 이야기속의 사건이 나에게 일어난다면 어떨지 상상한다	1	2	3	4	5
22	나는 연극이나 영화를 보고나서 내가 마치 극중에 나오는 한 인물이 된 듯한 느낌이 든다.	1	2	3	4	5

No.	문항	전혀 그렇지 않다	그렇지 않다	반반 이다	그렇다	매우 그렇다
23	나는 나보다 불행한 사람들에 대해서 흔히 동정심을 가진다.	1	2	3	4	5
24	나는 흔히 일어나는 것으로 생각될 일에 대해서도 쉽게 감동을 받는다.	1	2	3	4	5
25	나와 친구들은 서로의 개인적인 일에 대하여 자주 이야기한다.	1	2	3	4	5
26	나는 친구들과 자주 터놓고 이야기를 잘한다.	1	2	3	4	5
27	나는 친구들과 나의 감정에 대하여 종종 대화를 통해 감정을 나눈다.	1	2	3	4	5
28	나는 그 날 있었던 유쾌한 일에 대하여 가족과 친구들에게 자주 이야기한다.	1	2	3	4	5
29	친구들은 나에게 말하기 힘든 이성 문제에 대하여도 종종 이야기한다.	1	2	3	4	5
30	나는 다른 사람들이 이야기하는 것을 잘 듣는 편이다.	1	2	3	4	5
31	나는 새로운 사람에게 함께 모이거나 무엇인가를 같이 하자고 요구하거나 제안하는 것을 잘한다.	1	2	3	4	5
32	나는 새로운 관계를 시작하기 위해 잘 모르는 사람들이 있는 모임에 가는 것을 잘한다.	1	2	3	4	5
33	나는 사람들을 처음 알게 될 때, 함께 하면 흥미롭고 유쾌한 사람이라는 걸 알리는 것을 잘한다.	1	2	3	4	5
34	내가 알고 싶은 새로운 사람과 대화를 이끌어가는 것을 잘한다.	1	2	3	4	5
35	나는 흥미를 느끼거나 매력적이라고 생각하는 새로운 사람과 함께 할 것을 찾거나 제안하는 것을 잘한다.	1	2	3	4	5
36	나는 알고 싶은 사람(혹은 데이트하고 싶은 사람)에게 스스로를 소개하는 것을 잘한다.	1	2	3	4	5

자기진단	하위 요인	문항 수	문항 번호	채점 및 해석
공감 능력	관점 수용 능력	6	1-6	해당 요인의 반응을 합산 후에 해당 문항수로 나누어서 평균을 구한다.
	사고 조절 능력	6	7-12	
	감정 표현 능력	6	13-18	
	감정 몰입 능력	6	19-24	
	관계 형성 능력	6	25-30	
	의사 소통 능력	6	31-36	
전체	공감 능력	36	1-36	

전국 300명을 대상으로 전문조사기관을 통해 수집된 자료(김정희 외, 2022)에 의하면, 전체 공감 점수는 평균이 5점 척도상에서 3.68점(표준편차=0.48)으로 중간 수준 이상이었다. 인지적 공감 점수는 평균이 3.91점(표준편차=0.53), 정서적 공감 점수는 평균이 3.84점(표준편차=0.58), 행동적 공감 점수는 평균이 3.29점(표준편차=0.70)으로 모두 중간 수준 이상으로 나타났다.

Chapter 08

소통

Communication

Chapter 8

소통

좋은 리더는 많은 말을 하지 않는다. 대신 필요한 때에 올바른 말을 한다.

A good leader doesn't talk the most. They speak at the right time.

– 미국 44대 대통령, 버락 오바마(Barack Obama) –

인간은 근본적으로 관계를 통해 살아가는 존재다. 나이가 들수록 인간관계는 수가 아니라 '깊이'가 중요해진다. 깊은 관계는 하루아침에 만들어지지 않는다. 진심 어린 말 한마디, 솔직한 표현, 그리고 일관된 관심과 신뢰를 통해 서서히 쌓여간다. 건강하고 행복한 삶과 인간관계를 만드는 출발점은 소통이다. 소통communication은 특별한 기술이 아니라 마음을 여는 용기와 상대를 향한 진정한 관심에서 시작된다. 인간관계는 나 혼자가 아닌 '우리'가 되는 과정이고, 소통은 우리의 마음 길을 열어준다. '우리'라는 공감대와 유대감을 만들어주는 힘이 바로 소통이다. 우리의 삶을 구성하는 인간관계는 소통으로 시작되고, 공감으로 깊어지며, 신뢰로 이어진다. 지금 우리가 해야 할 일은 간단하다. 먼저 말을 건네고, 진심으로 듣고, 있는 그대로 표현하는 소통을 하는 것이다. 그렇게 우리는 서로의 마음에 닿을 수 있고, 함께 건강하고 행복하게 살아갈 수 있는 관계를 만들어갈 수 있다. 소통은 우리의 삶과 인간관계를 활성화시키고 건강하고 행복하게 만들어주는 연결고리이고, 우리가 하루하루를 살아가면서 배워야 할 가장 중요한 삶의 지혜이다.

1. 소통의 본질

소통은 단순한 말의 주고받음이 아니라, 서로의 마음을 이해하고 연결하는 깊은 과정이다. 무엇을 말하느냐보다 어떻게 말하고 어떻게 듣느냐가 더 중요하며, 진심 어린 표현과 경청은 관계를 여는 열쇠가 된다. 말뿐 아니라 표정, 눈빛, 침묵도 모두 메시지이며, 이 모든 요소가 인간관계의 깊이를 만든다. 소통은 나와 타인을 연결하는 다리이자, 관계의 생명선이다. 그래서 소통이 끊기면 관계는 메말라가고, 이어질 때 그 관계는 살아 숨 쉬게 된다.

1.1. 소통의 정의

소통(疏通)은 '트일 소(疏)'에 '통할 통(通)'이라는 한자의 합이고, 영어로는 communication이라는 단어를 사용하는데, '교환하다' '공유하다'의 뜻을 지닌 라틴어 communicare가 어원이고 '통신' 혹은 '의사소통'으로 번역된다. 다시 말해서, 소통은 막힌 것을 트고 서로 통하게 하여 교환하고 공유하는 과정이자 결과라 할 수 있다. 우리의 삶은 함께 시간을 보내는 것만으로 형성되지 않는다. 그 핵심에는 '소통 communication'이 자리 잡고 있다. 소통이란 단순한 정보 전달이나 말의 주고받음을 넘어 감정, 가치, 의미를 상호 교환하고 해석하며, 관계를 형성하고 유지하는 전인적 과정을 의미한다. 심리학적으로 소통은 인지, 정서, 행동의 통합적 작용이다.

철학자 마르틴 부버(Martin Buber)는 인간관계를 '나-너 I-Thou'의 관계와 '나-그것 I-It'의 관계로 구분했다. '나-너' 관계는 상대를 하나의 인격체로 대하며 소통하는 관계이고, '나-그것'은 도구처럼 대하는 관계이다. 소통은 '나-너'의 관계에서만 가능하며, 이때 비로소 깊은 인간관계가 형성된다고 보았다. 미국의 심리학자 폴 바츨라빅(Paul Watzlawick)은 소통에 대해 "소통하지 않을 수는 없다 One cannot not communicate"

라고 말했다. 이는 인간은 의식적이든 무의식적이든, 말이나 행동을 통해 항상 메시지를 전달하고 있다는 사실을 강조한 말이다. 침묵조차도 하나의 메시지이며, 모든 인간관계에는 필연적으로 소통이 개입된다는 뜻이다. 또한, 사회심리학자 앨버트 메러비언(Albert Mehrabian)은 메시지 전달에서 말의 내용은 7%, 음성 톤은 38%, 표정과 몸짓 등과 같은 시각적 요소가 55%를 차지한다고 주장하면서, 우리가 무엇을 말하느냐보다 어떻게 말하느냐, 어떤 태도로 전달하느냐가 소통의 질을 좌우한다고 보았다. 작가 어니스트 헤밍웨이(Ernest Hemingway)는 "듣는 훈련을 하라. 대부분의 사람들은 듣지 않는다"라고 말했다. 사람들은 말하는 데 집중하느라 정작 중요한 것을 놓치곤 한다. 그러나 누군가를 진심으로 경청하는 순간, 관계는 열리고 소통이 시작된다. 말하는 것보다 듣는 것이 더 중요할 수 있으며, 진정성 있는 경청은 상대방의 존재를 인정하고 관계의 가치를 높이는 소통의 핵심이다.

1.2. 소통의 7요소

소통은 단순한 기술이 아니라, 서로를 이해하고자 하는 태도이며 관계를 살아 있게 하는 생명력이다. 인간관계에서의 소통은 오해를 줄이고 신뢰를 쌓으며, 정서적 유대감을 강화하는 기반이 된다. 우리가 누군가에게 진심으로 말하고, 그 사람의 이야기에 귀 기울일 때, 관계는 비로소 살아 숨 쉬게 된다. 우리의 삶을 건강하고 행복하게 유지하고 발전시키기 위해서는 말하는 연습뿐만 아니라, 듣는 연습, 공감하는 태도, 감정을 솔직하게 표현하는 용기가 필요하다. 소통은 선택이 아니라, 함께 살아가기 위한 필수조건이다. 그리고 그 소통이 있는 곳에서 인간관계는 성장하고, 삶은 더욱 풍요로워진다.

소통을 위해서는 몇 가지 기본적인 구성요소가 있으며, 각각은 인간관계의 질과 방향에 중요한 영향을 미친다.

첫째, 발신자sender는 소통의 출발점이다. 발신자는 자신의 생각, 감정, 의도를 말, 표정, 몸짓, 말투 등 다양한 방식으로 표현한다. 이때 중요한 것은 단순한 전달이 아니

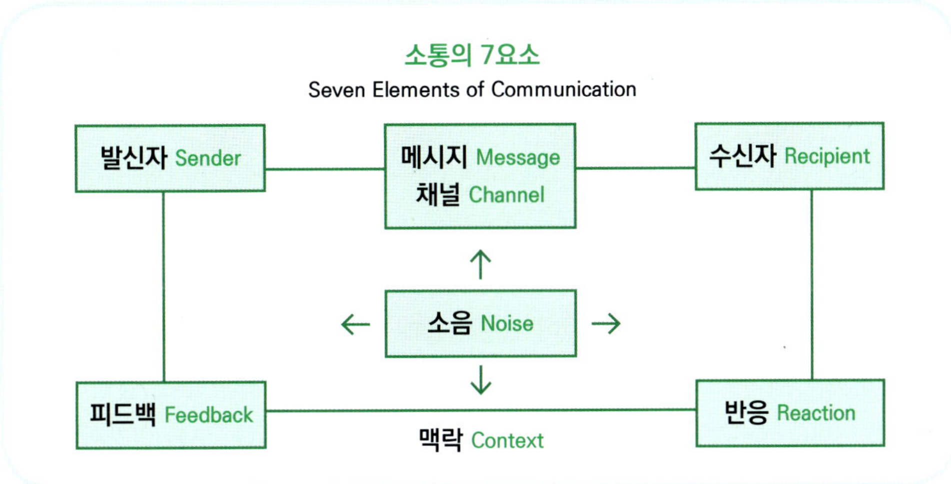

라, 상대방이 이해할 수 있도록 메시지를 구성하는 능력과 배려하는 태도이다. 발신자의 성숙하고 진정성 있는 표현은 신뢰할 수 있는 인간관계를 형성하는 첫걸음이 된다.

둘째, 메시지message는 발신자가 전달하고자 하는 내용이다. 메시지에는 단순한 정보뿐 아니라 감정, 가치, 태도 등이 포함된다. 메시지는 언어적 표현(말, 글)뿐만 아니라, 비언어적 표현(표정, 시선, 몸짓, 말투 등)까지 포함된다. 앨버트 메러비언의 연구에 따르면, 메시지 전달의 대부분은 비언어적 요소를 통해 이루어진다고 한다. 따라서 진심이 담긴 표현이 소통에서 매우 중요하다.

셋째, 채널channel은 메시지가 전달되는 경로를 의미한다. 말, 전화, 문자, 이메일, 영상통화 등 다양한 채널이 있으며, 상황과 관계의 특성에 따라 적절한 채널을 선택해야 한다. 특히 가까운 관계일수록 대면 대화나 음성 기반 채널이 감정을 전달하는 데 더 효과적이다. 어떤 채널을 선택하느냐는 관계의 친밀도와 목적에 영향을 미친다.

넷째, 수신자recipient는 메시지를 받아들이는 또 다른 소통의 주체이다. 수신자의 지각, 감정 상태, 경험, 기대 등은 메시지 해석에 영향을 준다. 따라서 효과적인 소통을 위해서는 메시지를 단순히 전달하는 데서 멈추지 않고, 상대가 어떻게 받아들일지를 고려하는 자세가 필요하다. 또한, 수신자의 개방성은 소통의 질을 좌우하는 중요한 요인이다.

다섯째, 피드백feedback은 수신자가 메시지를 받은 후에 보이는 반응이다. 질문, 끄덕임, 표정, 침묵, 감정 표현 등이 모두 피드백에 해당한다. 피드백은 소통이 일방적인 전달이 아닌 상호작용적 과정임을 보여주는 중요한 요소다. 공감하며 경청하거나, 자신의 생각을 정중하게 전달하는 피드백은 인간관계와 삶의 질을 더욱 깊게 만든다.

여섯째, 맥락context은 소통이 일어나는 환경과 배경이다. 물리적 맥락(시간, 장소)뿐 아니라 심리적 맥락(감정 상태, 관계의 역사), 사회문화적 맥락까지 포함된다. 같은 말이라도 언제, 어디서, 누구에게 하느냐에 따라 의미가 달라질 수 있다. 모든 인간관계에서는 상대방의 상황적인 측면들을 고려하고, 이해하며 존중하는 소통 태도가 중요하다.

일곱째, 소음noise은 메시지 전달을 방해하거나 왜곡하는 모든 요소를 말한다. 시끄러운 환경 같은 물리적 소음뿐 아니라 감정적 피로, 선입견, 오해 등 심리적 소음도 포함된다. 과거의 감정적 상처나 오해는 현재의 대화를 왜곡시킬 수 있다. 따라서 소음을 줄이고, 명확하게 소통하는 능력은 성숙한 인간관계와 삶을 유지하는 핵심 역량이다.

2. 소통의 벽

우리는 직장, 가정, 사회 속에서 수많은 사람들과 관계를 맺지만, 정작 마음을 나누는 진정한 소통은 점점 줄어들고 있다. 수없이 많은 말은 오가지만 감정은 닿지 않고, 함께 있어도 외로운 시대를 살고 있는 것이다. 이로 인해 혼밥, 혼영, 혼행 등 '혼자 하는 일상'이 보편화되었고, 타인의 시선이나 접촉에 불안을 느끼는 '콜포비아call phobia' 현상까지도 나타나고 있다. 독일 동서 갈등의 상징이었던 베를린 장벽처럼, 소통에도 장벽이 세워지고 있는 것이다.

2.1. 관계를 멀어지게 하는 소통

우리는 매일 누군가와 대화를 나눈다. 친구와 웃으며 수다를 떨고, 연인과 감정을 주고받고, 가족과 일상을 공유하고, 직장 동료와 업무를 조율한다. 겉보기엔 늘 말이 오가는 것처럼 보이지만, 그 속에서 마음이 어긋나는 순간들은 생각보다 자주 일어난다. 말이 오갔음에도 불구하고 서로가 이해받지 못했다고 느끼는 일, 사실 그것이 인간관계를 멀어지게 만든다. 친구와의 관계 속에서는 "괜찮아"라는 말이 대표적이다. 속으로는 무너질 듯 힘든데, 겉으로는 아무렇지 않은 척 말한다. 걱정할까 봐, 괜히 어색해질까 봐 솔직한 말을 삼키고 만다. 하지만 그렇게 감정을 감출수록, 진짜 내 마음을 알아주는 사람은 사라지고, 우리는 점점 겉돌게 된다. 친구란, 내 이야기를 들어주는 사람보다 내가 솔직해질 수 있는 용기를 주는 사람이라는 걸 잊지 말아야 한다.

연인 사이에서는 말보다 말투가 문제일 때가 많다. "왜 연락 안 했어?"라는 말도 부드럽게 건네면 관심의 표현이 되지만, 날카롭게 말하면 따지거나 비난하는 말처럼 들린다. 마음이 상해도 차라리 아무 말도 하지 않고 넘기는 순간들과 그 침묵이 쌓이면, 언젠가 상대는 더 이상 말할 마음이 없는 사람이라고 오해하게 된다. 연인 사이의 미묘한 감정은 말로 설명하지 않으면 제대로 전해지지 않는다. 가족 간에는 너무 익숙하다는 이유로 오히려 쉽게 상처를 주곤 한다. "네가 뭘 알아", "또 시작이야" 같은 말은 의도 없이 내뱉지만, 듣는 사람에게는 깊은 무시로 다가온다. 가족이니까 말 안 해도 알 거라고 생각하지만, 정작 가까운 사이일수록 말로 확인해야 할 것들이 많다. 배려 없는 말은 가족이라는 이유만으로 괜찮아지지 않는다.

직장 내 소통은 대부분 격식 속에 묻혀 있다. "네, 알겠습니다"라는 말 속에 꾹 눌러 담은 감정은 표현되지 못한 채 쌓이기 마련이다. 진심이 담기지 않은 인사, 피곤이 묻어 있는 회의, 눈치를 보는 말투 속에서 우리는 서로를 동료가 아닌 '업무 상대'로만 대하게 된다. 말은 하지만 마음은 사라진 소통, 바로 그것이 조직 내 관계를 메마르게 만든다.

이처럼 관계 속에서 말은 늘 있지만, 그 말이 마음에 닿지 않을 때 관계는 서서히 멀어진다. 감정을 담지 않은 말, 형식적으로만 반복되는 표현, 말하지 않아도 알 거라는 착각은 결국 우리를 단절로 이끈다. 반대로, 말에 마음을 담고, 들을 준비가 되어 있는 사람과의 대화는 그 자체로 연결이 된다. 우리는 소통이 어렵다고 느낄 때 말의 양을 늘리기보다는, 말의 질을 돌아볼 필요가 있다. 어떻게 말하고, 어떻게 듣는지, 그리고 내 말 속에 진심이 있는지를 자문하는 것만으로도 관계는 조금씩 달라질 수 있다. 소통은 특별한 기술이 아니라, 일상 속 작은 태도에서 시작된다. 그리고 그 태도는 우리를 사람답게, 관계를 따뜻하게 만들어준다.

2.2. 소통하지 못하는 사람들

우리의 삶에서 소통은 단순한 정보 전달을 넘어, 사람과 사람 사이를 이어주는 정서적 · 심리적 다리 역할을 한다. 그러나 모든 사람이 원활하게 소통하는 것은 아니며, 의사소통에 어려움을 겪는 사람들과의 관계에서는 오해가 반복되고 심리적 피로가 누적되기 쉽다. 이러한 사람들은 공통적으로 몇 가지 특징을 보이며, 이로 인해 친구, 연인, 가족, 직장 등 다양한 삶의 장면에서 갈등이 발생한다. 다음은 대표적인 다섯 가지 유형과 그에 따른 실제 사례들이다.

첫째, 자기표현이 부족한 사람이다. 이들은 자신의 감정이나 생각을 명확히 드러내지 않아 상대방이 불안과 혼란을 겪는다. 직장 동료가 반복적으로 무표정한 얼굴로 "괜찮습니다"라고 말하지만 표정은 분명히 불쾌한 기색을 보일 때, 함께 일하는 사람은 불편함을 느끼고 상황을 오해하게 된다. 이런 표현 부족은 친구관계에서도 나타난다. 누군가가 힘들어 보여 걱정하는 말을 건넸을 때, "아무 일도 아니야"라며 마음을 닫아버리면 정서적 단절이 생기기 쉽다.

둘째, 자기중심적으로 말하는 사람이다. 이들은 대화에서 자신의 이야기만 늘어놓고, 상대의 반응에는 관심을 기울이지 않는다. 오랜만에 만난 친구가 자신의 일만 30분 넘게 이야기하고 상대의 근황은 묻지 않는다면, 대화는 소통이 아닌 독백이 되고 만다. 연인관계에서는 더 큰 문제를 낳는다. 한 사람이 자신의 스트레스나 계획만 이야기하고 상대의 이야기를 흘려듣는다면, "나는 이 관계에서 소외되고 있구나"라는 생각이 들게 된다.

셋째, 불편한 상황을 회피하는 사람이다. 갈등을 두려워하거나 감정을 드러내는 것을 꺼리며, 문제 상황에서 대화를 피한다. 가족 간의 갈등이 발생했을 때, 한 사람이 "지금 피곤하니까 나중에 얘기하자"라는 말만 반복하며 대화를 미루면 문제는 해결되지 않고 감정만 쌓이게 된다. 직장에서도 피드백이 필요한 상황에서 아무 말 없이 묵묵부답으로 일관한다면 팀워크는 무너지게 된다.

넷째, 방어적인 태도를 보이는 사람이다. 이들은 사소한 말도 비난으로 받아들이고, 쉽게 상처를 입거나 감정적으로 반응한다. 직장에서 "이 부분은 다음에 조금 더 꼼꼼히 해보자"라고 조언했을 때 "제가 대충 했다는 말씀이신가요?"라고 반문한다면, 단순한 피드백도 갈등의 씨앗이 될 수 있다. 연인관계에서도 "요즘 연락이 뜸해진 것 같아"라는 말에 "내가 바쁜 것도 이해 못 해?"라고 반응하면, 서로 감정을 나누기 어려워진다.

다섯째, 표현이 모호한 사람이다. 이들은 말과 행동의 일관성이 부족하고, 말투나 표정이 애매해 상대에게 혼란을 준다. "아무나 이 업무 맡아도 돼요"라고 말하면서도 특정인을 바라본다면, 동료는 눈치를 보며 압박감을 느끼게 된다. 연인관계에서도 "알아서 해"라는 말을 자주 쓰면서 실제로는 특정한 기대가 있을 경우, 상대는 눈치를 보며 위축되거나 불만을 느낀다.

이와 같이, 의사소통이 어려운 사람들과의 관계는 반복적인 갈등을 낳고 정서적 거리감을 만든다. 하지만 이러한 특성은 타고난 고정된 성격이 아니라, 인식과 훈련을 통해 개선될 수 있는 관계 기술이다. 상대방의 입장을 존중하고, 자신의 감정을 명확히 표현하며, 불편한 감정도 회피하지 않고 진솔하게 마주하려는 노력이 필요하다. 결국, 인간관계의 질은 말의 기술보다 마음의 태도에서 비롯되며, 진심을 담은 소통이야말로 건강하고 지속적인 삶과 인간관계의 출발점이 된다.

3. 소통의 회복

3.1. 소통의 효과

우리는 살아가며 수많은 관계를 맺고, 그 안에서 말하고 듣고 바라보며 연결된다. 이 연결의 중심에는 항상 '소통'이 있다. 소통은 단순히 정보를 주고받는 기능을 넘어서, 사람과 사람 사이를 이어주는 정서적 · 심리적 다리이며, 관계의 방향을 바꾸고 삶의 질을 결정짓는 핵심요소이다. 우리의 삶에서 소통이 미치는 대표적인 효과는 다음과 같이 다섯 가지로 나눌 수 있다.

첫째, 소통은 정서적 안정감을 만들어낸다. 심리학자 애덤스(Adams)는 개인이 타인에게 공정하게 대우받고 있다고 느낄 때 정서적으로 안정된다고 보았다. 이때 핵심은 "들어줌"과 "이해받음"이다. 상대방이 나의 말을 귀 기울여 듣고, 내 감정에 반응할 때, 뇌는 세로토닌과 옥시토신을 분비하여 심리적 안정감을 느끼게 된다. 이러한 정서적 안정은 관계의 기반이 되며, 스트레스를 줄이고 신뢰 형성의 첫 단계로 작용한다. 즉, 소통은 단순한 대화가 아니라 심리적 안식처를 제공하는 과정이다.

둘째, 소통은 신뢰를 형성하고 유지하는 힘이 된다. 심리학자 에릭 에릭슨(Erik Erikson)은 인간 발달의 첫 단계에서 중요한 것은 '기본적 신뢰basic trust'라고 보았다. 이 신뢰는 성인기까지 지속되며, 대부분 반복적이고 안정적인 상호작용을 통해 형성된다. 소통이 안정적으로 반복되면 우리는 상대를 예측할 수 있게 되고, 그에 따라 신뢰가 자라난다. 정서적 일관성과 언어적 표현의 진정성이 확보될 때 상대방은 방어를 내려놓고 관계에 더 깊이 참여하게 된다. 신뢰는 말의 양이 아니라 말의 일관성과 태도의 진실성에서 비롯된다.

셋째, 소통은 오해를 줄이고 갈등을 예방한다. 인간의 인지 체계는 제한적이며, 상황을 해석할 때 자기중심적 편향egocentric bias을 갖기 쉽다. 이로 인해 타인의 의도와 다르게 해석하거나 감정적으로 반응하면서 갈등이 생긴다. 그러나 소통은 이런 왜곡된 인식을 수정할 수 있는 기회를 제공한다. 상대방의 관점을 다시 듣고, 감정을 직접 확인하는 과정을 통해 공감empathy과 재구성cognitive reframing이 이루어진다. 심리학자 칼 로저스(Carl Rogers)가 말한 "무조건적인 긍정적 존중"은 이러한 갈등 상황에서 상대의 존재 자체를 수용하며, 방어를 낮추고 오해를 줄이는 핵심 소통 전략이 된다.

넷째, 소통은 관계의 지속성과 만족도를 높인다. 사회심리학에서는 사회적 지지social support가 삶의 질에 미치는 영향을 강조한다. 이때 핵심은 지속적인 관심 표현과 피드백이다. 관계가 오래 유지되기 위해서는 긍정적 상호작용의 빈도가 중요하며, 이는 소통을 통해 이루어진다. 심리학자 가트맨(John Gottman)은 "긍정 대 부정 상호작용 비율이 5:1 이상일 때 관계가 안정된다"고 설명했다. 즉, 따뜻한 말과 관심을 표현하는 소통은 관계를 지지하고, 갈등을 회복시키며, 관계의 지속성과 만족도를 높이는 데 기여한다.

다섯째, 소통은 자기이해와 성장을 촉진한다. 말은 생각의 거울이다. 심리학자 빅토르 프랭클(Viktor Frankl)은 "말은 의미를 정리하는 행위"라고 보았고, 소통 과정에서 우리는 자신의 감정, 욕구, 가치관을 더 명확히 인식하게 된다. 특히, 말로 감정을 표현하고 상대의 피드백을 받을 때, 메타인지metacognition가 활성화되며 자신의 내면을 객관화하고 성찰할 수 있는 기회가 된다. 이러한 소통은 단지 관계를 위한 것이 아니라, 자기 성장을 위한 내적 훈련의 과정이기도 하다.

3.2. 소통을 높이는 방법

소통은 마음을 이어주고 관계를 건강하게 만드는 과정이다. 감정이 따뜻하게 오가고, 서로를 이해하려는 태도가 말 속에 담길 때, 사람 사이의 연결은 더 단단해진다. 그렇다면 일상에서 어떻게 소통을 실천할 수 있을까? 지금부터 소개할 다섯 가지 방법은 누구나 시도할 수 있는, 작지만 효과적인 소통의 기술이다.

첫째, 상대의 말을 끝까지 듣는 태도는 관계의 문을 여는 열쇠가 된다. 경청은 단순히 소리를 듣는 것이 아니라, 말 속에 담긴 감정과 의미를 함께 받아들이는 것이다. 고개를 끄덕이거나 "응"이라고 반응하는 것만으로는 부족할 때가 많다. 상대가 "요즘 좀 지쳐"라고 말했을 때, "왜? 무슨 일 있었어?"라고 자연스럽게 되묻는 순간, 그 사람은 자신이 이해받고 있다고 느끼며 마음을 조금씩 열게 된다. 신뢰는 이렇게 조용한 듣기에서 시작된다. 전 미국 대통령 버락 오바마는 "우리는 누군가의 이야기를 듣기 위해 시간을 낼 때, 진정한 변화를 만들 수 있다"고 말했다. 인간관계에서도 마찬가지다. 말하는 것만큼 중요한 것이 '듣는 것'이다. 경청은 단순한 예의가 아니라, 상대의 존재를 존중하는 소통의 첫걸음이다.

둘째, 자신의 감정을 솔직하게 표현할 수 있어야 한다. 생각이나 불편한 마음을 감추지 않아도 된다. "그 말이 조금 마음에 걸렸어" 또는 "오늘은 피곤해서 말이 적을지도 몰라"와 같은 표현은 상대를 비난하지 않으면서도 자신의 상태를 부드럽게 전달할 수 있는 좋은 방법이다. 심리학에서는 이를 '자기노출self disclosure'이라고 하며, 관계의 친밀감을 높이는 데 매우 효과적이라고 본다. 감정을 표현하는 것 자체가 상대를 신뢰하고 있다는 의미이기도 하다. 영화 〈인사이드 아웃Inside Out〉에서는 감정 캐릭터들이 인간 내면의 정서를 상징적으로 표현한다. 그중 '기쁨'은 "가끔은 슬픔이 있어야 진짜 기쁨이 뭔지 알 수 있어."라고 말한다. 이는 감정을 나누는 것이 인간관계에서 얼마나 중요한지를 보여준다. 상대의 기쁨뿐 아니라 슬픔과 아픔까지 함께 나눌 때, 비로소 진정한 관계가 형성된다.

셋째, 비언어적 표현을 의식적으로 조율할 필요가 있다. 말의 내용만큼이나 중요한 것이 말하는 사람의 표정, 목소리, 눈빛이다. "괜찮아"라는 말도 무표정하거나 냉담한 목소리로 들으면 오히려 상처가 될 수 있다. 반대로 부드러운 눈빛과 따뜻한 말투는 같은 말이라도 큰 위로가 된다. 소통은 말로만 이루어지지 않으며, 표정이나 태도는 말보다 더 빠르게 마음을 전한다.

넷째, 감정을 자주 표현하고, 중요한 메시지는 꼭 확인하는 습관이 필요하다. "말 안 해도 알겠지"라는 생각은 관계를 멀어지게 만들 수 있다. 작은 고마움이나 미안함도 말로 표현될 때, 상대는 마음을 더 열게 된다. 또한, 오해가 생길 수 있는 말은 "혹시 내 말이 불편하게 들렸을까?"처럼 되묻는 것이 좋다. 이런 확인은 절차가 아니라 상대의 마음을 정확히 이해하고 싶다는 표현이기도 하다.

다섯째, 말보다 침묵이 필요한 순간도 있다는 사실을 기억해야 한다. 모든 상황에 말을 덧붙일 필요는 없다. 힘든 마음을 꺼내지 못하는 사람 곁에서 조용히 함께 있어 주는 것도 훌륭한 소통이다. 말하지 않아도 마음이 전해지는 순간, 관계는 더 깊고 성숙한 단계로 나아간다. 상황에 따라서는 침묵은 단절이 아니라 배려이며, 기다림 속에서도 충분히 마음을 나눌 수 있다.

3.3. 공감소통

모든 소통의 시작은 '마음을 여는 일'에서 비롯된다. 공감소통은 "내가 먼저 마음을 연다"는 태도를 바탕으로, 사람과 사람 사이의 마음을 연결하는 다리이자 관계의 문을 여는 열쇠이다. 세상의 모든 문에는 양쪽에 손잡이가 있다. 상대가 먼저 열어주기를 기다리기보다는 내가 먼저 문을 열고 다가가는 순간, 관계는 움직이기 시작한다. 공감소통은 말 그대로 '공감할 수 있는 소통', 혹은 '공감을 만들어내는 소통'이며, 서로의 감정을 나누고 오해를 풀며, 건강하고 지속적인 관계를 이어가기 위한 실천적 소통의 방식이다. 이런 실천적 소통의 대표적인 방법으로는 긍정 화법, 해결 화법, 대화 화법이 있다(김정희, 2022). 이 세 가지 전략은 마음을 다치지 않게 하고, 관계를 지치지 않게 이어주는 심리적 도구이기도 하다.

첫째, 긍정 화법positive talk은 긍정적인 측면에 초점을 맞추고 말하는 것으로, 말의 온도를 조절하는 힘을 갖고 있다. 긍정 화법은 상황을 무조건 좋게 포장하자는 말이 아니라 같은 사실도 어떤 언어로 전달하느냐에 따라 상대방의 반응이 전혀 달라질 수 있다는 점에 주목하는 말하기 방식이다. 직장에서 한 팀원이 회의 자료를 잘못 제출했다면, "이걸 왜 이렇게 했어요?"라고 말하는 순간, 방어적 반응이 먼저 튀어나올 가능성이 높다. 하지만 팀장이 "이번 부분은 조금 헷갈릴 수도 있었을 것 같아요. 다음엔 우리 둘이 한 번 더 점검해 보면 좋겠네요."라고 말했다면 상황은 달라질 수 있다. 이 말에는 실수에 대한 지적이 아니라, 함께 개선해 보자는 협력의 메시지가 담겨 있

공감소통모형
Empathy Communication Model

다. 팀원은 수치심보다는 신뢰감을 느끼게 되고, 실수를 줄이려는 내적 동기가 생겨난다. 이처럼 긍정 화법은 잘못을 감추거나 무조건 미화하는 방식이 아니라, 상대의 자존감을 지키면서 문제를 전달하고, 희망적인 방향으로 대화를 유도하는 표현의 기술이다. 감사와 격려의 말을 자주 건네는 사람 곁에는 사람들이 편안함을 느끼며 자연스레 모이게 된다. 말 한마디로 누군가의 하루를 밝게 바꿀 수 있다는 사실을 기억하며, 작은 긍정의 표현을 실천해 보는 것이 중요하다.

둘째, 해결 화법solution talk은 해결방안에 초점을 맞춘 말하기 방식으로, 문제나 원인 때문에 생긴 감정에 머물지 않고 새로운 길을 함께 찾아보는 힘을 갖고 있다. 갈등이 생겼을 때, 감정만 반복되면 상황은 더 복잡해지기 마련이다. 서운함이나 분노가 쌓일수록 '왜 그랬는가' 원인에 집중하게 되고, 정작 '어떻게 해결할 수 있는가'는 뒷전으로 밀려나곤 한다. 이럴 때 필요한 것이 바로 해결 화법이다. 감정을 무시하지 않되, 그 너머의 방향을 함께 고민하는 말하기 방식이다. 한 부부가 육아와 집안일 분담 문제로 반복적으로 갈등을 겪고 있었다. 아이를 재우고 나면 서로 말도 없이 각자 휴대폰만 보던 어느 날, 아내가 이렇게 말했다. "우리는 힘들 때 서로 이야기하지 않았던 것 같아. 앞으로 하루에 10분만이라도 얘기하는 시간을 가져보는 건 어때?" 이 말에는 비난도 없고 감정의 책임을 묻는 말도 없다. 대신 '지금보다 나아지고 싶다'는 진심과 함께, 현실적으로 실천할 수 있는 구체적인 제안이 담겨 있다. 해결 화법은 이렇게 상대방을 몰아세우기보다는 함께 문제를 풀어나가고자 하는 태도로 관계를 회복시켜준다. "왜 이렇게 했냐"라는 말보다는 "앞으로 어떻게 하면 좋을까?"라는 질문이 관계를 앞으로 이끄는 동력이 된다.

셋째, 대화 화법dialogue talk은 상대에게 관심을 갖고 대화를 이어가려는 말하기 방식으로, 대화의 단절을 막고 따뜻한 연결을 이어주는 힘이 있다. 대화 화법은 가까운 사람일수록 말하지 않아도 알 것이라는 오류를 줄여줄 수 있는 말하기이다. 친할수록, 가까운 사이라고 생각할수록 설명하지 않아도 된다는 익숙함 속에서, 말은 줄고 오해는 커지는 순간들이 반복되기도 한다. 대화 화법은 말의 양이 아니라 관심의 표현과 관계의 온도를 유지하는 화법이다. 작은 인사, 일상적인 안부, 상대의 말을 기억하고 반응하는 것. 이 모든 것이 관계를 살리는 중요한 소통이다. 팀에서 한 동료가 며칠째 점심도 함께 먹지 않고 혼자 있는 모습이 반복되었다면, 그저 '요즘 피곤한가 보다' 하고 지나칠 수도 있다. 하지만 한 사람이 이렇게 말을 건넨다면 상황은 달라진다. "요즘 혼자 계시는 경우가 많네요. 무슨 일 있으세요? 같이 밥 먹어요." 이 말은 특별한 조언이나 해결책이 없어도, 상대가 '내가 관심받고 있구나', '내 감정이 보이는구나'라는 심리적 안정감을 느끼게 해준다. 그 한마디가 마음의 벽을 허무는 첫 시작이 되는 것이다.

공감소통은 대화의 꽃이다. 말을 많이 하는 것은 중요하지 않다. 어떻게 말하는가가 무엇보다도 중요하다. 긍정 화법은 말을 부드럽게 돌려 관계의 흐름을 매끄럽게 이어주고, 해결 화법은 갈등 속에서도 감정을 넘어 실질적인 방향을 찾아가게 하며, 대화 화법은 관계의 온도를 지키며, 침묵 속에서도 연결의 끈을 놓지 않게 돕는다. 공감소통은 단지 말을 잘하는 기술이 아니라, 진심으로 사람을 생각하는 마음가짐에서 나온다. 건강하고 행복한 관계를 원한다면, 오늘부터 따뜻한 말 한마디를 건네보자. 따뜻한 말은 상대방의 마음에 오래 머물며, 관계를 다시 회복시키는 힘이 된다.

자기진단

공감소통과 관련하여 자기진단을 해 볼까요? 공감소통은 해결적 공감소통, 공유적 공감소통 및 실천적 공감소통을 포함하여 세 가지 측면에서 살펴볼 수 있습니다. 솔직하게 자신의 공감소통 수준을 확인해 볼까요?

공감소통

No.	문항	전혀 그렇지 않다	그렇지 않다	반반 이다	그렇다	매우 그렇다
01	나는 결정을 내릴 때 이것이 유용한가를 생각해 본다.	1	2	3	4	5
02	나는 일이 생기면 그 원인을 꼼꼼하게 따져 본다.	1	2	3	4	5
03	나는 일이 생기면 그 해결방안을 찾아보려고 한다.	1	2	3	4	5
04	나는 결정을 내릴 때 이것이 실행 가능한가를 생각해 본다.	1	2	3	4	5
05	나는 주위 사람들의 마음을 공감하는 것이 중요하다고 생각한다.	1	2	3	4	5
06	나는 서로의 마음을 챙겨주는 삶을 좋아한다.	1	2	3	4	5
07	나는 주위 사람들과 소통하는 것이 중요하다고 생각한다.	1	2	3	4	5
08	나는 다른 사람들로부터 마음이 따뜻한 사람이라는 말을 듣는 편이다.	1	2	3	4	5
09	나는 내가 알고 싶은 새로운 사람과 대화를 이끌어가는 것을 잘한다.	1	2	3	4	5
10	나는 다른 사람들로부터 행동으로 보여준다는 말을 듣는 편이다.	1	2	3	4	5
11	나는 내 주위 사람들이 '네가 하는 말이 마음에 잘 와 닿는다.'라고 말한다.	1	2	3	4	5
12	나는 몸을 부딪치며 사는 삶을 좋아한다.	1	2	3	4	5

자기진단	하위 요인	문항 수	문항 번호	채점 및 해석
공감소통	해결적 공감소통 공유적 공감소통 실천적 공감소통	4 4 4	1-4 5-8 9-12	해당 요인의 반응을 합산 후에 해당 문항 수로 나누어서 평균을 구한다.
전체	공감소통	12	1-12	

전국 300명을 대상으로 전문조사기관을 통해 수집된 자료(김정희 외, 2023)에 의하면, 전체 공감소통 점수는 5점 척도상에서 평균이 3.68점(표준편차=0.48)으로 중간 수준 이상이었다. 해결적 공감소통 점수는 평균이 3.91점(표준편차=0.53), 공유적 공감소통 점수는 평균이 3.84점(표준편차=0.58), 실천적 공감소통 점수는 평균이 3.29점(표준편차=0.70)으로 모두 중간 수준 이상으로 나타났다.

Chapter 09 의미

Meaning

Chapter 9

의미

행복은 나비와 같다. 잡으려고 하면 할수록, 멀리 날아가 버린다.
다른 것에 집중하고 있다 보면, 그대의 어깨 위로 날아와 앉을 것이다.
Happiness is like a butterfly. The more you try catch it, the more it flies away.
If you focus on other things, it will come and sit on your shoulder.

– 의미치료의 창시자, 빅토르 프랭클(Victor Frankle, 1905–1997) –

나치가 1천1백만 명을 살해하면서 12년 동안 자행한 홀로코스트holocaust 당시 나치 수용소에서 살아남을 확률은 통계적으로 28명 가운데 한 명이 채 되지 않았다. 그런데 살아남은 사람들에게는 공통점이 있었는데, 자기가 살아야 할 분명한 이유나 삶의 의미를 갖고 있었다는 것이다. 『죽음의 수용소에서』의 저자인 빅토르 프랭클(Viktor Frankl) 역시 그중 한 사람이었다. 삶의 의미가 없으면 희망을 포기한 죄수처럼 무기력하게 사라지고 만다. 셀리그먼(Seligman)은 수천 명을 대상으로 여러 번에 걸쳐서 반복적으로 무엇을 추구했을 때 삶이 가장 만족스러웠는지를 조사했는데, 결과는 놀라웠다. 쾌락의 추구, 긍정정서의 추구, 즐거운 삶의 추구, 관여의 추구, 자신을 위한 시간의 멈춤도 아니었다. 가장 삶을 만족스럽게 만드는 데 중요한 역할을 한 것은 바로 의미의 추구였다.

오늘날 많은 사람들이 삶의 의미와 목적을 상실하고 불안하고 고립된 채로, 행복을 느끼지 못하고 그저 삶을 무의미하게 살아가고 있다. 무엇보다도 많은 청춘들이 의미를 잃고 현재의 삶에서 행복을 느끼지 못하고 살고 있다. 언젠가부터 젊은 층을 중심으로 회자되고 있는 '이번 생은 망했다.'를 뜻하는 '이생망'이나, 지옥을 의미하는 Hell과 조선을 합친 '지옥 같은 한국'을 빗대어 가리키는 '헬조선'은 현재 대한민국의 극심한 취업난, 미래에 대한 불안과 절망감, 현실의 불만과 좌절, 그리고 세대 간의 차이와 갈등'을 대표하는 신조어이다. '의미 없다'는 대한민국의 무민(無mean)세대의 청년들은 연애, 결혼, 출산 3가지를 포기한 3포에 이어, 인간관계 포기의 4포, 내 집 마련까지 포기한 5포와 꿈과 희망직업까지 포기한 7포의 현실에서 사는 게 무의미하고 나아갈 방향을 못 찾고 있다.

건강하고 행복한 삶은 재미와 의미가 함께 하는 삶이다. 재미만 추구하는 것은 의미가 없어서 행복할 수는 있지만 건강하지 않을 수 있다. 의미만 추구하는 것도 재미가 없어 건강할 수 있지만 행복하지 않을 수 있다. 우리가 재미와 의미를 동시에 추구하려면, 자기 자신에 대하여 제대로 아는 것이 중요하다. 그래야 재미도 있고 의미도 있는 무언가를 할 수 있기 때문이다. 사람들은 자기 자신을 알아가는 과정에서 저마다 인생의 가치와 의미를 찾는다.

1. 자기

건강하고 행복한 삶을 살려면, 자기 자신에 대하여 제대로 아는 것이 중요하다. 심리학에서는 자기 자신에 대하여 알기 위하여 고려해야 할 심리적 구성 개념인 바로 자기Self이다. 인간관계를 포함한 다양한 사회생활에서 개인의 자기상이 많은 영향을 미치기 때문에 개인이 어떤 자기상Self Image을 갖고 있느냐를 파악하는 것은 매우 중요하다. 자기는 사람들이 스스로의 참모습이라고 여기는 구성체이며, 타인과의 교류라는 사회적 상호작용과 사회생활의 산물이다. 다시 말하면, 자기는 개인이 자신을 대상으로 파악한 것으로 자신에 대한 평가, 규정, 혹은 태도이다. 이런 자기는 개인적이지만 그 본질적인 속성은 사회적이다. 자기는 사회적 상호작용 속에서 이루어지는 다양한 역할 수행 과정에서 자기 자신에 대한 반성적 성찰을 통해 파악되고 구성된다. 따라서 자기는 개인과 사회를 연결해 주는 가장 중요한 매개체이다. 자기는 다양한 측면을 지니는 복합적 구성체이고, 생활 속에서 변화한다(한규석, 2009). 자기는 내가 스스로를 남들과 비교하는 과정, 남들이 나를 보는 모습의 반영, 스스로 행동과 사고를 평가하는 과정을 통하여 갖추어지고 변모되어 간다. 일반적으로 사람들은 통합된 자기관과 자기통제력을 지닌 경우에 삶의 만족도가 높다.

자기는 4가지 기능을 수행한다. 첫째, 정보 및 경험을 소화하고 적절히 대처하는 것을 돕는 정보처리자로서 기능한다. 둘째, 개인에게 동기를 부여한다. 자신의 자아상을 평가함으로써 자신을 제대로 파악하고, 개선할 뿐만 아니라 자존감을 높여주는 방향으로 행동에 변화를 가져오는 행위평가자로서 기능한다. 셋째, 개인의 행위에 일관성을 부여하고 예측 가능하게 한다. 그래서 일을 계획하고 추진해 나갈 수 있는 근거를 제시하는 일관성 유지자로서 기능한다. 끝으로, 자기는 발달단계에 따라서 그 내용과 특징이 달라지고, 개인의 중요한 관심사, 개인이 속한 문화 및 시대의 특징을 반영하기도 하는 변화의 동인으로서 기능한다.

1.1. 자기의 구성요소

사회생활을 하면서 동일한 사람이 여러 가지 모습을 보일 수 있다. 왜냐하면, 우리는 다양한 사회생활 장면에서 여러 가지 사회적 역할을 수행하며 살아가기 때문이다. 우리의 자기상은 단일한 구성체가 아니라 다양한 것들로 구성된 복합체이다. 이미 오래 전에 『심리학의 원리』에서 윌리엄 제임스(William James, 1890)는 객관적 탐구의 대상이 되는 자기를 3가지 구성요소로 분석하였다. 첫째는 물질적 자기material self이다. 물질적 자기는 개인이 지니고 있는 것으로 자기의 신체, 의상, 가족, 집 그리고 소유물들로 구성되어 있다. 이것들은 내가 누구라고 하는 것을 알려주는 대표적인 것들이다. 우리는 타인의 특성을 파악할 때 그의 소유물들이 지닌 속성을 통해 파악하려고 한다. 둘째는 사회적 자기social self이다. 사회적 자기는 우리와 접촉하는 타인들로부터 받게 되는 자기에 대한 인상과 평가들이다. 우리는 단순히 다른 사람들과 어울리는 것이 아니라, 남들에게 자신을 내보이고 싶어 하고, 가능한 좋게 인정받으려는 욕구가 있다. 이것은 사람들이 자신이 원하는 평가를 받으려는 주위 사람의 수에 해당하는 만큼 사회적 자기가 존재한다는 것이다. 셋째는 정신적 자기spiritual self이다. 정신적 자기는 3가지 구성요소 중 가장 중요한 부분으로 개인이 지닌 내면의 주관적인 성격, 취향, 정서 등의 심리적 속성들이고, 생의 의미를 생각하고 만물의 원리를 모색하는 등 사색적인 면모를 지니고 있으며, 자기관조의 능력을 지니고 있다.

성격심리학 분야에서 자기에 대한 개념을 처음으로 정립한 사람은 카렌 호나이(Karen Horney)이다(노안영, 강영신, 2003). 그녀는 자기를 주관적 현실자기, 객관적 실제자기 및 이상적 자기로 구분하였다. 첫째, 주관적 현실자기real self는 자기 자신에 대한 지각의 산물로 자신이 누군가에 대한 자신 스스로의 해석이다. 현실자기의 목표는 자아실현을 추구하는 것인데, 자신만의 가치와 삶의 목표를 달성하는 것이다. 이런 의미에서 현실자기는 현실적으로 표출할 수 있는 '가능한 자기'를 의미하기도 한다. 둘째, 객관적 실제자기actual self는 타인에 의해 관찰된 그 사람에 대한 객관적 총합이다. 객관적 실제자기는 자신의 지각 내용과는 상관없이 '있는 그대로의' 신체적 그리고 정신적인 자기의 모든 것을 의미한다. 셋째, 이상적 자기idealized self는 자신이 되어야만 하는 자기로 잠재력을 개발하고 자아실현을 성취하도록 돕는 모델의 역할을 한다. 자아실현을 도모하기 위하여 이상적 자기를 형성하는 것은 인간의 보편적인 특징이다. 정상적인 사람에게는 이상적 자기와 주관적 현실자기가 대체로 일치한다. 왜냐하면, 이상적 자기가 자신의 능력과 잠재력에 대한 현실적인 평가에 근거하여 형성되기 때문이다.

사람들이 자신을 성찰하는 과정에 초점을 맞출 때, 자기를 3가지로 구분할 수 있다. 히긴스(Higgins, 1998)의 자기차이이론Self Discrepancy Theory에 따르면, 현실자기actual self는 자기의 모습이라고 여기고 있는 자기이고, 우리는 이 현실자기를 이상자기와 의무자기에 비교하여 각기 다른 정서와 동기를 경험한다. 이상자기ideal self란 스스로가 되고 싶은 이상적 자기의 모습이다. 이상자기가 촉발되거나 생각되는 경우에 사람들은 그 모습에 다가서려 하고, 긍정적인 수행과 결과를 거두는 것에 민감하며, 긍정정서를 경험하면서 의식의 초점도 향상과 변화에 맞추어지면서 잘 해내려고 하고, 성취해 내는 활동에 관심을 갖게 된다. 의무자기ought self란 자신 및 주위 사람들이 부과하는 의무나 책임처럼 자신이 맞추어가겠다고 여기는 자기 모습이다. 이 의무자기가 환기되는 경우에 사람들은 부정적인 결과가 나타날 것에 민감하며, 의무자기에 부응하지 못하는 불안감이나 죄책감을 경험하면서 의식의 초점도 예방과 안전에 맞추어진다.

1.2. 자기정체성

인간관계에서 자신의 실체를 파악하는 것은 매우 중요한데, 이와 관련된 심리적 구성 개념이 자기정체성이다. 자기정체성Self Identity은 에릭 에릭슨(Erik Erikson, 1980)이 자신의 자아심리학Ego Psychology을 정립하면서 "'나는 누구인가?'에 대한 답을 찾는 것으로, 개인이 다양한 사회적 관계 속에서 일관성과 동일성을 가지고 자신의 존재에 대한 안정적이고 확고한 자각"이라고 처음으로 개념화하였다. 에릭슨에 의하면, 자기정체성은 청소년기에 획득되어야 하는 심리적 구성 개념이다. 만약 자기정체성이 확립되지 않으면, 자신의 역할이 무엇인가를 제대로 인식하지 못하는 역할혼미에 빠지게 되는 문제가 발생한다고 보았다. 그런데 현대사회에서 청소년기에 확립되어야 하는 자기정체성은 전생애에 걸쳐서 우리의 삶에서 문제가 되고, 삶에 전반적으로 중요한 영향을 미친다.

자기정체성은 5개의 하위요인으로 구성되는데, 자기수용성, 미래 확신성, 목표 지향성, 주도성 및 친밀성이 그것이다(박아청, 2003). 첫째, 자기수용성은 자기 자신을 소중하고 가치 있는 존재로 생각하며 자신에 대한 믿음이 있으며 자신의 유능성에 자부심이 있는 정도를 말한다. 둘째, 미래 확신성은 장래에 어떤 직업을 갖게 될지, 무엇이 되고 싶은지 분명히 알고 있으며, 나의 진로에 대한 구체적인 계획을 가지고 장래의 직업관이 뚜렷하며 삶의 목표가 분명한 정도를 의미한다. 셋째, 목표 지향성은 어떤 일이든 시작하면 끝까지 열성을 보이며 한 가지 일에 꾸준히 몰두하고 계획한 일을 끝까지 실행하며, 시간을 낭비하지 않고 일하는 것을 즐기며 어렵거나 힘든 일도 기꺼이 해내는 정도이다. 넷째, 주도성은 타인의 충고에 무턱대고 따르지는 않으며 다른 사람이 하자는 대로 잘 이끌리지 않으며, 어떤 상황이든 남의 말에 영향을 받기보다는 스스로 생각하고 판단하는 정도를 말한다. 끝으로, 친밀성은 낯선 사람을 만나는 것을 부담스러워하지 않으며 여러 사람과 함께 있을 때에도 마음이 편안하여 앞에 나서기가 두렵지 않으며, 모임에서 리더의 역할을 할 기회가 되면 기꺼이 하는 정도를 의미한다.

1.3. 자기존중감

원만한 인간관계를 정립하기 위해서는 상대방에 대한 존중도 중요하지만, 자기 자신에 대한 존중도 매우 중요한데, 이와 관련된 심리적 구성 개념이 자기존중감이다. 자기존중감Self-Esteem은 자기 자신을 존중하고 바람직하게 여기며 가치 있는 사람이라고 생각하는 정도로(Rosenberg, 1965), 한 개인이 스스로를 얼마나 가치 있는 존재로 생각하고 있는지에 대한 개인적인 판단으로 볼 수 있다. 쿠퍼스미스(Coopersmith, 1967)는 자기존중감이 중요성, 유능성, 미덕 및 영향력으로 구성되며, 자기존중감이 높은 사람은 수용적이고, 자기 한계를 알며, 적절한 목표를 세워 나아가며, 성공에 대한 자기충족 예언의 태도를 가진다고 하였다. 또한, 자기존중감은 삶의 태도에 긍정적인 영향을 미치고, 삶을 의미 있고 중요하게 받아들이도록 만드는 중요한 요인이다(양경희, 박복남, 이정란, 2006). 자기존중감이 높은 사람은 자기에 대한 믿음이 높아져 자신에게 주어진 일에 대해 자신감을 갖고 대응하며 꾸준히 목표를 추구해 나가는 경향이 있기 때문에 자기존중감과 삶의 질 간에는 정적인 관련성이 있다(한상숙, 김경미, 2006).

1.4. 자기신뢰

신뢰는 인간관계에서 가장 기본적인 요소로, 원만한 인간관계를 구축하기 위해서는 타인에 대한 신뢰와 사회에 대한 신뢰뿐만 아니라 자기 자신에 대한 믿음이 중요한데, 자기 자신에 대한 신뢰를 자기신뢰Self Trust라 한다. '자신을 신뢰하지 못하는 사람은 그 누구도 신뢰하지 못한다.'는 말처럼, 모든 신뢰의 기초가 되는 것은 바로 자기 자신에 대한 신뢰인 자기신뢰다. "나는 나를 믿는가?", "나는 신뢰할 수 있는 사람인가?"처럼, 자기신뢰는 신뢰의 주체와 객체 모두가 자기 자신이라는 점에서 다른 신뢰의 개념과는 뚜렷하게 다른 특성을 갖는다. 랠프 월도 에머슨(Ralph Waldo Emerson, 2015)은 자기신뢰가 성공의 첫 번째 비결이고, 다른 사람들의 생각이 아니라 내면에서부터 우러나오는 자기 자신의 생각을 믿는 것이 중요하다고 보았다. 자신과의 약속을 지키거나 의미 있는 목표를 정하고 그것을 실행할 때 우리는 자신을 신뢰하게 된다(Covey, 2009). 모든 신뢰는 자기신뢰에서 시작되기 때문에, 타인을 믿고 싶다면, 먼저 나를 믿을 수 있어야 한다. 그래서 건강하고 행복한 삶을 만들려면, 자기 자신에 대한 신뢰부터 높이는 것이 중요하다. 남윤주(2020)에 의하면, 자기신뢰는 자기개념에 기반을 두는 것으로 자신감, 자기효능감, 자기존중감 및 자기만족을 포함하여 4개의 하위요인으로 구성되며, 자기신뢰가 높은 사람은 자신감을 갖고 있으며, 자신의 능력을 믿고, 스스로를 존중하며, 현재의 자신의 모습에 만족한다.

2. 의미치료

대한민국뿐만 아니라 전 세계가 의미 때문에 아파한다. 당연하게 생각했던 일상적인 삶이 '사회적 거리두기'처럼 제약받고, 누구나 누릴 수 있었던 즐겁고 행복했던 삶이 이제는 자연스럽지 않다. 반복되는 하루하루를 살아가는 사람 중의 대부분이 삶의 목적과 의미를 잃어버리고, 현실적인 수많은 고통과 어려움에 마음 아파하면서 힘겹게 각자의 삶을 살아가고 있다. 사람들이 마음 둘 곳을 찾지 못하고 삶이 힘겨운 이유는 현대를 살아가는 사람들이 직면한 실존적 공허의 근본적인 원인이 '의미 없음' 때문이다. 실존적 공허existential vacuum란 삶에서 의미를 찾으려는 의지가 좌절되어 자신의 의미를 찾지 못한 상태로 자기 존재 의미를 잃어버리고, 삶의 의미와 목적의식을 상실함에서 오는 인생의 무가치함, 무의미함, 불안, 권태, 고독 및 물질적이고 쾌락적인 것을 찾아도 메울 수 없는 허전하고 텅 빈 것 같은 심리적인 상태를 말한다(Frankl, 1969).

의미에 관한 연구는 의미치료Logotheraphy의 창시자인 빅토르 프랭클(Viktor E. Frankl, 1959, 1962, 1963, 1967, 1969)에 의하여 본격적으로 시작되었다. 그는 나치의 죽음의 수용소에서 포로로 갇혔다가 살아났는데, 이때의 경험들이 의미의 중요성에 대한 그의 관점을 확고하게 해 주었다. 비극 속의 낙관처럼 가장 비참하고 비극적인 상황에서도 삶에 의미가 있음을 전제하면서, 인간의 원초적 동력이 의미를 찾고자 하는 의지에 있다고 보았고, 의미를 발견하도록 돕기 위해 의미치료를 만들었다. 인생이란 궁극적으로 삶에 대한 올바른 해답을 찾고, 개개인 앞에 놓인 과제를 수행하기 위한 책임을 떠맡는 것으로서, 삶이란 막연한 것이 아니라 현실적이고 구체적이며, 삶의 의미는 사람마다 다르고, 때에 따라 다르고, 상황에 따라 다르기 때문에, 일반적인 방식으로 삶의 의미를 정의하는 것은 불가능하다고 보았다.

2.1. 의미의 개념

의미치료에서 의미의 개념은 크게 의지의 자유, 의미를 찾으려는 의지 그리고 삶의 의미로 이루어져 있다(Frankl, 1962, 1963, 1969). 첫째, 의지의 자유freedom of will는 숙명의 반대말로, 자유의지는 인간의 자유의지를 의미한다. 인간의 의지는 유한한 존재로서의 의지다. 이때의 자유는 어떤 조건을 피할 수 있는 자유가 아니라 그가 어떤 조건에 처해 있든 그것에 대해 자신의 태도를 결정할 수 있는 자유를 말한다. 비록 인간이 어떤 조건으로부터 완전히 자유로울 수는 없지만, 인간은 최악의 조건에서도 자신에게 어떤 태도를 취할 것인가를 선택할 수 있는 능력이 있다.

둘째, 의미를 찾으려는 의지will to meaning는 어떠한 상황이나 조건 속에서도 인간의 의미와 목적을 추구하려는 기본적인 동기이다. 인간의 내면에 대해 프로이트(Freud)가 쾌락의 의지를, 아들러(Adler)가 권력에의 의지를 강조하였다면, 프랭클(Frankl)은 인간이 의미에의 의지를 추구한다. 삶에서 의미를 찾으려는 의지가 좌절되어 자신의 의미를 찾지 못하면 실존적 공허를 경험한다. 인간은 의지와 목적을 가진 생명체로 목적은 삶에 의미를 부여한다. 또한 사람들은 모두 가치를 창조하고 싶어 한다. 그리고 더 나아가 인간은 창조와 가치를 향한 기본적이고 선천적인 지향성을 지니고 있다. 따라서 쾌락과 행복은 인간이 추구하고자 하는 목표가 아니라 하나의 결과로 얻어지는 것이고, 행복은 목표의 달성을 통해 부수적으로 얻어지는 결과이다. 즉, 목표의 성취가 행복을 느낄 이유를 만들어내고, 행복할 이유가 있다면 자동적으로 자연스럽게 그렇게 된다는 것이다.

셋째, 삶의 의미meaning of life는 삶의 가치이고, 사람들은 의미를 추구하고 있으며, 삶의 어떤 상황과 순간에서도 의미를 발견할 수 있다. 인간은 성취해야 할 의미와 실현시켜야 할 가치 안에 존재하고, 인간은 저마다 유일무이한 의미와 가치가 존재한다. 다시 말해서, 의미는 발견되는 것이지 만들어지는 것이 아니다. 인간은 어느 누구도 다른 것과 대체될 수 없는 존재로서 본성과 존재에 있어서 모두 유일무이하다고 할 수 있다. 개개인이 지닌 본성의 유일무이함 때문에 그리고 어느 누구도 반복할 수 없다는 점에서 개개인의 삶은 유일무이하다. 그러므로 어떠한 상황이나 조건에도 의미가 존재하고, 인간은 삶으로부터 질문을 받고 있으며, 오로지 책임감 있는 참여engagement를 통해서만 삶에 응답할 수 있다. 개인은 자신의 인생에 대해 막연한 의미를 찾으려 해서는 안 된다. 우리 모두는 나름대로 할 일이 있고, 소명이 있으며, 그것은 구체적이며, 할 수 있고, 해야 할 일이며, 다른 어떤 사람도 자신의 인생을 대신 살아줄 수 없으며, 마찬가지로 개인이 맡은 역할은 고유한 것이기에, 그것을 완수해야 하는 책임도 본인에게 있다.

2.2. 삶의 의미

사람들은 자신이 가치를 두는 것에서 의미를 찾는데, 일반적으로 직업job과 사랑love 및 시련trial을 통하여 의미를 찾는다. 사람들은 자신이 하는 일에 가치와 의미를 부여한다. 사람들은 자신이 하고 싶은 일을 그리고 자신이 잘 할 수 있는 일을 찾아서 그 일을 즐거운 마음으로 열심히 수행하면서 삶에 의미를 찾는다. 또한, 우리는 자신이 사랑하는 사람에게서 남다른 가치와 삶의 의미를 찾는다. 가족에 대한 사랑이든, 부모에 대한 사랑이든, 연인에 대한 사랑이든, 우리는 우리가 사랑하는 것에서 의미를 찾는다. 그리고 우리는 시련을 통해서도 의미를 찾는다. 과거나 현재의 시련과 고통이 우리가 살아야 하는 삶의 목적을 만들어주고 의미를 찾게 해준다.

의미치료에서 삶의 의미는 창조적 가치, 경험적 가치, 태도적 가치로 구성되어 있으며, 이 가치를 통해 사람들은 인생에서 의미를 발견할 수 있다(Frankl, 1969).

첫째, 창조적 가치는 무엇인가 창조하거나 어떤 일이나 행위를 함으로써 의미를 발견하는 것으로, 스스로가 만들면서 생기는 가치이다. 일이나 작업, 취미활동을 하거나 예술작품을 만들어내는 과정에서 자신의 사명과 과업을 자각할 때 삶의 의미를 발견하는 것이다.

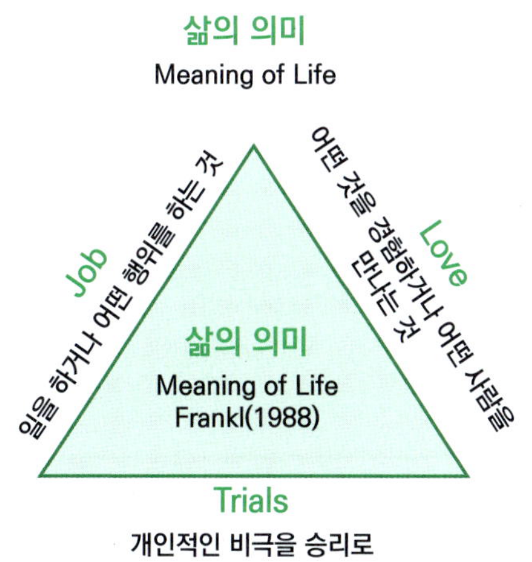

둘째, 경험적 가치는 어떤 일을 경험하거나 어떤 사람을 만나 사랑하고, 선이나 진리, 아름다움을 체험하고, 자연과 문화를 체험하는 경험을 말한다. 이는 세상으로부터 받은 것을 통해 의미를 발견하는 것으로, 프랭클은 경험적 가치 중에서도 어떤 사람을 세상에서 유일한 존재로 체험하는 사랑의 경험을 중요하게 여겼다.

셋째, 태도적 가치는 어떤 사건이나 상황에 대해 자신의 태도를 변화시킴으로써 실현할 수 있는 가치로, 살아가면서 피할 수 없는 죄, 고통과 죽음에 맞서 자기초월적인 태도를 취함으로써 삶의 의미를 발견할 수 있다. 태도적 가치는 창조적 가치나 경험적 가치보다 더 높은 가치이며, 삶의 의미에서 가장 중요한 가치이다. 즉 인간은 살아가면서 끊임없는 죄, 고통, 죄의식 등에서 자유로울 수는 없지만, 이에 대하여 자신의 태도를 선택할 수 있는 자유로운 존재이며, 이를 통해 의미를 발견하게 될 것이다.

3. 의미의 재구성

의미란 인생을 살아가면서 삶이 나에게 던지는 질문에 답을 찾는 것이라고 할 수 있다. 인생은 끊임없이 크고 작은 문제와 고통의 연속으로, 사람들은 갑자기 닥친 어

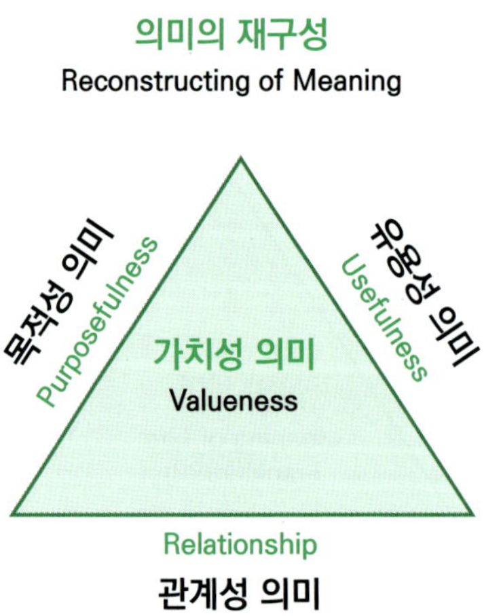

려운 시련이나 병마, 이별, 죽음 등과 직면하게 되면 지금까지 살아온 삶을 돌아보고 내 주변의 사람들과의 인간관계를 돌아보게 된다. 이때 의미는 지금까지 살아온 내 삶을 점검하는 점검표 역할을 해준다. '나는 그동안 잘 살아왔는가? 나는 무엇을 위해서 살고 있는가? 앞으로 나는 어떻게 할 것인가?' 이러한 질문들에 대하여 답을 찾아가면서 내 삶의 의미를 발견하고, 이렇게 발견된 의미는 자신의 존재방식과 일치하는 모습과 가까워지도록 생활방식과 가치체계를 정립하고 구체화하도록 도와주는 삶의 나침반 역할을 해준다. 의미가 사람들의 내부에서 체계적으로 정립되기 위해서는 목적성 의미, 유용성 의미, 관계성 의미, 가치성 의미로 구분하여 살펴볼 필요가 있다(윤은영, 2021).

3.1. 목적성 의미

삶의 의미를 구성하는 첫 번째 요소는 목적성 의미purposefulness meaning이다. 목적성 의미는'내가 원하고 이루고 싶은 것'과 관련된 것으로, 프랭클(Frankl, 1967)은 이를 의미에의 의지will to meaning라고 하였다. 의미에의 의지는 어떠한 상황이나 조건 속에서도 인간의 의미와 목적을 추구하려는 기본적인 동기이다. 인간은 의지와 목적을 가진 생명체로, 이 목적은 삶에 의미를 부여한다. 이는 인간의 기본적인 동기로서 인간은 어떤 상황에서도 삶의 의미와 목적을 발견하고 충족시키려는 의지를 말한다. 개인이 원하고 인생 목표에 부합되는 목적성 의미가 형성되면 이를 이루기 위한 노력의 에너지로 작용한다. 목적성 의미는 개인에게 어떤 행위를 추구하는 의도와 방향이 되며, 인생 목표와 의미를 성취하고 달성하는 데 추동으로 작용하므로 동기적 구성요소에 해당한다고 할 수 있다.

목적성 의미와 관련하여 프랭클(Frankl, 1959)은 삶의 의미란 삶에 대한 목표를 가지고 있는 것이라고 하였으며, 웡(Wong, 1998)은 삶의 의미를 개인의 삶에 대한 해석이라는 측면에서 개인적 의미를 찾는 과정으로 보았다(박선영, 2013). 스테거 등(Steger et al., 2006)은 삶의 의미의 구조가 의미를 찾고자 하는 동기인 '의미추구'와 실제로 자신의 삶에 의미가 있다는 주관적 느낌인 '의미발견'으로 이루어진다고 하였다. 그들은 삶의 의미를 목적과 이해라고 하였는데, 사람들이 삶에서 목적, 사명 또는 중요한 목표를 갖고 있다고 지각하는 정도와 더불어 자신의 삶을 파악하고 이해한다고 보았다(추병완, 2019). 한편, 삶에서 목적성 의미가 결핍되면 삶이 무의미하다고 생각하고, 공허하고 의미와 가치상실을 경험할 수 있다. 프랭클(Frankl, 1963)은 이를 실존적 공허 existential vacuum 또는 삶의 무의미성이라고 하였다.

3.2. 유용성 의미

삶의 의미를 구성하는 두 번째 요소는 유용성 의미usefulness meaning이다. 유용성 의미는 '내가 잘 살고 있는가?'와 같이 자신의 삶에 대하여 만족스럽고 긍정적으로 살아가기 위한 점검과 평가를 의미한다. 사전적으로 유용성은 소용에 닿고 이용할 만한 특성, '효력effect, 효능efficacy'이라는 뜻을 지니고 있다. 삶의 의미는 자신, 타인과 세상에 대하여 유익한 도움을 주고, 효용이 있는 의미 있는 것인지에 대한 평가의 과정을 수반하므로 평가적 요소라고 할 수 있다.

유용성 관점에서 삶의 의미는 만족스럽고 긍정적으로 살아가는 것과도 관련된다. 우리가 흔히 '의미가 없다.', '의미 있다.'라고 말할 때 이러한 효용은 개인마다 선호가 불안정하고 가변적이다. 또한 사람마다 유용성을 평가하는 기준이 다를 수 있고, 우정, 사랑, 헌신과 같이 금전적 가치를 따질 수 없는 것도 있는데, 어떤 것을 결정할 때 주로 자신이 기억하고 있는 효용이 결정에 크게 작용한다. 우리는 대부분 자신이 하고 있는 일이나 행위에 대해 그 의미를 알고 싶고, 타인에게도 이해받고 인정받기를 희망하며, 나아가 누군가에게, 언제, 어디서든지 도움이 되고 쓸모가 있는 사람이 되고자 하는 욕구가 있다. 이와 관련하여 셀리그먼(Seligman, 2002, 2006)은 '삶의 의미는 자신보다 더 큰 어떤 것을 위해 공헌하고 있다는 인식으로부터 도출될 수 있다.'고 하였다. 칸(Cahn, 2012)은 '유의미한 삶이란 타인들에게 해를 끼치지 않으면서 행복을 발견하는 삶이다.'라고 하였다. 유용성은 다른 사람들에게 도움이 되고자 하는 사회적 활동과 행동으로 다른 사람들에게 도움을 주면서 성취감을 느끼는 것과도 관련된다고 할 수 있다. 반대로 유용성 의미와 자기만족이 결핍되면 사는 것이 재미없고 삶과 자신에 대하여 부정적이고 만족스럽지 않다고 평가할 수 있다.

3.3. 관계성 의미

삶의 의미를 구성하는 세 번째 요소는 관계성 의미relationship meaning이다. 관계성 의미는 사회적 요소로 사람들과의 관계 속에서 친밀하고 원만한 인간관계를 맺으며 살고 있다는 느낌이다. 인간관계는 인간 존재의 본질적인 한 측면으로, 우리는 관계를 떠나서는 살아갈 수 없다(이형득, 1992). 관계성 의미는 태어나면서부터 관계를 시작하는 사회적인 인간이 필수적으로 경험하는 것이며, 일생 동안 개인의 삶에 중요한 영향을 미치는 요소라고 할 수 있다. 프랭클(Frankl, 1963)은 인간을 사랑하는 것은 경험적 가치의 최고라고 하였다(박국향, 2020). 인간은 긍정적 대인관계를 통해 자신이 타인으로부터 지지, 수용과 사랑을 받고 있음을 느끼며, 타인과의 연결과 공감을 통해 개인의 진정한 모습이 발달된다(Taylor, Friedman, & Silver, 2007). 또한 관계성 의미를 통해 관계가 충분히 성숙해지면 나와 그것의 관계가 아닌 나와 너의 관계인 참만남의 관계맺음(Buber, 1923)을 경험할 수 있다.

반대로 관계성 의미가 결핍되면 인간관계에서 고립되어 소외감을 느낀다. 에릭슨(Erikson, 1982)은 친밀감을 모든 종류의 관계 속에 존재하는 쟁점으로 보고 성인초기의 발달과업으로 친밀감intimacy 형성을 강조하였다. 친밀감은 누군가에게 헌신하는 느낌을 가지고 그 사람과 가깝고 따뜻한 관계를 맺는 것으로, 사람들과의 관계에서 유대감을 느끼면서 원만한 관계를 형성하게 되면 친밀감을 느끼지만, 그렇지 못하면 고립isolation될 수 있다고 하였다(Carver & Scheier, 2005).

3.4. 가치성 의미

삶의 의미를 구성하는 네 번째 구성요소는 가치성 의미valueness meaning이다. 가치성 의미는 자신이 중요하게 여기는 것이나 가치관 등과 일치하는 생활방식에 기초한 가치체계를 창조하고, 가치에 부합되는 의미 있는 삶을 찾는 것과 관련 있다고 할 수 있다. 사전에서 가치value란 사물이나 현상, 일이나 행동 따위가 지니는 가치나 중요성을 뜻한다. 이와 관련하여 삶의 의미는 일과 삶, 사랑 등 개인을 둘러싼 다양한 맥락에서 개인이 중요하게 여기는 가치관과 연관된다고 할 수 있다. 가치성 의미는 나에게 부여된 삶의 의미가 있다는 것, 나의 존재의 가치와 중요성에 대한 이해와 삶에서 중요하게 여기는 의미와 가치에 대한 인식으로서 인지적 구성요소에 해당한다고 할 수 있다.

프랭클(Frankl, 1963)은 가치적 관점에서 삶의 의미가 창조적 가치, 경험적 가치, 태도적 가치로 구성되어 있다고 하였으며, 사람들은 인생에서 창조하고, 사랑하고, 일하며 자신만의 삶의 의미를 발견할 수 있다고 주장하였다. 라자러스와 포크먼(Lazarus & Folkman, 1984)은 삶의 의미를 가치적 측면에서의 중요성으로, 헤르만(Herman, 1989)은 삶의 의미를 가치를 조직화하는 과정이라고 정의하였다. 크럼보와 마홀릭(Crumbaugh & Maholic, 1964)은 '삶의 의미란 개별적인 경험을 통해 만들어진 삶의 존재론적 중요성'이라고 정의하였다. 삶의 의미로서 가치나 중요성은 자신의 삶의 가치에 관한 것으로, 이것은 자신의 삶이 내재적인 가치를 갖고 있기에 삶은 살 만한 충분한 가치가 있다는 인식이다(추병완, 2019). 한편, 개인이 부여하는 가치는 중요도가 다르고 다양하다. 그러나 우리는 범죄행위나 마약 등과 같이 생명, 사회의 안전과 타인의 안녕에 해가 되는 것에 대해 그것이 비록 개인적으로는 가치가 있는 것일지라도 그것을 객관적으로 의미가 있고 가치가 있다고 하지 않는다. 따라서 이 연구에서 가치성 의미에서의 가치는 주관적으로도 가치 있는 것이면서 객관적으로도 가치가 있는 것을 '가치 있다.'라고 개념적으로 정의할 것이다.

4. 희망과 행복

4.1. 의미와 희망

동전의 양면처럼, 의미가 '마음의 백신'이라면 희망hope은 '마음의 빛'이라고 할 수 있다. 의미를 잃은 사람은 절망과 시련에 빠지게 되는데, 이들에게 무엇보다 마음의 힘이 필요하고 그 마음의 힘에 빛을 비추어 주는 것이 희망이다. 희망이란 빛은 어둠을 밝히고 절망과 상반된 속성을 지니고, 빛은 어둠과 절망을 끝내는 속성 이외에도 아무것도 보이지 않는 어둠 속에서 방향을 제시한다. 다시 말해서, 우리의 마음속에서 더 좋아질 것이라는, 더 나아질 것이라는, 더 잘할 수 있다는 빛을 밝히는 희망은 우리의 삶이 어둠 속의 망망대해에 난파되어 있는 배와 같을 때 사람들에게 희망의 빛을 쏘는 등대와 같은 역할을 한다. 희망은 절망하지 말고 포기하지 말고, 아름답고 행복한 세상을 향해 나아가라는 꿈의 메시지를 내는 마음의 내비게이션과 같은 역할을 한다.

최근에, 최정희(2022)는 희망이라는 심리적 구성 개념을 희망사고, 희망정서 및 희망행동을 포함하여 3개의 하위요인으로 구분하였다. 그리고 희망사고는 다시 주도사고와 경로사고로, 희망정서는 자아정서와 미래정서로, 희망행동은 목표의지와 목표실행으로 구분하였다. 조사연구와 실험연구를 통하여 희망은 모든 연령층에서 삶의 만족을 높이고, 신뢰를 굳건하게 만들고, 행복한 삶을 살아갈 수 있는 원동력을 제공한다는 점을 확인하였다. 희망이라는 심리적 구성 개념은 인지, 정서, 행동적 측면을 모두 포함하는 것이다. 그렇기 때문에, 희망이 순기능을 제대로 발휘하기 위해서는 생각도 희망적이어야 하고, 감정도 희망적이어야 하며, 희망적 사고와 정서가 행동으로 발현되고 실천되어야 한다.

4.2. 의미와 행복

의미는 행복에 직접적이고 긍정적인 영향을 미친다. 사람뿐만 아니라 지구상에 존재하는 모든 생명체는 저마다 존재하는 의미가 있다. 무엇을 하든, 어떤 모습으로 있든 그 자체로 의미 있는 존재다. 하지만 스스로 의미를 느끼지 못한다면 행복해지기 어렵다. 왜 사는지, 왜 살아야 하는지 모른 채 하루하루 시간을 소모하며 지루한 일상을 보내면 그만큼 행복은 멀어진다. 삶의 의미는 스스로 만드는 것이다. 자신의 정체성을 찾고 살아야 할 분명한 이유를 제공해 주는 것이 삶의 의미다. 어떤 의미든 그로 인해 삶이 만족스럽고 행복하다면 그것으로 충분하다. 하지만 나 자신의 이익과 즐거움만을 추구하는 것만으로는 충만한 삶의 의미를 찾기 어렵다. 삶의 의미는 자신뿐만 아니라 너와 우리 모두가 좋은 방향으로 나갈 수 있을 때 더 빛날 수 있다. 우리가 삶을 정리하면서 마지막으로 입는 수의에는 주머니가 없다. 맨손으로 떠나는 나눔을 실천하는 삶은 삶의 의미를 더한다.

자기진단

의미와 관련하여 자기진단을 해 볼까요? 의미는 목적성 의미, 유용성 의미, 가치성 의미 및 관계성 의미를 포함하여 4가지 측면에서 살펴볼 수 있습니다. 솔직하게 자신의 의미 수준을 확인해 볼까요?

의미척도(Meaning Scale)

No.	문항	전혀 그렇지 않다	그렇지 않다	반반 이다	그렇다	매우 그렇다
1	나는 내 인생의 목적이 무엇인지 알기 위해 노력하고 있다.	1	2	3	4	5
2	나는 내 삶의 의미를 추구하는 것이 중요하다.	1	2	3	4	5
3	나는 지금 나에게 맞는 삶의 의미와 목적을 찾고 있다.	1	2	3	4	5
4	나는 내 삶을 의미 있게 만들기 위해 노력하고 있다.	1	2	3	4	5
5	나는 내가 하는 일이 의미가 있어야 한다고 생각한다.	1	2	3	4	5
6	나는 목표한 바를 이루는 것이 중요하다.	1	2	3	4	5
7	나는 계획한 목표를 달성하기 위해 노력하고 있다.	1	2	3	4	5
8	나는 내가 세운 목표를 성취하는 것이 즐겁다.	1	2	3	4	5
9	나는 나 자신에게 만족한다.	1	2	3	4	5
10	나는 자신을 가치 있는 존재라고 느낀다.	1	2	3	4	5
11	나는 지금의 내가 자랑스럽다.	1	2	3	4	5
12	나는 미래는 희망적이다.	1	2	3	4	5
13	나는 인생이란 살 만하다고 생각한다.	1	2	3	4	5
14	내 현재의 생활이 미래에 긍정적인 영향을 줄 것이다.	1	2	3	4	5
15	내가 하고 있는 일은 가족과 세상에 도움이 될 것이다.	1	2	3	4	5

No.	문항	전혀 그렇지 않다	그렇지 않다	반반 이다	그렇다	매우 그렇다
16	나는 내가 쓸모 있는 삶을 살아왔다고 생각한다.	1	2	3	4	5
17	나는 지금 내가 원하는 것을 하면서 살고 있다.	1	2	3	4	5
18	나는 내가 맡은 일을 잘 처리할 수 있는 능력이 있다.	1	2	3	4	5
19	나는 하고 싶은 일을 찾았다.	1	2	3	4	5
20	나는 나에게 맞는 뚜렷한 삶의 의미와 목적을 찾았다.	1	2	3	4	5
21	나는 내 삶을 의미 있게 하는 것이 무엇인지 잘 알고 있다.	1	2	3	4	5
22	나는 이루고 싶은 꿈이 있다.	1	2	3	4	5
23	나는 사랑하는 사람들과의 관계를 잘 유지하고 있다.	1	2	3	4	5
24	나는 사람들과 원만한 관계를 유지하고 있다.	1	2	3	4	5
25	나는 친밀한 인간관계를 위해 노력하고 있다.	1	2	3	4	5
26	나는 가족들과 화목한 관계를 유지하고 있다.	1	2	3	4	5

자기진단	하위 요인	문항 수	문항 번호	채점 및 해석
의미	목적성 의미	8	1-8	해당 요인의 반응을 합산 후 해당 문항수로 나누어서 평균을 구한다.
	유용성 의미	10	9-18	
	가치성 의미	4	19-22	
	관계성 의미	4	23-26	
전체	의미	26	1-26	

전국 300명을 대상으로 전문조사기관을 통해 수집된 자료(윤은영, 2021)에 의하면, 전체 의미 점수는 5점 척도상에서 평균이 3.64점(표준편차=0.49)으로 중간 수준 이상이었다. 목적성 의미 점수는 평균이 3.80점(표준편차=0.56), 유용성 의미 점수는 평균이 3.28점(표준편차=0.55), 가치성 의미 점수는 평균이 3.54점(표준편차=0.74), 관계성 의미 점수는 평균이 3.95점(표준편차=0.55)으로 모두 중간 수준 이상으로 나타났다.

Chapter 10 배려

Consideration

Chapter 10

배려

세상을 바꾸고 싶다면, 누군가에게 친절을 베풀어라.

If you want to change the world, start by showing kindness to one person.

– 세계 최초로 노벨 평화상을 수상한 흑인 대통령, 넬슨 만델라(Nelson Mandela, 1918–2013) –

우리의 삶은 단순한 소비가 아니라 투자다. 우리는 우리의 인생에서 지속적으로 중요한 의미를 부여받을 만한 일들에 시간과 열정을 투자해야 한다. 그런데 우리는 별로 중요하지 않은 일에 매달려 기운을 빼면서 시간과 에너지를 소비한다. 삶은 단 한 번뿐이므로 어떻게 사느냐가 중요하다. 자기 속에 갇혀 사는 사람들은 모든 것을 그저 소비하는 데 그친다. 시간, 돈, 재능 등을 그냥 써버리기만 한다. 하지만 삶의 목적과 의미를 찾아내고 이해한 사람들은 이 모든 것을 그 특별한 목적을 위해 투자하게 된다. 그래서 늘 우리는 자문해야 한다. 내가 지금 하고 있는 일은 내 인생 전체에서 중요한 의미를 갖고 있는가? 지금 내 행동이 다른 사람의 인생에도 선한 영향을 미칠 수 있는가? 우리가 이 세상에 머무는 시간은 한정되어 있고 그 끝이 언제가 될지도 모르는 상황이기 때문에, 우리가 할 수 있는 최선은 가치 있는 일과 관계에 시간과 에너지를 투자하는 것이다. 우리는 좋은 사람들과 관계를 형성하고 새로운 성장 기회를 찾으면서 올바른 목적을 위해 시간과 돈을 투자해야 한다.

우리의 하루와 삶에 투자하는 것은 인생의 소중한 것을 알아내고 찾아내는 효과적인 방법이 될 수 있다. 2007년에 토드 홉킨스(Todd Hopkins)와 레이 힐버트(Ray Hilbert)가 쓴 『청소부 밥』은 잃어버린 소중한 것을 되찾을 때 커다란 변화를 요구하지 않는다고 말한다. '지금 당장 바뀌지 않으면 미래는 없다.' 강요하며 몰아세우는 법도 없다. 다만 일상의 작은 일들을 간결하고 담담한 이야기를 나누다 보면 어느새 새로운 길을 걷고 있는 우리 자신을 발견하게 된다고 한다. 삶의 본질은 성공이 아니라, 인생이라는 삶 자체의 축복을 만끽하는 것이 중요하다고 말한다. 왜냐하면, 아무리 성공했다 한들 재미를 잃으면 아무런 소용이 없기 때문이다. 하나 더 기억할 것은 인간관계의 본질이 경쟁이 아니라 배려라는 점이다. 누군가와 함께 좋은 관계를 이루어 서로의 삶을 즐겁고 풍요롭게 만들고, 원하는 목적을 효과적으로 달성하려면, 우리는 교감하고 협력하여야 한다. 이때 사람들에 대한 배려가 필요하다.

1. 배려

많은 사람은 살아가면서 배려가 중요하다고 말하지만, 배려는 결코 쉽지 않다. 나는 배려한다고 했는데, 상대방은 전혀 그렇게 생각하지 않을 수 있다. 너무 배려하다 보니 내 마음이 거의 제대로 전달되지 않기도 한다. 인간은 독립적으로 살아가는 존재가 아니라, 타인이나 넓은 세상과 연결되어 살아가는 존재이다. 우리가 세상과 맺은 수많은 연결 고리를 나누고 베풀며 배려한다면, 시간과 기력, 감정 등 삶을 유지하는 데 필요한 자원을 현명하게 활용할 수 있다. 배려는 상대의 관점을 이해하고 공감하는 데서 시작된다. "상대를 존중하는 가장 좋은 방법은 그들에게 귀 기울이고 그들의 관점을 이해하는 것이다The deepest way to show respect is to listen to someone and understand their perspective."라는 스티븐 코비(Stephen Covey)의 말을 기억하자.

배려모형
Consideration Model

1.1. 배려의 정의

배려(配慮)라는 한자는 '아내 배(配)'와 '생각할 려(慮)'가 합쳐진 말로 '도와주거나 보살펴주려고 마음을 씀'이라는 뜻이다. 배려는 누군가를 사랑스러운 아내와 같이 생각하면서 도와주고 보살펴주려는 마음이다. 그래서 배려를 말할 때 'Consideration'이라는 단어가 가장 많이 나오지만, 'Care', 'Kindness', 'Yield'와 같은 영단어가 사용된다. 배려는 서로 챙겨주면서 인간관계에서 마음을 움직이는 힘이다. 인간관계가 발전하고 질적으로 격을 높이기 위해서는 서로의 마음을 여는 것이 중요하다. 그러려면, 상대방의 마음을 읽어낼 줄도 알고, 내 마음을 제대로 전할 줄도 알아야 한다. 그리고 서로를 도와주고 보살펴주면서 솔직하게 소통하면 인간관계도 삶도 풍요롭고 따뜻해진다.

1.2. 진정한 배려

우리가 하는 배려가 효과적으로 상대에게 마음이 전달되고, 배려가 긍정적인 인간관계를 굳건히 하는 데 도움이 되며, 삶의 질을 높이기 위해서는 적어도 4가지를 고려해야 한다.

첫째, 배려라는 말이 갖는 뉘앙스 때문에, 배려가 약자에게만 하는 것처럼 보일 수 있다. 그런데 배려는 약자든 강자든 상관없이 모든 사람에게 필요하다는 점을 기억해야 한다. 배려는 부모가 자식에게만 하는 것이 아니라 자식도 부모를 배려해야 하고, 상사가 부하에게만 배려하는 것이 아니라 부하도 상사를 배려해야 한다. 점원이 고객만 배려하는 것이 아니라 고객도 점원을 배려해야 한다. 우리는 모두 배려의 주체이자 객체임을 잊지 말아야 한다.

둘째, 배려는 내가 해주고 싶은 방식이 아니라 상대가 원하는 방식이 되어야 한다. 무작정 나의 짐작과 생각으로 상대가 원할 것 같은 것을 해주고 배려라고 생각했다면 그 행동은 배려로 받아들여지지 않을 가능성이 있다. 배려는 많이 하는 것이 능사가 아니다. 배려는 충분하게 상대방을 살피는 과정이 선행되어야 한다. 그래서 상대방에게 물어봐야 하고, 정확하게 듣고, 실천해야 한다. 아무리 우리가 좋은 마음이라고 할지라도 상대방이 원하지 않는 것이라면 불필요하거나 불편한 친절이 될 수 있다.

셋째, 배려가 '자기가 좋아서' 하는 것이 되어서는 안 된다. 배려를 하면서 상대방을 위한다고 생각하지만, '너를 위해' 속에는 '나를 위해'가 내포되어 있을 수 있다. 그러므로 배려의 '자기중심성'을 이해할 필요가 있다. 우리는 흔히 배려가 타인을 향한 것이고 타인을 위한 것이라고 생각해서 하는 것이지만, 그 모든 출발선이자 목표 지점은 사실 우리 자신에게 있을 수 있다. 그래서 어떤 배려의 몸짓이든 제대로 전달되지 않거나 충분히 전달되지 않는 한계가 있을 수밖에 없다.

넷째, 배려는 '좋은 마음'을 전하는 것으로 멈춰야 한다. 배려의 결과를 통제하려 하기보다는 의도의 진심에 집중해야 한다. 배려를 배려로 받아들이는가 여부는 상대방에게 달려 있다. 우리가 해야 할 것은 배려하고 싶은 우리의 마음속 의도를 잘 전달하는 방법을 고심하는 노력이다. 행여 상대방이 배려로 받아들이지 못한다면, 배려의 진심을 전할 다른 방식을 다방면으로 고려해 볼 필요가 있다.

1.3. 배려가 부족하면

인간관계 속에서 공감 능력이나 친절한 마음이 부족하면, 상대방은 배려받고 있다는 느낌을 받기가 어려워지고, 배려가 부족한 상황이 지속적으로 펼쳐지면 여러 가지로 문제가 발생할 수 있다.

첫째, 배려가 부족한 사람은 이성적인 판단을 지나치게 강조하고 감성적인 측면을 무시하는 경향이 있다. 이런 경향성은 상대방을 설득하는 데 필요한 감정적 연결고리를 약화시키고, 설득력 있는 대화를 이어가기 어렵게 만든다. 상대방의 감정이나 상황을 이해하지 못한 상태에서 설득하려고 하면, 오히려 반감을 살 가능성이 커질 수 있다.

둘째, 배려가 부족한 사람은 단기적으로는 높은 성과나 이익을 얻을 수 있을지 모르지만, 장기적으로는 주변 사람들과의 신뢰와 관계를 잃게 되어 더 큰 손해를 볼 수 있다. 특히 비즈니스나 조직 내에서 배려심 없는 행동은 그동안 쌓아온 인간관계를 훼손시켜 다른 사람들의 도움을 받거나 다른 사람들과 협력할 기회를 상실하게 만들 수 있다.

셋째, 평소 배려가 부족한 사람은 아무리 뛰어난 성과를 내더라도 주변 사람들의 지지를 얻지 못할 수 있다. 어떤 조직에서든 능력만으로는 지속적인 성공을 이루기 어렵고, 결국 주변 사람들의 신뢰와 협력을 잃게 된다. 배려 없이 자기 혼자만의 성과에 집중하는 모습은 팀원들 간의 관계를 악화시키고, 장기적으로는 조직 내에서 고립되게 만들 수 있다.

1.4. 배려를 높이는 방법

배려하는 마음은 선천적으로 타고날 수도 있지만, 노력과 훈련을 통하여 후천적으로 높일 수 있다. 배려하는 마음과 행동을 높일 수 있는 효과적인 4가지 방법이 있다.

첫째, 상대방의 관점에서 생각해 보는 것이다. 상대방의 입장에서 생각하는 연습을 하는 것은 배려 행동을 높이는 데 효과적이다. 상대방의 입장에서 상황을 고려하고, 그 상황에서 어떤 감정을 느낄지 상상해보면 자연스럽게 공감 능력이 발달하고, 상대방에게 필요한 배려를 제공할 수 있다.

둘째, 경청하는 것이다. 상대방의 이야기를 충분히 듣고, 그들이 무엇을 말하고자 하는지 이해하려는 태도를 길러야 한다. 대화 중 상대방의 의견을 존중하고, 자신의 의견을 너무 강하게 주장하지 않는 연습을 하면서 감정적으로 민감한 주제에 대해서는 조심스럽게 다가가고, 배려심 있는 어조로 대화하는 것을 연습해야 한다.

셋째, 공감 능력을 키워야 한다. 책을 읽거나 영화, 다큐멘터리 등을 보면서 다양한 사람들의 경험과 감정을 이해하는 연습을 해야 한다. 다양한 감정과 상황에 대한 이해와 경험을 통해 배려심을 더욱 키울 수 있다.

넷째, 호의적인 태도로 소통하는 것이다. 과거에 갈등이 있었던 사람에게도 호의적으로 대하는 연습을 하는 것이 쉽지 않은 과정이지만, 배려심을 기르고 인간관계를 긍정적으로 변화시키는 중요한 방법이다. 상대방에게도 자신이 존중받고 있음을 느끼게 만들어 불필요한 갈등을 줄일 수 있는 부가적인 효과도 있다.

2. 나를 위한 배려, 셀프케어

누구나 세상을 바꾸려고 생각하지만, 누구도 자신을 바꾸려고 하지 않는다 Everyone thinks of changing the world, but no one thinks of changing themselves. 스스로를 위한 배려의 출발점은 자신에게 솔직해지는 것이다. 자신에게 솔직해지는 것은 행복의 조건이다. 우리 자신의 행복과 즐거움 그리고 성공의 조건은 모두 '배려'라는 키워드에 달려 있다.

2.1. 아스퍼거 증후군

참 묘한 세상이 되어가고 있다. 자기가 잘못해서 남들한테 피해를 주었고, 결국에는 전체가 엉망이 되었는데도 자신이 아니라 엉뚱한 데로 화살을 돌린다. 자기 잘못 때문에 패배자나 문제아가 되었는데도 그 결과에 승복할 줄 모르고, 오히려 피해자라고 주장한다. 요즘은 이런 피해자들로 가득 차 있다. 아마 이런 사람들은 아스퍼거 증후군을 앓고 있을 가능성이 높다. 아스퍼거 증후군Asperger Syndrome은 남에 대해 전혀 이해하지 못하는 일종의 장애를 말한다. 이런 장애를 가진 사람들은 자기 세계 속에만 갇혀 있다. 아스퍼거는 자폐와는 다르고, 이기적인 성격과도 다르다. 이기적인 사람들은 남의 입장을 알면서도 자기 욕심 때문에 이기적인 행동을 하지만, 아스퍼거는 아예 남의 입장을 이해하지 못해서 그런다. 그래서 아스퍼거는 대개 괴팍스럽기는 해도 자신이 남들에게 피해를 주는지도 모른다.

요즘 사람들은 아스퍼거 증후군을 앓고 있는 것 같다. 어딜 가나 그런 사람들로 넘쳐난다. 식당에서는 아이들이 소란스럽게 뛰어다녀도 부모들은 그런 애들을 방관하고, 지하철 안에서는 큰 소리로 전화통화를 하고, 교통정체 구간에서는 마구잡이로 끼어들고. 도무지 남에 대한 생각이라곤 손톱만큼도 없이 남에게 폐를 끼치는 데 조금의 주저함도 없는 사람들이 있다. 그러다가 자기 성질에 겨워 분노하고 폭발하고 좌절하기도 한다.

개인 수준의 아스퍼거와는 달리, 인간관계에서 아스퍼거 증후군을 앓는 사람처럼 행동하는 사람을 사스퍼거라고 한다(한상복, 2006). 사스퍼거Social Asperger는 자신에게 한없이 관대하고 남들에게 무자비한 사람이다. 이기적인 범주를 넘어 남에 대한 최소한의 예의조차 없다. 실수도 아니고, 몰라서도 아니다. 남의 약점을 집요하게 찾아내 공격한다. 상대방이 싫어하는 걸 알면서도 멈추지 않는다. 사소한 일이라고 생각하기도 한다. 그렇지만 그렇게 사소한 것이 바로 생활이고, 그걸 모은 것이 인생이다. 아무것도 아닌 것들이 모여 인생의 물줄기를 이루게 된다. 사소하게 생각한 잘못들 때문에 남에게 상처를 주고, 마침내 그것이 자신에게 돌아오게 된다.

2.2. 셀프케어

사람들은 스스로 자신의 신체적·정신적 건강을 유지하고 증진하기 위해 일상 속에서 다양한 선택과 행동을 하며, 삶의 질을 관리하고 외부의 위험 요소로부터 자신을 보호하는 데 필요한 일련의 활동을 지속하는데, 이것이 바로 셀프케어self care이다. 최근 뷰티케어, 헬스케어, 홈케어, 홈트레이닝, 명상 어플리케이션 등 셀프케어 중심의 제품과 서비스들이 빠르게 변화하며 다양하게 출시되고 있는 것처럼, 셀프케어는 사람들의 웰빙을 증진시키는 중요한 역할과 동시에 사람들의 소비행동과도 직접적으로 연결된다.

셀프케어가 현대인의 삶에서 중요한 화두로 주목받고 있다. 셀프케어는 단순히 신체적·정신적·정서적 건강을 돌보는 차원을 넘어 개인의 행복과 성장 그리고 나답게 살아가기 위한 필수적이고 통합적인 과정이다. 셀프케어는 도움이나 지원이 필요한 약자에게만 필요한 것이 아니라 건강하고 성공적인 사람에게도 해당하는 것이다. 더 건강하고 더 성공하기 위해서도 셀프케어는 필요하다. 더불어, 각자도생의 일상생활 속에서 셀프케어를 실천하는 것이 점점 더 중요한 삶의 주제로 부각되어 자연스럽게 하나의 삶의 방식으로 자리매김하고 있다. 실제로, 셀프케어가 전반적인 정신적·신체적·영적 웰빙의 향상과 관련이 있다고 보고되었다(Christopher & Maris, 2010; Harrison & Westwood, 2009).

경제 분야에서 셀프케어를 둘러싼 새로운 사회적이고 기술적인 움직임을 의미하는 '돌봄경제'라는 말을 흔히 접할 수 있다. 이는 셀프케어가 단순히 복지의 차원이 아니라 새로운 패러다임의 경제적 효과를 불러오는 것이다(김난도 외, 2024). 돌봄경제는 타인을 위한 돌봄뿐 아니라 개인 스스로가 자신을 돌보는 활동까지 포함하는 것으로, 개인이 스스로의 건강을 책임지고 관리하는 것은 돌봄경제 전체에 긍정적인 영향을 미칠 수 있다. 따라서 셀프케어는 돌봄경제의 중요한 구성 요소이고, 돌봄의 주체를 개인 자신으로 전환시키는 것이라고 할 수 있다. 또한, 정부의 돌봄정책도 이러한 사회 분위기에 맞춰 다양하게 개편되고 있으며, 돌봄의 범위는 끊임없이 확장되어 재정의되고 있다.

세계보건기구(WHO, 2015)도 셀프케어를 정신건강 증진의 핵심 요소로 강조하며, 스스로를 돌보는 행동이 긍정적인 정서를 유지하고 행복감을 증진하는 데 필수적이라고 강조하였다. 빠르게 변화하는 사회구조 속에서 '자기 자신을 돌보는 것'은 선택을 넘어 필수적인 요소로 자리 잡고 있다. 우리는 스스로를 돌보고 가꾸는 능동적인 실천 과정을 통해 개인의 신체적 건강뿐 아니라 심리적 안정과 정서적 균형을 도모할 수 있다. 이처럼, 셀프케어는 단순히 일시적인 돌봄의 개념을 넘어, 장기적인 행복과 행복한 삶을 위한 지속가능한 전략이라고 할 수 있다.

개인이 자신의 신체적·정신적·정서적 건강을 돌보며 행복을 추구하는 셀프케어 실천 과정이 필요한 이유를 세계행복보고서 결과를 통해서도 확인할 수 있다. 2024년 Ipsos '세계행복보고서' 조사 결과에 따르면, 세계 시민들의 행복감은 팬데믹 시기보다는 높아졌지만 2010년 초보다는 낮아진 것으로 확인되었다. 2024년 행복감이 가장 높은 국가는 네덜란드로 응답자 85%가 행복하다고 답한 반면, 한국은 48%만이 행복하다고 답해 30개 조사 국가 중 행복감을 느끼는 정도가 가장 낮은 것으로 파악되었다. '모든 부분에서 전반적으로 행복하다'는 한국인들의 응답은 2011년 71%에서 2024년 48%로 대폭 줄었다. 한국사회는 경제적 불평등, 사회·정치적 상황, 국가경제 문제에 대한 불만족과 과도한 경쟁 및 비교문화로 인해 행복과 삶의 만족도가 지속적으로 저하되고 있다. 더욱이, 팬데믹 이후 불확실성이 높아진 현대사회에서 우리의 삶의 방식은 크게 변화되었으며, 정신건강 문제는 날로 증가하고 사회적 연결은 약화되고 있다. 이러한 상황에서 진정한 소통과 이해를 바탕으로 스트레스, 손상, 번아웃의 위험을 낮추고 지속가능한 행복을 실현하기 위해 셀프케어는 우리가 추구해야 할 삶의 방식이 되어가고 있다.

일반적으로, 셀프케어는 우리 삶의 다양한 측면을 다루고 있으며, 셀프케어 실천을 통합함으로써 개인은 균형 잡히고 만족스러운 삶을 살아갈 수 있을 것이다. 셀프케어를 실천하는 과정은 개인마다 다를 수 있기에 우리는 자신을 탐구하는 과정을 통해 스스로를 이해하는 연습은 물론, 더욱 성숙한 인간으로 성장할 기회를 얻고, 나아가 의미 있는 사회적 연결을 만들어 낼 수 있다. 셀프케어는 단순한 자기관리의 차원을 넘어 현대사회의 라이프스타일로 자리 잡고 있다. 셀프케어는 자신의 신념과 가치를 존중하고, 진정한 자아를 실현하는 핵심적인 과정이며, 사회적 존재로서의 인간이 추구해야 할 삶의 보편적인 가치가 되었고, 사람들이 진정으로 행복한 삶을 살아가는 데 실제적인 도움이 될 중요한 심리적 구성 개념이다.

2.3. 내 삶 속의 셀프케어

케어care는 특별히 새로운 개념이 아니라 본래 전문적인 의료 서비스가 존재하지 않았던 인류 역사의 시작에서부터 다양한 문화권에서 인간이 스스로의 안전과 건강을 유지하기 위해 이어져 온 활동이다(Saunders, 1994). 오렘(Orem, 2001)에 의하면, 셀프케어는 자신의 건강과 행복을 유지하고 성취하기 위한 기본적인 욕구로서 내재되어 있다. 개인은 위험한 상황으로부터 자신을 보호하고 생존하고 자신의 건강을 유지하기 위해 다양한 활동을 하면서 스스로 돌봄을 수행한다. 정신분석가 하인츠 코헛(Heinz Kohut)은 건강한 신체를 유지하기 위해서 산소가 필요하듯, 건강한 삶을 유지하기 위해서는 정신적 산소가 풍부해야 하는데, 이는 물리적 공기와 달리 스스로 생산해야 한다고 하였다(김정현, 2018; 장수용 외, 2025).

최근에, 선행연구에서 정의된 공통적인 요소를 심리적 구성 개념에 반영하여 셀프케어가 재정의되었다(장수용 외, 2025). 첫째, 케어의 대상이 약자나 도움이 필요한 사람들이 아니라 모든 사람들로 확장되었다. 우리는 모두 케어의 대상이 된다. 다른 누군가를 챙기기에 앞서서 자신부터 챙겨야 한다는 것이다. 둘째, 셀프케어를 삶의 전반적인 영역에서 보편적으로 적용 가능한 개념인 동시에, 개인이 추구하는 삶의 가치와 방향에 따라 개별적인 접근이 가능한 다차원적 실천 모델을 지향한다. 셀프케어의 첫 번째 요인은 '자기객관화Self Objectivity'이다. 자기객관화는 자신의 삶과 자신의 장단점을 객관적으로 바라보고, 스스로를 챙기는 쪽으로 삶의 방향성을 결정하고 영향력을 발휘하는 주체가 만드는 셀프케어이다. 셀프케어의 두 번째 요인은 '자기긍정성Self Positivity'이다. 자기긍정성은 자기 자신과 세상에 대한 긍정적인 가치를 알고 수용하는 셀프케어이다. 셀프케어의 마지막 요인은 '자기회복력Self Resilience'이다. 자기회복력은 삶의 위기 상황에서 긍정적으로 대처하고 회복할 수 있는 능력으로 자신은 물론 세상과 연결하는 셀프케어이다.

셋째, 셀프케어 역량은 개선될 수 있고 향상될 수 있다. 타고나기를 스스로를 잘 챙기면서 자기관리를 잘 하는 사람도 있지만, 후천적으로 셀프케어와 핵심요인들을 경험하면서 셀프케어의 역량을 높일 수 있다. 누구나 관계 속에서 좋은 것을 주고받고 싶은 마음은 충만하다. 하지만 배려에도 연습과 기술과 노력이 필요하다. 배려하고 배려받고 싶은 내 마음을 있는 그대로 전하는 연습을 통해 다양한 배려경험을 한다면 우리 삶은 더 충만해질 것이다.

끝으로, 셀프케어는 모든 배려가 그렇듯이, 생각만으로 끝나는 것이 아니라 행동으로 드러나야 하고 삶 속에서 실천되어야 하는 것이다. 자기 자신을 위한 최소한의 투자가 바로 셀프케어이다. 우리가 소득의 50%는 필요한 것에, 30%는 원하는 것에, 그리고 20%는 미래를 위한 것에 배분하는 50/30/20 규칙을 따르는 것처럼, 자신을 위한 배려인 셀프케어에 50%, 타인을 위한 배려인 친절에 30%, 그리고 모두를 위한 배려인 양보에 20%를 실천하는 것은 아름다운 세상을 만드는 데 도움이 될 것이다.

3. 남을 위한 배려, 친절

남을 위한 배려의 출발점은 친절한 마음이다. 친절은 공짜로 베풀 수 있는 것이지만, 그 가치는 무한하다. 알버트 슈바이처는 친절을 귀먹은 사람도 들을 수 있고 눈먼 사람도 볼 수 있는 언어Kindness is the language which the deaf can hear and the blind can see.라고 말했다. 친절은 남을 대하는 마음과 태도가 정답고 상냥함을 뜻한다. 마음에서 우러나오는 친절은 겉으로만 꾸민 예의와는 다르다. 친절이란 상대방의 입장을 배려하는 따뜻한 마음과 행동이다. 정성스럽고 따뜻한 마음이 행동으로 표현된 것이 친절이다. 친절한 사람은 자신만의 이익을 추구하여 다른 사람에게 해를 주는 행동을 하지 않고, 남이 곤경에 처했을 때 누구보다 적극적으로 도움을 주는 사람이다. "우리는 받아서 삶을 꾸려나가고, 주면서 인생을 꾸며나간다We make a living by what we get, we make a life by what we give."는 윈스턴 처칠(Winston Leonard Spencer Churchill)의 말처럼, 우리는 남에게 배려할 때 진짜 인생을 살 수 있다.

친절이란 스스로 먼저 조건 없이 그냥 일방적으로 타인에게 베풀어도 결코 손해가 나지 않는다는 믿음이다. 누군가에게 베푸는 친절과 배려는 우리가 한데 어울려 함께 살아야 하는 사회를 더 따뜻하고 향기롭게 만드는 힘을 지니고 있다. 잠깐의 만남이어도 오래도록 잊히지 않고, 또 다시 만나보고 싶은 그런 사람은 사려 깊은 배려와 온유한 친절성을 지닌 향기롭고 따뜻한 사람이다. 오늘부터 우리 모두 친절해지기로 스스로 다짐하고 실천해 보자.

3.1. 친절의 미덕

친절이란 말을 한자로 써보면, '친할 친(親)'과 '끊을 절(切)'로 이루어져 있다. 이를 세분해서 풀어보면, 밖을 나간 아들이 들어오지 않아 어머니가 나무 위에 서서 칼을 가슴에 꽂은 간절한 마음으로 바라보는 마음을 뜻한다. 나 아닌 상대방에게 진심을 담아 친절을 베풀 때 이런 애절한 마음을 담는다면 상대방이 어떤 느낌을 받을까? 친절함을 베푼 결과는 무엇보다도 내가 기쁘다는 것이다. 물론 다른 사람이 자신을 향해 미소 짓거나 똑같은 친절을 되돌려주기 때문이기도 하지만, 무엇보다도 자기만의 유익함이란 테두리에서 벗어나 남을 배려할 줄 아는 한 차원 높은 존재 방식으로 사는 자신의 모습을 보기 때문이다.

친절을 베풀 때, 사람은 자신이 관대하고 유용성 있다는 느낌을 갖게 되고, 다른 사람들과 든든하게 연결되어 있다는 소속감과 유대감을 갖게 된다. 그리고 어느 누군가의 삶에 자신이 긍정적인 영향을 준다는 사실 때문에 자신의 삶에 대한 의미가 더 새로워진다. 친절은 자긍심을 높이고 낙천적 태도를 심어준다. 또 정신건강에 불필요한 고립과 외로움, 적대감을 약화시키고 스트레스를 낮춘다. 결과적으로 위장병, 심장병, 중풍 등 여러 가지 신체 건강에도 효과가 있다고 많은 실험 결과들이 말하고 있다.

3.2. 친절의 효과

운명을 바꾼 작은 친절로 널리 알려진 철강왕 앤드류 카네기의 어머니인 마가렛 모리슨 카네기(Margaret Morrison Carnegie, 1810-1886)에게 보인 말단 직원 페리의 이야기처럼, '하찮은 친절은 없음'을 기억해야 한다. 물론 타인의 호의를 경험했다고 해서 모두가 똑같은 반응을 보이지는 않는다. 같은 상황에서도 더 감사를 잘 하는 사람이 있는 것처럼, 친절을 베풀어야 할 상황에 친절을 베푸는 사람이 있는가 하면 그렇지 않은 사람들이 있다. 친절한 사람은 공통적으로 몇 가지 특징을 지니고 있다. 첫째, 다른 사람들에 대해 지지와 격려를 아끼지 않는다. 둘째, 친절한 사람이 덜 친절한 사람보다 더 행복하다. 셋째, 어떤 상황에서든 자신과 타인의 감정에 민감하며 이를 고려하고 존중한다. 넷째, 특별한 상황에서 자신의 기대나 욕구보다 타인의 욕구나 기대를 먼저 챙긴다. 다섯째, 자신이 할 수 있는 최선의 방법을 찾아서 다른 사람들에게 도움을 준다. 여섯째, 윤리와 도덕에 맞는 행동, 의무와 책임을 다하려 하는 마음가짐과 태도를 지니고 있다. 일곱째, 다른 사람에게 말을 할 때 상대방을 당황스럽게 하거나 상처 주는 말을 조심한다, 여덟째, 친구 또는 사랑하는 사람이 어려운 일에 처했을 때 상대방의 말을 잘 들어준다.

4. 모두를 위한 배려, 양보

우리가 살아가면서 이끌어가는 삶은 자의든 타의든 여러 형태의 인간관계를 맺게 만든다. 잠시 스쳐 지나가는 관계도 있지만, 오랫동안 유지되는 인간관계가 있다. 인간관계가 오랫동안 유지되는 지속가능성은 바로 배려의 산물이다. 친절한 마음속에 이루어지는 작은 배려가 인간관계의 접착력을 강화하고, 모두를 위한 양보는 인간관계를 더욱더 조화롭고 풍요롭게 만들며, 세상을 더 아름답고 평화롭게 만들고 사는 맛이 나게 한다.

4.1. 양보의 미덕

'박수칠 때 떠나라'라는 말처럼, 누구나 자신이 지향하던 최고의 위치나 전성기에 누릴 때 이런 기쁨과 위치를 누군가에 양보할 수 있는 마음을 갖는 것은 자기 자신뿐만 아니라 양보받는 그 누군가를 진정 행복하게 만들어준다. 더불어, 오랫동안 지속해 온 인간관계의 넓이와 깊이를 확장할 수 있으며 서로에게 감사할 기회를 제공할 수 있다.

양보(讓步)라는 한자는 '사양할 양(讓)'과 '걸음 보(步)'가 합쳐진 말로 '길, 자리, 물건 따위를 사양하여 남에게 미루어 줌'이란 사전적인 의미를 지니고, 예의의 근본으로 간주된다. 영어 단어는 도로와 같은 곳에 이루어진 양보인 경우에는 'Yield'라는 단어를, 협상 등에서 이루어지는 양보는 'Concession'이란 단어를 사용한다. 양보는 '사양하다'와 '겸손하다'는 의미를 지니는 것으로, 권리나 이익 따위를 남에게 넘겨준다는 양도(讓渡), 임금의 자리를 물려준다는 양위(讓位), 자기에게 이로운 일을 겸손히 사절하거나 남에게 양보한다는 사양(辭讓) 등에 쓰인다. 이처럼 양보는 자신의 몫을 다른 사람들과 나누는 마음이라 할 수 있다.

맹자의 사단설(四端說)에 나오는 인의예지(仁義禮智)는 불쌍히 여기는 마음, 부끄러운 마음, 사양하는 마음, 옳고 그름을 아는 마음이 없으면 사람이 아니라고 말한다. '어질 인(仁)'에서 우러나오는 측은지심(惻隱之心), '옳을 의(義)'에서 우러나오는 수오지심(羞惡之心), '예도 예(禮)'에서 우러나오는 사양지심(辭讓之心), '지혜 지(智)'에서 우러나오는 시비지심(是非之心) 중에서 사양지심은 배려와 특히 밀접한 관련이 있다. 사양지심은 인간의 도리를 다하며 감사하는 마음인 예의 근원을 보여주는 것으로 남에게 양보할 줄 아는 마음을 일컫는다. 양보는 자신의 불이익이나 불편함을 감수하면서도 남에게 도움을 주는 행동으로 서로 배려하면서 더불어 행복하게 살아가는 세상을 만드는 데 많은 도움이 된다.

양보는 법과 같이 꼭 지켜야 할 의무는 아니다. 하지만 이를 행하게 되는 사회의 보편적 사회규범에 따라 행하지 않을 경우에 비난을 받기도 하고, 오히려 양보하려 했다는 이유로 당사자에게 쓴소리를 듣기도 한다. 하지만 서로 양보가 없는 세상은 건강하고 행복한 세상을 만드는 데 걸림돌이 될 수 있다. 양보는 어디까지나 개인의 자유로서 존중하고 양보하지 않는다고 함부로 비난할 수 없다. 진정 모두를 배려한다면 양보가 좋은 것임을 부정할 수 없지만, 양보를 하도록 강요하는 일은 없어야 한다.

4.2. 양보의 효과

일반적으로 배려하는 마음과 행동은 우리 삶에서 긍정적인 결과를 만들어 낸다. 첫째, 양보 잘하는 사람은 상대방의 입장에서 문제를 바라보고, 필요할 때에는 자신의 이익을 양보하며, 다른 사람을 위해 기꺼이 도울 준비가 되어 있기 때문에 인간관계를 원만하게 꾸려나갈 수 있다. 둘째, 양보를 잘하는 사람은 다른 사람이 불편함을 느끼지 않도록 사전에 그들의 상황을 고려하며 행동한다. 이러한 행동은 타인에게 심리적 안정감을 주고, 함께 있는 사람들에게 편안한 분위기를 만들어준다. 셋째, 일상적인 생활뿐만 아니라 우리의 생존과 성장에 지대한 영향을 미치는 고객에 대한 배려도 매우 중요하다. 국민을 먼저 생각하는 정부의 배려, 학생을 먼저 생각하는 학교의 배려, 환자를 먼저 생각하는 병원의 배려, 자신의 이익보다 고객의 행복을 배려하는 기업의 양보는 고객과의 신뢰 관계를 형성하는 데 큰 도움이 된다. 고객의 지나친 요구에 민감하게 대응하기보다는 양보하고, 그들이 원하는 것을 세심하게 고려한 정책과 서비스를 제공하는 것은 고객 만족customer satisfaction을 높이고, 장기적으로 고객 충성도loyalty를 강화시키며, 더 많은 매출과 수익으로 이어질 수 있다.

자기진단

셀프케어와 관련하여 자기진단을 해 볼까요? 셀프케어는 자기객관화, 자기긍정성 및 자기회복력을 포함하여 세 가지 측면에서 살펴볼 수 있습니다. 솔직하게 자신의 셀프케어 수준을 확인해 볼까요?

셀프케어 척도(Self-Care Scale)

No.	문항	전혀 그렇지 않다	그렇지 않다	반반이다	그렇다	매우 그렇다
1	나는 내 주위 환경에 있는 많은 것을 잘 알아차리고 있다.	1	2	3	4	5
2	나는 내 자신의 감정에 대해 잘 알아차리고 있다.	1	2	3	4	5
3	나는 내 주변에서 어떤 일들이 일어나고 있는지 잘 알고 있다.	1	2	3	4	5
4	나는 내 삶에 대해 깊이 있게 생각한다.	1	2	3	4	5
5	나는 내 마음속에 품은 생각들을 잘 알고 있다.	1	2	3	4	5
6	나는 내 주변의 많은 대상들을 잘 인식하고 있다.	1	2	3	4	5
7	나는 언제나 나 자신이 어떤 사람인지를 알고자 노력한다.	1	2	3	4	5
8	나는 나의 장단점을 잘 파악하고 있다.	1	2	3	4	5
9	나는 믿을 수 있는 사람이다.	1	2	3	4	5
10	나는 다른 사람들처럼 유능하다고 생각한다.	1	2	3	4	5
11	나는 한 가지 일에 꾸준히 몰두할 수 있다.	1	2	3	4	5
12	나는 중요한 목표를 이루지 못해도 나 스스로를 가치 있는 사람이라고 느낀다.	1	2	3	4	5
13	나는 부정적인 피드백을 나를 성장시킬 수 있는 하나의 기회로 활용한다.	1	2	3	4	5
14	나는 큰 실수를 하면 내 자신이 실망스럽기는 하지만 나 자신에 대한 생각이나 믿음에는 변함이 없다.	1	2	3	4	5

No.	문항	전혀 그렇지 않다	그렇지 않다	반반 이다	그렇다	매우 그렇다
15	나는 내가 맡은 일을 잘 처리할 수 있는 능력이 있다고 믿는다.	1	2	3	4	5
16	나는 내가 다른 사람들에게 존중받고 있다고 생각한다.	1	2	3	4	5
17	나는 내가 가치 있는 사람이라고 생각한다.	1	2	3	4	5
18	나는 나 자신에게 만족한다.	1	2	3	4	5
19	나는 스트레스 상황에 직면했을 때 침착하게 생각해 본다.	1	2	3	4	5
20	나는 좋은 성품을 많이 가지고 있다.	1	2	3	4	5
21	나는 상황이 나에게 좋지 않게 돌아가더라도 그런 어려움은 모든 사람들이 겪는 인생의 한 부분이라고 생각한다.	1	2	3	4	5
22	나는 뭔가 고통스러운 일이 생기면, 그 상황에 대해 이성적으로 판단하려고 노력한다.	1	2	3	4	5
23	나는 내가 겪은 실패들이 사람이라면 누구나 겪을 수 있는 일이라고 생각한다.	1	2	3	4	5
24	나는 중요한 일에서 실패를 하게 되더라도 그 상황을 최대한 객관적으로 보려고 노력한다.	1	2	3	4	5
25	나는 주위 사람들의 마음을 공감하는 것이 중요하다고 생각한다.	1	2	3	4	5
26	나는 서로의 마음을 챙겨주는 삶을 좋아한다.	1	2	3	4	5
27	나는 주위 사람들과 소통하는 것이 중요하다고 생각한다.	1	2	3	4	5

출처: 장수용, 남승규(2025)

자기진단	하위 요인	문항 수	문항 번호	채점 및 해석
셀프케어	자기객관화 자기긍정성 자기회복력	8 12 7	1-8 9-20 21-27	해당 요인의 반응을 합산 후에 해당 문항 수로 나누어서 평균을 구한다.
전체	셀프케어	27	1-27	

전국 300명을 대상으로 전문조사기관을 통해 수집된 자료(장수용 외, 2025)에 의하면, 전체 셀프케어 점수는 5점 척도상에서 평균이 3.52점(표준편차=0.59)으로 중간 수준 이상이었다. 자기객관화 점수는 평균이 3.47점(표준편차=0.62), 자기긍정성 점수는 평균이 3.54점(표준편차=0.63), 자기회복력 점수는 평균이 3.47점(표준편차=0.69)으로 모두 중간 수준 이상으로 나타났다.

PART 03

행복의 심리

Psychology of Happiness

Chapter 11

성공심리

Psychology of Success

Chapter 11 성공심리

천부적 재능이 있더라도 열심히 하는 사람을 이기지 못하지만,
열심히 하는 사람도 즐기는 사람을 넘어서지 못한다.

A genius cannot win over one who tries, and one who tries cannot win one who enjoys.

– 농구 황제, 마이클 조던(Michael Jordan) –

우리는 누구나 성공을 원한다. 우리가 행복하게 살아가기 위해서는 성공이 필수적인 요소이지만, 반드시 엄청난 성공을 거두어야 하는 것은 아니다. 성공이라는 행복체험은 『행복은 혼자 오지 않는다』라는 책에서 에카르트 폰 히르슈하우젠(2010)가 말한 5가지 행복나침반 중 '자기극복의 행복'에서도 다루어진다. 그에 의하면, 성공은 자기극복을 통한 행복이다. 도전하고, 노력하고, 과감하게 뛰어들어 약점을 극복하고 성장하는 것은 지속적인 만족을 준다. 성공을 이끄는 몰입을 위한 노력은 시간 낭비가 아니라 채움의 시간이다. 성공은 마음속의 나약함을 극복하고 자긍심을 얻을 수 있게 해준다.

우리는 태어나면서 다양한 성공을 경험한다. 부모를 포함한 많은 사람들을 행복하게 만들면서 태어나자마자 큰 소리로 힘차게 자신의 존재를 알리며 울음을 터트린다. 물론 5억분의 1이라는 경쟁률을 뚫고 수정이 이루어진 순간이 그 먼저의 성공이기는 하지만, 탄생을 알리는 울음은 우리가 누리는 최초의 성공경험이다. 옹알거리다가 어

느 순간 말을 할 줄 알게 되고, 온 방을 청소하면서 기어다니다가 혼자 설 줄 알게 되고 걷기도 하고 뛰기도 한다. 글을 읽을 줄 알기도 하고 쓸 줄도 알게 된다. 공룡 이름도 모두 외울 줄 알고 한자도 읽을 줄 알고 외국어도 척척 말할 줄 안다. 성장과 더불어 우리의 성공경험은 자꾸자꾸 쌓여간다. 우리는 성공한다, 고로 존재한다.

2013년 7월부터 민법상 성인 기준이 만 19세로 정해졌다. 성인이 되면 부모의 동의 없이 결혼을 할 수 있고, 보험 계약이 가능하고, 카드 발급이 가능하며, 합법적으로 원하는 일을 할 수 있다. 이처럼, 우리는 만 19세, 다시 말해 20대를 시작하면서부터 독립이든 자립이든 홀로서기가 가능하다. 홀로서기란 세상에 '나만의 무대'를 만드는 것이고, 성공이라는 중요한 심리적 체험을 구체화하고 현실화하는 것을 말한다.

먼저 성공을 위한 키워드 하나는 '성공은 내가 원하는 것보다 사람들이 원하는 것을 해줄 때 가까워진다.'는 점이다. 다시 말하면, 성공은 사람들이 원하는 것을 가능하도록 해주는 것에서 시작된다. 오늘날 성공방정식은 다른 시각으로 보고, 다른 생각으로 구상하고, 다른 기획으로 실행하는 것이다. 성공적이면서 충만한 삶을 살기 위해서는 성공에 대한 기준이 현실적이어야 하며 우리가 달성한 것에 대해 기뻐하고 감사할 수 있어야 한다. 현실을 바탕으로 꿈을 꾸고, 우리가 노력해서 이루어낸 것의 가치를 인정해야 한다.

우리는 누구나 성공을 꿈꾼다. 그 성공은 아침 일찍 일어나려는 약속을 지키는 것처럼 사소하면서도 개인적인 것부터 우주비행선 발사와 같이 방대하면서도 인류적인 것까지 다양할 수 있다. 꿈을 갖고 있든 그렇지 않든, 능력이 특출하든 그렇지 않든, 운이 아주 좋든 그렇지 않든, 눈부시게 잘생겼든 그렇지 않든, 입 벌어지게 예쁘든 그렇지 않든 상관없이, 성공은 누구나 경험해야 하는 그리고 누구나 경험할 수 있는 중요한 심리적 체험이다. 우리의 마음속에는 성공을 위한 많은 자산들이 가득한데, 가장 큰 선물은 희망이고, 가장 큰 자유는 상상력이다. 우리는 우리에게 주어진 선물과 자유를 맘껏 누려야 한다. 보다 나은 삶에 대한 희망을 한껏 가슴에 담아두고 맘껏 성공을 상상하자.

1. 성공과 성취

영어로 성공은 'Sucess'라 하고, 성취는 'Achievement'라 한다. 그러나 의미는 같다. 성공(成功)도 목적한 바를 이루는 것이고, 성취(成就)도 목적한 바를 이루는 것이다. 굳이 구분을 한다면 성공은 결과에 초점을 둔 것이고, 성취는 과정에 초점을 둔 것이라 할 수 있다. 우리는 누구나 행복을 원한다. 그리고 누구나 성공을 꿈꾸고 원한다. 성공을 꿈꾸고 원하는 것은 개인뿐만 아니라 사회, 국가, 나아가 인류에 도움이 되는 긍정적인 방향의 결과를 얻어낸다. 성공은 각자 자신이 정한 목표를 하나씩 달성하면서 목표 지향적인 행복이다.

그런데 가끔 성공을 야심ambition과 혼동하기도 한다. 그래서 사람들은 성공하지 못하고 혹은 성공을 하더라도 행복하지 않다. 지나친 야망을 갖는 야심은 오히려 성공의 걸림돌이 될 수 있다. 희망과 야망을 갖는 것은 성공적인 삶을 위해서 매우 중요하다. 그러나 야심을 지닌 사람은 모든 것을 경쟁으로 생각하고, 반드시 다른 사람을 이겨야 하며, 항상 남보다 더 잘하려고 애쓴다. 하지만 성공은 자신과의 싸움이다. 진정한 성공은 어제보다 나은 오늘의 나를 만나는 것이다.

2. 성공 5단계

세상에는 성공한 사람도 있고 실패한 사람도 있다. 스스로 자신을 성공했다거나 실패했다고 말하기도 하고, 다른 사람을 성공했다고 하거나 실패했다고 하기도 한다. 그 기준이 무엇인지는 분명하지 않지만 저마다 성공에 대한 기준을 가지고 있는 것은 분명하다. 결국 성공에 대한 기준은 사람마다 다르다고 말할 수 있다. 성공의 기준이 사람마다 다르다는 사실은 성공을 가늠하기가 쉽지 않다는 것을 말해 주는 것이기도 하다. 그러나 성공에 대한 법칙은 없지만, 성공을 위한 원칙은 분명히 있다.

우리가 성공을 정의하는 것은 우리의 나이와 상당 부분 관계가 있다. 때에 따라서는 적응 과정이 필요하기도 하다. 인생도 돌고 돌며, 성공의 기준도 돌고 돈다. 1살짜리 아기의 성공은 대소변을 가리는 것이고, 25세에는 사랑 나누기, 50세에는 돈이 성공이며, 75세에는 여전히 사랑 나누기를 하는 것이, 그리고 90세에는 다시 대소변을 가리는 것이 성공이다.

일반적으로 좋아하는 것을 하면 성공할 가능성이 높아진다. 좋아하는 것과 좋아 보이는 것을 구분하는 방법은 그것에 기꺼이 돈을 지불을 하는가 여부에 달려 있다. 우리는 좋아하면 그것에 기꺼이 값을 치른다. 그런데 좋아하는 것이 무엇이든, 그것을 시작하면 사람들은 열정-권태-성취의 단계를 거치게 된다. 누구나 새로운 시작을 하는 출발점에서는 열정을 갖고서 그것을 시작한다. 그러다가 어느 순간 그것에서 의미를 잃기도 하고 가치가 없다고 생각하면서 권태를 경험한다. 이런 권태로움을 제대로 이겨내면 성취의 단계로 넘어서게 되는데, 대부분은 이를 이겨내지 못하고 실패의 나락으로 떨어지게 된다.

연령대에 따른 심리 상태와 성공으로 가는 길

연령대	10대	20대	30대	40대	50대
심리 상태	반항	희망	적응	안정	성공
성공단계	시작기	정체기	인내기	보상기	정상기

성공에 이르기 위해서는 적어도 5단계를 거쳐야 하는 제법 멀고 오랜 시간 동안 펼쳐지는 여정을 떠나야 한다. 어떻게 하든, 무엇을 하든, 왜 하든 상관없이, 성공이라는 정상에 오르기 위해서는 누구나 "시작기-정체기-인내기-보상기-정상기"를 거쳐야 한다. 물론 아빠찬스나 엄마찬스가 있다. 부유한 환경에서 태어나면 출발점이 조금 앞설 수 있고, 단계를 몇 개 건너뛸 수 있다. 그렇다고 성공을 보장하는 것은 아니다. 성공 여부는 오로지 자기 자신의 몫이다. 성공 5단계를 연령대와 심리 상태와 연결지어보면 훨씬 더 이해가 쉬울 수 있다. 연령대마다 키워드가 다르다. 10대는 반

항의 시기, 20대는 희망의 시기, 30대는 적응의 시기, 40대는 안정의 시기, 그리고 50대는 성공의 시기이다.

성공으로 가는 길
Way to Success and Happiness

성공에 이르는 길의 출입문은 다를 수 있지만,
목적지까지 도착하는 과정은 동일하다.

2.1. 성공 1단계 – 시작기

첫 번째 단계는 재미와 발전으로 가득 찬 시작기beginning stage다. 새로운 것을 시작하면서 반짝 좋은 성과를 낸다. 그래서 반짝기라고도 한다. 누구나 성공이 눈앞에 곧 펼쳐질 것 같은 느낌이 가득한 시기이다. 새로운 세상에 입문하면서 모든 것이 신기하고 재미있다. 열정도 넘쳐난다. 제법 잘 하기도 하고 앞으로는 더 잘할 것 같다는 느낌도 피할 수 없다. 자신의 적성과 흥미뿐만 아니라 가치와도 맞는 것 같다. 이제야 삶에 의미를 찾은 것 같다. 이 시기는 행복한 삶을 이루는 즐거운 삶, 적극적인 삶, 그리고 의미 있는 삶이 모두 펼쳐진다. 정말 행복하다.

성공 가능성을 높이기 위해서 시작기에 꼭 해야 하는 것이 있다. 바로 공부를 해야 한다. 모든 부분에서 뛰어난 레오나르도 다빈치(Leonardo da Vinci)와 같은 삶은 더 이상 없다. 그러나 깊이 있는 지식으로 무장한 어떤 분야의 전문성과 더불어 다른 사람들이 당연히 아는 것들인 상식을 갖춰야 한다. 공부는 세 가지 의미를 지닌다. 첫째, 열심히 공부한 만큼 전문성을 얻는다. 어떤 분야에 전문성을 확보하고 인정받는 것, 더 나아가 권위자가 되는 것은 우리에게 무한한 자유와 여유를 준다. 둘째, 공부를 하다 보면 다른 사람이 얼마나 열심히 사는지를 깨닫게 한다. 아무리 새롭고 기발한 생각도 세계 곳곳에서 유사한 생각을 하는 사람들이 거의 동시에 나타난다. 나만 열심히 사는 것이 아님을 깨닫는다. 끝으로, 공부를 하다보면 자신의 현주소를 알게 된다. 잘하는 것뿐만 아니라 부족한 것이 무엇인지를 알게 된다. 썰물이 빠지면 갯벌의 굴곡이 드러나듯이, 자신의 실체를 알 수 있게 만든다.

무엇을 시작하기에 앞서서 다시 한 번 3가지를 꼼꼼하게 따져 봐야 한다. 내가 하고자 하는 일이, 내가 가고자 하는 길이, 내가 살고자 하는 삶이 "의미 있는가?", "재미있는가?", 그리고 "잘할 수 있는가?" 이렇게 3가지 질문을 해보고 모두가 다 그렇다면, 그것이 바로 자기가 갈 길이다.

2.2. 성공 2단계 – 정체기

두 번째 단계는 누구나 피할 수 없는 슬럼프를 경험하는 정체기stagnating stage이다. 더 이상 발전이 없다. 더 많은 시간을 들이고, 더 많은 노력을 해보지만 좀처럼 나아지지 않는다. 오히려 퇴보의 길을 걷는다는 느낌이 엄습해 온다. "정말 내게 맞는 것일까?" 하는 의문도 생기기 시작한다. 해왔던 방법을 바꿔보기도 한다. 새로운 각오를 해보기도 한다. 그래도 나아지는 것이 없다. 시간과 정력을 낭비하고 있다는 생각과 함께 "다른 것을 했더라면 더 좋았을 텐데" 하며 후회가 생기기도 한다. 명분만 서면 언제든지 그만 둘 기회를 엿본다. 울고 싶다. 누군가가 뺨을 때려주길 기다린다. 조금만 쉬고 싶다는 생각이 든다. 그러면 훨씬 더 잘할 수 있을 것 같다. 실리도 없는 것 같다. 계속하는 것이 "바보 같은 짓은 아닐까?" 하는 의구심이 든다. 이 시기는 행복한 삶을 이루는 즐거운 삶, 적극적인 삶, 그리고 의미 있는 삶이 모두 사라진다. 정말 불행하다.

성공하지 못하는 대부분의 사람들은 여기, 정체기까지 왔다가 이 길에서 벗어나기로 결정을 한다. 그러나 포기라고 생각하기보다는 새로운 시작을 위한 준비를 할 때라고 생각한다. 더 잘할 수 있는 것을 찾는 것이 더 빠른 길이라고 자기 자신을 설득하고 독려한다. 자신의 적성과 흥미 그리고 가치와 맞지 않는 이 길보다는 새로운 성공여정을 계획하고 처음부터 다시 시작하는 것이 훨씬 낫다고 믿는다. 간혹 이런 생각이나 믿음이 맞기도 하지만, 거의 대부분은 누군가가 성공하지 못하는 가장 큰 이유이고 핑계일 뿐이다. 자신의 능력에 대한 믿음인 자기효능감Self Efficacy이 너무 높거나 너무 낮은 사람들이 스스로 중도탈락과 탈선을 선택하는 대표적인 이유이고 핑계이다. 성공으로 이르는 길의 출입문은 다를 수 있지만, 목적지까지 도착하는 과정은 동일하다. 이 정체기를 슬기롭게 넘기는 것이 성공과 실패를 결정하는 가장 중요한 통과의례다.

2.3. 성공 3단계 – 인내기

세 번째 단계는 성공이란 정상에 오르기 위한 올바른 길을 찾게 되는 인내기enduring stage이다. 정체기의 힘든 시간을 "때려 치자"는 결정으로 무대에서 내려오는 것이 아니라, 자신의 길을 묵묵하고 의연하게 잘 버텨내면서 걸어가는 시기이다. 이 시기에 무엇보다도 필요한 것은 내 삶의 타석에 당당히 서서 성공이라는 장외홈런을 쳐보겠다는 마음을 단단히 먹는 것이다. 행복한 삶을 이루는 3가지 요소 중 즐거운 삶과 적극적인 삶은 아니지만, 자신의 삶에서 의미를 추구하고자 의미 있는 삶을 만들어간다.

인내기는 그냥 시간을 끄는 기간이 아니라 수련과 단련의 시간이다. 다중지능으로 유명한 하워드 가드너(Howard Gardner)는 간디, 프로이트, 피카소, 아인슈타인을 비롯한 성공한 인물들의 삶을 연구했다. 가드너는 비즈니스, 운동, 의학, 예술 등 어떤 분야에서든 성공하기 위해 필요한 전문적인 수준에 오르려면 적어도 10년 동안 열심히 노력해야 한다는 것을 알았다. 물론 그 노력은 10년 이후에도 계속되어야 하며 성공을 유지하기 위해서는 때로 전보다 더 분발해야 한다. 재능이 있는 사람은 많지만, 그 재능을 실현할 수 있는 사람은 극소수이다. 피다만 꽃처럼 그냥 시들어 버릴 수 있다.

남다른 노력이 필요하다. 그리고 노력은 우리를 배신하지 않는다. 힘들게 노력하는 과정은 우리에게 즐거움을 준다. 우리는 누구나 자기 안에 내재된 능력을 기꺼이 내보이고 싶어 하기 때문이다.

'누구나 1만 시간을 투자하면 전문가가 될 수 있다'는 1만 시간의 법칙The 10000 Hours Rule은 바이올리니스트에 관한 스웨덴의 심리학자 안데르스 에릭손(Anders Ericsson, 1947-2020)의 연구를 말콤 글래드웰(Malcolm Gladwell)이 2009년 발표한 『아웃라이어』에서 타고난 천재성보다는 여건과 노력이 성공의 비결이라 강조하면서, 대략 하루 3시간, 일주일에 20시간씩, 십 년간 연습하면 대가가 될 수 있다고 해서 널리 알려졌다. 에릭손에 의하면, 최고의 바이올리니스트들은 보통 수준의 바이올리니스트들보다 더 많은 시간 동안 집중해서 연습한다는 연구결과와 함께, 최고의 성과를 이끌어내기 위해서는 시간과 노력을 전략적으로 집중해서 투입해야 한다는 논리를 뒷받침하면서 최고의 경지에 올라서는 데에는 천부적인 재능보다는 개인의 노력이 더 중요함을 보여주었다. 최고의 바이올리니스트들은 하루 평균 8.6시간 잠을 잤는데, 미국인의 평균 수면시간보다 1시간가량 긴 시간이다. 또한, 매주 2.8시간의 낮잠을 자는 것으로 나타났는데, 이 역시 미국의 평균보다 2시간가량 길었다. 충분한 수면을 통해 더 많은 시간 동안 연습하고 훨씬 더 집중력을 발휘한 것이다.

그러나 데이빗 엡스타인(David Epstein, 2019)은 자신의 책 『Range』에서 "1만 시간 훈련한다고 누구나 리오넬 메시, 크리스티아누 호날두가 될 수는 없다"며 '1만 시간의 법칙'은 허상에 불과하다고 주장하면서, 누구나 동일한 노력을 쏟아부어서 최고가 될 수 있는 것은 아니기 때문에 각자의 자질을 정확히 파악하고 이에 맞는 훈련을 실시해야 한다고 강조하였다. 또한, 김영훈(2023)은 『노력의 배신』에서, 노력을 너무 신봉하지 말아야 한다고 강조하였다. '노력을 중시하는 한국 사회에서 성공하지 못한 많은 사람들이 노력하지 않아서 그런 것처럼 공평한 평가와 대우를 받고 있지 못하고 있다. 노력과 재능은 독립적인 것이 아니라, 노력도 본능적인 요소이기 때문에, 노력도 재능이 있어야 할 수 있는 것이다. 더욱이, 성공이라는 것도 타고난 똑똑함과 부모

환경과 같은 타고난 행운의 결과일 수 있기 때문에, 성공하지 못한 이유를 노력의 부족으로 평가받아서는 안 되고, 스스로 최선의 노력을 하지 않았다고 자학할 필요도 없다. 노력은 누구나 할 수 있는 것이 아니라 노력은 자기조절능력이고, 시간적인 제약이 있기 때문에, 재능이 노력을 이기는 결과를 낳는다'고 보았다.

인내기에 긍정적인 사고를 하는 것은 매우 중요하다. 긍정성은 과거에 대한 긍정성과 미래에 대한 긍정성으로 구분할 수 있다. 일이 안될 때 우리는 남 탓을 한다. 그러나 문제의 반은 내 몫이라는 생각을 해야 한다. 적어도 절반의 책임을 감당해야 한다. 감정을 소진한 후회가 아니라 뭔가 교훈을 얻으려는 건설적인 후회를 해야 한다. 무작정 좋게만 생각하는 낙관주의가 되라는 것이 아니다. 성공할 수 있다는 긍정적인 마음과 함께, 뜨거운 가슴과 차가운 머리를 가진 실용주의자이면서 현실주의자가 되어야 한다.

2.4. 성공 4단계 – 보상기

네 번째 단계는 그동안의 수고와 노력에 대한 결실이 조금씩 보이기 시작하는 보상기rewarding stage이다. 작지만 조금씩 성과들이 생겨난다. 무심했던 주위 사람들의 관심과 인정도 생겨난다. 조금씩 바빠진다. 찾는 사람들도 많아진다. 고생 끝, 행복 시작이다. 정말 살맛이 나기 시작한다. 내가 내린 선택이 옳았다고 느끼며, 주위의 모든 것에 감사하는 마음이 생긴다.

우리는 저마다의 성공을 위하여 끊임없이 노력하면서 살아간다. 우리는 성공한 삶을 만들어가는 과정에서 보상을 받게 된다. 나 자신의 문제를 해결하면 '성장'이란 보상을 받게 되고, 세상의 문제를 해결하면 '성과'라는 보상을 받는다. 이러한 성장과 성과는 우리의 삶을 더 만족스럽고 행복하게 만들어준다. 보상은 크게 유형적 보상과 무형적 보상으로 구분할 수 있다. 유형적 보상tangible reward은 물질적인 보상으로 연봉, 보너스, 인센티브, 스톡옵션과 같은 금전적 보상이나 승진, 연수, 차량, 주택, 여행상품권과 같은 비금전적 보상을 포함한다. 무형적 보상intangible reward은 비물질적인 보상으로 인정과 칭찬, 보람과 만족감, 인맥, 자기계발과 같은 보상을 말한다.

2.5. 성공 5단계 – 정상기

마지막 단계는 우리가 열정과 시간과 에너지를 모두 받친 분야에서 최고의 시간을 맞이하고, 그 순간의 풍요와 여유를 맘껏 누릴 수 있는 '정상에서 만나다'인 정상기 crowning stage이다. 정상에 우뚝 올라 왕관을 쓰는 것이다. 세상의 모든 자유를 누릴 수 있다. 아무런 걱정도 근심도 없다. 자연스럽게 다른 사람들에게서 인정과 존경을 받는다.

정상기에 오른 다음에 가장 필요한 것은 초심을 잃지 않는 것이다. 자동차 판매업계의 거장인 밥 골롬(Bob Golomb)은 자신의 일거수일투족을 안내하는 3가지 단순한 규칙이 있다고 말한다. "고객을 소중히 대하라. 고객을 소중히 대하라. 고객을 소중히 대하라." Property(부), Power(힘), Prestige(권력)은 성공을 장담하지 않는다. 성공은 초심을 잃지 않고서, 자신이 좋아하는 것, 잘하는 것을 찾고 신나게 즐기는 것이다.

3. 성공적인 삶의 조건

성공에 대한 평가는 상황에 따라서 그리고 시대에 따라서 달라질 수 있다. 흔히 돈을 갖고서 직업적으로 혹은 경제적으로 성공했는가 여부를 판단하지만, 일반적으로 성공에 대한 평가기준은 3가지이다. 첫째, 하는 일이 있는가? 둘째, 사랑하는 사람이 있는가? 끝으로, 주위에 사람들이 있는가? 간단히 말해서, 직업이 있고, 사랑을 하고 있으며, 친밀한 인간관계가 있는가를 알아보아서 이 3가지 모두를 갖췄을 때 우리는 성공했다고 한다. 이런 현상은 심리학자인 알프레드 아들러(Alfred Adler)가 주장한 인생과업life task과 일맥상통하는 것이다. 그는 사람들이 살아가면서 직면하게 되고 해결해야 할 3가지 인생의 과업이 있다고 주장하였는데, 그것이 일work, 사랑love, 친구friend이다.

3.1. 성공한 사람은 하고 싶은 일이 있고 그 일을 즐겁게 하고 있다

성공한 사람이라는 평가를 받으려면 적어도 일을 갖고 있어야 한다. 그것도 즐거운 마음으로 하고 싶은 일을 갖고 있어야 한다. 여전히 성공의 잣대로 어떤 직업을 갖고 있는가, 연봉은 얼마인가를 따지기도 하지만, 진정 성공한 사람을 알아볼 수 있는 잣대는 자신이 하고 싶은 일이 있고, 그 일을 열정적으로 하고 있는가이다. 좋아하는 일을 하는 것이 무엇보다도 중요하지만, 하고 있는 일을 좋아하는 것도 성공적이면서 행복한 삶을 만든다. 지속가능한 성공을 위한 일반적인 삶의 자세를 몇 가지 제시하면, 첫째, 다른 분야에 대한 상식과 포용력을 갖춰라. 둘째, 소통능력을 길러라. 셋째, 긍정적으로 생각하라. 넷째, 끊임없이 공부하라. 끝으로, 나의 한계를 극복하라는 것이다.

3.2. 성공한 사람은 사랑하는 사람이 있다

성공한 사람이라는 평가를 받으려면 누군가에 의하여 사랑받고 누군가를 사랑할 줄 알아야 한다. 사랑은 우리의 인생에서 반드시 겪어보아야만 할 중요한 심리적 체험이다. “사랑받지 못한 것은 그럴 수 있는 일이지만, 사랑하지 못하는 것은 불행한 일이다”라는 까뮈의 말처럼, 사랑하는 사람이 없다는 것은 성공의 기둥 중의 하나가 제대로 세워지지 않은 것이다. 운명적인 인생의 반쪽을 찾으라는 것이 아니다. 소중하고 친밀한 누군가가 있어야 하고, 그 누군가와 사랑하는 마음을 나눌 수 있어야 한다는 것이다. 성공한 사람은 서로 교감하고 공감할 수 있는 사랑하는 사람이 있다.

3.3. 성공한 사람은 원만한 인간관계를 갖고 있다

성공한 사람이라는 평가를 받으려면 가족, 친구와 지인들을 포함하여 다양한 사람들과 친밀하고 폭넓은 인간관계를 맺고 있어야 한다. 현대사회에서 인터넷 못지않게 중요한 것이 바로 인간관계 네트워크인 휴먼넷humannet이다. 성공을 하고 나서 주위에 아무도 남아 있지 않다면 그것은 결코 성공한 삶이 아니다. 기쁨과 슬픔을 함께 나눌 인간관계를 구축하고 있어야 한다.

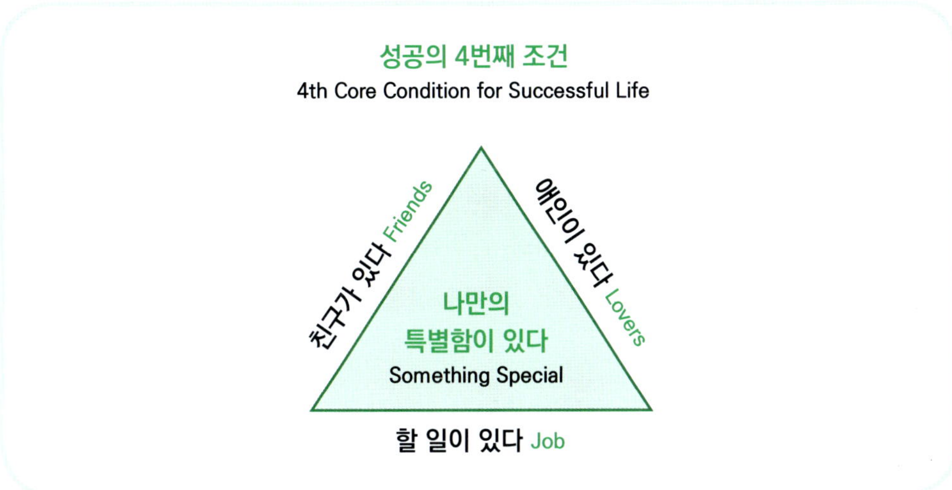

3.4. 성공한 사람은 자신만의 특별함이 있다

『새로운 미래가 온다A whole new mind』에서 다니엘 핑크(Daniel Pink, 2005)는 앞으로 하이컨셉·하이터치의 시대가 온다고 주장하였다. 여기서 하이컨셉high concept은 예술적·감성적 아름다움을 창조하는 능력을 말한다. 이는 트렌드와 기회를 감지하는 능력, 훌륭한 스토리를 만들어내는 능력, 언뜻 관계가 없어 보이는 아이디어를 결합해 뛰어난 발명품으로 만들어내는 능력이다. 하이터치high touch는 공감을 이끌어내는 능력이다. 인간관계의 오묘한 감정을 이해하는 능력, 한 사람의 개성에서 다른 사람을 즐겁게 해주는 요소를 도출해 내는 능력, 평범한 일상에서 목표와 의미를 이끌어내는 능력이다.

다가오는 미래는 좀 더 특별한 능력을 갖춘 인재를 필요로 하는데, 6가지 미래인재의 조건은 다음과 같다(Daniel Pink, 2005).

첫째, 기능만으로는 안 된다. 디자인으로 승부하라. 단순히 기능만 갖춘 제품, 서비스, 경험, 라이프스타일만으로는 더 이상 충분하지 않다. 이와 함께 시각적으로 아름답거나 좋은 감정을 선사할 수 있는 가치가 만들어져야 경제적 · 개인적 보상을 받을 수 있다.

둘째, 단순한 주장만으로는 안 된다. 스토리를 겸비해야 한다. 우리 시대의 삶은 정보와 데이터로 넘쳐나고 있기에 강력한 메시지를 쏟아내는 것만으로는 부족하다. 어디선가 누군가는 분명 주장을 반박할 수 있는 요소를 찾아낼 것이다. 본질적으로 설득, 의사소통, 자기이행 등은 훌륭한 스토리를 만들어내는 능력의 밑받침이다.

셋째, 집중만으로는 안 된다. 조화를 이루어야 한다. 산업화 시대 및 정보화 시대에서는 집중과 전문화가 요구되었다. 하지만 현 시대가 가장 많이 요구하는 능력은 분석이 아니라 통합이다. 큰 그림을 볼 수 있고 새로운 전체를 구성하기 위해 이질적인 조각들을 서로 결합해 내는 능력인 조화가 필요하다.

넷째, 논리만으로는 안 된다. 공감이 필요하다. 논리적인 사고는 인간을 인간답게 만드는 능력 가운데 하나다. 하지만 정보가 풍부하고 분석적인 도구가 발전한 세계에서 논리만으로는 부족하다. 성공을 위해서는 차별화가 필요하다. 다른 사람들의 마음을 상하게 하는 것이 무엇인지 이해하고, 유대를 강화하며, 다른 이들을 배려하는 정신을 갖춰야 한다. 예를 들어, 소프트웨어의 발전은 많은 의료관행을 바꿔가고 있다. 의사들 스스로가 일상적이고 정보에 기반을 둔 업무에서 벗어나 사람의 감정을 보듬는 대화치료와 전체론적 치료를 향해 가고 있다.

다섯째, 진지한 것만으로는 안 된다. 놀이도 필요하다. 진지해야 할 때가 있고 진지해져야 하는 때도 있다. 그러나 지나친 진지함은 사회생활에도 악영향을 미칠 뿐만 아니라 개인적인 풍요로운 삶도 망치고 만다. 우리의 삶은 업무적으로나 일상생활 면에서 마음의 여유를 즐길 필요가 있다.

끝으로, 물질의 축적만으로는 부족하다. 의미를 찾아야 한다. 우리는 풍요한 세상에서 살고 있다. 물질적인 풍요는 사람들에게 필요 이상의 물질적 혜택을 제공함으로써 만족, 심지어 과다만족을 선사하였다. 그 결과 아름다움과 인간의 감정에 대한 중요성이 높아졌고 목적의식, 초월적 가치, 정신적 만족감 등과 같은 좀 더 깊은 의미를 모색하게 이끌었다. 앞으로는 의미를 부여하는 능력은 필수적이다.

4. 성공과 목표

의미 있는 인생의 목표를 향해 나아가는 것은 우리를 성공으로 이끌고, 지속적으로 더 행복해질 수 있는 가장 중요한 전략 중의 하나이다. 중요한 무엇인가를 추구하는 사람은 강한 꿈이나 열망을 가지지 못한 사람보다 훨씬 행복하다(Cantor & Sanderson, 1999). 목표를 이루기 위해 일하고 가치 있고 도전적인 활동에 참가하는 과정이 그 목표에 도달하는 것보다도 웰빙에 더욱 중요하다(Brunstein, 1993). 실제로 수많은 일화를 보면, 사람들이 오랜 세월에 걸쳐서 노력해 왔던 무엇인가를 얻고 한 후에는 엄청난 허탈감을 느끼는 경우가 많다. 그러나 목표는 우리를 성공과 행복의 세계로 이끌어주는 중요한 출발점이다.

야심과 목표 지향에는 중요한 차이가 하나 있다. 일본 홋카이도의 삿포로 농과대학의 퇴임사에서 윌리엄 클라크(William Clark)는 "젊은이여, 야망을 가져라Boys, be ambitious"라는 말로 젊은 청춘들에게 꿈과 희망을 갖고 새로운 세상을 맞이하라고 도전정신을 불러일으켰고, 많은 젊은이들의 가슴속에 진한 감동을 주었다. 그러나 이런 야망이 사회와 인류를 위하여 보다 나은 방향으로 사용되어야지 개인 자신에게 매몰되게 되면 문제의 소지가 있는 야심가가 될 수 있다. 목표를 추구하는 사람은 자기 내면의 약한 의지를 극복해 내고 최선을 다하는 것으로 충분하지만, 야심을 지닌 사람은 반드시 다른 사람을 이겨야 한다. 목표 지향적인 사람은 항상 자신과 남을 위해서 목표를 달성하기 위하여 최선을 다하지만, 야심가는 항상 남보다 더 잘하려고 애쓴다. 그래서 야심가는 언제나 경쟁을 생각하고, 그런 경쟁에서 반드시 그리고 항상 이겨야만 한다고 생각한다. 그러다가 옳지 않은 방법을 선택하는 어리석고 잘못된 길로 삶을 이끌 수 있다.

성공하고자 한다면 의미가 있는 한 가지 이상의 목표를 선택해서 시간과 노력, 열정을 목표를 추구하는 데 쏟아야 한다. 목표를 달성하는 길도 목표만큼이나 다양하다. 그렇지만 가장 성공 확률이 높은 방식으로 노력하는 사람들은 몇 가지 특성을 공유하고 있다. 내적이고 진실하며 접근 지향적이고 조화로울 뿐만 아니라 활동에 기초를 둔 융통성 있는 목표를 추구하는 것이 외적이고 진실하지 않으며 회피 지향적이고 모순적일 뿐만 아니라 상황에 기초를 둔 경직된 목표를 추구하는 것보다 더 많은 행복을 준다. 따라서 목표는 스스로 정해야 하고, 진심을 다해서 세워야 할 뿐만 아니라, 달성하고자 하는 구체적인 활동목표를 다른 목표들과 조화롭게 설정해야 한다.

4.1. 내적 목표를 세워라

꿈을 추구하는 것이 행복의 필수요소이다. 그렇지만 어떤 꿈을 어떻게 추구하는가도 중요하다. 본질적으로 보람이 있는 인생의 목표를 추구하는 사람들이 더 큰 만족과 기쁨을 얻는다(Ryan & Deci, 2000). 외적인 것이 아니라 내적인 기반을 지닌 내적 목표intrinsic goals는 근본적으로 만족스럽고 의미가 있어서 우리가 인간적으로 성장할 수 있게 해주고 정서적으로 성숙하고 공동체에 공헌할 수 있게 해주는 목표이다. 스스로에게 보상을 해주거나 노력을 하도록 압력을 가하는 주체는 우리 자신뿐이다. 자발적으로 그리고 내적으로 세워진 목표는 기분전환이 되고 즐겁고 의미가 있기 때문에, 우리는 본질적인 목표를 추구한다. 본질적인 목표가 우리를 행복하게 해주는 또 다른 이유는 우리가 본질적으로 가치 있게 여기는 개인적인 목표가 가장 기본적인 심리적 욕구를 직접적으로 만족시켜주기 때문이다. 여기서 가장 기본적인 심리적 욕구란 자율성에 대한 욕구(자신의 행동을 통제하고 있다는 느낌), 유능성에 대한 욕구(나를 둘러싼 세상에 효율적으로 대처하고 있다는 느낌), 관계성에 대한 욕구(자신이 맺는 대인관계에 만족하는 느낌)를 말한다.

4.2. 스스로 목표를 세워라

진정한 목표authentic goal는 스스로 결정한 목표를 말한다. 자신이 정말로 가치 있게 여기며 진정으로 소유하고 있는 목표를 추구할 때 사람들은 더 행복하고 건강하며 더 열심히 일한다. 그리고 진정한 목표를 이루었을 때 행복이 더욱 증진된다(Seldon, 2002; Seldon & Elliot, 1999). 진정한 목표를 실현하면 우리의 진정한 가치기준과 타고난 욕구가 만족되고, 그럼으로써 강력한 정서적 유인을 얻게 된다. 자신에게 잘 맞는 목표를 고르는 것이 목표를 소유할 수 있는 한 가지 방법이다. 어떤 목표를 향해서 노력할 때 일관되게 기분이 좋다면 우리는 더 행복해지고 목표를 성취할 가능성이 더 높다. 목표가 우리의 성격에 맞을수록 목표추구가 보상과 즐거움을 가져오고 행복을 증진시켜줄 가능성이 높다. 외향적인 사람이라면 다른 사람과의 교류가 포함된 목표를 추구하는 것이 좋고, 지배적인 성격이라면 리더십을 발휘하는 목표를 선택하는 것이 좋다. 어떤 목표가 우리에게 가장 잘 맞는지 알려면 어느 정도의 자의식과 감성지능이 필요하다. 자신을 이끄는 가치관을 이해하고, 자신의 취향과 욕구에 대해 분명히 알고 있다면 자신과 잘 어울리는 특정한 활동 또는 인생과제를 보는 즉시 알아차리게 될 것이다. 만약에 잘 알지 못한다면 어떤 특정한 목표를 추구할 때 행복한 느낌이 드는지를 잘 생각해 보아야 한다.

4.3. 접근목표를 세워라

바람직하지 않은 결과를 회피하기 위한 과정이 포함된 회피 목표avoidance goal가 아니라 어떤 바람직한 결과를 향해서 다가가는 과정이 포함된 접근 목표approach goal가 행복에 도움을 준다. 어떻게 개념화하는가에 따라서 똑같은 목표가 도달하려는 목표(예: 좋은 몸매와 건강한 식습관을 가진 사람이 되겠다는 목표)도 될 수 있고 회피하려는 목표(예: 살이 찌지 않겠다는 목표)도 될 수 있다. 주로 회피하려는 목적을 추구하거나 자신의 목표를 회피라는 개념으로 해석하려는 사람들이 목표를 적극적으로 추구하는 사람들보다 덜 행복하고 더 불안하고 괴로워하며 건강하지 않다는 사실이 점점 더 많은 연구들을 통해서 드러나고 있다(Elliot & Sheldon, 1998). 당연히 회피할 목표를 많이 가지고 있는 사람들이 대체로 자신이 추구하는 것을 신통치 못하게 수행한다(Elliot & McGregor,

2001). 그 한 가지 이유는 목표에 이르는 한 가지 길을 파악하기는 비교적 쉬운 반면에(하루에 건강한 식사를 세 차례 한다), 목표를 회피하는 데는 여러 가지 길이 있기 때문이다. 목표의 회피에 집중하면 지나치게 부정적인 시각으로 사물을 보게 되며 실패나 위협에 너무 민감해지기도 한다(Strachman & Gable, 2006). 어떤 것을 생각하거나 행하지 않으려고 너무나 열심히 노력하면 결국에는 오히려 그것을 생각하거나 행하게 되는 현상인 반동 효과rebound effect(Wagner, 1994)처럼, 죄책감을 피하기 위해서 생각하는 모든 것들이 역작용을 일으켜 마침내 정말로 죄책감을 느끼는 상황에 빠질 수 있다.

5. 성공과 직업

누가 뭐래도 직업은 성공의 핵심적인 잣대이다. 직업이 있다는 것은 할 일이 있다는 것이고, 삶을 영위할 기본적인 생활토대를 갖추고 있다는 것이다. 인간은 누구나 자신의 행복을 만드는 대장장이이다. 그런데 모든 대장장이가 행복한 것은 아니다. 특히, 취업을 하지 못했거나 취업을 했다가 퇴직을 한 실업 대장장이에게는 성공과 행복은 머나먼 나라의 이야기가 될 수 있다.

실업자들에게는 삶에 필요한 기본적 토대가 없다. 그들은 자신이 사회에 필요한 존재이며 뭔가 의미 있는 일에 매진하고 있다는 느낌을 가질 수 없다. 실업자가 쉽게 우울증에 빠지고 정신질환에 걸리는 것은 자신의 능력을 더 이상 남들이나 자신에게 보여줄 수 없기 때문이다. 이것이 문제의 핵심이다. 실업은 육체적 고통, 만성질병, 지속적 스트레스와 더불어 행복의 가장 큰 적이 된다. 실업이 주는 스트레스는 그 종류가 조금 다르다. 우리는 끊임없는 도전을 통해서 스트레스를 해소하고 행복감을 느낄 수 있는데 실업자에게는 아예 그런 기회도 주어지지 않는다.

5.1. 직업의 정의

직업인들은 자신의 일을 크게 3가지 방식으로 인식하는데, 직업을 바라보는 관점에 따라 직업을 통해 얻게 되는 의미도 달라진다. 첫째는 자신이 직장에서 하는 일을 단지 생계유지를 위해 소득을 얻는 생업job으로 여기는 것이다. 그로 인한 경제적 소득에 초점을 맞춘다. 둘째는 직업을 사회적 성공과 연결된 경력career으로 여기는 것이다. 직업의 의미는 자신의 목표를 성취하고 개인적 자긍심을 얻는 것일 것이다. 셋째는 직업을 소명calling으로 여기는 것이다. 이러한 사람들은 자신의 직업을 통해서 사회적으로 유용하고 의미 있는 일을 하고 있다고 생각한다. 이들에게 직업적 활동은 자신뿐만 아니라 타인을 위하는 것으로서 공동체에 기반을 둔 개인적 성취감에서 의미를 찾을 것이다.

5.2. 직업의 의미

직업은 적어도 3가지 의미를 지닌다. 첫째, 경제학적 의미로 직업은 생계유지의 수단이다. 둘째, 사회학적 의미로 직업은 사회생활과 사회활동의 기반이다. 셋째, 심리학적으로 직업은 자아실현의 수단이다. 하지만 3가지 의미보다 더 중요한 것은 직업이 인생의 의미를 발견할 수 있는 행복의 중요한 원천이라는 점이다. 행복에 중요한 영향을 미치는 몰입경험은 주로 직업적 활동을 할 때 일어나는 것으로 밝혀졌다. 직업과 관련된 다양한 활동은 몰입과 의미를 동시에 경험할 수 있는 행복의 원천이라고 할 수 있다. 직업은 경제적 소득을 얻기 위한 수단일 뿐만 아니라 행복한 삶의 원천이다. 실제로, 직업은 행복과 밀접한 관련이 있다(Argyle, 2001). 직업을 가진 사람들은 미취업자보다 더 행복하고, 전문직이나 숙련직 노동자가 비숙련직 노동자보다 행복하다. 또한, 직업은 개인의 능력과 강점을 발휘하고 추구하는 목표와 가치를 구현할 수 있는 자기실현의 장이기도 하다. 자신의 적성과 흥미에 부합하는 직업을 찾게 되면 자신의 숨겨진 재능과 끼를 맘껏 발휘할 수 있는 기회와 경험을 갖게 된다. 행복한 사람은 직업적 활동에 있어서 더 생산적이며, 직장에서 생산적인 성과를 나타내는 사람은 더 행복하다. 더불어, 직업은 자기정체성과 사회적 소속감을 줄 뿐만 아니라 동료들과의 사회적 연결망을 제공해 준다. 사람들에 대한 평가는 성격적인 면에서 다루어지기도 하지만, 흔히 그 사람의 역할, 특히 사회적 역할에 중심으로 두고 이루어진다.

5.3. 직업의 선택

직업이란 큰 일이기 때문에 더 중요하거나, 작은 일이므로 덜 중요한 것이 아니다. 모든 사람들과 그 사람이 행하는 많은 일들은 얼개처럼 서로 연결되어 있는 세상은 더 아름다워지고 더 위대해지기 위해 계속해서 진화하는 것이다. 따라서 자신이 맡은 일에 최선을 다해야 한다.

직업 선택의 첫 번째 과제는 취업과 창업의 선택이다. 사회에 진출하기 전에 충분한 심사숙고의 시간을 갖고서 '취업을 할 것인가? 창업을 할 것인가?'를 선택해야 한다. 창업을 위한 준비와 취업을 위한 준비는 당연히 차이가 있다. 그렇기 때문에 우선적으로 자신의 직업 선택과 관련하여 가야 할 길을 분명하게 정하는 것은 행복한 직장생활과 일상생활을 위한 출발점이다.

만약 취업을 결정했다면, "어떤 업종의, 어떤 회사를" 갈 것인가를 결정해야 한다. 이런 직업 선택에 있어서 핵심적인 기준은 당연히 직업만족도가 높은 직업을 선택하는 것이다. 직업만족도job satisfaction는 직업 자체나 직장 경험으로 인해 즐겁거나 만족스러운 상태로 직장생활에서 느끼는 전반적인 만족을 의미한다. 사람들은 누구나 직업만족도가 높은 직장생활을 꿈꾸고 희망한다. 그런데 직업만족도를 결정하는 가장 중요한 요인은 직업 자체이기보다 개인과 직업의 적합도person-vocation fit; PVF이다. 소위 '좋은 직업'이라 하는 직장에 종사한다고 해서 누구나 만족하는 것은 아니며, 우수한 사람이라고 해서 어떤 직업에서나 성공하는 것도 아니다. 자신의 특성을 잘 파악하고 그에 적합한 직업을 선택하는 것이 행복에 있어서 매우 중요하다. 개인직업적합도PVF에 영향을 미치는 대표적인 요인들은 흥미, 적성, 가치 및 직무환경이다.

5.4. 21세기의 인재상

21세기가 원하는 인재상은 지난 세기의 인재상과는 많이 다르다. 지식과 정보가 많아지고 첨단기술의 개발은 세상이 원하는 사람의 모습을 바꾸고 있다. 20세기만 해도 근면성실하면 되었다. 거기에 전문성을 갖추면, 역량만 뛰어나면, 인간성만 좋아도 세상은 그를 반겼다. 그러나 21세기는 전문성과 역량성 그리고 인간성에 4가지를 더 추가적으로 갖추어야 하는데, 창의성과 적극성 그리고 진단 및 처방능력이다.

창의성creativity은 두말할 것 없이 중요하다. 세상은 끊임없이 변화하고, 변화는 늘 새로움을 요구한다. 새로움을 채워줄 수 있는 것은 창의성뿐이다. 창의성에 대한 연구와 저서는 넘쳐나고, 창의성을 제고할 수 있는 방안들이 수없이 제안되고 있다. 천재성이 없음에도 창의성을 높일 수 있는 2가지를 꼽자면, 하나는 배우기를 좋아하는 것이고, 다른 하나는 질문하기를 부끄러워하지 않는 태도이다. 의문을 가지면 해답이 열리는 것처럼, 창의성은 늘 공부하는 마음을 가져야만 좋아질 수 있다.

적극성engagement은 참여하는 것이다. 그것도 적극적으로 참여하는 것이다. 스스로 삶뿐만 아니라 현실에 참여하는 것이다. 직업상의 성공은 창의성만으로는 부족하다. 그것을 실천할 수 있는 적극성이 뒤따라야 한다. 누구나 도움을 줄 수 있지만, 그 누구도 대신해 주지는 않는다. 최고가 아니라도 좋지만, 최선은 다해야 한다. 자신의 일과 삶에 능동적이면서 적극적으로 최선을 다해야 한다.

가장 안정적인 삶을 누리고 존경받는 직업 중의 하나가 의사이다. 의사라는 직업이 다른 직업과 다른 점은 진단과 처방을 한다는 것이다. 그것도 생명과 관련하여 진단과 처방을 한다는 것이다. 진단과 처방은 문제 해결의 핵심요소이다. 진단diagnosis은 문제의 원인을 밝히는 것이고, 처방prescription은 해결방안을 제시하는 것이다. 안정적이고 지속가능한 삶을 살아가려면, 앞으로 펼쳐질 세상을 제대로 진단하고, 그에 걸맞는 대책과 처방을 세울 수 있어야 한다. 이를 위해서는 분석할 수 있는 능력을 갖추어야 한다. 의사들이 질병을 분석할 줄 아는 것처럼, 21세기의 인재상으로 거듭나려면 충분한 시간을 들여서 객관적 기준에 부합하는 자격을 갖추면서, 세상과 사람을 분석할 수 있는 능력을 갖추어야 한다.

6. 성공과 행복

성공하면 행복해지는가? 행복하면 성공하는가? 다시 말해서, 행복한 사람들은 그렇지 않은 사람들보다 삶의 다양한 영역에서 더 성공적인가? 이 물음에 대한 답은 "그렇다"이다(Baumgardner & Crothers, 2009). 여러 종단적 연구, 횡단적 연구 및 실험적 연구들을 분석한 결과, 행복한 사람들은 결혼, 우정, 소득, 직업, 정신적 건강, 신체적 건강에서 더 큰 성공을 즐기는 것으로 나타났다. 덜 행복한 동년배에 비해서 행복한 사람들은 만족스러운 결혼생활을 하고 있었고, 사람들에게 인기도 많았으며, 친구관계의 폭도 넓었고, 고용주로부터 호의적인 평가를 받고 있었다. 또한 행복한 사람들은 자신의 건강도 더 잘 돌보고, 도전에 효율적으로 대처하였으며, 소득 또한 더 높았다.

우리는 응원 속에서 혹은 야유 속에서 살 수 있다. 우리의 인생은 성공한 삶이 되기도 하고 실패한 삶이 되기도 한다. 대한민국의 남자는 일을 잘한다. 그리고 열심히 한다. 물론 여자는 남자보다 더 잘하고 더 열심히 한다. 누구나 자신이 잘하는 일을 열심히 하고 있다면, 자신이 성공의 길을 걷기 시작했다고 확신해도 된다. 성공의 길을 걷는 것은 매우 즐거운 일이다. 그러나 성공했기 때문에 행복한 것이 아니다. 행복이 성공을 이끈다. 행복이야말로 성공을 가늠하는 가장 중요한 요인이다(Lyubomirsky, King, & Diener, 2005).

6.1. 행복이 먼저이다

1543년 코페르니쿠스는 자신의 저서 『천구의 회전에 대하여De Revolutionibus Orbium Coelestium』를 통해 우주를 바라보는 방식 자체를 완전히 뒤집어 놓는 획기적인 이론, 지구가 태양을 중심으로 돈다는 지동설을 주장하였다. 오늘날 심리학 세계에서도 똑같은 일이 벌어지고 있다. 지금까지 사람들은 행복이 성공을 중심으로 돌고 있다고 믿었다. 성공은 태양처럼 그대로 멈춰 있고, 행복이 행성처럼 그 주위를 돈다고 생각한 것이다. 하지만 새롭게 떠오르고 있는 긍정심리학 전문가들은 성공이 행복을 중심으로 돈다고 주장한다. 또한 우리가 행복하고 긍정적이며 열정적일 때 비로소 성공이 따라온다고 말한다. 행복이 먼저고 성공은 그 다음이라는 것이다. 성공이 행복을 중심으로 돈다고 하는 긍정심리학의 주장이 심리학 세상의 코페르니쿠스적 혁신이다. 행복이 모든 것의 중심이라고 주장하려는 것이 아니라, 성공의 원동력이라는 사실을 상조하고 싶을 뿐이다(Achor, 2010).

대부분의 기업들은 더 오래, 더 열심히 일을 해야 성공할 수 있고 행복은 그 다음 문제라고 말한다. 그리고 목표를 향해 달려가는 동안은 행복에 한눈을 팔아서는 안 된다고 믿고 있다. 이들에게 행복이란 성공을 위해 쉽사리 포기할 수 있는 사치, 또는 고생 끝에 얻을 수 있는 쾌락에 불과하다. 또한 행복에 관심을 기울인다는 말은 성공을 향해 충분히 노력하지 않고 있다는 뜻으로 받아들인다. 하지만 이러한 믿음을 버리지 못하는 기업이나 개인들은 행복뿐만 아니라 성공의 기회마저 날려버리고 있다.

최근에 심리학 및 신경과학 분야에서 나온 획기적인 연구결과들은 성공과 행복이 지금까지 우리가 믿어온 방식대로 움직이지 않는다는 사실을 분명하게 보여준다. 오늘날 긍정심리학자들은 행복한 사람들이 성공을 거둔다고 말한다.

긍정적인 감정 상태를 꾸준히 유지하는 의사들이 그렇지 않은 집단에 비해 합리성과 창조성 항목에서 3배 정도 점수가 높으며, 진단 속도와 정확성 항목에서도 19%나 점수가 높다는 사실을 보여주고 있다. 또 긍정적인 영업사원들이 비관적인 영업사원들보다 56%나 실적이 더 좋다는 연구결과도 있다. 마찬가지로 긍정적인 학생들이 부정적인 학생들보다 수학성적이 훨씬 높다. 결론적으로 말하자면 우리의 뇌는 부정적이거나 중립적일 때보다 긍정적일 때 훨씬 더 놀라운 힘을 발휘한다.

많은 연구결과들은 무조건 열심히 일한다고 해서 절대 최고의 성적을 올릴 수 없다는 걸 보여준다. 아울러 지배와 복종으로 구성되어 있는 기존의 기업문화로는 더 이상 직원들에게 진정한 동기부여를 할 수 없다고 지적한다. 이처럼 행복과 긍정성을 주제로 한 최근의 획기적인 연구들은 학계는 물론 비즈니스 세계를 완전히 뒤엎을 만큼 충격적인 결과들을 내놓고 있다.

행복은 먼저 신체적인 측면에 영향을 미치고, 이는 다시 장기적인 차원에서 성공 가능성을 높이는 실질적인 기반이 된다. 기업이 직원들의 행복에 관심을 기울이고 이를 위해 투자하면 직원들의 건강 상태를 높일 수 있고, 이는 결국 조직적인 차원에서 더 높은 성과로 이어질 수 있다. 근로환경에 관한 한 연구는 불행하다고 느끼는 직원들은 한 달에 평균 1.25일, 1년에 평균 15일 정도 질병으로 출근을 하지 못했다.

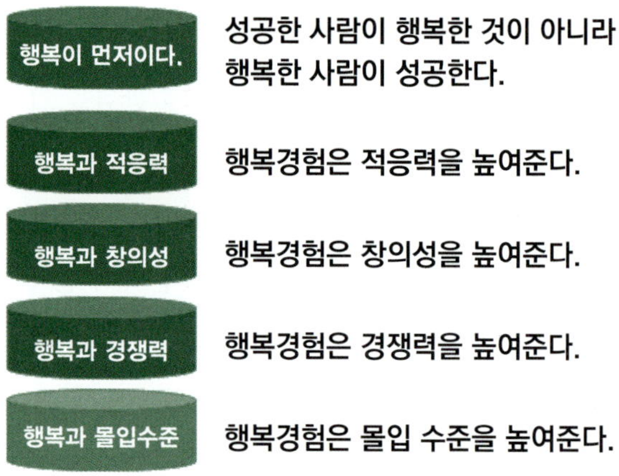

6.2. 행복과 적응력

심리학자들은 오래전부터 부정정서가 생각과 행동에 어떠한 영향을 미치는지 잘 알고 있다. 부정정서란 일종의 진화적 산물이다. 밀림에서 습격을 받을 때 우리의 몸은 본능적으로 스트레스 호르몬을 분비한다. 그리고 눈 깜짝할 사이에 맞서 싸우거나 재빨리 도망을 갈 만반의 준비를 한다. 물론 이러한 반응이 실패로 끝날 수 도 있지만 아무것도 하지 않고 맹수가 달려들기를 가만히 기다리는 것보다는 훨씬 낫다.

그렇다면 진화적인 관점에서 볼 때 긍정정서는 인류에 어떤 기여를 하고 있는가? 행복을 주제로 한 다양한 연구결과들은 긍정정서 역시 부정정서 못지않게 인류의 진화적인 과정에서 고유한 역할을 담당해 왔음을 밝혀냈다. 바바라 프레드릭슨(Barbara Fredrickson)의 확장구축이론Broaden and Build Theory에 따르면, 부정정서가 위기의 순간에 우리 몸이 순식간에 투쟁-도주 반응을 보이도록 만든다면 긍정정서는 우리의 능력 및 잠재력을 계속해서 계발하는 역할을 담당한다. 긍정정서가 충만해지면 학습능력과 창의성이 높아지고, 다양한 아이디어가 떠오른다. 이와 관련하여 한 연구팀(Fredrickson & Branigan, 2005)은 긍정정서를 자극했던 피실험자 그룹이 부정정서를 자극받았던 그룹에 비해 과제를 수행하는 과정에서 창의적인 아이디어들을 더 많이 내놓았다는 사실을 확인했다. 긍정정서는 사고력과 창의력을 확대하여 행복감을 느끼게 만드는데다 물질적·정신적·사회적 자원들을 좀 더 적극적으로 활용하도록 자극한다.

이미 설명한 것처럼, 행복한 감정을 느낄 때 우리의 뇌는 도파민Dopamine과 세로토닌Serotonin을 분비한다. 이 2가지 호르몬은 기분을 좋게 만들 뿐만 아니라 학습중추를 자극하여 정보를 받아들이고 이를 처리하는 능력을 높이는 역할을 한다. 다시 말해서 새로운 정보를 흡수하고, 기억하며, 이후에 그 정보를 다시 신속하게 끄집어내어 활용할 수 능력을 향상시키는 것이다. 또 뇌의 신경회로를 좀 더 섬세하고 복잡하게 조직화하고 이를 계속해서 유지시키는 역할도 한다. 결론적으로 우리가 행복을 느낄수록 고차원적인 사고력과 창의력이 높아지고, 까다로운 문제를 효율적으로 유연하게 처리할 수 있는 대처능력이 향상된다.

6.3. 행복과 창의성

융복합의 시대, 창의력과 상상력이 필요하다. 정보와 혁신이 비즈니스 성공의 핵심요인으로 떠오른 상황에서 창조적이고 독창적인 전략을 수립하는 능력은 기업의 성패를 가름하는 열쇠라고 해도 과언이 아니다. 세계적인 제약회사 머크(Merck)가 피나스테리드Finasteride라는 성분을 개발했는데, 이것은 본래 전립선비대증을 해결하기 위한 물질이었다. 하지만 임상실험을 거치는 동안 뜻하지 않았던 부작용이 나타났다. 머리카락을 자라게 한 것이다. 담당연구원은 이러한 부작용을 창조적으로 활용하여 피나스테리드를 탈모치료제로 내놓았고, 이를 통해 머크사는 생각지 못했던 수십억 달러의 수익을 올릴 수 있었다.

긍정적인 감정을 자극받을 때마다 직원들의 창의력과 업무능력이 높아진다는 사실을 기업들이 잘 파악하고 업무환경을 변화시킴으로써 조직의 성과를 크게 높일 수 있다고 믿고 있다. 버진그룹의 CEO 리처드 브랜슨(Richard Branson)은 이렇게 말한다. "즐거움은 우리 기업의 최고 성공요인이다."

긍정정서의 효과는 여러 연구 사례에서 뚜렷하게 보여준다. 예를 들어, 수학시험을 앞둔 학생들에게 살아오면서 가장 행복했던 순간을 떠올리도록 했을 때 성적이 더욱 향상되었다(Bryan & Bryan, 1991). 그리고 긍정적인 감정을 유지하는 직장인들이 중립적 혹은 부정적인 감정 상태의 사람들보다 효율적으로 업무를 처리한다는 사실도 밝혀졌다(Kopelman, Rosette, & Thompson, 2006). 이러한 연구 사례들이 우리에게 전달하는 메시지는 분명하다. 지금 이 순간 행복을 느끼는 사람들은 계속해서 성공을 누리는 반면, 행복이 성공 너머에 있는 존재라고 믿는 사람들은 실패를 거듭한다는 것이다.

실제로 의료현장에서 벌어지고 있는 진단오류들은 창조적인 사고능력의 부족에 따른 고착현상anchoring 때문에 발생한다. 고착현상이란 초기 진단과 모순되는 새로운 정보가 나타나도 처음에 닻을 내린 지점에 계속해서 집착하는 현상을 말한다.

의사들의 긍정적인 감정 상태가 진단 과정에 어떠한 영향을 미치는지 알아보기 위해 의사들을 대상으로 한 가지 실험을 했다(Estrada, Isen, & Young, 1997). 우선 의사들을 세 그룹으로 나누고, 첫 번째 그룹에는 긍정적인 감정을 자극하고, 두 번째 그룹에는 중립적이고 객관적인 감정의 자극을, 세 번째 그룹은 아무런 자극이나 언질을 주지 않고 환자들을 진료하도록 했다. 이 연구의 목적은 세 그룹의 의사들이 얼마나 빨리, 정확하게 진단을 내리고, 어떻게 고착현상의 함정을 피해 나가는지를 관찰하는 것이었다. 그 결과는 첫 번째 그룹의 의사들이 가장 정확하고 신속하며 창조적으로 진단한 것으로 나타났다. 게다가 원래 정해진 시간의 20%밖에 쓰지 않았다. 이는 세 번째 그룹보다 두배 정도 빠른 속도였다. 또한 고착현상도 두배 반 정도 적게 나타났다. 긍정적인 감정을 자극하는 방법은 보너스나 승진, 휴가와 같은 실질적인 혜택이 아니라 고작 사탕 한 봉지로 충분했다. 아주 사소한 자극으로도 긍정적인 감정을 충분히 효과적으로 불어넣을 수 있다. 이 연구결과는 의사들의 진단능력을 높이기 위해 병원 측에서는 긍정적인 감정을 자극할 수 있는 근로환경에 투자해야 한다는 것이다. 의사에 대한 혜택을 다각화하고, 활기찬 분위기를 만들고, 탄력적인 방식으로 일할 수 있는 획기적인 방안들을 적극 검토해야 할 것이다. 물론 의사뿐만 아니라 간호사와 인턴, 그리고 병원에서 근무하는 다양한 기술자들 역시 마찬가지다.

6.4. 행복과 경쟁력

현대사회는 실력과 전문성의 시대이고, 인성과 창의성의 시대이다. 행복은 실력과 전문성의 시대에서 우리의 경쟁력을 높여준다. 중요한 프레젠테이션을 앞두고 신경써야 할 부분은 실수할까 봐 걱정하는 것이 아니라 긍정적인 감정을 최대로 고조하려고 노력해야 한다. 왜냐하면 긍정정서는 신속하게 사고능력과 창의력을 강화하고, 스트레스와 긴장감을 이완시키는 역할을 하기 때문이다. 이를 일컬어 심리학자들은 복원 효과undoing effect라 한다(Fredrickson, Mancuso, Branigan, & Tugade, 2000). 긍정적인 감정이 스트레스 상황에 대처하는 유연성을 크게 높여준다. 긍정적인 감정이 사고능력을 높이는 것은 물론 긴장감을 해소시키는 탁월한 효과가 있다. 실제로 긍정적인 감정에 노출된 피실험자들의 집중력과 사고능력은 긴장이 완화되면서 정상 상태로 회복되는 모습을 보였다(Fredrickson, 2001).

비즈니스 세계의 대다수의 사람들은 긍정적인 감정을 자극하는 이러한 노력들이 너무 간단하다거나 진지하지 않다는 이유로 종종 무시하는 경향이 있다. 하지만 긍정적인 감정이 비즈니스 환경에 미치는 효과를 입증해 주는 연구들은 헤아릴 수 없이 많다. 아마 당신에게도 생각만 해도 기분 좋아지는 그런 일이 하나쯤은 있을 것이다. 아무리 사소한 사건이나 경험이더라도 중요한 순간에 놀라운 효과를 발휘할 수 있다는 사실을 항상 기억하자.

우리들이 누리는 행복감은 얼마든지 달라질 수 있다. 행복이란 자신의 일과 세상을 바라보는 태도에 달려 있다. 행복감을 높이기 위해 생각과 행동의 차원에서 근본적인 변화를 추구하려는 노력도 중요하지만 일상 속에 깊이 배어 있는 작고 사소한 부분에 신경을 쓰는 노력 또한 중요하다. 재미있는 영상이나 친구와의 통화, 사탕 한 봉지로도 업무적인 차원에서 놀라운 변화를 만들 수 있다. 행복을 위해서는 거대한 변화도 의미가 있지만 행복이 우리를 찾아오는 역동적인 과정을 자세히 들여다본다면 일상적이고 사소한 일에 먼저 집중해야 한다는 사실을 깨달을 수 있다.

6.5. 행복과 몰입 수준

성공을 위해서는 휴식도 필요하다. 그러나 휴식이란 힘든 일을 해치우고 맞이할 때만 좋은 법이다. TV를 장시간 보는 것은 휴식과 거리가 먼 행동이다. 무의식적으로 우리의 뇌가 과도한 자극을 받기 때문이다. TV를 보다가 곧바로 잠자리에 들거나 TV를 켜놓고 졸다가 잠들면, 숙면을 취하지 못하고 수면의 질도 저하된다는 것은 이미 증명된 사실이다. 깨어 있는 상태에서 TV 보기도 몰입과는 거리가 멀다.

우리는 몰입경험을 하게 되는데, 몰입은 우리의 행복을 위해서 필요하다. 일과 자신이 하나가 되면 행복해지고, 일에 짓눌려 버리면 불행해진다. 미국의 심리학자 미하이 칙센트미하이(Mihaly Csikzentmihalyi)는 이런 종류의 행복을 몰입flow이라 부르고 몰입 상태에 이르기 위한 기본 조건들을 제시하였다. 분명한 목표, 재미, 집중적 행동, 근심걱정의 소멸, 어느새 흘러간 시간, 빠른 피드백, 뛰어난 과제 수행능력, 잘 컨트롤하고 있다는 느낌, 이런 것들이 몰입체험의 기본 조건들이다. 몰입을 방해하는 몰입브레이크 요인은 모든 것을 한꺼번에 처리하기, 능력 이상의 요구, 천천히 옳은 방향으로 가느니 재빨리 그릇된 방향으로 가기, 건성으로 일하기, 일할 때 항상 제 이익부터 따지고 남에게 잘 보일 궁리하기, 끊임없이 시계 보고 문자와 이메일 확인하기, 절대로 남에게 조언 구하지 않기 등이 있다.

몰입을 위해서는 무슨 일을 하느냐가 아니라 어떻게 하느냐가 중요하다. 이론적으로 우리는 어떤 직업을 가져도 행복할 수 있지만 실제로는 자신의 능력과 맞는 직업을 가질 때 더욱 쉽게 행복을 얻을 수 있다. 에카르트 폰 히르슈하우젠은 몰입이 섹스와 비슷하다고 말한다. 몰입의 느낌을 얻으려면 자신을 버리고 흐름 속에 몸을 내맡겨야 한다는 것이다. 또한 켄 윌버(Ken Wilber)에 따르면, 인간 발달의 최고 단계는 언제 어디서나 몰입이 가능한 상태라고 한다.

자기진단

에카르트 폰 히르슈하우젠(2010)은 『행복은 혼자 오지 않는다』에서 천직 체크리스트를 제안하였습니다. 여기에 제시한 천직 체크리스트는 그가 제안한 것과는 순서를 조금 달리했지만, 우리가 어떤 직업을 선택할 것인가를 결정할 때 유용하게 사용할 수 있을 것입니다.

하고자 하는 일이 당신의 천직인지 아닌지를 알고 싶으면, 가장 먼저 "나는 돈을 받지 않아도 이 일을 할 것인가?"라고 스스로에게 물어보세요. 만약에 "예"라고 대답했다면, 일단 1단계는 통과한 것입니다. 그 다음에 "일을 하는 동안에도 즐거움을 느끼는가?"라는 두 번째 질문에도 "예"라고 답했다면, 2단계도 통과한 것입니다. 그리고 "일에서 나의 주요 강점이 발휘되는가?"라는 세 번째 질문에도 "예"라면, 진지하게 직업으로 생각해 볼 필요가 있습니다. "같이 있으면 기분 좋은 사람들과 함께 일을 하는가?"라는 네 번째 질문에도 "예"라면, 거의 8부 능선은 넘은 것입니다. "일이 내게 의미가 있는가? 그리고 다른 사람에게도?"라는 다섯 번째 질문에도 "예"라면 주저 말고 그 직업을 선택하기를 권합니다. 일의 의미를 느끼는 사람은 목표에 지나치게 집착하고 조급해하는 태도에서 벗어나 과정이 주는 즐거움을 음미할 수 있습니다. 굳이 하나 더 질문을 해서 "처음부터 다시 시작할 수 있다면 이 일을 다시 하겠는가?"라는 여섯 번째 질문에도 "예"라면 확실한 천직입니다. 혹시 "아니오"라는 답을 해도 걱정할 필요는 없습니다. 나중에 다시 태어나면 그 일을 하지 않으면 됩니다.

천직 체크리스트

No.	문항	예	아니오
01	지금 돈을 받고 하는 일을 보수가 없이도 계속하겠는가?	Y	N
02	"먼저 일을 하고 나중에 즐기자" 라고 생각하는가, 아니면 일을 하는 동안에도 즐거움을 느끼는가?	Y	N
03	일에서 나의 주요 강점들이 발휘되는가?	Y	N
04	같이 있으면 기분 좋은 사람들과 함께 일하는가?	Y	N
05	일이 내게 의미가 있는가? 그리고 다른 사람에게도?	Y	N

No.	문항	예	아니오
06	처음부터 다시 시작할 수 있다면 이 일을 다시 하겠는가?	Y	N
07	내가 열심히 노력하는 걸 남들도 아는가?	Y	N
08	내가 열심히 노력하는 걸 남들도 안다는 걸 내가 아는가?	Y	N
09	일이 너무 힘들거나 너무 시시한가?	Y	N
10	일을 통해 새로 배우는 것이 있는가?	Y	N
11	아침에 일어났을 때 휴식시간이나 퇴근시간 외에 다른 무언가에 대한 즐거운 기대가 생기는가?	Y	N
12	나보다 더 크고 나를 능가하고 나 없이도 계속 존속될 어떤 가치에 내가 기여하는가?	Y	N

출처: 에카르트 폰 히르슈하우젠(2010).

자기존중감 척도

1(전혀 그렇지 않다) - 2(그렇지 않다) - 3(반반이다) - 4(그렇다) - 5(매우 그렇다)

번호.	나의 자기존중감은?	응답
01	나는 내가 다른 사람들처럼 가치있는 사람이라고 생각한다.	
02	나는 좋은 성품을 가졌다고 생각한다.	
03	나는 대체로 실패한 사람이라는 느낌이 든다.	
04	나는 대부분의 사람들과 같이 일을 잘 할 수 있다.	
05	나는 자랑할 것이 별로 없다.	
06	나는 내 자신에 대하여 긍정적인 태도를 가지고 있다.	
07	나는 내 자신에 대하여 대체로 만족한다.	
08	나는 내 자신을 내가 조금 더 존경할 수 있으면 좋겠다.	
09	나는 가끔 내 자신이 쓸모없는 사람이라는 느낌이 든다.	
10	나는 때때로 내가 좋지 않은 사람이라고 생각한다.	

출처: Rosenberg(2017).

Chapter 12

연애심리

Psychology of Loving

Chapter 12

연애심리

사랑은 서로 마주 보는 것이 아니라 같은 방향을 바라보는 것이다.

Love does not consist in gazing at each other, but in looking together in the same direction.

– 앙투안 드 생텍쥐페리(Antoine de Saint-Exupéry) –

사랑은 인간관계에 있어 가장 아름답고도 복잡한 여정이다. 사랑은 혼자 할 수 없다. 물론 짝사랑을 할 수도 있지만 진정한 사랑은 누군가와 함께 만들어가는 과정이기 때문이다. 서로 다른 두 영혼이 만나 하나의 리듬으로 춤출 수 있을 때 우린 연인이 된다. 연인이 된다는 것은 단순한 감정의 교환을 넘어서 상대방의 존재 전체를 받아들이겠다는 약속이기도 하다. 사랑은 우리의 삶을 아름답고 행복하게 만든다.

사랑은 동서고금을 막론하고 예술과 문학에서 가장 많이 다루는 주제이다. 한 개인의 삶에 있어서도 사랑이 기쁨과 슬픔, 환희와 고통, 행복과 불행을 좌우하는 중요한 이유가 된다는 것은 부정할 수 없는 사실이다. 사랑은 때로 가장 큰 행복을 주기도 하지만 동시에 가장 깊은 고통이 되기도 한다. 사랑이 가득할 때는 세상을 다 가진 듯이 행복을 누리지만, 사랑이 마음처럼 되지 않거나 끝나버리면 세상을 모두 잃은 듯 힘들고 괴롭다. 누군가를 진정으로 사랑하기 위해서는 먼저 자신을 사랑해야 한다. 자기 사랑이 없는 사랑은 종종 상대방에 대한 의존이나 집착, 불안정으로 이어질 수 있다. 건강한 관계를 위해서는 서로에게 의존하는 것이 아니라 온전한 개인 간의 연결이 되어야 한다.

최근에는 연애에 대한 생각도 많이 변화하고 있다. 연애와 결혼은 별개라는 말도 있고, 연애만 하고 결혼은 안 하려고 하기도 한다. 하지만 행복에 관한 연구에서 일관성 있게 나타나는 결과는 결혼한 사람들이 그렇지 않은 사람들보다 더 행복하다는 것이다(Diener et al., 1999, Myers, 2000). 이런 결과는 다양한 연령층, 소득 수준, 교육 수준, 인종에서 공통적으로 나타나고 있다. 물론 결혼 자체가 행복을 보장하는 것은 아니다. 더 중요한 요인은 결혼생활의 질이다. 물론 정답은 없지만, 진정 행복해지고 싶다면 연애와 결혼생활을 통해 양질의 행복경험을 하는 것이 필요하다.

1. 사랑의 시작

우리는 종종 사랑을 '운명적'으로 시작하려 한다. 눈이 마주친 그 찰나의 순간, 우연히 스친 손길, 혹은 대화 속에서 느껴지는 미묘한 공명을 통해 연인관계의 시작은 종종 이렇게 작지만 강렬한 순간들로 이루어지기도 한다. 하지만 사랑은 의도적이고 선택적인 감정이고 체험이다. 때로는 우리가 상상했던 것보다 더 많은 용기를 요구하는 과정이기도 하다. 사랑이란 감정이 올라오는 건 자연스럽지만, 그 감정을 어떻게 다루고 관계를 어떤 방향으로 이끌지 결정하는 건 우리의 몫이다. 사랑의 시작을 더 건강하게 만들기 위해서는, 그 순간의 달콤함에 휩쓸리기보다 조금은 천천히, 조금은 신중하게 자신과 상대를 바라보는 노력이 필요하다. 오늘날 디지털 기술의 발전과 팬데믹 이후의 사회적 변화로 인해 만남의 형태는 훨씬 다양해졌지만, 인간의 마음이 다른 마음에 끌리는 근본적인 메커니즘은 변하지 않았다.

1.1. 첫 만남

사랑은 만남으로 시작된다. 첫 만남에서 우리는 놀라울 정도로 많은 정보를 단시간에 처리한다. 극히 제한된 정보만으로 짧은 시간에 판단을 내리거나 결정하는 현상을 심리학자들은 '얇은 조각thin-slicing'라고 부른다. 이 과정은 대부분 무의식적으로 일어나고, 우리는 상대방의 표정, 목소리 톤, 자세, 그리고 말의 내용을 종합하여 첫인상을 형성하게 된다. 그렇다고 이런 첫인상이 항상 정확한 것은 아니다. 때로는 우리의 고정관념이나 편견, 과거 경험, 그리고 현재 감정 상태가 첫인상에 관한 판단을 왜곡시키기도 한다.

많은 연인이나 결혼한 커플들의 대부분은 첫 만남의 순간을 생생하게 기억하는 경우가 많다. 스쳐 지나가는 수많은 인연 속에서 사랑하는 사람과 이루어진 만남의 순간은 마치 시간이 잠시 멈춘 것처럼, 혹은 세상의 다른 모든 것이 흐릿해지고 그 사람만 선명하게 보였다고 말하는 경우가 많은 걸 볼 수 있다. 물론 이런 경험이 항상 첫눈에 사랑에 빠졌다는 극적인 형태로 나타나는 것은 아니지만, 많은 경우에 어떤 식으로든 그 사람만의 특별함을 인식하는 순간이 존재한다.

사랑의 초기는 진정성보다는 가능성과 낭만으로 가득 차 있다. 자신이 이상적으로 여기는 특성을 가진 사람을 만나면, 우리는 그 사람에 대해 깊이 고민하기보다는 직관적인 호감과 기대에 빠진다. 마치 사업을 계획할 때 아무 근거 없이 "잘 될 것 같다"고 믿는 것처럼, 사랑도 근거 없는 낙관 위에서 출발할 수 있다. 왜냐하면, 사랑의 시작은 단지 느낌만으로도 충분히 작동하기 때문이다.

우리는 사회생활 속에서 다른 사람들에게 호감을 느끼고 그들과 관계를 맺고 그 관계를 토대로 친밀한 관계로 발전시키고 유지하면서 살아간다. 그중 연인관계는 사랑을 바탕으로 하기에 친밀한 관계 이상의 의미를 가지며, 살면서 경험할 수 있는 가장 가까운 관계를 만드는 것이다. 연애심리의 기본적인 큰 그림은 먼저 호감이 생기고, 친밀감이 생긴 다음에, 사랑이라는 특별한 심리적 체험에 흠뻑 빠져서 맘껏 행복해하다가 결혼에 골인하거나 헤어지는 과정을 밟는다.

1.2. 호감

우리는 누구나 이성에게 호감을 주고받고 싶어 한다. 특히 마음에 쏙 드는 이성이라면 더욱 그 사람의 호감을 사고 싶어 한다. 그러나 진정한 호감은 상대를 조작하거나 나를 연출해서 얻는 것이 아니다. 이성에게 호감을 준다는 것은 나를 전면에 내세우는 것이 아니라, 내가 상대를 얼마나 따뜻하게 받아들이는가를 보여주는 것이다. 편안한 말투, 진심이 느껴지는 태도, 상대를 향한 관심과 존중을 통해 자연스럽게 배어 나오는 '느낌'이 중요하다.

상대를 사로잡기 위한 화려한 말보다 상대의 말을 진심으로 듣는 태도가 더 강한 인상을 남긴다. 관심은 기술이 아니라 정성이고, 좋은 인상은 무언가를 하려고 애쓰는 것이 아니라, 자기 자리에서 빛나는 나로부터 만들어진다. 이성은 그런 사람에게 마음이 열린다. 조급하거나 과장된 표현보다는 적절한 여백과 따뜻한 눈빛이 더 오래 남는다. 심리학 연구에 의하면, 호감은 신체적 매력이 있거나, 유사성이 많거나, 친숙해지거나, 서로에게 보완이 되거나, 도움이 될 때 높아지는 경향이 있다.

그리고 무엇보다 중요한 것은 호감을 주는 사람은 자신이 누구인지 알고 있는 사람이다. 나 자신을 꾸미기보다는 다듬고, 말하기보다는 들어주며, 내 삶의 중심을 잃지 않으면서도 상대를 배려할 줄 아는 사람, 그런 사람이 곁에 있을 때, 이성은 자신도 모르게 마음의 곁을 내주게 된다. 사랑의 출발은 누군가에게 좋은 인상을 남기고 싶은 그 마음 하나에서 시작된다. 단지 잘 보이고 싶은 내가 아니라, 함께하고 싶은 나로 말이다.

1.3. 호감을 얻는 방법

살아가면서 다양한 인간관계의 여정에서 이성에게나 동성에게 호감을 얻는 일은 단순한 감정의 문제 이전에 조금 더 복잡한 관계의 기술이다. 이 기술은 무엇보다 진심을 기반으로 한다. 상대에게 호감을 주기 위한 실천 방법 중에서 효과적인 몇 가지를 살펴보자.

첫 번째 실천 방법은 진정성 있는 소통하기이다. 우리는 종종 말하기에 집중하여 상대방의 마음을 얻으려 하지만, 사실 더 강력한 매력의 무기는 듣기의 기술이다. 경청listening은 단순히 상대방의 말을 듣는 행위를 넘어선다. 상대방의 말에 담긴 의미까지 읽어주고, 상대방의 감정에 공감하는 표현을 하는 것이 중요하다. 진심은 눈빛에서 시작된다. 부드럽고 따뜻한 눈맞춤으로 상대방의 말에 관심이 있음을 보여준다. 상대방의 말에 집중할 때는 스마트폰을 멀리하고 온전히 그 순간에 몰입하는 것이 중요하다. 국민MC로 사랑받는 유재석도 뛰어난 언변보다도 진심 어린 눈빛과 상대방의 말을 잘 경청하고 공감해 주는 것으로 유명하다.

두 번째 실천 방법은 작은 것도 기억하기이다. 인간은 자신에게 관심을 가져주는 사람에게 자연스럽게 끌린다. 하물며 관심 있는 누군가가 나의 작은 취향, 선호도, 중요한 날짜 등을 기억한다면 나를 특별하게 생각하는 강력한 메시지로 그 사람에게 호감을 갖는 것은 당연한 일이다. 상대가 좋아하는 책, 영화, 음악 등을 알아두고 관련 정보나 추천으로 대화를 이어가는 것도 좋고, 생일이나 기념일뿐만 아니라 중요한 발표나 시험 등 개인적인 이벤트를 메모해 두거나 의식적으로 기억했다가 챙기는 것도 좋은 방법이다.

세 번째 실천 방법은 온전한 자신의 삶을 살아가기다. 아이러니하게도 이성에게 호감을 얻기 위한 효과적인 방법 중 하나는 상대방에게 지나치게 의존하지 않는 것이다. 자신의 삶을 충실히 살아가면서 자신의 일에 열정적인 사람이나 자기계발을 끊임없이 해나가면서 자신의 세계가 풍요로운 사람은 매력적이다. 매력적인 사람들은 자신의 목표와 성장에 지속적으로 투자한다. 취미, 관심사, 친구관계 등 자신만의 생활 영역을 건강하게 유지하면서, 상대방과 함께 하지 않는 시간도 충실하게 보내는 방법을 모색하는 것이 필요하다. 상대방에게 모든 감정적 필요를 충족시켜 달라고 기대하지 말고 스스로 감정을 관리하는 능력을 키우는 것이 중요하다.

네 번째 실천 방법은 도움이 되는 사람이 되기다. 사람들은 자신에게 보상을 주는 사람들을 좋아하며 보상을 주지 않는 사람을 좋아하지 않는 경향이 있다(Brehm, 1992).

사회적 상호작용에서 사람들은 정보나 애정, 지위, 돈, 기술 그리고 친절 등의 다양한 보상을 서로 주고받는다. 일상에서의 작은 배려가 큰 인상을 남기기도 한다. 엘리베이터 문 잡아주기, 주차선에 맞춰 잘 주차하기, 무거운 짐 들어주기 등 사소한 도움을 실천하는 것도 상대방을 기분 좋게 만든다. 함께 하는 활동에서 상대방의 스케줄이나 컨디션을 배려하는 것도 필요하다. 상대방의 필요와 편안함을 먼저 생각하는 태도는 깊은 여운을 남긴다.

다섯 번째 실천 방법은 자기 관리하기다. 신체적 매력을 가꾸는 것은 단순한 미적 행위를 넘어, 자기 자신을 존중하는 표현이다. 중요한 것은 사람들의 기준이 아니라 자신에게 가장 잘 어울리는 스타일을 찾는 것이다. 자신의 체형, 피부톤, 개성에 맞는 자신만의 스타일을 찾아 일관성 있게 유지한다. 특히, TPOTime, Place, Occasion에 맞는 행동이나 복장은 자신을 더 감각 있고 매력적으로 보이게 한다. 상대방이 특별히 더 신경 쓴 모습으로 나타났을 때, 그것은 나와의 만남을 중요하게 생각한다는 무언의 메시지를 담고 있는 표현으로 볼 수 있다. 향기 마케팅이라는 말이 있을 정도로 향기도 중요한 요소로, 과하지 않은 좋은 향수로도 관리하는 자신을 표현할 수 있다.

2. 사랑으로 깊어지는 관계

연인관계는 첫 만남의 설렘에서 시작하여 시간이 흐름에 따라 더욱 깊고 의미 있는 사랑으로 발전한다. 관계에 있어 깊이란 서로에 대한 이해의 정도를 의미한다. 상대방의 장점뿐만 아니라 약점, 두려움, 상처까지도 알게 되는 과정이다. 이 단계에서는 초기의 환상이 깨지고 현실이 드러난다. 일상의 소소한 갈등, 기대와 다른 모습들, 그리고 서로의 다름을 마주하게 된다. 사랑이 시작될 때, 그 감정은 확실히 특별하다. 하지만 그 특별함이 오래가기 위해서는 서로를 알아가며 천천히 쌓아 올리는 신뢰와 이해가 필요하다. 사랑의 시작은 판타지로 시작하더라도, 그 판타지를 현실로 바꾸는 건 결국 우리의 성숙한 태도이다.

깊은 연인관계는 하루아침에 만들어지지 않는다. 처음의 열정이 서서히 가라앉고, 상대방의 있는 그대로의 모습을 보게 된다. 어떤 사람들은 이 시기를 견디지 못하고 관계를 끝내기도 하지만 진정한 관계는 이 단계를 지나면서 형성된다. 상호 존중과 이해, 그리고 끊임없는 노력이 필요하다. 상대방의 불완전함을 받아들이고, 함께 하기로 선택할 때 관계는 더욱 단단해진다.

2.1. 사랑의 구성요소

심리학자 스턴버그(Sternberg, 1986)는 사랑의 삼각형 이론에서 사랑은 친밀감, 열정, 그리고 헌신이라는 세 요소로 구성되어 있다고 말한다. 첫째, 친밀감intimacy은 정서적 측면으로, 정서적 교류나 의사소통의 유무 등 서로에 대한 의지 등 사랑하는 관계에서 나타나는 가까운 느낌을 의미한다. 초기에는 상대방을 파악하려고 친밀감을 높이게 되다가 어느 정도 파악이 되면 친밀감을 높이려는 시도가 감소하여 안정된 상태가 된다. 둘째, 열정passion은 감각적 측면으로, 사랑하는 사람과 하나가 되려는 강렬한 욕구와 신체적 매력이다. 친밀감과 달리 빠른 속도로 증가하며, 배타성이 있다. 초기에는 뜨겁고 격렬한 열정을 느끼지만 점차 습관화되면서 이후에 강도가 둔화될 수 있다. 셋째, 헌신commitment은 의지적인 측면으로, 단기적으로는 자신이 가진 감정을 인정하고 상대방을 사랑하기로 결심하며, 장기적으로는 그 사랑을 지속하기로 하는 헌신의 2가지를 포함한다. 대표적으로 약혼과 결혼의식이 해당되며, 사랑의 약속을 하거나 사랑의 징표나 선물을 교환하는 일, 주변 사람에게 연인을 소개하는 것, 상대방을 위해 자신의 시간과 에너지, 물질을 사용하고 서비스를 제공하는 등의 행동을 하는 일이 있다.

초기 만남에서는 주로 열정의 요소가 강하게 작용하지만, 시간이 지남에 따라 친밀감과 헌신이 발전하면서 더 균형 잡힌 사랑으로 발전한다. 스턴버그는 사랑의 삼각형의 면적이 넓을수록, 세 요소가 균형을 이루어 정삼각형 형태에 가까워질수록 이상적이고 완전한 사랑이라고 하였다.

사랑의 구성요소
Components of Love

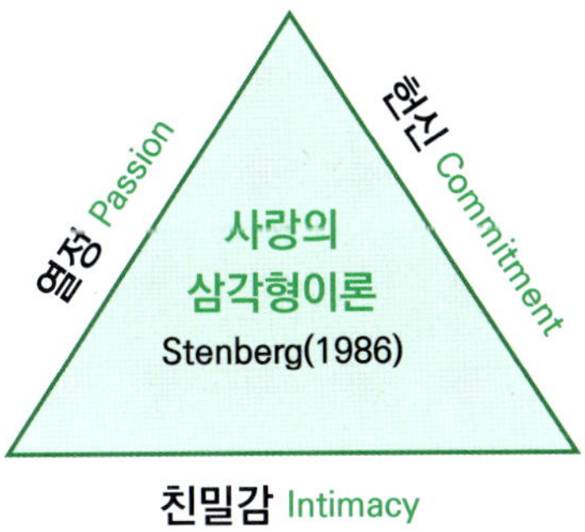

2.2. 사랑에 빠지면 몸도 마음도 변한다

우리는 사랑을 하게 되면 마음에 큰 변화가 생겨나게 되지만, 우리의 몸도 그에 못지않게 달라진다. 다양한 호르몬이 사랑이란 현상에 관련이 있다. 호르몬hormone은 우리 몸의 한 부분에서 분비되어 혈액을 타고 표적기관으로 이동하는 일종의 화학물질이다. 먼저 사랑에 빠진 사람은 사랑의 전도사 혹은 행복호르몬이라고 불리는 도파민Dopamine이 분비되면서 행복감에 빠져들게 된다. 도파민은 뇌에 이런 좋은 느낌을 줘서 사랑이 시작될 수 있게 시동을 걸어준다. 사랑의 시작부터 끝날 때까지 우리의 몸에서 분비되는 화학물질은 우리의 정상적인 생활을 어렵게 만들 정도로 쾌감을 주고 우리를 흔들어 놓는다.

대부분의 연인들은 자신이 해야 할 일들을 뒤로 미루거나 위험을 감수하는 등 어느 정도 용기가 필요한 행동을 서슴없이 하게 된다. 사랑에 빠진 사람들이 이러한 행동을 할 수 있는 것은 두려움을 극복하도록 용기를 주는 노르아드레날린Noradrenalin이라고도 불리는 노르에피네프린Norepinephrine 덕분이다. 사랑에 빠지면 우리는 평소와는 다른 상황에 놓이게 되므로 평형 상태에서 이탈한 몸은 이를 스트레스로 간주하고 노르에피네프린을 분비한다. 이 호르몬은 심장을 빨리 뛰게 만든다. 사랑하는 사람이

눈에 들어오는 순간부터, 아니 연인을 생각하기만 해도 우리의 심장은 빠르게 뛰게 된다. 그래서 사랑을 하면 우리를 들뜨고 설레게 만든다.

사랑을 하면 잠 못 드는 밤도 많아진다. 세로토닌Serotonin은 정신적인 안정감을 위해서 체내에 약 10mg 정도 가지고 있어야 한다. 세로토닌 수치가 낮아지면 수면장애나 불안과 같은 증세가 유발된다. 세로토닌 부족이 장기화되면 스토커처럼 편집증적인 반응을 보이기도 한다. 실제로 사랑에 빠진 사람과 강박증 환자의 혈액에서 세로토닌의 농도가 평균보다 40%나 낮게 나타났다. 이처럼 사랑을 하면 일상적인 느낌이 아니라 안정감에서 벗어난 상태가 된다.

사랑을 하는 사람의 뇌에는 행복호르몬 도파민과 함께 페닐아틸아민Phenylethylamine: PEA이 변연계에 가득 차게 된다. 대뇌 아랫부분에 위치한 변연계Limbic system는 우리의 감정과 기억에 관여하는 희노애락의 중심부위이다. 특히, 변연계의 시상하부Hypothalamus는 즐거움과 성적 만족도를 담당하고, 편도Amygdala는 감정과 두려움을 관할한다. 페닐아틸아민은 천연 암페타민으로 알려져 있는데, 암페타민Amphetamine은 중추신경을 자극하는 각성제이다. 페닐아틸아민은 심장박동을 증가시키고 마약과 같은 행복감을 주기 때문에, 연인이 지치지 않고 밤새 사랑을 나눌 수 있는 것이다.

그런데 더 재미있는 것은 이 페닐아틸아민에 의한 효과가 길어야 30개월이라는 점이다. 이것은 아무리 첫눈에 빠져 정신 못 차리던 연인들도 채 3년을 넘기지 못하고 그 사랑이 시들해지게 된다는 점을 알려주는 것이다. 사랑에 빠진지 6개월이 지나면 처음의 흥분은 조금씩 가라앉는다. 우리의 몸에 분비되는 화학물질이 줄어들고, 뇌의 활성화부위도 변화하게 된다. 욕구와 감정의 중추인 변연계에서 이성과 합리적 판단의 뇌인 신피질Neocortex로 옮겨가게 된다. 그러면 로맨틱한 사랑은 그 모습을 동료애와 같은 다른 형태를 취하게 된다.

2.3. 서로를 깊이 알아가는 여정

첫 만남 이후 관계가 형성되고 발전하는 단계는 향후 관계의 방향을 설정하는 중요한 시기이다. 이 시기는 흥분과 불확실성이 공존하며, 서로를 알아가는 탐색의 여정이라고 할 수 있다. 그래서 데이트는 단순한 시간 보내기 이상의 의미를 갖는다. 그것은 서로를 다양한 맥락에서 관찰하고, 각자의 삶과 서로의 삶을 살아갈 수 있다는 양립 가능성을 탐색하며, 감정적 연결을 형성하고 강화하는 과정이다. 초기 데이트는 재미와 가벼움에 중점을 두는 경향이 있지만, 관계가 진행됨에 따라 친밀감을 바탕으로 더 깊은 대화와 의미 있는 경험을 공유하게 된다.

데이트를 통해 우리는 상대방의 가치관, 목표, 습관, 그리고 성격을 점차적으로 알아간다. 다양한 상황과 활동을 함께 경험하면서 상대방이 타인을 어떻게 대하는지, 스트레스에 어떻게 대처하는지, 갈등을 어떻게 해결하는지 관찰할 수 있다. 이런 관찰을 통해 장기적인 관계의 잠재력을 평가하고 관계의 지속 여부를 결정짓는 데 중요한 정보를 제공한다.

남녀가 하나가 되어 교감하면 파트너의 성호르몬이 자신의 체내에서도 높아진다. 그리하여 성행위를 하면 여성의 혈액 안에 남성호르몬 테스토스테론Testosterone의 수치가 높아지면서 여성은 더욱 적극적이고 능동적으로 행동하게 된다. 반면에 남성은 모든 면에서 긴장이 풀어지고 느슨해져서 만족감에 젖어들어 조용해진다. 남녀가 사랑을 나누면서 오르가즘에 도달하려면 남자들은 '따끈한' 생각이 필요하고 여자들은 '따뜻한' 말이 필요하다. 남자들이 오르가즘에 도달하면 보상중추인 복측피개영역 Area tegmentalis ventralis의 활동이 활발해지는 데 반해서, 여자들이 오르가즘에 도달하면 뇌의 상당 부분에서 활동이 활발해지기보다는 오히려 저하된다. 특히 충동의 통제와 자제력을 관할하는 좌측 안와전두피질의 활동이 본격적으로 둔화된다. 여성이 쾌감을 느끼려면 먼저 제동이 풀려야 한다. 즉 자신에 대한 통제를 놓아버리는 과정이 선행되어야 한다.

사랑을 나눈 후에 남성과 여성에게 모두 혈중 프로락틴Prolactin 수치가 증가한다. 이것은 원래 젖의 형성을 촉진시키는 유선자극 호르몬인데, 휴식과 졸음에 관여한다. 프로락틴이 증가하면 여성과 남성 모두에게서 새끼를 돌보는 행동이 유발되어서, 남녀 모두가 서로 몸을 맞대고 기대어 의지하기를 좋아하게 된다. 또 이 호르몬은 흥분을 담당한 도파민의 작용을 억제한다. 그래서 폭풍이 지난 다음에 고요가 찾아오게 되면 한동안 휴식을 취하는 상태를 유지하게 되는 것이다. 혼자서는 이런 만족감을 얻을 수 없다. 자위를 통해 얻은 오르가즘이 더 강렬할지는 몰라도 행복감은 주지 못한다. 파트너와의 절정감은 성적 만족도가 훨씬 더 높기 때문에 충분히 보상이 된다.

사랑을 나눌 때 오르가즘을 느끼는 능력은 여성의 생활만족도에도 상당한 영향을 미친다. 규칙적으로 오르가즘을 맛보는 여성들의 정확히 2/3가 자신의 삶을 대단히 행복하다고 생각한다. 여성 파트너가 사랑을 나눌 때 자주 오르가즘을 느끼는 커플은 가장 행복하다. 반면에 남성의 오르가즘 여부는 여성의 성적 만족도에 별다른 영향을 미치지 않지만, 상대가 그날의 주인공인 날에는 매우 중요해질 수 있다.

그렇다고 데이트가 항상 낭만적인 것만은 아니다. 때로는 양립 불가능성과 적신호를 발견하는 과정이기도 하다. 초기 단계에서 이러한 신호를 무시하는 것은 흔하지만, 장기적으로는 큰 어려움을 초래할 수 있다. 따라서 데이트는 환상에 빠지는 시간이 아니라, 현실적인 평가를 위한 시간으로 접근하는 것이 중요하다.

2.4. 차이를 인정하고 수용하기

우리는 가치관, 관심사, 배경, 그리고 성격 등 자신과 비슷한 사람을 좋아한다. 이를 '유사성 매력'이라고 한다. 그러나 동시에 우리는 자신에게 없는 특성을 가진 사람들에게도 끌리게 되는데 이를 '상보성 매력'이라고 한다. "정반대가 끌린다"는 속설도 있으나 유사성이 사람을 친하게 만드는 중요한 요인임에는 분명하다.

사귀다 보면 초기의 환상이 깨지는 순간을 맞이한다. 처음에 보지 못했던 상대방의 습관, 가치관의 차이, 성격적 특성들이 점차 드러나면서 실망과 좌절을 경험하기도 한다. 깊은 관계는 평범한 순간들 속에서 자라난다. 함께 아침을 맞이하고, 함께 여행이나 시간을 보내면서 겪는 다양한 장면에서, 스트레스와 기쁨을 풀어내는 방식 등을 통해 상대방의 모습이 여과없이 그려진다.

깊은 관계의 핵심은 완벽한 일치가 아니라 차이점의 수용에 있다. 차이를 수용한다는 것은 상대방을 내 입맛에 맞게 바꾸는 게 아니라, 있는 그대로의 모습을 존중하는 것을 의미한다. 이것이 진정한 선택과 사랑의 표현이다. 건강한 관계에서는 이러한 차이가 서로를 보완하고 함께 성장할 수 있는 기회가 된다.

2.5. 사랑에 대한 오해에서 벗어나기

남자와 여자는 싫든 좋든 어울려 살게 되어 있다. 남녀의 사랑과 성은 세상이 각박하고 살벌할수록 유일한 안식과 행복의 출처가 된다. 프로이트(Freud)는 일과 사랑의 능력을 정신건강의 지표로 보았다. 건강하고 성숙한 사람만이 일에 몰두하고 타인을 사랑할 수 있으며 진정한 성적 만족도 누릴 수 있다고 보았다.

일반적으로 사람들이 사랑에 대해 갖고 있는 몇 가지 오해들이 있다.

대표적인 경우를 몇 가지 예로 들어 보자. 먼저, 많은 사람들이 "참된 사랑은 단 한 번만 운명적으로 다가오는 것이다. 따라서 그런 사랑이 올 때 잡아야 한다."는 잘못된 생각을 갖고 있다. 일생에 거쳐 참된 사랑을 단 한 번만 하는 사람도 있지만, 몇 번이고 여러 번 사랑을 경험하는 사람도 있고, 사랑을 전혀 해보지 못하는 사람도 있다.

사랑은 우리의 삶 속에서 여러 번 경험하게 되는 아름답지만 때로는 쓰라린 경험이라는 것을 아는 것이 보다 현실적이다(김종운, 박성실, 2011). 첫눈에 반할 수도 있다고 하지만 이것이 진정한 사랑이라고 볼 수 없다. 만난 적도 없고 알지도 못하는 사람을 어떻게 사랑할 수 있는가 그것은 단지 '반했을 뿐'이다. 섹스, 언약식, 약혼, 그리고 결혼에 대한 결정을 내릴 때는 특별히 신중해야 하고 이성적이어야 한다.

또한 "사랑이면 무엇이든 다 해결할 수 있다. 사랑은 모든 문제에 대한 해답이다."라는 잘못된 생각도 자주 목격할 수 있다. 사랑하는 사람들은 역경을 이겨내고 어려움에 맞설 수 있다. 그러나 사랑이 언제나 길을 찾아주는 것은 아니다. 비슷하게, "사랑한다면 어떤 조건도 문제될 것이 없다"는 생각도 있다. 진실한 사랑이 확실히 많은 문제들과 걸림돌을 헤쳐 나가는 데 도움이 되지만, 모든 것에서 성공을 보장하는 것은 아니다. 사랑에 의한 행복은 여건과 상황에 따라서 자신들의 의지와는 달리 파괴될 수 있다.

다른 예는 "진정한 사랑은 고통과 슬픔을 수반한다."는 오해이다. 진정한 사랑은 고통과 슬픔보다는 행복과 기쁨이 함께한다. 상대방이 사랑하지 않는데, 한쪽만 계속해서 사랑하는 식으로 관계가 어긋나게 될 때, 고통과 슬픔이 커지는 것이다. 사랑이 고통과 슬픔만을 가져온다면, 그 관계를 끝낼 것을 진지하게 생각해야 한다. 반대로, "사랑에 빠지면 마냥 행복하기만 할 것이다."라는 비현실적인 기대도 있다. 사랑은 부정적인 정서와 쓰라린 고통을 낳을 수 있다. 사랑을 할 때 우리의 감정은 양가적이다. 우리는 사랑하는 상대방에게 더 많은 것을 요구하고 기대하는 경향이 있다. 데이비스(Davis, 1985)에 의하면, 사람들은 연인과 배우자를 대할 때 친구보다 더 참을성이 없고 비판적인 행동을 더 많이 하는 경향이 있다.

2.6. 남녀의 차이 이해하기

연애를 할 때, 남자와 여자 중 누가 더 행복한가? 대답은 '그 어느 쪽도 아니다'다. 남자와 여자는 모두 거의 비슷한 수준의 행복을 보고했다(Diener, Suh, Lucas, & Smith,

1990; Ingelhart, 1990; Manstead, 1992). 남자와 여자는 비슷하게 행복 수준을 보고하고 자신의 삶에 대체로 만족해했다. 일상적으로 경험하는 정서적 삶에 있어서는 남자와 여자가 유의미한 차이가 있다. 전반적인 행복 정도에서는 남녀가 유사하지만, 정서경험에서는 차이를 보인다. 여자는 남자에 비해서 부정적인 정서를 더 많이 경험하고 우울과 불안과 같은 내면화 장애internalizing disorder를 더 많이 겪는다(Nolen-Hoeksema & Rusting, 1999). 우울증과 불안장애의 성차는 생의 초기에 나타났다.

남녀 간의 차이를 명쾌하게 설명한 존 그레이(John Gray, 1992)의 『화성에서 온 남자 금성에서 온 여자』에 나오는 내용 중 몇 가지를 살펴보면 다음과 같다.

첫째, 남자와 여자의 가치관은 본질적으로 다르다. 남자들은 어떻게든 해결책을 제시하려 들고 감정 따위는 무시하는 반면에, 여자는 쓸데없는 조언과 보살핌을 제공하려 한다. 이런 이유 때문에 문제 상황에 놓이면 여자는 남자가 문제를 스스로 해결하도록 믿어주고 지지해 주기만 하면 되는 반면에, 남자는 여자의 문제를 잘 들어주고 공감해 주기만 해도 여자에게 도움이 된다.

둘째, 남자와 여자는 스트레스를 해결하는 방법이 다르다. 남자는 스트레스 상황이 닥치면 다른 사람들이 모르는 어디론가 사라져서 자기를 괴롭히는 문제에 대해 조용히 혼자서 생각해 보는 경향이 있는 반면에, 여자는 자신의 문제에 대해 누군가에게 이야기하고 싶어 하는 본능적인 욕구가 있다.

셋째, 남자와 여자는 동기가 유발되는 방법이 다르다. 남자는 상대가 자기를 필요로 한다고 느낄 때 마음이 움직이는 반면에, 여자는 자기가 상대로부터 사랑받고 있다고 느낄 때 의욕이 생겨난다. 남자는 신뢰와 인정, 찬사를 받고 싶어 하지만, 여자는 관심과 이해, 공감을 받고 싶어 한다. 그리고 남자는 목표 지향적이고 유능함과 자율성을 과시하고 싶어 하기 때문에 누군가가 자기를 필요로 한다고 느낄 때 힘이 솟는 반면에, 여자는 관계 지향적이어서 친밀감과 관심, 보살핌과 대화를 원하기 때문에 누군가가 자기를 사랑하고 있다고 느낄 때 마음이 움직인다.

넷째, 남자와 여자는 다른 언어를 사용한다. 부정적인 감정이 솟아오르면 이를 상대에게 그대로 전달하는 것이 아니라 남자는 여자에게 냉정하고 야비하게 들릴 수 있는 말을 거침없이 내뱉는 반면에, 여자는 남자에게 비난하거나 원망조의 말을 한다. 또한 여자는 상대에게 도움을 요청하지 않아도 도와주는 것이 서로에게 사랑을 보여주는 것이라 생각하기 때문에 도움을 요청하지 않지만, 남자는 요청이 있어야만 비로소 움직인다.

다섯째, 남자와 여자는 친밀성과 자율성에서 차이가 있다. 남자는 친밀성 욕구와 자율성 욕구가 번갈아 작용하기 때문에 이성을 좋아하면서도 가까이 다가갔다가는 곧 멀어지려고 하는 행동을 반복한다. 반면에 여자는 친밀성 욕구가 생겨나면 자율성 욕구는 완전히 사라져버리기 때문에 늘 같이 있고 싶어 한다.

여섯째, 남자와 여자는 사랑에 차이가 있다. 남자가 원하는 사랑은 주로 신뢰해 주고 인정해 주고 고마워하는 그런 종류인 반면에, 여자는 관심을 기울여주고 이해해주고 존중해 주는 사랑을 필요로 한다.

일곱째, 남자와 여자는 행동방식이 다르다. 남자는 항상 자기가 옳은 것처럼 행동함으로써 여자의 감정 따위는 무시해 버리는 경향이 있는 반면에, 여자는 상대에게 이의를 제기하는 대신 자기도 모르게 불만이나 비난을 표시한다.

여덟째, 남자와 여자는 채점방식도 다르다. 남자는 크기에 민감하지만, 여자는 크기와 상관없이 모두 같은 비중으로 받아들인다. 여자는 하나의 큼직한 선물에 많은 점수를 주기보다는 작은 사랑의 표현들이 그에 못지않게 중요하다.

3. 인생 2막, 결혼

흔히 인생은 연극 같다고 말하는데, 아리스토텔레스와 셰익스피어 이래로 이야기 구조를 주로 3막으로 풀어 나가기 때문에, 결혼은 인생이라는 연극무대에서 볼 때 2막에 해당한다. 요즘 결혼에 대한 인식이 많이 변하고 있다. 사랑하면 결혼한다는 공식도 깨지고 있다. 그럼에도 불구하고 인간관계에서 결혼은 사랑하는 두 사람이 자신들의 삶을 공식적으로 연결하는 중요한 의미를 갖고 있다. 결혼은 단순히 법적 계약을 넘어 서로 다른 두 사람이 인생의 파트너로서 함께 걸어가는 신뢰와 사랑의 약속이다. 이러한 결혼은 개인의 삶에 안정감과 편안함을 제공하고, 이는 더욱 건강하고 행복한 인간관계를 형성하는 근간이 되기도 한다.

그러나 결혼이 항상 꽃길만 있는 것은 아니다. 서로 다른 두 사람이 일상을 공유하면서, 생활방식의 차이, 경제적 결정에서의 차이, 양육방식의 불일치 등 여러 가지 자이로 인해 갈등과 어려움이 끊임없이 찾아온다. 하지만 어려움 속에서도 함께 극복해 나가는 과정을 통해 두 사람의 관계는 더욱 돈독해질 수 있다. 중요한 것은 서로에 대한 존중과 신뢰, 그리고 지속적인 소통을 통해서 가능한 것이다. 최근 선종한 프란치스코 교황의 마지막 원고 중 하나에는 결혼에 대한 교리 해설이 담겨 있다. 교황은 결혼에 대한 현실적인 어려움을 언급하면서도 사랑과 인생을 완성해 주는 결혼의 가치를 믿어야 한다고 했다. 평생 사랑의 모험을 믿고, 결혼으로 모든 것을 얻게 되고 삶이 완성된다고 하는 교황의 가르침을 깊이 새겨 볼 필요가 있다.

3.1. 결혼에 이르는 과정

결혼은 사랑의 결실이자 새로운 출발점이다. 연애가 감정 중심의 관계였다면, 결혼은 함께 사는 삶이라는 현실 속에서 매일을 함께 계획하고 조율해야 하는 인생공동체인 것이다. 결혼은 사랑만으로는 충분하지 않으며, 신뢰, 책임, 존중이라는 보다 견고한 기반이 필요하다.

결혼파트너를 선택하는 과정은 다양한 여과기능을 지닌 6개의 여과망을 거치게 된다(Udry, 1997). 결혼파트너로서 가능성이 있는 모든 사람들이 6개의 여과망을 하나씩 거치면서 그 대상이 걸러지고 좁혀져서 결국 마지막 한 사람을 결혼파트너로 선택하게 된다.

첫 번째 여과망은 근접성 여과망이다. 모든 가능한 대상 중 현실적으로나 지리적으로 쉽게 만날 수 있는 사람들로 그 대상이 제한되고 시간적으로나 공간적으로 가까이 있어야만 첫 번째 여과망을 통과할 수 있다.

두 번째 여과망은 매력 여과망이다. 근접성 여과망을 통과한 사람들 중에서 서로에게 매력을 느끼며 호감을 갖는 사람들로 외모, 성격, 능력 등을 고려하게 된다. 일반적으로, 처음 만났을 때에는 신체적 매력이 호감을 촉진시키지만, 장기간 사귀는 과정에서는 능력이나 성격이 더 중요해진다.

세 번째 여과망은 사회적 배경 여과망이다. 인종, 연령, 종교, 사회경제적 지위, 직업, 교육 수준 등이 비슷한 사람들끼리 맺어질 가능성이 높아진다. 가능한 비슷한 수준을 맞추는 것이 서로에게 좋다. 사회적 배경이 비슷할수록 덜 삐걱거리며 맞출 수 있다.

네 번째 여과망은 상호 의견합치 여과망이다. 정치, 경제, 사회에 대한 관점, 가정과 가족에 대한 태도, 전반적인 인생관과 가치관 등이 유사해서 의견합치가 이루어지는 경우에 두 사람의 결혼 가능성은 더욱 높아진다.

다섯 번째 여과망은 상호 보완 여과망이다. 상호 간의 필요와 요구를 서로 충족시켜 줄 수 있고, 어느 한 쪽의 단점을 다른 쪽에서 보완해 줄 수 있을 때 결혼 가능성이 증가한다. 인간관계에서 상보성은 매우 중요하다. 끝으로, 마지막 여과망은 결혼 준비 상태 여과망이다. 결혼 준비 상태가 되지 않았다면, 결혼이 성사되기 어렵다. 서로가 물질적으로나 심리적으로 결혼을 준비한 상태가 되어야만 한다. 왜냐하면 결혼은 새로운 부부와 새로운 가정이 탄생하는 중요한 결정이기 때문이다.

3.2. 부부관계

러시아 속담에 “전쟁터에 가기 전에는 한 번 기도하고, 바다에 가기 전에는 두 번 기도하고, 결혼하기 전에는 세 번 기도하라.”라는 말이 있다. 중국 속담에는 “결혼은 경험의 부족, 이혼은 이해의 부족, 재혼은 기억력의 부족”이라는 말도 있다. 평생 자유를 사랑하고 과학을 존중했으며 미국 100달러짜리 지폐의 주인공인 벤자민 프랭클린은 “결혼 전에는 눈을 크게 뜨고, 결혼 후에는 눈을 반쯤 감아라.”라는 말을 했다.

이런 말들은 결혼생활과 부부관계는 동거나 연애와는 달리 환상이 아닌 현실이라는 것을 잘 나타내는 말이기도 하다. 행복한 부부관계는 노력하여 만들어지는 것이다. 그러기 위해서는 적응 과정이 필요하다. 결혼으로 새롭게 부여된 역할과 변화에 잘 적응하는 일은 행복한 부부생활을 위한 필수조건이지만, 말처럼 쉽지만은 않다. 부부관계의 적응은 크게 차이 적응, 변화 적응, 그리고 과업 적응을 포함하여 3가지로 나눠 볼 수 있다.

첫째, 차이differences에 대한 적응이다. 결혼생활에서 드러나는 부부간의 차이에 대해서 조화롭게 적응하는 일이 필요하다. 성격, 생활습관, 감정표현, 가치관, 흥미, 잠버릇, 종교 등 차이와 결정이 수없이 발견되면서 부부갈등의 주요한 원인이 된다. 이런 차이를 수용하고 서로의 단점을 보완하여 조화로운 관계로 발전시켜 나가는 것이 필요하다.

둘째, 변화changes에 대한 적응이다. 결혼을 하는 순간부터 두 남녀는 연인관계에서 부부관계로 관계의 특성이 달라지듯이 이 둘 간의 관계에서도 급격한 변화가 발생한다. 상대방에 대한 호칭에서부터 부부의 역할, 시가와 처가, 친인척과의 관계까지 두 사람 사이의 관계에 많은 변화가 생긴다. 이런 변화를 잘 인식하고 이에 적응해 가

부부관계의 적응
Adaptation to Marital Relationship

는 일이 중요하다. 또한, 부부관계에서는 자신에게 기대되는 부부역할을 잘 수행하는 것이 중요하다. 부부관계의 불만족은 배우자에게 기대되는 역할을 배우자가 제대로 수행하지 못할 때 발생하기 때문이다.

셋째, 역할roles에 대한 적응이다. 부부는 결혼생활에서 요구되는 일상적인 과업을 배우며 익히는 적응 과정이 필요하다. 결혼을 통해서 새로이 부과된 남편으로서 또는 아내로서 수행해야 되는 역할에 맞게 새로운 과업들을 수행해야 한다. 결혼을 한 후에 부부관계는 세월이 흘러감에 따라서 변화하고 그에 따라 요구되는 과업도 달라진다.

3.3. 성공적인 결혼생활

결혼이 자신의 대표 강점을 발휘하는 일상 수단이 될 때 부부는 행복해진다. 사실 결혼은 날마다 감사를 전할 수 있는 일상 수단이기도 하다. 남자가 여자에게, 여자가 남자에게 사랑을 느끼는 것은 바로 상대방이 지닌 강점과 미덕 때문이다.

그러나 첫눈에 반하게 한 장밋빛 사랑은 퇴색하기 마련이어서, 제아무리 소문난 잉꼬부부라 해도 결혼생활에 대한 만족도는 10여 년 동안 차차 낮아진다(Seligman, 2004). 처음에는 자신의 마음을 사로잡았던 배우자의 강점이 어느새 당연하게 생각되고, 감탄의 눈길로 바라보던 배우자의 행동은 보기 싫어지고 경멸스럽기까지 한다. 어디 그뿐인가. 처음에는 마냥 좋기만 하던 착실함과 극진함이 이젠 답답하게만 보이고, 한결같은 모습은 심지어 짜증스럽기까지 하다. 발랄한 말솜씨는 쓸데없는 수다로만 들리고, 지조는 고집불통으로, 끈기는 독기로, 친절함은 경박함으로 보인다. 열정은 관계의 출발을 도와주는 데 효과가 괜찮지만, 열정이 결혼생활과 부부관계의 기반이 되어서는 안 된다.

인생의 동반자를 발견하는 것은 멋진 일이다. 행복한 결혼생활은 부부관계가 기본이다. 행복하고 이상적인 부부관계는 다음과 같은 속성을 지니고 있어야 한다(Leslie, 1982). 첫째, 결혼생활의 지속성으로 흔들리지 않고 오래도록 부부관계가 지속되는 부부이다. 둘째, 결혼생활에서 갈등, 다툼, 불안, 문제가 적은 부부이다. 셋째, 부부간의 일체성과 응집성이 높은 부부이다. 넷째, 개인의 성장과 발전을 촉진하고 지원하는 부부이다. 다섯째, 결혼생활의 주요 부분에 대한 의견의 일치도가 높은 부부이다. 여섯째, 결혼생활에 대한 주관적인 만족도와 행복감이 높은 부부이다. 끝으로, 사회적 기대나 요구에 부합된 결혼생활을 하는 부부이다.

성공적인 부부관계는 기본적으로 부부의 노력에 의해서 성취되는 것이다. 성공적인 부부의 심리적 특성을 살펴본 연구들이 많이 존재한다(권석만, 2011; Bowman & Spanier, 1978; Gordon, 1975; Hine, 1980; Mace & Mace, 1980). 보먼과 스패니어(Bowman & Spanier, 1978)에 의하면, 성공적인 부부는 다음과 같은 8가지 특징을 지니고 있다. 첫째, 주관적으로 행복을 느낀다. 둘째, 부부 사이에서 서로의 기본적인 욕구가 잘 충족되고 있다. 셋째, 배우자의 삶이 풍요로워지도록 서로를 돕는다. 넷째, 결혼생활을 통해 인격적인 성숙과 잠재능력의 발휘가 이루어진다. 다섯째, 부부는 서로 정서적으로 지지한다. 여섯째, 배우자를 깊이 이해하고 수용한다. 일곱째, 배우자의 행복에 대해 깊은 관심을 지닌다. 끝으로, 가족과 배우자에 대해 자발적인 책임감을 느낀다.

하인(Hine, 1980)에 의하면, 성공적인 부부는 10가지 특징을 지닌다. 첫째, 가족의 위기를 성공적으로 해결한다. 둘째, 지속적인 애정교환을 한다. 셋째, 배우자에게 헌신하며 성실한 태도를 갖는다. 넷째, 칭찬, 감사 등 강화와 지지를 보낸다. 다섯째, 개방적이고 솔직한 대화를 나눈다. 여섯째, 인생관, 가치관, 역할기대를 일치시킨다. 일곱째, 유연하고 융통성 있는 성숙한 태도를 보인다. 여덟째, 배우자에 대해서 관용과 인내를 보인다. 아홉째, 배우자와 함께 나누는 동반적 활동을 많이 한다. 마지막, 원만한 부부관계를 위한 의지를 가지고 노력한다.

이외에도, 성공적인 부부관계를 위해서 메이스와 메이스(Mace & Mace, 1980)는 계속적인 노력과 헌신, 효율적인 대화, 생산적이고 창의적인 갈등관리 3가지를 제시하고 있고, 고든(Gordon, 1975)은 사랑, 유머, 대화, 의무 수행, 동료감, 성실성, 참을성, 융통성, 원만한 성관계, 함께 나눔을 포함한 10가지 요소를 제안하였다.

3.4. 성공적인 결혼생활을 위한 방법

가족상담 전문가인 닉 스티네트(Nick Stinnett, 1985)는 성공적이고 행복한 결혼생활을 위하여 여러 가지 방법을 제안하였는데, 그중에서 실효성 있는 몇 가지를 살펴보면서 성공적인 결혼생활을 위한 방법을 찾아보자.

첫째, 긍정적인 마음을 가져라. 상호 간의 인정, 신뢰, 존중, 이해를 바탕으로 부부간에 긍정적인 마음이 싹트게 해야 한다. 행복하기 위해서 항상 긍정적인 반응을 나타낼 필요는 없다. 경우에 따라서는 부정적인 피드백이 필요하다. 그러나 갈비(Galbe, 2004)에 따르면, 행복한 결혼생활을 위해서는 정적인 반응이 부정적인 반응에 비해서 그 비율이 3:1을 넘어야 한다. 결혼생활에 만족한 부부는 친한 친구들은 전혀 미덕으로 여기지 않는 것조차 서로 미덕으로 본다. 배우자의 약점도 호의적으로 미화시키는 부부들과는 달리, 결혼생활에 만족하지 못하는 부부는 서로에 대한 '일그러진 이미지'를 갖고 있다. 이들은 친구들이 평가한 것보다 배우자의 미덕을 훨씬 더 적게 본다. 가장 행복한 부부는 배우자를 긍정적으로 대하며, 약점보다는 강점을 부각시키면서 불행한 일도 함께 극복할 수 있다고 믿는다. 이런 부부는 실제로 불행한 일을 겪을 때조차 배우자를 긍정적으로 보는 경향이 크며, 이러한 경향은 서로에 대한 환상의 강도에 비례한다.

둘째, 존중하라. 부부간에 서로에 대한 존중을 솔직하게 표현하면 위협을 느끼지 않게 되고 방어적 의사소통이 감소하게 된다. 부부의 태도는 매우 중요하다. 배우자에 대하여 지배적이고 경쟁적이며 비하적인 태도를 보이는 부부는 결혼생활에 실패할 가능성이 높다. 반면에, 민주적이고 상호 존중적인 태도를 지닌 부부는 만족스런 부부관계를 형성하는 경향이 있다. 존중은 다른 어떤 관계보다도 부부 사이에서 가장 필요하다. 부부간 솔직한 대화도 매우 중요하다. 그런데 존중하지 않은 상태에서 솔직한 거친 대화를 나누는 것은 행복한 결혼생활에 지장을 줄 수 있다. 연인관계나 부부관계를 포함한 모든 인간관계에서 상대를 존중하는 방법 중의 하나는 가끔은 모르는 척 넘어가주는 것이다. 통계적으로 기혼자들은 싱글들보다 자신을 더 매력적으로 여긴다. 하지만 일단 낚시에 걸리고 나면 싱싱하던 물고기는 빠르게 생기를 잃는 것처럼, 결혼을 하고나서 관심과 열정이 갑자기 무너지는 경우가 있다. 이 문제에 대해서 성상담사들은 대부분 서로 충분히 대화를 나눠 보라고 조언한다. 하지만 행복한 결혼생활의 비밀을 풀기 위해 20년이 넘게 이 문제를 탐구해 온 워싱턴대학의 심리학자 존 가트먼(John Gottman) 교수는 이런 무조건적이고 요구적인 대화에 대해 상당히 회의적이다. 오히려 평생을 행복하게 함께 지내는 커플들을 보면 오히려 모든 걸 털어놓지 않고 비밀을 간직하는 타입들이 많다. 상대방에 대한 존중 없이 커뮤니케이션의 확장은 빈번히 고통스럽고 파괴적인 대화로 발전하기 때문이다. 가끔은 부부관계에서도 말은 은이고 침묵이 금이다.

셋째, 서로의 다른 참조틀을 이해하고 수용하라. 비슷한 문화적 배경을 가진 부부는 경험, 생각, 태도 등이 비슷해서 참조틀framework이 유사하면 의사소통이 더 잘된다. 그러나 과거 생활경험이 다르면 같은 사건에 대한 견해가 다를 수 있는데, 서로의 참조틀을 이해하면 불일치를 극복할 수 있다. 갈등을 해결하지 못하고 증폭시키는 부부들은 다음과 같은 4가지의 의사소통 특성을 나타낸다. 첫 번째는 비판적 행동인데, 상대방의 인격과 성품에 대해 비난하거나 공격하는 것이다. 두 번째는 경멸적 행동으로서 상대방을 무시하고 모욕감을 주는 것이다. 이러한 행동은 모욕적 언사뿐만 아니라 공격적 농담, 조롱과 비웃음, 혐오적 신체언어를 사용하는 심리적 폭력으로 나타난다. 세 번째는 방어적 태도로서 상대방을 솔직하게 대하지 않으며, 자기방어에 급급한 반응을 보인다. 문제를 해결하기보다는 상처를 입지 않기 위해 노력한다. 마지막 네 번째는 장벽 쌓기로서 상대방과의 의사소통을 회피하고 신체적으로 거리를 두며 정서적인 무관심을 나타낸다.

넷째, 경청하라. 경청하는 사람은 싸우지 않고 싸우는 사람은 경청하지 않는다. 잘 듣는 것은 적절하게 말하는 것만큼 중요하다. 잘 들어준다는 것은 상대방의 말에 대하여 흥미가 있으며 상대방을 존중한다는 뜻이므로 관계를 강화시켜준다. 상대방에 대한 존중적 경청, 상대방 행동의 수용, 상대방에 대한 기본적 배려, 상대방의 욕구를 수용하고 절충하려는 노력이 부부만족도를 증진한다. 만족스러운 부부관계를 위해서는 긍정적 배려를 많이 하는 것뿐만 아니라 갈등을 만들지 않는 것이 중요하다. 그러기 위해서 경청하라.

다섯째, 공감하라. 대화를 잘하는 사람은 상대방의 세계에 들어가 상대방의 입장에서 볼 줄 아는 능력을 가지고 있다. 행복한 부부는 먼저 상대방의 의견을 존중해 주는 '공감적' 대화법을 재치 있게 활용할 줄 안다. 나타날 수 있는 부정적인 정서를 교묘하게 미화시키는 것은 결혼생활을 낙관적으로 해석하는 태도와 관계가 깊다. 낙관적인 사람은 불행한 사건을 일시적이고 특수한 경우라고 여기며, 좋은 일은 영속적이고 파급성이 큰 것으로 받아들인다. 부부간에 공감하면 사소한 일에서도 배우자의 감정, 분위기, 요구에 대한 이해가 높아진다. 공감을 높이려면 공유하는 것이 많아야 하다. 공유하는 것을 많이 하려면 서로의 공통점과 유사성을 찾아가면서 서로가 서로를 닮아갈 필요가 있다. 관심사나 흥미의 유사성은 부부관계에 긍정적인 영향을 미칠 수 있다. 공통된 취미를 갖거나 관심사가 일치할 때 부부는 함께 활동을 할 기회가 많아지고 서로를 이해하며 공감할 가능성이 높아진다. 권석만(2011)에 의하면, 부부가 교육수준, 사회경제적 지위, 성장지역, 종교 등의 문화적 배경에서 유사하면 가치관, 역할기대, 일상적 상호작용의 측면에서 일치점이 많아져 갈등요인이 감소한다. 특히 부부가 가족, 자녀, 사랑, 종교, 철학 등에 공통의 관심을 둘 때는 돈, 명예, 향락 등에 공통의 관심을 두는 부부보다 결혼에 성공할 가능성이 더 높다.

끝으로, 투자하라. 세월이 흐를수록 행복해질 부부들은 하루 평균 1시간씩 배우자를 위해 투자한다. 행복한 결혼을 유지하기 위한 비결은 다음과 같다. ① 아침에 헤어질 때 2분 정도를 투자해서 배우자가 해야 할 하루 일정 중에서 한 가지를 알아둔다. ② 저녁에 다시 만날 때나 하루 일정을 마친 뒤에 20분 정도 가볍고 편안한 이야기를 나눈다. ③ 매일 5분 정도 애정 표시를 한다. 쓰다듬기, 포옹, 키스 등 다정하고 포용할 수 있는 분위기를 조성한다. ④ 적어도 5분 정도를 시간 들여서 하루 한 번씩 칭찬하고 감사하는 마음을 전한다. ⑤ 주 1회에 2시간 정도 주말 데이트를 하면서 부부만의 오붓한 시간을 보내면 정이 깊어진다.

4. 이별, 그리고 새로운 출발

인간관계에서 가장 힘든 경험은 아마도 사랑하는 사람과 이별하는 경험일 것이다. 연인관계든 결혼관계든 한때 '영혼의 반쪽'이라고 여겼던 사람과의 이별은 단순한 관계의 끝이 아니라 한 세계의 붕괴처럼 느껴질 수 있다. 이별의 순간에는 시간이 멈춘 것처럼 느껴지고 괴롭고 힘든 시간에 빠져든다. 함께 했던 추억이 많을수록 헤어짐의 고통에서 나오기가 더 힘들다. 그러나 사람의 마음은 생각보다 회복력이 크다. 시간이 지나면서 감정은 흐르고, 기억은 퇴색되면서 서서히 나를 돌아볼 여유가 생긴다. 아픔도 영원하지 않다. 그 시간도 반드시 지나간다. 결혼관계의 이별은 더욱 복잡하다. 법적·재정적·사회적 연결의 해체는 감정적 고통에 현실적인 스트레스를 더한다.

하지만 모든 끝은 또 다른 시작의 입구이기도 하다. 이별은 상실이 아니라 삶의 재정비이자 재출발의 계기가 될 수 있다. 이별의 상처와 두려움에도 불구하고 치유의 여정을 거치면서 사람들은 서서히 미래를 향한 희망과 가능성이 다시 생겨나기 시작한다. 새로운 관계를 시작할 때 때로는 용기가 필요할 경우가 생긴다. 다시 한번 마음을 열고 새로운 사람을 만날 수 있는 용기, 다시 출발할 수 있는 용기가 필요하다. 새로운 관계는 이전 관계와 같을 수 없고, 같아서도 안 된다. 각 관계는 고유하며, 새로운 사람과의 만남은 새로운 이야기의 시작임을 기억해야 한다. 다른 사람과 이전과 같은 시간과 경험을 반복하는 것이 아니다.

4.1. 이별의 이유

가장 깊은 친밀감을 나누는 연인관계와 결혼관계에서 이별의 원인은 단순하게 하나로 정의할 수 없고, 복합적이고 누적된 요인들이 작용하게 된다. 여러 가지가 있지만, 대표적인 3가지 이유를 생각해 볼 수 있다.

첫째, 가장 흔하면서도 치명적인 원인은 소통communication의 실패이다. 효과적인 의사소통은 건강한 관계의 기반인데, 이것이 무너질 때 관계 전체가 위태로워진다.

조사에 따르면, 결혼한 커플의 이혼사유 중 성격 차이가 가장 큰 이유로 나왔는데(통계청, 2017), 자세히 들여다보면, 부부간의 의사소통 방식, 생활방식, 가치관 등 다양한 측면에서 제대로 소통되지 못하기 때문이다. 바쁜 일상 속에서 진정한 대화의 시간이 줄어들면서, 서로의 감정, 생각, 기대를 솔직하게 나누지 못하면 오해가 생기고, 정서적 거리가 생기게 된다. 모든 관계에는 갈등이 존재하지만, 건강한 관계와 그렇지 않은 관계의 차이는 갈등을 어떻게 다루느냐에 있다. 심리학자 존 가트맨(Gottman, 2002)은 부부의 이혼을 예측할 수 있는 부정적 행동 4가지로 비난, 방어, 무시, 경멸과 같은 파괴적인 의사소통 패턴을 제시하며, 이는 갈등을 해결하기보다 악화시킨다고 하였다. 시간이 지남에 따라 이러한 패턴이 고착화되면, 작은 불일치도 큰 싸움으로 발전하고 결국 해결 불가능한 상태에 이르게 된다.

둘째, 신뢰trust의 붕괴이다. 한번 깨지면 회복하기 어려운 관계의 핵심 요소로서 연인관계와 부부관계에서의 가장 명백한 신뢰 파괴 형태는 외도를 꼽을 수 있다. 새로운 연인의 등장은 기존의 관계를 끝장내는 가장 강력하고 직접적인 원인이다. 육체적 불륜뿐 아니라 정서적 불륜도 관계에 심각한 타격을 줄 수 있다. 디지털 시대에는 소셜 미디어나 메시징 앱을 통한 부적절한 관계도 문제가 되고 있다. 반복되는 거짓말, 중요한 정보의 은폐, 재정적 비밀 등은 파트너 간의 신뢰 기반을 서서히 침식한다. 거짓말은 티가 나게 되어 있다. 작은 거짓말이라도 반복되면 관계 전체의 진정성에 의문을 제기하게 만든다.

셋째, 친밀감intimacy의 상실이다. 장기적인 관계에서 친밀감은 정서적·지적·육체적·영적 차원에서 유지되어야 한다. 이 중 하나 이상의 차원에서 연결이 끊어질 때 관계는 위험에 처하게 된다. 하지만 바쁜 일상, 스트레스, 직장, 육아 등에 집중하다 보면 정서적 연결이 소홀해지기 쉽다. 시간이 지나면서 파트너들은 서로에게 정서적 지지를 구하기보다 외부에서 찾게 될 수 있다. 성적 친밀감은 연인이나 부부관계에서 중요한 요소인데, 서로의 성적 욕구나 선호도의 불일치, 또는 육체적 친밀감이 우선순위에서 밀려날 때 관계 만족도가 크게 저하될 수 있다. 이런 성적 문제는 종종 다른 관계 문제에서 파장되어 표출되는 현상이기도 하다. 초기의 열정이 사그라든 후, 많은 커플들은 관계에 새로움과 흥미를 유지하는 데 어려움을 겪는다. 예측 가능한 일상, 동일한 대화 패턴, 함께하는 시간의 질적 저하 등 일상의 권태로움은 점차 관계를 침식시킬 수 있다. 같이 있어도 외로운 상태가 지속되면 관계는 껍데기만 남는다.

4.2. 새로운 시작

헤어짐은 누구에게나 힘들다. 쉽지는 않겠지만 덜 아프게 헤어지고 다시 일어나 새로운 시작을 맞이하는 것이 필요하다. 많은 사람들은 이별을 실패로 받아들인다. 스스로를 자책하면서 자신을 몰아붙이기도 한다. 하지만 모든 관계가 영원해야 할 이유는 없다. 사랑은 언제나 완전하지 않으며, 서로가 맞지 않기 때문에 각자의 길을 선택한 것으로 이별도 하나의 선택으로 받아들여야 한다.

이별을 수용하는 과정은 심리학자 엘리자베스 퀴블러 로스(Kübler-Ross, 1969)가 말한 죽음의 수용 단계와 유사한 다섯 단계를 거친다. 이별의 현실을 '부정'하는 단계, 왜 나한테 이런 일이 생긴 건지 '분노'하는 단계, 관계를 되돌리기 위한 방법을 찾으면서 상황을 미루는 '협상' 단계, 희망을 잃어버리고 무기력과 깊은 슬픔에 빠지는 '우울' 단계, 이별의 현실을 받아들이는 '수용' 단계에 이른다.

이별은 인생의 끝이 아니다. 더 단단해진 자신을 마주하고, 새로운 시작을 할 수 있는 기회가 될 수 있다. 연인과 배우자와의 관계에서 벗어나 진짜 내가 누구였는지, 내가 진정으로 원하는 것은 무엇인지 찾아볼 수 있는 계기가 될 수도 있다. 삶의 중심에서 진정한 자립을 통해 자기성찰과 성장의 시간을 갖다보면 상처는 아물고 새로운 관계를 맺을 수 있는 자양분이 만들어진다. 새로운 시작은 타인이 아닌, 나로부터 시작되어야 한다. 새로운 관계와 삶을 즐거운 마음으로 만들어보자.

자기진단

1. 연애와 결혼은 같은가요, 다른가요? 다르다면, 어떻게 다른가요?

2. 연애를 할 때 가장 중요하게 생각하는 것은 무엇인가요?

3. 결혼을 할 때 가장 중요하게 고려하는 것은 무엇인가요?

Chapter 13

여가심리

Psychology of Leisure

Chapter 13
여가심리

변화가 필요하기 전에 변하라.

Change before you have to.

– 잭 웰치(Jack Welch) –

모든 종류의 행복에 다 똑같이 행복이라는 단어를 쓸 수 있다면, 우리가 운동을 하든, 여행을 가든, 초콜릿을 먹든 똑같이 행복해야 한다. 그러나 실제로는 그렇지 않다. 즐거움은 더 커지거나 작아질 수 있다. 하지만 우리가 쉽게 착각하듯이 양이 늘어난다고 해서 자동적으로 즐거움이 더 커지지는 않는다. 그보다는 강도와 의도적 절제가 즐거움을 키워주기도 한다. 즐거움은 자제할수록 더 커진다. 자기가 제일 좋아하는 음식을 더욱 맛있게 즐기려면 매일 그것을 먹는 것보다는 그보다 덜 좋아하는 음식과 번갈아 먹으며 대비를 느끼는 것이 좋다. 또한 노래를 부르면 행복해지고 건강해진다. 가수들은 감기에 잘 걸리지 않는다고 한다. 노래를 부르면 기분이 좋아지고 이로 인해 면역력도 증강되기 때문이다. 노래를 부르는 것만으로도 우리는 우울에서 벗어날 수 있다. 큰 소리든 작은 소리든, 노래를 즐겁게 부르는 것은 천연 항우울제이다.

이 장에서 다루고자 하는 내용은 일과 삶의 균형인 '워라밸work-life-balance'처럼 여가심리에 관한 것이다. 우리의 삶은 하고 싶은 것과 해야 하는 것이 있다. 지금 하고 싶은 것을 하느라 해야만 할 것을 하지 않으면, 앞으로 해야 하는 것을 하느라 하고 싶은 것을 하지 못하며 살아가게 될 것이다. 학창 시절은 하고 싶은 것과 해야만 하는 것 사이의 균형을 찾는 시기이다. 즐겁지 않으면 행복할 수 없다. 즐거운 삶은 행복한 삶의 중요한 구성요소이다. 인생이 즐겁기 위하여 우리가 할 수 있는 것은 무엇인가? 일을 즐겁게 할 수는 있다. 그렇다고 즐겁기 위하여 일을 하는 것은 아니다. 직업상의 일이나 가정에서의 일을 즐겁기 위하여 하는 것은 아니다. 물론 보람도 있고 재미도 있지만, 즐겁기 위해서 일을 하는 것은 아니다. 우리가 즐겁기 위하여 선택할 수 있는 것은 여가의 영역이라 할 수 있다. 자유와 여유를 갖고서, 우리가 즐겁기 위하여, 누리기 위하여, 그리고 쉬기 위하여, 우리가 하는 모든 것을 여가leisure라 한다.

"인내는 쓰고 그 열매는 달다Patience is bitter, but its fruit is sweet."라는 고진감래(苦盡甘來) 이데올로기에서 벗어날 필요가 있다. 현재를 미래를 위한 투자로만 생각하면 영원히 불행해진다. 스스로 삶의 주체가 되어 사는 법을 먼저 터득해야 한다. 즐기면서, 음미하면서, 행복해 하면서 자기가 선택한 발걸음을 내딛을 수 있어야 한다. 모든 종류의 행복이 다 똑같이 행복한 것은 아니다. 같은 즐거움도 더 커지거나 작아질 수 있다. 즐기면 즐길수록, 더 행복하다The more enjoying, the more happy. 참지 말고 즐겨라! 미래를 위해 참고 사는 사람은 지금 현재의 삶이 내가 진짜 원하는 삶이 아니라고 생각한다. 그래서 불만스럽고 불행해진다. 참지 마라. 원하는 것을, 하고 싶은 것을 즐거운 마음으로 최선을 다해서 즐기자.

1. 여가활동

프로이트(Freud)는 우리의 인생에서 중요한 것이 일work과 사랑love 그리고 한 가지 더 든다면 놀이play라고 언급한 바 있다. 여가leisure는 의무적인 일이나 직업적인 업무를 떠나 한가하게 즐기는 여유로운 휴식이나 재미를 찾기 위한 취미활동을 의미한다. 실제로, 여가는 직업상의 일이나 필수적인 가사 활동 외에 소비하는 시간이다. 여가는 먹기, 자기, 일하러 가기, 사업하기, 수업에 출석하기, 숙제하기, 집안일 등과 같은 의무적인 활동 전후의 자유 시간이다. 여가는 노동과 직무뿐만 아니라 일체의 용무나 책임으로부터 해방되어 개인이 자기 뜻대로 이용할 수 있는 시간을 의미한다. 따라서 여가는 자유 시간 또는 자유 시간을 갖게 된 데서 오는 자유로움이나 좋은 기회를 의미한다. 다시 말해서, 여가활동은 자유와 함께 누리는 즐거움이 되어야 한다.

여가활동은 즐거움과 더불어 즐김이 함께 해야 한다. 즐거운 것과 즐기는 것은 다르다. 즐거운 것은 "Pleasure"이고 즐기는 것은 "Enjoyment"이다. 즐거움과 즐김을 모두 갖고 있는 것이 바로 여가이다. 올바른 여가를 체험하려면 다음의 3가지 기준을 만족해야 한다. 첫째, 체험이 마음에 와 닿아야 한다. 둘째, 자발적으로 참여해야 한다. 끝으로, 본질적으로 자기만의 장점으로 동기부여가 되어야 한다.

1.1. 여가의 어원과 정의

여가의 어원은 고대 그리스와 로마시대에서 본질적 의미를 찾을 수 있다(곽한병, 2005). 여가는 그리스어로 스콜레scole, 로마어로 오티움otium, 라틴어로 리세레licere에서 어원적 의미가 비롯되었다. 스콜레는 '정지, 중지, 평화, 평온'을 의미하고, 오티움은 '아무 것도 하지 않는 것'을 의미하며, 리세레는 '허락되다, 자유롭게 되다'라는 의미를 지닌다. 이런 어원들은 여가라는 것이 정지 상태와 평화 상태를 내포하고 있으며, 자기를 위한 자유시간이라는 의미를 포함하고 있다. 이것은 일보다는 여가를 상위 개념으로 생각하고 있음을 보여주는 것이다.

국내에서는 서구에서 사용되는 여가와는 많이 다른 모습이다. 여가(餘暇)는 '남을 여(餘)'와 '겨를 가(暇)'로 구성된 한자를 사용하거나 영어 'Leisure'를 사용하고, 외래어화하여 '레저'로 사용되기도 한다. 여가는 '남는 겨를'이다. '겨를'은 바쁜 가운데서 달리 활용할 수 있는 시간이나 동안 또는 다른 행동을 할 만한 기회라는 뜻이다. 결국 여가라는 것이 일하는 와중에 취할 수 있는 짧은 시간 정도이다. 이것은 서구와는 반대로 여가보다는 일을 상위 개념으로 생각하고 있음을 보여주는 것이다. 과거에는 일을 하지 않을 경우에는 나태와 게으름으로 규정하였으나 오늘날에는 자유시간의 향유가 게으름으로 간주되지 않고 오히려 노동을 위한 재충전 또는 자기계발을 위한 창조적 활동으로 간주된다.

여가에 대한 정의는 크게 3가지 형태를 취할 수 있다. 첫째, 여가는 시간적으로 정의할 수 있다. 우리의 생활시간을 생리적 시간, 노동시간, 및 자유시간으로 구분할 때, 1일 24시간 중에서 생리적 시간과 노동시간을 제외한 나머지 자유시간을 여가라고 개념 정의하는 것이다. 그래서 일과 생존을 위한 기초적 욕구가 충족되고 남은 잔여시간residual time, 노동, 수면, 기타 필수적인 것에 소용된 시간을 제외한 잉여시간 surplus time, 개인의 판단과 선택에 의해 갖게 되는 자유재량시간discretionary time으로 정의하는 것이다. 둘째, 여가는 활동에 기초하여 정의할 수 있다. 여가를 오락을 의미하는 레크리에이션recreation을 포함하여 활동으로 인식하는 것이다. 여기서 여가는 개인이 노동과 가족 그리고 사회적 의무로부터 벗어나 휴식, 기분전환, 오락, 지식의 확대, 자발적 사회참여, 자유로운 창조력 발휘, 자기실현을 위한 임의적 활동들의 총체이다. 끝으로, 여가는 경험에 기초하여 정의할 수 있다. 여가를 통하여 개인이 느끼는 주관적인 마음 상태에 따라서 정의할 수 있다. 여기서 여가는 바쁜 일상생활로부터 우리를 심리적으로 해방시켜주는 삶에 대한 감사와 평화의 마음 상태로, 개인의 자유정신과 자유의지를 누리는 것이다.

1.2. 여가생활의 특성

기본적으로 여가는 6가지 요소를 지니고 있다. 첫째, 경제적 기능 면에서 일과 대립되는 개념이다. 여가는 업무로부터 해방되어야 한다. 둘째, 유쾌한 기대감과 회상이 존재한다. 여가는 재미와 기쁨이 있어야 한다. 셋째, 비자발적인 사회적 의무가 최소화된 상태이다. 여유시간에 어울리는 친구들과의 접촉과 교제는 자발적인 것이다. 넷째, 심리적으로 자유라는 개념을 자각한다. 여가는 자유를 만끽해야 한다. 다섯째, 문화적 가치와 밀접한 관련이 있다. 여가는 자유롭게 즐기는 문화생활이다. 끝으로,

인간사의 모든 영역에 걸쳐 영향을 미친다.

대부분의 사람들은 삶의 속도를 늦추고 좀 더 여유롭게 살아가기를 원한다. 여가 생활의 만족도는 전반적인 삶의 만족도를 예측하는 강력한 요인이다. 편안한 이완 상태에서 휴식을 하고 좋은 음식을 즐기며 취미활동에 참여하는 것은 행복을 단기적으로 증진시키는 효과를 지닌다(Argyle, 2001). 특히, 취미활동을 집단적으로 하는 경우에 만족도가 더 높은 경향이 있다. 그 이유는 같은 취향, 가치관, 활동시간, 사회적 관계를 공유하는 동호인 집단 속에서 유쾌한 흥분, 협동적 성취, 소속감과 유대감 등을 경험하기 때문일 것이다(Carr, 2004).

여가활동이 사람들을 행복하게 하는 것은 분명하지만, 단지 여가시간을 많이 갖는다고 해서 삶의 만족도가 증가되는 것은 아니다. 여가활동을 통해서 긍정적인 경험을 많이 하는 것이 중요하다. 일반적으로 다양하고 활동적인 여가활동에 참여할수록 삶의 만족도가 높아지는 경향이 있다(Bammel & Burrus-Bammel, 1996). 개인적으로 의미를 느끼는 여가활동에 참여할수록 행복도가 높았다(Ogilvie, 1987).

평균적으로 여성은 남성에 비해 여가활동에 참여하는 시간이 적은데, 여성이 직업을 갖고 있거나 자녀를 양육하고 있는 경우에 더욱 그러하다. 은퇴한 노년층이 다른 연령층에 비해서 여가를 즐길 수 있는 시간적 여유가 많지만 더 다양한 여가활동을 하는 것은 아니다. 은퇴 후에 새로운 취미활동을 배우는 경우는 많지 않았다. 따라서 은퇴 후에 다양한 여가활동을 위해서는 그 이전에 다양한 관심사를 계발하는 것이 바람직하다(Peterson, 2006).

1.3. 여가활동의 효과

여가활동은 다양한 측면에서 긍정적인 효과를 가져온다. 첫째, 여가활동은 긍정적인 기분을 유발하는 직접적인 효과를 지닌다. 여가는 지친 심신을 휴식하게 만들고 회복시켜 준다. 여가는 일상생활의 반복에서 오는 권태로부터 벗어날 수 있도록 기분전환을 해준다. 휴식과 재미를 줌으로써 생동감을 증대시킨다. 다양한 긍정적인 감정을 유도할 수 있으며 경쾌한 흥분과 차분한 안락을 느낄 수 있다. 또한 여가는 해방감을 준다. 의무와 구속으로부터 해방을 해주는 여가는 보다 차원 높고 정신적 가치를 추구하며 인간다운 삶을 가능하게 하는 자유의 영역이다.

둘째, 여가활동을 통해서 기본적인 내적 욕구를 충족시킬 수 있다(Argyle, 1987). 인간은 자율성, 유능성, 관계성의 내적 동기를 지닌다(Ryan & Deci, 2000). 취미로 몰두하던 활동이 직업적으로 전환되는 경우가 흔하듯이, 여가는 개인의 잠재능력을 발견하고 확장하며 발휘하게 하는 성장적인 기능도 지니고 있다. 또한 여가는 자기표현활동으로 아무런 제약 없이 자아를 있는 그대로 충분히 표현함으로써 만족을 느끼게 되는 활동이며 개성을 살릴 수 있는 활동이다.

셋째, 여가활동은 대인관계를 촉진한다. 여가활동을 하게 되는 주된 이유 중 하나는 다른 사람과 함께할 수 있는 기회라는 점이다. 집단적인 여가활동은 정서적 교감, 협동적 활동, 소속감 등의 사회적 욕구를 잘 충족시켜 줄 수 있다. 여가활동은 개인의 정체성 형성에도 도움을 준다. 취미와 관련된 특정한 행위에서 각별한 묘미와 의미를 공유하는 사람들만의 세계가 존재한다.

끝으로, 여가활동은 자기실현에 기여할 수 있다. 건전하고 발전적인 여가활동의 체험은 기본적인 욕구 충족과 사회적 의무 및 책임 완수 그리고 충실한 삶의 영위에 커다란 도움을 줄 수 있다. 자발적 선택과 자기발전적 여가활동은 만족감과 성취감을 북돋우며 발전적인 미래관과 창조적인 사고력을 키우는 데 도움이 된다.

1.4. 여가문화

여가를 즐기는 것이 생활의 일부분이므로 여가는 문화의 일부이기도 하다. 현대사회에서 여가는 고급문화와 대중문화 그리고 셀 수 없이 많은 하위문화들이 정의되고 표출되는 영역에까지 계속 이어진다. 여가는 현대 문화를 생성시키고 유지하는 데 중요한 역할을 한다. 사회질서의 중심이 일에서 여가로 바뀌어가고 있음에 따라서, 현대의 문화 발전 속에서 여가는 중요한 위치로 부상하게 되었다.

시대적 흐름에 따라서 여가문화는 그 형식과 내용을 달리한다. 일반적으로 여가문화는 5단계를 거치게 된다. 첫 번째 단계는 낮잠을 자거나 TV 시청을 하는 것처럼, 무계획적인 활동과 쾌락이나 소비적 활동에 심취함으로써 이기주의적인 생물학적 활동이 주류를 이룬다. 두 번째 단계는 첫 단계의 여가활동에 염증을 느낀 나머지 권태감과 회의감에 빠져서 아무것도 하지 않는다. 세 번째 단계는 자신의 취미와 소질을 충분히 살릴 수 있도록 여가활동을 함으로써 자기를 새롭게 발견한다. 네 번째 단계는 자신을 재발견하기 위해 여가를 적극적으로 활용하면서 자기실현의 방법을 찾는다. 마지막 다섯 번째 단계는 단순히 자신만을 위한 여가생활에서 진일보하여 사회와 세계에 공헌하기 위한 봉사를 한다.

산업사회에서 후기 산업사회에 넘어가게 됨에 따라서 여가에 대한 관점이 변화하였다. 첫째, 여가의 본질은 수단적 가치에서 자기충족적 가치로 바뀌었다. 둘째, 여가의 추구 방향도 의지와 감정보다는 이성을 중시하는 주지주의에서 쾌락주의로 변화하였다. 셋째, 여가의 사회적 위치도 노동의 보상적 차원에서 노동의 대가로 누리는 것에서 인간의 권리로 인정받게 변화하였다. 넷째, 여가의 평가기준도 변화하였다. 도덕적인 사회가치의 기준에서 향락적인 인간가치의 기준으로, 노동재생산적 여가 중시에서 자기실현적 여가 중시로, 지역과 집단의 공헌도에서 개인적 성취의 공헌도로 바뀌었다. 다섯째, 여가의 실태도 변화하였다. 전통적·폐쇄적·계급적 여가에서 자유방임적·개방적·대중적 여가로, 통제적·권위적·우월적 여가에서 자율적·오락적·평등적 여가로, 여가의 계급적 분화에서 여가의 계급평준화로 바뀌었다. 여섯째, 여가에 대한 일반적인 견해도 부정적이고 비관적인 입장에서 긍정적이고 낙관적인 입장으로, 사회문제에서 문화적 필요로 바뀌었다. 끝으로, 여가의 현상학적 특성도 변화하였다. 계몽적·교육적 활동에서 향락적·자기 지향적 활동으로, 지역 중심의 여가활동에서 가족 중심의 여가활동으로, 일종의 활동양식에서 일종의 생활양식으로 바뀌었다.

산업사회와 후기 산업사회에서의 여가

항목	산업사회	후기 산업사회
여가의 본질	수단적 가치	자기충족적 가치
여가의 방향	이성을 중시하는 주지주의	쾌락주의
여가의 사회적 위치	노동의 보상적 대가	인간의 권리
여가의 평가기준	도덕적, 사회적 가치 노동재생산적 여가 중시 지역/집단의 공헌도	향락적, 인간적 가치 창조적/자기실현적 여가 중시 개인적 성취의 공헌도
여가실태	전통적, 폐쇄적, 계급적 통제적, 권위주의적, 우월적 여가의 계급적 분화	자유방임적, 개방적, 대중적 자율적, 오락적, 평등적 여가의 계급평준화
여가의 향유계층	유한계급과 특권계급	일반 대중
여가의 일반적 견해	부정적, 비관적 사회문제로서의 여가	긍정적, 낙관적 문화적 필요로서의 여가
여가현상	계몽적, 교육적 활동 신사형, 숙녀형 여가 여가활동공간의 협소 지역 중심의 여가활동 세대 간의 격차 존재 일종의 활동양식	향락적, 자기 지향적 활동 자기표현형, 자기확인형 여가 여가활동공간의 광역화 가족 중심의 여가활동 세대 간의 격차 축소 일종의 생활양식

출처: 남승규(2017). p.206

오늘날의 여가문화는 대중문화이다. 대중문화popular culture는 문화의 생산 과정에 초점을 둔 개념인 예전의 대중문화mass culture가 아니라 문화의 소비와 수용 과정에서 초점을 맞춘 개념이다. 대중문화는 다수의 사람들이 소비하고 향유하는 문화라는 관점에서 접근해야 하며, 어떤 문화든지 그것이 대중의 삶 속에 존재하고 대중에 의해 수용되지 않으면 대중문화로서의 가치가 없는 것이다. 대중문화는 음악, 문학, 연극 등의 예술 분야와 스포츠 그리고 여가 등을 포함한다. 현대의 대중문화가 여가와 밀접한 관련을 맺고 있는 것은 대중문화가 종전의 시대보다도 여가의 증가를 배경으로 하고 있기 때문이다. 과학기술의 발달로 노동시간이 단축되고 생산성이 향상되고, 나아가 여가의 증대를 가능하게 하였다. 여가의 증대는 우리의 생활에 변화를 가져왔다.

여가와 함께 우리가 쉽게 누릴 수 있는 대중문화는 음악과 춤이다. 음악은 뇌와 다리에 동시에 작용한다. 음악에 따라 몸을 움직이는 것은 자연스러운 일이다. 춤을 많이 추는 아이들은 공간적 사고력이 더 뛰어나고 또 다른 여러 가지 사회적 능력에서도 그렇지 않은 아이들보다 더 좋은 성과를 보인다. 심근경색이나 뇌졸중 환자의 재활치료에 춤보다 더 건강한 방법은 없다. 춤은 수명 연장에도 도움이 되지만 노년의 삶에 활력을 불어넣어준다. 수수께끼 풀기나 독서 혹은 다른 각종 운동들보다 춤은 훨씬 효과가 좋은 방법이다. 그 이유는 춤이 우리에게 다양한 차원의 여러 가지 동작을 요구할 뿐만 아니라 무엇보다도 커다란 기쁨을 주기 때문이다. 춤을 추려면 자신의 몸뿐만 아니라 다른 사람의 몸과도 함께 움직이며 새로운 스텝을 배우고 각종 동작을 익혀야 한다. 이런 방식으로 사람들과 나누는 교제는 우리 기분을 밝게 해주며, 춤을 출 때 즐거운 음악을 함께 듣는 것도 우리를 더욱 행복하게 해준다.

1.5. 여가와 여유로운 삶

우리가 누릴 수 있는 여유로운 삶은 활동하기, 휴식하기 그리고 향유하기를 포함하여 3가지 방식으로 강화되고 보다 더 행복한 삶을 살아갈 수 있다. 여가와 여유로운 삶을 채우는 방법은 크게 3가지로 나누어 볼 수 있다. 하나는 활동을 하는 것이다. 취미생활을 포함해서 운동이나 여행 혹은 등산과 같은 다양한 활동을 하는 것이다. 다른 하나는 휴식을 취하는 것이다. 휴식하면 가장 먼저 떠오르는 것은 잠이다. 늦잠을 자는 것, 아니면 하루 종일 잠만 자는 것은 사람들에게 여유로운 시간을 생겼을 때 가장 하고 싶은 일을 물으면 언제나 나오는 대답 중의 하나이다. 수험생도 직장인도 그리고 아이를 키우는 부부도 충분한 잠을 한번 잤으면 한다. 다른 휴식 방법에는 독서와 명상이 있다. 도서관에 가지 않아도, 서점에 한 구석에서, 거실의 소파에서 평소 읽고 싶었던 책을 읽는 것은 안 하면 안 했지 한 번만 하는 사람은 없는 것이다. 세 번째 방법은 향유하기이다. 향유하기의 본질은 없는 것을 원하는 것이 아니라 있는 것을 누리는 것이다. 누구에게나 시간은 똑같이 24시간이지만, 훨씬 더 소중해질 수 있다. 여가시간을 어떻게 보내느냐가 우리의 삶의 질quality을 결정한다.

여유로운 삶의 조건
Core Conditions of Leisure Life

2. 활동하기

2.1. 운동

『행복의 공식』을 쓴 슈테판 클라인(Stefan Klein)은 행복에 대한 방대한 연구를 통해서 많은 지식을 얻고 난 뒤에 본인의 삶에 어떤 변화가 왔느냐는 질문에 "예전보다 운동을 더 많이 한다."고 대답했다. 행복한 사람, 적어도 행복에 대하여 연구하는 사람들은 여유로운 시간이 생기든 아니면 일부러 시간을 내서 운동을 한다. 운동은 우리를 건강하게 만들어준다. 앞에서 이미 살펴본 것처럼, 심신건강은 행복의 중요한 구성요소이다.

현대사회는 고혈압, 동맥경화, 심장병, 뇌졸중, 당뇨병 등 우리가 성인병이라고 부르는 많은 질병이 만연해 있다. 이러한 성인병 발병의 최대 원인은 운동부족과 영양

과다섭취이다. 운동부족과 영양의 과다섭취가 반복되면 체내에 에너지원이 과도하게 축적되고 여분의 에너지원은 지방으로 변하여 신체에 축적된다. 지방의 일부분은 콜레스테롤cholesterol로 변하여 혈관, 특히 동맥혈관 벽에 쌓여 동맥경화를 일으킨다. 동맥경화가 발생하면 혈관이 좁아지기 때문에 고혈압이 진행된다. 고혈압과 함께 동맥경화가 계속 진행되면 최종적으로 혈관이 막혀 혈액을 통하여 산소와 영양분을 운반할 수 없기 때문에 세포가 죽게 된다. 그런데 동맥경화는 우리의 인체에서 가장 중요한 심장이나 뇌의 동맥혈관에서 주로 발생한다. 심장혈관이 막히면 심장병heart disease이 되고, 뇌혈관이 막히면 뇌졸중stroke이 된다.

최근 의학의 눈부신 발전에도 불구하고 성인병 환자가 줄지 않고 있다. 왜냐하면 성인병은 다른 질병과는 달리 약으로 좀처럼 치료가 되지 않기 때문이다. 그러나 운동을 적절하게 지속하면 예방과 개선이 가능하다. 널리 알려진 바와 같이, 매년 사망원인 1위로 꼽히는 것은 암이고, 2위와 3위를 차지하는 것은 심장병과 뇌졸중이다. 성인병의 대표적인 심장병과 뇌졸중은 운동부족과 매우 관계가 깊다. 다시 말해서, 운동을 하면 심장병과 뇌졸중을 예방할 수 있고, 심장과 뇌의 건강을 개선할 수 있다. 나아가 보다 행복한 삶을 영위하는 것이 가능해진다.

여가활동 중에서 운동은 중요한 신체활동이다. 운동physical exercise은 우리의 신체적 건강과 심리적 건강을 높여주고, 행복감을 고취시켜준다. 운동을 하면 지방이 연료로 사용된다. 지방을 연소시키기 위해서는 산호가 필요하기 때문에 운동은 산소를 섭취하는데 관여하는 호흡계와 순환계를 활발하게 자극한다. 이런 이유로 운동을 규칙적으로 하면 혈관에 콜레스테롤이 축적되는 것을 막을 수 있을 뿐만 아니라 축적된 콜레스테롤을 제거하여 혈관탄성을 높이고 모세혈관의 수를 증가시킬 수 있다.

운동은 에너지대사의 양식에 따라서 유산소운동과 무산소운동으로 나눌 수 있다. 탄수화물과 지방을 산소로 연소시켜 에너지를 생산하는 운동을 유산소운동aerobic exercise이라고 한다. 흔히 조깅이라고 하는 천천히 달리기, 워킹이라고 하는 빠르게 걷기, 장거리 달리기, 자전거타기, 수영, 크로스컨트리 스키, 등산 등이 바로 유산소운동에 해당한다. 낮은 강도로 장시간 지속할 수 있는 운동이 유산소운동이다. 한편 우리는 비상시를 위하여 산소가 필요 없는 상태에서도 운동에 필요한 에너지를 생산할 수 있는 능력을 갖고 있어야 한다. 이런 운동을 무산소운동anaerobic exercise이라고 한다. 단거리 달리기, 씨름, 역도, 육상의 투포환 등과 같이 시합 중에 호흡을 거의 하지 않고 짧은 시간에 끝내는 고강도의 운동이 무산소운동이다. 건강에 좋은 운동은 지방이나 산소를 사용하는 유산소운동이다. 무산소운동은 지방과 산소를 사용하지 않고 신체에 커다란 부담을 주기 때문에 경우에 따라서는 건강을 해치기도 한다.

4개월간의 유산소운동은 4개월간의 항우울제 조로프트Zoloft를 복용하는 것이나 이것을 병행하는 것만큼이나 우울증 치료에 효과가 있었고, 재발 가능성도 더 낮은 것으로 나타났다. 그렇지만 운동이 훨씬 비용이 덜 들고 몸이 뻐근하다는 점만 빼면 대체로 부작용도 없다. 신체 활동은 건강과 웰빙에 여러 가지 유익한 영향을 준다. 신체적인 활동은 불안과 스트레스를 감소시키고, 다양한 원인(특히 심장병이나 암)에 의한 사망으로부터 보호해 주며, 당뇨병, 직장암, 고혈압 등의 발병 위험성을 줄여주고 뼈와 근육과 관절을 강화시켜줄 뿐만 아니라 삶의 질을 높여준다. 또한 운동은 숙면을 취하게 해주며, 노화와 더불어 찾아오는 인지적 손상으로부터도 보호해 주고, 체중 조절에도 도움이 된다. 운동은 모든 활동 중에서 행복을 증진시키는 데 가장 즉각적으로 효과가 있다.

신체활동은 '휴식할 때 소모되는 수준 이상의 에너지 소모'라고 정의된다. 따라서 신체적 활동범위는 활짝 열려 있으며 선택대상도 무수히 많다. 축구, 야구, 농구, 배구, 테니스, 배드민턴 등과 같이 여럿이서 같이 하는 것부터 달리기, 수영, 스키, 스케이트, 등산 등과 같이 혼자서 할 수 있는 것까지 매우 다양하다. 일반적으로, 건강을 위해 운동을 할 때는 심장박동수heart rate가 분당 120회 이상이 되는 시간이 30분 정도 지속되어야 에너지 소모가 제대로 이루어진다. 운동전문가들은 대개 최대심장박동수를 계산하고 그 수치의 65%에서 80% 수준에서 운동을 하라고 조언한다. 최대심장박동수를 가장 간단히 계산하는 방법은 220에서 자기의 나이를 빼는 것이다. 만약에 32세라면 최대박동수는 분당 188회이고 운동을 할 때 목표로 해야 하는 범위는 분당 122회에서 150회이다.

운동을 시작하면 처음 며칠 동안은 운동하기가 그렇게 어렵지 않다. 처음에는 의욕이 강하기 때문이다. 하지만 시간이 좀 지나면 게을러진다. 이때 게으름에 굴복하지 않고 3주일 정도 꾸준히 운동을 하면 우리 몸에 새로운 행동패턴이 학습된다. 그때부터는 조깅을 해야 한다고 자신에게 강요하지 않아도 몸이 알아서 조깅을 하고 싶어 한다. 조깅을 하는 사람들은 누구든 30km만 달리고 나면 그 전까지 상상도 못했던 행복을 맛보게 된다. 문제는 30km를 쉬지 않고 단번에 달려야 한다.

출산과 마라톤은 더 없이 강력한 행복한 순간을 맛보게 한다. 물론 모든 일이 끝난 다음에 말이다. 아직 진행 중일 때 당사자들의 얼굴에 나타난 표정만 보면 행복과는 아주 멀찌감치 떨어져 보인다. 하지만 달릴 때 머릿속은 겉보기와 달리 아주 상태가 좋다. 달리면서 동시에 이런저런 고민을 할 수 없기 때문이다. 똑같은 생각에서 좀처럼 벗어나기가 힘든 사람에게 달리기는 최상의 처방이다. 달리면 금세 잡념들이 활동을 멈춘다. 이것은 게임을 하는 동안 삶의 의미에 대해 고민하는 사람이 없는 것과 비슷하다. 운동할 때 우리 몸은 격렬하게 활동하지만 정신은 점점 더 차분히 가라앉는다. 달리는 동안은 고민도 없고 해야 할 일도 없다. 그냥 계속 달릴 뿐이다.

자주 달리는 사람에게는 심지어 새로운 뇌세포가 자라나기도 한다. 운동을 열심히 하면 천연 항우울제로 알려진 '신경성장인자 유도성 단백질'인 VGF가 만들어진다는 것은 이미 증명된 사실이다. VGF는 알츠하이머병이나 정신력 쇠퇴와 관련된 다른 질병들을 예방해준다. 운동이 구체적으로 어떤 방식으로 정신건강에 도움이 되는지는 학자들 사이에서도 논란이 되고 있다. 체온을 높이기 때문인지, 엔도르핀이나 대사전달물질 세로토닌 때문인지, 아니면 단순히 자존감이 상승하기 때문인지 말이다. 어쩜 이 모든 것들이 다 함께 작용해서 그럴 수도 있다. 분명한 것은 운동이 우울증에 좋다는 사실이다. 운동을 시작하는 순간 우리는 나도 마음만 먹으면 달라질 수도 있다는 감정을 얻게 된다. 경미한 우울증에는 밖으로 나가 햇빛을 받으며 운동을 하는 것이

약을 먹고 소파에 누워 부작용만 기다리는 것보다 훨씬 낫다. 우울증 치료제가 없던 시절에는 정신병원에 농장을 만들어 환자들이 모두 힘을 합해 일을 하도록 처방하는 경우가 많았다.

물론 활기찬 사람도 휴식을 취할 시간이 필요하다. 깨어 있는 동안 아무리 활동적이고 활력 있고 성공적으로 지내더라도 적당한 시간의 수면을 취하지 못하면 기분, 에너지, 각성, 수명과 건강 면에서 손상을 입게 된다. 매일 한 시간만 더 잘 수 있다면 '잠이 부족한' 서구사회가 훨씬 더 건강하고 행복해질 것이다.

2.2. 여행

여가를 육체적이거나 정신적인 회복과 발전이라는 측면에서 볼 때, 여행은 육체적인 측면보다는 정신적인 측면을 그리고 회복적인 측면보다는 발전적인 측면을 강조된 여가활동이다. 여행은 일상생활에서 벗어나 다시 돌아올 목적하에 이동하는 행위로서 인간의 기본 욕구를 충족시키기 위한 경제적 소비를 하는 일시적 이동이며, 타지역이나 타국의 문물과 풍경을 접하고 즐김으로써 정신적 상태와 육체적 상태를 새롭게 하는 행위이다. 여행은 다음의 5가지 요건으로 정의할 수 있다. 첫째, 여행은 기본적인 관광욕구를 충족시키는 행위이다. 둘째, 일상적인 생활영역을 떠나는 공간적 이동행위가 필요하다. 셋째, 일시적 이동의 시간적 범위와 활동이 수반되는 공간적 범위가 필요하다. 넷째, 경제적 소비를 수반하여야 한다. 끝으로, 자유시간 내의 행위일 뿐만 아니라 재량껏 즐길 수 있는 시간이어야 한다.

여행은 새로운 자극을 찾아가는 것이다. 현대사회에서 자극에 대한 감수성은 자꾸만 낮아지고 있다. 자극에 대한 둔감화로 인하여 앞으로 모험여행이 갈수록 성행할 것으로 전망된다. 아마존 정글에서 래프팅하거나 극지방의 탐험에 나서는 일이 흔해진다. 아마존에 사는 피라냐나 극지방의 강추위로부터 보호받을 수 있는 안전장치가 개발됨에 따라서 모험여행은 더욱 확산될 전망이다. 미국의 모험여행 시장규모는 연간 2,200억 달러에 달하고, 지난 5년간 미국 성인의 절반 정도인 9,800만 명이 모험여행을 즐겼다. 히말라야산맥과 코스타리카 래프팅 및 중남미 갈라파고스 섬 원시림 탐험 등이 미국에서 인기를 얻고 있는 모험여행상품이다.

2.3. 등산

사람들이 등산을 하는 이유는 매우 다양하다. 그러나 그 이유가 무엇이든 산에 가면 심신이 건강해지고 상쾌해지는 것은 누구에게나 공통된 점이다. 등산은 특수한 기술을 필요로 하지 않고 자신의 체력에 따라서 즐길 수 있기 때문에, 자신에게 적절한 산을 선택하고 안전에 주의를 기울이면 누구에게나 좋은 운동이 된다. 산을 오르내리며 육체를 튼튼하게 하는 것과 정상에 올랐다는 정신적인 만족감을 주는 등산은 우리의 심신건강에 커다란 효과를 발휘한다. 구체적으로, 등산은 잡념을 없애주는 명상효과와 정화 효과가 있고, 다이어트는 물론이고 심폐기능과 근력 강화를 해주는 운동효과가 있으며, 스트레스뿐만 아니라 우울증까지도 해소해 주는 스트레스 감소 효과가 있다.

등산은 가장 이상적인 유산소운동이다. 운동을 시작한 직후에는 탄수화물의 연소비율이 높고, 지방은 별로 연소되지 않는다. 그러나 운동을 계속하면 점차 지방의 연소 비율이 높아진다. 지방은 저중강도의 운동을 장시간 지속했을 때 가장 쉽게 연소된다. 등산은 바로 이러한 타입의 운동이다. 또한 등산은 자주 저온·저산소의 산악환경에서 이루어지는데, 이러한 환경에서는 보통 환경에 비해서 지방의 연소가 높다고 알려져 있다. 따라서 등산은 지방을 연소시키기 좋은 운동이다.

등산은 건강뿐만 아니라 장수에도 도움이 된다. 잘 알려진 장수촌은 히말라야, 안데스, 카프카스 등 1,000미터에서 2,000미터로 표고가 높은 지방에 있으며, 그곳 사람들은 농사나 목축 등의 육체노동을 하고 있고, 영양섭취량이 적다는 3가지 공통점을 가지고 있다. 이러한 조건은 등산과 매우 비슷하다. 등산은 산을 오르는 행위이기 때문에 당연히 높은 고도에서 활동이 이루어지고, 오르막길과 내리막길을 무거운 배낭을 지고 하루 종일 걸어가는 경우에는 농사나 목축 등의 육체노동과 에너지 소모가 비슷하며, 짊어질 수 있는 배낭의 무게가 제한이 있기 때문에 식사량도 적어질 수밖에 없다. 이런 유사성에 비추어 볼 때, 등산을 즐기는 것은 장수의 길을 가는 것이다.

등산은 신체건강뿐만 아니라 정신건강에도 좋다. 즐거운 등산은 일상사의 피로로 찌든 심신을 새롭게 할 수 있다. 아울러 험난한 산에 오르면서 힘든 과정을 이겨내면 커다란 성취감을 얻게 된다. 특히 위험을 동반한 겨울 산이나 암벽 등반을 한 경우에는 죽음과 맞서 싸우면서 오히려 살아 있다는 쾌감을 강하게 느낄 수도 있다. 더욱이, 다른 사람들과의 동행을 하면서 등정하는 과정을 통하여 우리는 인생에서 가장 중요한 건강과 우정을 얻을 수 있는 소중한 경험을 할 수도 있다.

2.4. 신체활동이 행복을 주는 이유

왜 신체활동이 사람들을 더 행복하게 해줄까? 첫째 이유는 자존감과 정복감을 들 수 있다. 운동이나 체력단련훈련을 하면 스스로 자신의 몸과 건강을 조절하고 있다고 느끼게 된다. 무엇인가 '더 빨리, 더 멀리, 더 강하게' 점점 더 잘하게 되는 자신을 보면 자신이 가치 있고 능력 있다는 것을 확실하게 느낄 수 있다. 둘째는 신체활동이 근심이나 생각을 반추하는 것을 몰아내서 긍정적인 기분으로 전환시켜줄 뿐만 아니라 몰입을 체험할 가능성도 높여준다. 운동은 본질적으로 스트레스를 받는 일상으로부터 휴식으로 작용하며, 그 이후로도 몇 시간 동안 긍정적인 효과를 미친다. 셋째로, 다른 사람들과 함께 운동을 하면 사회적인 접촉의 기회가 생기기 때문에 사회적 지원이 확대되고 우정이 돈독해지기도 한다. 또 외로움과 고립감이라는 짐을 벗을 수 있다. 넷째, 운동이 기분을 좋게 해주는 효과의 근원은 생리적인 것일 수도 있다. 운동을 하면 심혈관계의 지구력이 좋아지고 유연성과 힘이 증가되는 등 신체적으로 단련되는데서 오는 부차적인 유익함도 경험하게 된다. 전보다 더 무거운 것을 들어 올리고 더 빨리 걷고 노화로 인한 건강문제를 피해갈 수 있다. 이런 효과만으로도 더 행복해질 수 있다. 실제로 운동은 프로작Prozac, 우울증 치료약의 효과와 유사하게 세로토닌Serotonin이라는 물질의 분비를 증가시켜준다.

3. 휴식하기

3.1. 수면

휴식하기의 첫 번째 방법은 잠을 자는 것이다. 우리가 숙면이라고 부르는 건강한 수면은 세 부분으로 구성되어 있다. 꿈꾸는 시간 20%, 깊게 잠자는 시간 20%, 얕게 잠자는 시간은 60% 비율로 반복하게 된다. 건강한 수면이 되기 위해서는 적절한 수면시간으로 충분한 피로를 해소시킬 수 있어야 하는데, 수면 효과를 높이기 위해서는 밤 11시 이전에 취침하여 6~8시간의 수면을 취하는 것이 좋다. 낮잠은 오래 자면 잘수록 두통이 심해지고, 오히려 피로가 쌓이는 것으로 느껴지고, 늦게 취침할 때에도 수면 효과는 떨어지게 된다.

잠을 자면서 꿈을 꾼다는 것은 잠을 자고 있는 동안에도 우리가 사고하고 있다는 점을 시사한다. 꿈을 기억할 수 있다는 사실로부터 우리는 수면 동안에 기억을 형성할 수 있다는 점도 알 수 있다. 이처럼 수면은 휴식을 취하는 것이지만, 아무런 활동이 없는 상태가 아니다. 어떤 사람은 잠을 자는 동안에도 걸어 다닌다. 잠을 자는 사람이 잠자는 동안 그들의 환경에 완전히 둔감한 것도 아니다. 아기의 울음소리를 듣고 엄마는 금방 깨어난다. 또한 수면은 전적으로 무계획적인 것도 아니다. 사람들은 주어진 시간에 맞추어 깨어나서 다른 일을 하기도 한다.

3.1.1 수면 단계

뇌의 전기적 변화를 도표로 기록하거나 뇌의 전기적 파형을 기록할 수 있다. 사람들이 보여주는 뇌파를 기록한 것을 뇌전도electroencephalogram; EEG라 하는데, 전극이 놓여 있는 대뇌피질의 표면에 있는 수천 개나 되는 뉴런들의 빠르게 변하는 평균 전위를 나타내줌으로써 수면연구에 대단히 유용하게 사용되고 있다. 뇌파의 패턴을 분석해 보면 수면에는 5단계가 있음을 알 수 있다. 사람들이 깨어서 눈을 감고 쉬고 있을 때는 8~12Hz까지의 규칙적 모습의 뇌파를 특징적으로 보여주는데, 이를 알파

alpha파라고 한다. 1단계 수면으로 들어가면 뇌파는 약간 불규칙적인 모습으로 바뀌고 진폭도 줄어든다. 2단계 수면에 들어가면 12~16Hz의 짧은 리드미컬한 반응의 방추모양의 파형이 나타난다. 1단계와 2단계의 뇌파를 세타theta파라고 한다. 제3단계와 제4단계의 깊은 수면에 들어가면 1~2Hz의 느린 파형이 특징인데, 이 느린 파형을 델타delta파라고 부른다. 일반적으로 3단계와 4단계의 수면 동안에는 깊은 수면 상태에 빠지기 때문에 잠자는 사람을 깨우기가 어렵다. 4단계에서는 자기의 이름과 같은 친밀한 사람의 이름이나 아기의 울음소리와 같은 개인적 자극에 의해서는 쉽게 깨어날 수 있지만, 시끄러운 소리와 같은 방해자극에 의해서는 좀처럼 깨어나지 않는다. 수면의 5단계는 잠을 자면서 규칙적으로 눈을 빨리 움직이는 기간이 여러 번 나타나는데, 이를 시카고 대학교의 아서린스키(Aserinsky)와 클라이만(Kleitman)은 빠른안구운동Rapid Eye Movement; REM 수면이라 하였다. REM 수면 동안 사람들은 꿈을 꾸게 된다. 앞서 4단계까지의 수면을 비REM 수면non-REM or NREM sleep이라 한다.

NREM 수면 동안에는 안구운동이 없어지고 심장박동률과 호흡률이 현저하게 감소되며, 근육이 이완되고, 뇌의 대사율이 각성 상태에 비해 25~30% 정도로 감소된다. 이와는 대조적으로 REM 수면 동안에는 급속안구 운동이 10~20초 동안 폭발적으로 일어나며 심장 박동률이 증가하고 뇌의 대사율이 각성 시기에 비해 더욱 증가하게 된다. 더구나 REM 수면 동안 우리의 근육은 거의 완전하게 마비된다. 단지 심장, 횡경막, 눈 근육과 내장과 혈관 근육과 같은 괭활근 근육만이 최소한의 활동을 한다. 요약하면, NREM 수면은 신체가 매우 이완된 상태로 특징지을 수 있는 반면에, REM 수면은 뇌는 활성화되어 있지만 몸은 실제로 활동이 차단되거나 마비되어 있는 것이 특징이다.

수면 주기의 패턴은 나이에 따라 달라진다. 예컨대 신생아는 총 수면시간 중 반 정도를 REM 수면으로 보낸다. 5살에 이르면 총 수면시간 가운데 REM 수면이 20~25% 정도로 줄어든 후 노인이 될 때까지 그대로 유지된다. 노인이 되면 REM 비율이 18% 또는 그 이하를 유지한다. 노인들은 제3단계나 제4단계의 깊은 수면을 적게 경험하며, 어떤 경우는 이런 단계의 수면이 아예 없어지기도 한다. 나이든 사람들은 밤 동안 더 자주, 더 오랜 시간 동안 깨어 있다. 이처럼 사람들은 나이가 들어감에 따라 자연스럽게 불면증이 생긴다(Liu & Ancoli-Israel, 2006).

3.1.2. 수면과 건강

만성 수면부족은 비만, 당뇨병, 심장병 위험을 증가시키는 것으로 알려져 있는데 그 이유가 바로 수면부족에 의한 신체활동 감소 때문이라는 연구결과가 나왔다. 독일 뤼베크 대학의 세바스티안 슈미트(Sebastian Schmidt) 박사는 체중이 정상인 건강한 남자 15명에게 이틀은 4시간씩, 그 이후 이틀은 8시간씩 잠을 자게하고 손목장치를 통해 하루 신체활동량을 측정한 결과, 수면을 제한한 날은 충분한 수면을 취한 날에 비해 신체활동량이 적은 것으로 나타났다고 밝혔다. 8시간 잔 날은 몸을 움직이는 시간의 25%가 강도가 높은 운동으로 채워진 데 비해 4시간 잔 날은 22%에 그쳤다.

잠을 못 자는 만성 수면 부족도 문제이지만, 잠을 지나치게 많이 자는 과잉수면 oversleep도 부작용이 있다. 잠을 자는 동안에 체온이 떨어지게 되는데, 체온이 떨어지면 칼로리 소모도 제대로 되지 않는다. 잠을 너무 많이 자면, 오히려 더 피로하고, 비만이 생기며, 당뇨병의 가능성도 높아진다. 심장병의 가능성도 높아지고, 우울함도 높아지며, 생활리듬도 깨진다.

발작수면narcolepsy을 가진 환자는 불가항력적인 수면 발작이 되풀이되며, 편지를 쓴다거나 자동차를 운전하거나 대화를 하는 동안에도 금방 수면에 빠지고 만다. 강의를 하는 도중 학생이 잠을 자는 것은 정상적인 수면이지만, 교수가 강의 도중 잠이 든다면 발작수면인 것이다. 발작수면은 하루에도 여러 번 발생할 수 있으며 단 몇 초로부터 30분 동안 지속될 수 있다. 발작수면 환자는 낮 동안의 수면 발작 때문에 직업을 유지하기가 어려우며 만약 발작이 왔을 때 자동차를 운전한다거나 기계를 조작한다면 몹시 위험할 수 있다. 약 1000명 가운데 한 사람 정도가 발작수면으로 고생하고 있으며, 잘 알려지지 않은 가벼운 발작수면 환자의 사례는 보다 많을 수 있으며, 발작

수면은 유전되는 경향이 있다(Camey et al., 2004).

무호흡증apnea은 잠자는 동안 호흡이 멈추는 것을 말한다. 대부분의 사람들은 매일 저녁 몇 번의 무호흡증을 경험한다. 그러나 심한 수면문제를 가진 환자만이 매일 밤 수백 번의 증상이 나타나게 된다. 이럴 때마다 수면자는 호흡을 하기 위해 깨어나지만 이러한 깨어남은 너무나 짧아서 사람들은 이를 잘 인식하지 못한다. 무호흡증으로 고통 받는 사람들은 매일 밤 12시간 이상을 잠자리에 들어 있지만, 그 이튿날까지도 졸려서 제대로 기능할 수 없고 대화 도중에 수면에 빠지게 된다(Vandeputte & de Weerd, 2003). 수면 무호흡증은 노인들에게서 흔하다. 수면제 복용은 각성을 힘들게 하여 무호흡증의 기간을 연장시켜 뇌에 산소 결핍을 일으켜 치명적인 영향을 미칠 수 있다.

성공한 사람들은 잠을 적게 자지 않는다. 오히려 잠을 많이 자는 편이다. 그렇다고 성공하려면 잠을 많이 자야겠다고 오해하지는 말자. 성공한 사람들은 충분한 수면을 취한 다음에, 일에 집중하고 몰입하기 때문에 성공한 것이다. 하루 6시간보다 적게 자면 요절할 수도 있다는 연구결과도 있다. BBC는 4일 영국과 이탈리아의 연구결과를 인용해 25년 동안 정기적으로 하루 6시간 미만의 수면을 취한 사람은 하루 6~8시간 잠을 잔 사람보다 향후 25년 내에 사망할 확률이 12% 더 높다고 전했다. 고독한 사람들과 정상인을 대상으로 실험실과 일상생활을 하는 집에서 수면양상을 분석한 결과(Cacioppo et al., 2002)에 의하면, 고독한 사람들의 수면효율성이 정상인에 비해서 현저히 떨어지는 것으로 나타났다. 전체 수면시간에서는 차이가 없으나, 숙면을 취하지 못하고, 깨어 있는 시간이 길어서 충분한 휴식을 취하지 못하는 것이다. "일찍 자고 일찍 일어나면, 건강해질 수도 있고, 부유해질 수도 있으며, 지혜로워질 수도 있다."는 벤저민 프랭클린(Benjamin Franklin)의 말을 기억하고 실천하자.

3.2. 명상

명상meditation은 무언가에 마음을 집중시키는 일을 가리킨다. 명상은 다양한 정신질환과 신체질환, 특히 높은 수준의 스트레스가 야기하는 질환을 겪고 있는 사람들을 위한 치료수단으로 광범위하게 연구되어 왔다(Baumgardner & Crothers, 2009). 그런 문제들에는 정신신체장애, 심혈관장애, 천식, 고혈압, 만성통증, 암, 공황발작, 불안, 공포, 그리고 섭식장애 등이 포함된다. 명상을 하면, 행복 수준도 높아진다. 신경과학자들에 의하면, 오랜 시간 명상을 한 수도승들을 관찰하면 행복한 감정과 관련이 있는 좌측 전전두피질prefrontal cortex이 훨씬 발달해 있다는 사실을 발견했다. 매일 5분씩 호흡이 들어오고 나가는 흐름을 가만히 지켜보는 것만으로도 명상의 효과를 누릴 수 있다. 중요한 점은 매일 규칙적으로 실천하는 것이다.

명상은 주의를 한 곳에 집중하여 마음을 청정하게 만들고 나아가서 삶에 대한 통찰에 이르게 하는 영적인 수행방법 중의 하나인데, 크게 집중명상과 관찰명상으로 구분할 수 있다.

3.2.1. 집중명상

집중명상samatha은 주의를 지속적으로 한곳에 집중하는 방법으로서, 흔들리지 않은 평온한 마음 상태를 경험하고 계발하는 것을 목표로 한다. 집중명상은 몸과 마음을 안정시켜 심리적 건강과 신체적 건강에 도움이 된다. 깊은 집중명상을 통해서 자아와 세계의 경계가 사라지는 초월적 의식 상태를 체험함으로써 우리의 존재와 삶에 대한 나름대로의 통찰에 이를 수도 있다.

3.2.2. 관찰명상

관찰명상vipassana은 변화하는 의식과 현상에 의식을 집중하여 있는 그대로 바라보며 알아차리는 방법으로서 흔히 마음챙김 명상mindfulness meditation이라고 불린다. 마음챙김 명상은 주의를 내면으로 집중하여 자신의 마음에 떠오르는 모든 현상을 있는 그대로 알아차리는 방법이다. 마음챙김은 경험의 현시점에 초점을 맞추는 현재 중심적 주의집중으로, 현재의 경험을 수용적으로 자각하여 알아차리는 것이다. 마음챙김은 과거를 곱씹거나 미래에 대한 불안과 소망적 사고에 사로잡히기보다는 현 시점에 초점을 맞추는 것을 의미한다. 이 말은 현재를 살아가는 것을 의미하는 것이고, '몰입경험'과 유사하다(Brown & Ryan, 2003).

마음챙김의 반대가 마음놓음이다. 마음놓음mindlessness은 제정신이 아니라거나 무모하다는 것을 의미하는 것이 아니라, 현시점에서 일어나고 있는 것을 자각하지 못하는 의식 상태를 지칭한다. '지금 이 순간에' 일어나고 있는 것보다 '규칙과 일정한 순서가 지배하는' 상태이다. 책을 읽거나 다른 사람과 대화를 하면서도 마음은 자신의 생각, 정서, 걱정거리, 관심사, 미래에 대한 불안 또는 과거사를 곱씹는 데 빠져 있는 것과 같다.

성공적인 목표 추구는 상당한 정도의 끊임없는 주의집중 즉 마음챙김을 함으로써 목표를 향한 진행을 모니터링하고, 필요한 조정을 가하며, 목표달성을 위한 노력이 흩뜨려지기보다는 집중된 채로 남아 있는 것을 필요로 한다. 또한 마음챙김은 자기결정적이고 자율적인 행위에 도움을 줄 수 있다.

마음챙김 명상의 주요한 특징은 현재의 자기 경험을 관찰하되, 판단하지 않고, 평가하지 않고, 수용적 자세로 관찰에 임하는 것이다. 마음챙김 명상에서는 어떤 것에 대한 관찰이든 주의 깊게 지속적으로 변화를 관찰한다. 이러한 꾸준한 관찰을 통해서 몸과 마음에서 일어나는 자기 경험의 세밀한 속성과 변화를 알아차리게 된다. 이를 통해서 자기이해와 자기통제가 증진될 뿐만 아니라 삶의 본질에 대한 통찰에 이를 수 있다. 현재의 자기 경험을 세밀하게 관찰하게 되면, 매 순간의 경험이 항상 새롭고 신선하게 느껴진다. 항상 새롭게 펼쳐지는 우리 자신의 내면적 드라마는 흥미로울 뿐만 아니라 경이롭게 느껴지기까지 한다. 이를 탈친숙화defamiliarizing라고 한다. 이러한 탈친숙화는 매 순간의 자기 경험에 대해서 신선함을 느끼게 만들기 때문에 삶에 대한 생동감을 느끼게 한다.

3.2.3. 행위양식과 존재양식

행위양식doing mode은 목표 지향적이고 목표의 성취를 위해 행위에 몰두하게 만든다. 이러한 행위양식은 현실과 목표의 괴리를 인식할 때 촉발된다. 어떤 것이 있어야 하는 상태에 있지 못하다고 느낄 때, 즉 자신이 원하는 것 또는 당연히 그래야 하는 것과 현실 간의 괴리를 느낄 때 행위양식이 촉발된다. 행위양식에서 마음은 현재에 머무르지 못하고 과거로 또는 미래로 분주하게 옮겨 다닌다.

존재양식은 주의의 초점은 모든 것을 있는 그대로 '수용accept'하고 어떤 변화도 바라지 않으면서 있는 그대로 '허용allow'하는 것에 맞추어진다. 존재양식에서는 마음이 현재에 머무르며 다른 곳으로 옮겨 다니지 않는다. 그저 순간순간의 경험을 처리하는 데에 전념할 뿐이다. 즉, 현재의 경험을 충분히 자각하고 현재의 순간에 충분히 존재하고자 한다.

마음챙김 명상은 이러한 행위양식에서 존재양식으로의 점진적인 변화를 유발한다. 마음챙김 명상을 통해서 점차 존재양식으로 변화하게 됨에 따라 현재의 상태를 있는 그대로 수용할 뿐만 아니라 허용하게 되고 자신의 사고와 감정을 마음속에 나타났다 사라지는 하나의 사건으로 여기면서 이러한 경험을 새롭고 신선한 것으로 받아들일 수 있게 된다면, 심리적 평온과 자유를 누릴 수 있을 것이다(권석만, 2006).

3.3. 독서

독서는 여가와 함께 할 수 있는 좋은 휴식이다. 모든 것은 좋은 책 속에 담겨 있다. 우리는 독서를 통하여 건강하고 행복하게 살아가는 노하우를 배울 수 있다. 부자들은 휴가를 갈 때 휴가 동안 읽을 책을 챙겨서 가고 매일 책을 읽는 습관이 있다. 대학 생활 4년 동안에 몇 권의 책을 읽으려고 하는가? 만약 100권을 읽고자 한다면, 격주로 한 권씩 읽어야 가능하고, 200권을 읽고자 한다면, 매주 한 권씩 읽어야 한다.

독서는 한 개인의 일생을 변화시키고 운명을 바꾸어 놓을 수 있을 만큼 강한 영향력을 가지고 있다. 특히 지적 호기심이 강하고 감수성이 예민한 청소년기에 좋은 책을 읽는 것은 참으로 소중하고 값진 경험이다. 독서는 올바른 삶을 보여주고 인도해주는 정신적 행위이고, 정서적 체험이며, 교양적 체험이다. 예를 들어, 미국 16대 대통령 아브라함 링컨(Abraham Lincoln)은 해리엇 엘리자베스 비처 스토우(Harriet Elizabeth Beecher Stowe) 부인이 쓴 『톰 아저씨의 오두막Uncle Tom's Cabin』을 읽고 깊은 감명을 받아 노예해방을 결심하였다고 한다.

독서는 우리에게 영감적 가치, 정보적 가치, 오락적 가치뿐만 아니라 치유적 가치를 제공한다. 첫째, 독서는 우리에게 영감inspiration을 준다. 책을 읽으면서 펼치는 상상의 날개와 상상력의 세상은 우리에게 새롭고 특별한 영감을 불러일으킨다. 창의성이 중요시되는 현대사회에서 창의성의 토대는 책, 특히 인문학 서적에 대한 폭넓은 독서를 통하여 현실화될 수 있다. 시간과 공간을 뛰어넘는 독서는 우리를 인생경험이 풍부한 인간으로 만들고, 현실적으로 당면하는 여러 가지 문제에 적응할 수 있도록 도움을 준다. 독서는 보다 나은 삶의 지혜와 현명함을 얻을 수 있도록 도와준다.

둘째, 독서는 우리에게 정보information를 준다. 인터넷에 기반을 둔 지식정보화사회인 오늘날에도 책을 통한 정보 습득은 여전히 유효하다. 진정으로 중요하고 깊이 있는 정보와 지식은 책 속에서 찾아볼 수 있다. 독서를 통한 정보와 지식의 습득은 우리가 문화적 가치를 체험하도록 해줘서 참과 거짓, 선악, 아름다움과 추함 등과 같은 가치판단의 기준과 능력을 부여해 준다.

셋째, 독서는 우리에게 오락recreation을 준다. 책은 수많은 오락거리로 가득하다. 책은 게임이나 오락보다 더 많은 것을 담고 있다. 관심 있는 주제에 대한 책을 읽는 것만큼 우리를 즐겁고 행복하게 만드는 것은 없다. 아마도 누구나 만화나 무협소설 혹은 판타지에 흠뻑 빠져 본 경험을 갖고 있을 것이다. 책은 우리가 다양하고 수많은 삶을 살 수 있도록 도와준다.

끝으로, 독서는 우리를 치유healing해 준다. 독서는 우리의 인격형성에 매우 중요한 역할을 한다. 독서를 통하여 우리의 마음을 충분히 보듬고 감싸고 행복하게 만들 수 있다. 우리는 독서를 통하여 책 속에 있는 다양한 사람들과 우리 자신을 동일시identification하거나, 우리 자신이 가지고 있는 문제를 정화catharsis하거나, 새로운 삶에 대한 통찰insight을 얻을 수 있다.

몇 권의 책을 읽으려고 하나요?

100권?
대학 4년 동안 격주 한 권씩

200권?
대학 4년 동안 매주 한 권씩

4. 향유하기

행복은 생활 속에서 즐거운 경험들을 통해 체험되는 것이다. 행복한 삶을 위해서는 실패나 역경을 잘 극복하는 것도 중요하지만, 성공이나 성취뿐만 아니라 행복한 순간들을 잘 즐길 수 있어야 한다. 행복 증진을 위해서는 생활 속에서 만나게 되는 긍정적인 경험들을 충분히 음미하며 향유하는 것이 중요하다. 갖지 못한 것을 원하는 것이 아니라 가진 것을 충분히 누리는 것이다. 하나 더, 즐길 줄 모르는 사람은 남에게도 즐거움을 주지 못한다.

4.1. 향유하기의 의미

겸손과 절제를 중시하는 문화권에서는 우수한 성과를 다른 사람의 공덕으로 돌리거나 행복한 마음을 표현하는 것을 자제해야 하는 경우가 많다. 또한 긍정적인 경험을 하더라도 이를 충분히 즐기지 못할 뿐만 아니라 부정적인 측면을 생각하면서 즐거움을 냉각시켜버리곤 하는 사람들이 많다. 향유하기savoring는 긍정적인 경험을 자각하여 충분히 느낌으로써 행복이 증폭되고 지속되도록 의도적인 노력을 기울이는 것이다. 이는 '음미하기'라고 번역될 수도 있다. 대처하기coping는 부정적 경험에 대응하기 위한 노력인 반면, 향유하기는 긍정적 경험에 대응하기 위한 노력이라고 할 수 있다.

긍정경험을 향유하는 경향은 습관적인 것으로서 개인마다 상당한 차이가 있다. 향유 경향은 상당히 안정된 개인적인 특성으로서 측정될 수 있다. 향유 경향이 높은 사람일수록 삶의 만족도와 행복도가 높았으며 낙관적이었고 덜 우울했다. 향유하기는 긍정정서의 경험을 증가시키고 부정정서를 감소시킴으로써 행복한 마음을 고양시킬 뿐만 아니라 심리적이거나 신체적인 건강을 강화한다. 제대로 향유하기 위해서는 첫째, 타인의 시선과 인정에서 자유로워야 한다. 둘째, 현재에 집중해야 한다. 셋째, 긍정적인 측면에 주의를 기울여야 한다. 진정한 행복은 의미 있는 일을 통해 자기실현을 하는 동시에, 인생의 즐거움을 충분히 향유하는 것이다.

4.2. 향유경험의 네 유형

브라이언트와 베로프(Bryant & Veroff, 2007)에 따르면, 향유경험은 크게 세계초점적 향유와 자기초점적 향유로 나눌 수 있고, 향유경험의 과정은 인지적 성찰과 체험적 몰입으로 구분할 수 있다. 세계초점적 향유world-focused savoring는 긍정적 느낌의 원천을 자신이 아니라 환경과 같은 외부대상으로 지각하는 경우이다. 자기초점적 향유self-focused savoring는 긍정적 느낌의 원천을 자기 자신 또는 자신의 특정한 측면(육체, 성격, 행동, 능력 등)으로 지각하는 경우이다.

향유경험의 4가지 유형

	인지적 성찰	체험적 몰입
세계초점적 향유	감사하기(고마움)	감탄하기(경외감)
자기초점적 향유	자축하기(자긍심)	심취하기(즐거움)

출처: 권석만(2009), p. 434

인지적 성찰cognitive reflection은 긍정적인 느낌과 경험을 상위 관점에서 관찰하고 정교화하며 의미를 부여하는 과정을 의미한다. 반면에, 체험적 몰입experiential absorption은 상위 관점에서 관찰하기보다 긍정적인 느낌과 경험에 자신을 맡기고 푹 빠져서 그러한 느낌과 경험에 충분히 몰입하는 과정을 뜻한다.

첫째, 감사하기thanksgiving는 자신에게 긍정적인 경험을 제공해준 대상에 대해서 고마움을 느끼는 것이다. 자신의 행복에 대해서 감사함을 느낄 뿐만 아니라 그에 기여한 사람이나 환경에 감사함을 느끼고 표현하는 것을 의미한다. 이를 위해서는 긍정경험의 원천에 대한 인지적 과정과 외적 귀인이 필요하다.

둘째, 감탄하기marveling는 긍정적인 경험에 몰입하는 동시에 그러한 경험을 제공한 대상에 대해서 경외감 또는 경이로움을 느끼는 것이다. 긍정경험을 새롭고 놀라운 것으로 여기며 감동하거나 감탄하는 것이다.

셋째, 자축하기basking는 긍정경험과 성취에 대해서 스스로 축하와 칭찬을 하게 됨으로써 자긍심이 증폭된다. 긍정경험에 대해서 스스로에게 따뜻한 축하와 칭찬을 함으로써 행복감이 증진될 수 있다. 충분한 자격을 갖추고 누릴 수 있는 행복감을 최대한 즐기는 것이다.

끝으로, 심취하기luxuriating는 긍정경험에 수반하는 신체적 쾌감과 정서적 흥분을 자세하게 다각적으로 체험하며 만끽하는 것을 의미한다. 심취하기를 통해서 긍정체험이 세밀하고 풍부해질 뿐만 아니라 오랜 기간 연장될 수 있다.

4.3. 향유하기의 다양한 방식

즐거운 경험을 하는 동안 사람들이 사용하는 향유하기는 다양한 방식으로 이루어질 수 있다(Bryant & Veroff, 2007). 첫째, 다른 사람과 공유하기sharing with others이다. 이것은 자신의 긍정경험을 다른 사람에게 이야기하며 기쁨을 함께 나누는 방법이다. 둘째, 기억해 두기memory building는 긍정적인 경험을 나중에 잘 회상할 수 있도록 하는 것이다. 셋째, 자축하기self-congratulation는 긍정경험에 대해서 스스로 칭찬하고 축하하는 것이다. 넷째, 세밀하게 감각 느끼기sharpening the sense는 즐거운 경험에 주의를 기울이며 그 세부적인 내용과 요소들을 음미하는 것이다. 다섯째, 비교하기comparing는 다른 사람과의 사회적 비교나 과거와의 시간적 비교를 통해서 현재 자신의 긍정경험을 충분히 즐기는 것이다. 여섯째, 몰입하기absorption는 즐거운 경험에만 주의를 기울이며 다른 것에 대해서 생각하지 않는 것이다. 일곱째, 행동으로 표현하기behavioral expression는 기쁨을 느낄 때 큰 소리로 웃거나 노래를 부르거나 춤을 추는 등 신체적인 행동으로 표출하는 것이다. 여덟째, 일시성 인식하기temporal awareness는 이 순간의 소중함을 인식하며 경험을 깊이 음미하는 것이다. 지금 이 순간의 경험은 한번 지나가면 결코 다시 경험할 수 없는 소중한 것이다. 아홉째, 축복으로 여기기counting blessing는 긍정경험을 행운이자 축복으로 생각하며 이에 감사한 마음을 지니는 것이다. 끝으로, 즐거움을 해치는 생각하기kill-joy thinking는 향유하기를 방해하며 행복한 마음을 감소시키는 것이다.

4.4. 향유하기를 통한 행복 증진

행복기준점에 대한 고려가 필요하다. 향유하기와 대처하기는 행복기준점이라는 어떤 범위 내에서 행복감을 증진하기 위한 의지적 활동이라고 할 수 있다. 즉, 향유하기는 긍정정서경험을 증가시키기 위한 의도적 노력인 반면, 대처하기는 부정정서를 감소시키기 위한 의도적 노력이라고 할 수 있다.

행복에는 정답이나 왕도가 없다. 모든 사람을 확실히 행복하게 만들 수 있는 완벽한 사람은 없다. 긍정심리학자들이 제시하는 행복의 조건들을 개인마다 자신이 처한 삶의 상황에 적절하게 적용함으로써 자신이 그리는 행복한 삶을 스스로 창조해 나가야 한다.

향유하기와 대처하기를 모두 증진할 수 있는 여섯 가지 방법이 있다. 첫째, 사회적 지지망을 확대하고 강화하는 것이다. 둘째, 생활 속의 다양한 경험을 기록하는 것이 중요하다. 경험을 기록하면서 다시 한번 더 행복을 경험할 수 있다. 셋째, 행복을 증진하기 위해서는 상향식 비교가 아니라 하향식 비교를 하는 것이 좋다. 넷째, 힘들 때나 즐거울 때나 유머감각을 잘 활용하는 것이 중요하다. 다섯째, 영성과 종교는 고난의 극복뿐만 아니라 삶에 대한 감사함과 축복을 증진한다. 마지막으로, 인생의 무상함을 자각하는 것이 중요하다. 현재의 경험이 지속되지 않고 흘러간다는 자각은 괴로움을 줄이고 즐거움을 증가시킬 수 있다. 이 경우 씁쓸달콤함bittersweetness을 경험하게 된다. 우리말에 '시원섭섭하다'는 말이 있듯이, 무상함의 자각은 불행과 고난을 견디도록 돕는 동시에 긍정적 경험의 기쁨을 만끽하도록 하는 데 기여한다.

향유하기를 제대로 누리기 위한 필수조건은 3가지이다. 첫째, 향유하기를 위해서는 다른 사람으로부터 관심을 끌거나 인정을 받으려는 욕구로부터 자유로워지는 것이 필요하다. 둘째, 향유하기를 위해서는 현재에 주의를 집중하는 것이 필요하다. 마지막으로, 현재 경험의 긍정적 측면에 주의를 기울이는 것이 향유하기의 필수조건이다.

향유하기를 증가시키는 기본적인 방법은 우선 일상생활에서 의도적으로 향유시간을 갖는 것이다(Bryant & Veroff, 2007). 향유하기를 증가시키는 또 다른 방법은 인생을 되돌아보는 것이다. 행복한 삶을 위해서는 향유할 것들을 많이 확보하는 것도 중요하지만 이미 주어진 것을 잘 향유하는 것이 중요하다. 향유하기는 쾌락주의적 행복관점에서 긍정정서를 증가시키기 위한 방법이다. 진정한 행복은 의미 있는 일을 통해 자기실현을 하는 동시에, 인생의 즐거움을 충분히 향유하는 것이다.

자기진단

시련과 역경을 이겨낼 수 있는 마음의 심폐소생술, 회복탄력성과 관련하여 자기진단을 해 볼까요? 회복탄력성은 자기조절능력, 대인관계능력, 긍정성 및 자기신뢰를 포함하여 4가지 측면에서 살펴보아야 알아볼 수 있습니다. 솔직하게 자신의 회복탄력성이 어느 정도인지 확인해 볼까요?

회복탄력성(Resilience)

번호	나의 낙관성은?	전혀 그렇지 않다	그렇지 않다	반반이다	그렇다	매우 그렇다
01	나는 대체적으로 긍정적인 감정을 불러일으킬 수 있다.	1	2	3	4	5
02	나는 압박과 스트레스 상황에서도 평온함을 유지할 수 있다.	1	2	3	4	5
03	나는 상황에 맞게 감정을 표현할 줄 안다.	1	2	3	4	5
04	나는 대부분의 상황에서 충동을 통제할 수 있다.	1	2	3	4	5
05	나는 대부분의 상황에서 감정을 조절할 수 있다.	1	2	3	4	5
06	나는 해야 할 일이 있으면 어떤 유혹이나 방해도 이겨 낸다.	1	2	3	4	5
07	나는 대부분의 상황에서 원인을 분석할 수 있다.	1	2	3	4	5
08	나는 문제의 원인을 객관적으로 밝힐 수 있다.	1	2	3	4	5
09	나는 어떤 문제가 생겼을 때 그 이유를 알 수 있다.	1	2	3	4	5
10	나는 대부분의 상황에서 사람들과 소통할 수 있다.	1	2	3	4	5
11	나는 관계형성을 위한 의사표현을 잘할 수 있다.	1	2	3	4	5

번호	나의 낙관성은?	전혀 그렇지 않다	그렇지 않다	반반 이다	그렇다	매우 그렇다
12	나는 메시지를 잘 전달하여 사람들을 설득할 수 있다.	1	2	3	4	5
13	나는 다른 사람의 말에 주의를 기울여 잘 듣는 편이다.	1	2	3	4	5
14	나는 다른 사람의 마음이나 감정 상태를 잘 읽어 낼 수 있다.	1	2	3	4	5
15	나는 다른 사람과 함께 생각과 느낌을 나눌 수 있다.	1	2	3	4	5
16	나는 대부분의 상황에서 주변 사람들과 친밀한 관계를 맺을 수 있다.	1	2	3	4	5
17	나는 사람들과 쉽게 어울리는 편이다.	1	2	3	4	5
18	나는 내 주변 사람들로부터 관심을 받고 있다.	1	2	3	4	5
19	나는 대부분의 상황에서 나의 미래에 대해서 낙관적이다.	1	2	3	4	5
20	나는 세상을 희망적으로 바라보는 편이다.	1	2	3	4	5
21	나는 대부분의 상황에서 다시 좋아지리라 믿는다.	1	2	3	4	5
22	나는 대부분의 상황에서 능동적으로 행동한다.	1	2	3	4	5
23	나는 새로운 것에 도전하는 것을 두려워하지 않는다.	1	2	3	4	5
24	나는 적극적인 삶을 살고 있다.	1	2	3	4	5
25	나는 대부분의 상황에서 감사하는 마음이 있다.	1	2	3	4	5

번호	나의 낙관성은?	전혀 그렇지 않다	그렇지 않다	반반 이다	그렇다	매우 그렇다
26	나는 살아 갈수록 주위 사람들에게 감사하는 마음이 커진다.	1	2	3	4	5
27	나는 감사하는 마음을 잘 표현한다.	1	2	3	4	5
28	나는 나 자신을 믿을 수 있다.	1	2	3	4	5
29	나는 내가 맡은 일을 잘 해결할 수 있는 능력이 있다고 믿는다.	1	2	3	4	5
30	나는 내가 다른 사람들에게 존중받고 있다고 생각한다.	1	2	3	4	5
31	나는 내가 가치있는 사람이라고 생각한다.	1	2	3	4	5
32	나는 나 자신에게 만족한다.	1	2	3	4	5

회복탄력성 척도(Resilience Scale, 김은희, 2020)는 전체 32문항을 포함한 Likert식 5점 척도로 4개의 하위요인으로 구성되어 있다. 각각의 하위요인은 자기조절능력(1-9), 대인관계능력(10-18), 긍정성(19-27), 및 자기신뢰(28-32)로 이루어져 있다. 전국 300명을 대상으로 전문조사기관을 통해 수집된 자료(장수용 외, 2024)에 의하면, 전체 의미 점수는 5점 척도상에서 평균이 3.52점(표준편차=0.59)으로 중간 수준 이상이었다. 자기조절능력 점수는 평균이 3.47점(표준편차=0.62), 대인관계능력 점수는 평균이 3.54점(표준편차=0.63), 긍정성 점수는 평균이 3.47점(표준편차=0.69), 자기신뢰 점수는 평균이 3.62점(표준편차=0.67)으로 모두 중간 수준 이상으로 나타났다.

Chapter 14

소비심리

Psychology of Spending

Chapter 14

소비심리

고객은 왕이다.

You're the Boss.

– 미국 유나이트 항공사(United Airline) –

행복한 삶은 모든 인류가 소망하는 가치들 중의 대표적인 것이다(남승규, 2009; Rokeach, 1973). 행복이란 심리적 체험은 다양한 영역에서 그리고 다양한 수준에서 체험될 수 있는데, 소비가 이루어지는 장면에서도 예외가 아니다. 소비가 사람들을 행복하게 만든다는 것에 대해서는 이론의 여지가 전혀 없다고 단정적으로 말할 수는 없지만, 소비 그 자체가 행복체험의 중요한 요인임은 틀림없다. 적어도 소비하는 그 순간만큼은 사람들을 충분히 행복하게 만든다. 행복한 소비경험은 매우 중요한 긍정경험이다. 건강하고 건전한 소비문화와 라이프스타일에 기반을 둔 소비자행복은 인류가 지향하는 건강하고 행복한 세상을 건설할 때 무엇보다도 중요한 요소이다.

질 리포베츠키(Gilles Lipovetsky, 2009)에 의하면, 소비자가 주인인 새로운 경제체제에서 새로운 인류인 소비인간homo consumericus이 탄생했다. 신인류는 유동적이고 융통성 있게 행동하고 과거의 계급문화와는 상당히 동떨어져 있으며 기호나 구매성향이 즉흥적이다. 사회적 지위와 품격에 맞춰 생활해야 하는 소비자에서 감정적 경험에 의존하고 안락함, 생활 수준, 건강, 브랜드, 진품 여부, 즉각성, 커뮤니케이션 등을 삶의 목적으로 삼는 과소비자시대로 옮겨간 것이다. 예전에는 구매행동에 자신감이 없던 소비자들이 상품 구매에 대해 더 많은 정보를 얻게 됨에 따라, 이제는 약삭빠르게 행동하고 비교하며 미적 감각을 중요시하는 소비자로 거듭났다. 소비세계를 둘러싼 기존의 시공간 제약이 조금씩 사라지고 이제 우리는 시간 개념이 없는 초개인화된 소비 중심 사회에 와 있다. 이러한 사회에서는 마케팅 전략이 어떠한 연령대도 놓치는 일이 없고 소비자 각자가 자신의 시간계획을 세우며 자신의 모습을 개조하고 각자 삶의 방식을 창조해 나간다. 소비정신은 가정과 종교, 정치와 노조, 문화와 여가시간의 관계에까지 조금씩 침투했다. 앞으로도 소비하는 삶은 영원하고 무한한 제국처럼 군림할 것이다. 왜냐하면 우리는 모두가 소비자라는 공통점을 갖고 있고, 우리가 소비생활에 참여하는 이유는 소비하는 삶이 우리를 행복하게 만들어주기 때문이다.

1. 돈과 행복

행복을 돈으로 살 수는 없다. 그러나 돈은 행복을 사고, 행복한 삶을 살아가는 데 도움이 된다. 현명하게만 사용한다면 충분히 그럴 수 있다. 돈이 행복에 미치는 영향이 상당히 크다는 사실을 많은 사람들이 인식하고 있다. 확실히 돈이 있으면 많은 혜택을 누릴 수 있다. 경제적 안정은 우리로 하여금 물질적인 편안함에서 의미나 균형, 즐거움과 같은 초월적인 문제로 관심을 돌릴 수 있게 해준다. 행복한 삶을 살아가는 데 돈이 미치는 영향은 모든 사람에게 동일하게 효과를 내는 것은 아니다. 부자든 가난한 사람이든 돈을 어떻게 사용할지 스스로 결정할 수 있고, 그 선택이 행복을 증진시키거나 약화시킬 수 있다. 돈은 우리의 훌륭한 하인이기도 하고 형편없는 주인이기도 하다. 우리의 행복을 위하여, 우리의 행복을 향상시키기 위하여 우리는 현명하게 돈을 사용할 줄 알아야 한다. 돈은 우리의 행복한 삶에 다양성을 지원하고 경험을 확충하는 데 사용되어야 한다.

인생에서 돈이나 건강이 문제가 되면 다른 생각은 거의 할 수 없다. 하지만 돈이나 건강이 문제가 아닐 경우에 우리는 그것에 대해 거의 생각하지 않는다. 돈과 건강은 행복에 부정적인 측면에서 영향을 미친다. 돈과 건강은 그것이 풍족할 때 행복을 주는 정도보다 부족할 때 훨씬 크게 불행을 가져다준다.

돈을 조금 소유하면 우리는 행복해진다. 일단 기본생활이 보장되고 나면, 돈이 무조건 많아진다고 삶의 만족도도 덩달아 커지지 않는다. 사람들은 무의식적으로 돈을 떠올리기만 해도 자동적으로 남을 도우려는 의지가 감소하였고 여가시간이 생겨도 친구들과 함께 하지 않고 홀로 보낸다. 현재 우리는 1950년대와 비교해 볼 때 3배나 더 부자가 되었다. 그러나 행복은 3배로 늘어나지 않았다. 최근에 나온 사회보고서에서도 유럽에서 가장 부강한 나라인 독일은 유럽에서 가장 불만이 많은 나라 중의 하나로 판명되었다.

오늘날 우리가 누리는 물질적인 안락함의 수준은 반세기 전에 상위 5% 이내에 드는 사람들이 누리는 부의 수준과 같다. 그러나 행복 수준은 높아지지 않았다. 1940년대 미국인의 삶 전반에 대한 만족도는 10점 만점에 7.5 정도의 점수를 얻을 정도로 '매우 행복하다'고 답했다. 개인의 실질소득이 두 배 이상 늘어난 오늘날 미국인의 평균 행복점수는 7.2이다. 아주 부유한 사람들은 평균적인 사람들보다 훨씬 많은 것을 가지고 있지만 그들이 더 행복한 것은 아니다.

연봉이 3만 달러 미만인 사람들은 5만 달러를 벌면 감격할 것이라고 주장한 반면에 10만 달러 이상을 버는 사람들은 25만 달러는 벌어야 만족할 수 있다. 792명의 부자들을 대상으로 실시한 연구에서 응답자의 절반 이상은 부가 자신에게 더 큰 행복을 가져다주지 못한다고 대답했다. 1천만 달러 이상의 재산을 가지고 있는 부자들 중 3분의 1은 돈이 문제를 해결해 주기보다는 더 많은 문제를 일으켰다고 말했다. 소득이 높은 사람들은 일상적인 불안과 분노를 겪을 가능성도 더 높았다(Kahneman, Krueger, Schkade, Schwarz, & Stone, 2006).

다음 달부터 월급이 50만 원 인상된다면 행복해질 것이다. 하지만 다른 직원들에게는 모두 100만 원씩 월급을 올려준다는 소식을 드는 순간 끝나게 된다. 분명 예전보다 더 많은 돈을 받게 되는데도 불구하고 기분은 전보다 훨씬 나빠진다. 절대수치가 아니라 비교를 통해서 자신을 정의하기 때문이다. 우리는 즐겨 자신과 남을 비교한다. 영국의 철학자 버트런드 러셀(Bertrand Russell)은 문제의 핵심을 이렇게 표현했다. "거지는 백만장자를 부러워하지 않는다. 자신보다 조금 돈이 많은 거지를 부러워할 뿐!"이라고.

우리는 5만 원어치 기름을 넣을 때 5백 원을 아끼려고 온 시내를 자동차로 헤매고 다닌다. 그런데 막상 5천만 원짜리 자동차를 구입할 때 5만 원을 절약할 수 있는 방법에는 별 관심을 보이지 않는다. 사람들은 얻는 것보다 잃은 것에 더 민감하게 반응한다. 가격이 10% 인하되었을 때 느끼는 기쁨보다는 가격이 10% 인상되었을 때 느끼는 분노가 더 강력하다. 10% 임금 인상의 기쁨은 곧 아무것도 아닌 일이 되어버리지만, 10%의 임금 삭감은 퇴직할 때까지, 아니 그 이상까지 두고두고 우리를 분노하게 만든다. 이처럼, 돈에 대한 우리의 생각은 일관된 모습을 보이지 않는다.

돈이 당신을 행복하게 만들 수 있는 4가지 방법은 다음과 같다. 첫째, 수입의 10%는 스스로를 위해 자신에게 선물을 하자. 둘째, 현재 살고 있는 곳에서 계속 살면서

그 대신 멋진 곳을 찾아서 여행을 하라. 셋째, 큰 물건 한두 개보다 소소한 물건 여러 개가 더 큰 기쁨을 준다. 끝으로, 당신의 돈을 남을 위해서 써라.

1.1. 자신에게 선물을 하라

우리는 공통점이 있다. 동시대를 살아가고 있다는 사실 말고, 우리 모두는 소비를 하는 사람 즉, 소비자라는 공통점을 갖고 있다. 우리 모두는 소비를 한다. 물론 생산도 한다. 그러나 모든 사람들이 생산에 참여하는 것은 아니지만, 소비에는 예외가 없다. 어리든 나이 들었든, 키가 크든 작든, 살이 찌었든 말랐든, 남자이든 여자이든 상관없이 모두가 소비를 한다. 우리가 소비를 하는 이유는 두말할 것이 없이 소비를 하는 것이 행복하기 때문이다. 우리는 더 행복해지기 위해서 소비를 한다. 의식주와 관련된 모든 소비와 우리 영혼을 살찌우는 모든 경험들에 대한 소비는 우리를 행복하게 만든다.

생일같이 좋은 날에 축하와 더불어 선물을 받는 것은 매우 즐겁고 기분 좋은 일이다. 축하와 선물을 받았다고 화를 내거나 불행해 하는 사람은 절대로 없다. 그런데 누구도 선물하지 않는다면, 선물을 받는 행복한 순간과 경험을 포기할 것인가? 아니다. 아무도 선물하지 않으면, 스스로 자신에게 선물하자. 가용할 수 있는 돈의 10%는 늘 자신을 위하여 쓰자. 꼭 10%일 필요는 없다. 1%를 쓸 수도 있고, 50%를 쓸 수도 있다. 핵심은 자신을 위해서 돈과 마음을 쓰라는 것이다. 우리는 충분한 자격이 있다. 자신에게 선물을 하자. 그것은 우리에게 투자이든, 희망이든, 미래이든, 값진 결실을 가져다 줄 것이다. 사실, 결실이 없어도 된다. 내가 나 자신을 위해서 돈과 마음을 썼다는 것만으로도 충분히 행복하다.

1.2. 유형의 물질에 투자하지 말고 무형의 경험에 투자하라

많은 사람들은 소득이 늘어나면 곧바로 하는 일은 더 좋은 곳으로 이사해서 자신이 부러워하는 사람들이 더 많은 곳에서 살아가는 것이다. 반면에 세계 최고의 부자

중 한 명인 워렌 버핏(Warren Buffett)은 1958년에 구입한 집에서 지금도 살고 있다. 단순한 사람들은 이렇게 말한다. "뭔가 손에 잡히는 것을 사라. 그래야 오래도록 소유할 수 있다." 하지만 행복한 경제학자들은 "무형의 경험에 투자하라"라고 말한다. 내 눈앞에 있는 자동차의 가치는 계속해서 떨어진다. 그런데 세계여행은 시간이 지날수록 점점 더 아름다워진다. 여행은 새로운 우정을 만들어주고 기존의 우정을 더욱 돈독하게 해준다. 모든 것이 사라졌을 때에도 여전히 남아 있는 것이 2가지가 있다. 우리 머릿속에 있는 것과 우리 가슴 속에 담긴 사람이 그것이다.

긍정경험은 행복의 4가지 구성요소 중의 하나이다. 긍정경험을 많이 할수록 우리는 더 행복해진다. 인간은 모든 변화에 민감하다. 우리는 과거와 비교해서 현재를 평가하고, 더 좋은 쪽으로 변화가 이루어졌을 때 비로소 행복해졌다고 생각한다. 물질적 성장도 중요하지만, 정신적 성장을 경험하는 것은 행복에 매우 중요하다. 우리가 성장하고 있다는 느낌은 행복으로 나아가는 여정에서 매우 중요한 요소이기 때문에, 무형의 경험에 소비하고 투자하는 것은 우리를 행복하게 만든다.

1.3. 큰 것 하나에 모두 쓰지 말고 나누어 써라

수많은 작은 행복의 순간들이 하나의 큰 행복보다 더 낫다. 심리학자 소냐 류보머스키(Sonja Lyubormirsky)의 연구에 따르면, 이런저런 좋은 나쁜 사건에 적응하는 우리의 능력은 너무나도 큰 행운 앞에서는 별로 힘을 쓰지 못한다고 한다. 평범하지 않은 '운명적 사건'은 우리의 판단기준을 파괴한다. 친구들과의 식사, 흥미로운 사람과의 대화, 뜻밖의 선물 등 이제껏 쾌적한 기쁨을 주던 작은 일들은 금메달을 따는 것처럼 큰 사건이 있은 이후에는 더 이상 전과 같은 긍정적인 감정들을 유발하지 못한다. 류보머스키는 우리를 지속적으로 행복하게 하는 것은 적당하게 좋은 일들이며, 평범치 않은 일들은 오히려 정신적 부담으로 작용한다고 결론 내렸다.

『스펜트Spent』의 저자 제프리 밀러(Geoffrey Miller)는 상식적으로 우리가 어떤 물건을 사는 것은 그것을 가지면 즐거울 거라 생각해서지만, '득템'의 즐거움은 얼마 못간다고 한다. 따라서 한번에 자신의 가진 돈을 모두 쏟아 붓는 식의 '큰' 씀씀이는 삼가야 한다. 조금씩 잠깐씩이라도 기쁨과 만족을 주는 '작은' 씀씀이가 필요하다.

적당한 사치를 즐길 필요가 있다. 건강과 행복을 위해서, 관계를 위해서, 일을 위해서, 다른 사람을 위해서, 행복한 기억을 위해서 적당한 사치를 즐길 필요가 있다. 자신을 위해서 조금은 사치를 누려야 한다. 진정한 행복이란 다른 사람에게 선행을 베풀거나, 친구나 가족과 함께 시간을 보내거나, 안식을 찾거나, 명상을 함으로써 얻을 수 있다. 하지만 많은 사람들은 무언가를 사고 있을 때, 즉 소비를 행하고 있을 때 행복해 보이거나 행복한 듯이 행동한다. 무엇인가를 사거나 얻는 경험은 커다란 행복감을 느낄 수 있다. 우리를 행복하게 만드는 것은 다른 사람이 아닌 바로 우리 자신이다. 나 자신에게 가치 있다고 생각되는 일이나 물건에 돈을 쓰는 것이 중요하고, 그러기 위해서는 내가 정말로 원하는 것이 무엇인지에 대한 인식과 절제가 필요하다. 꼭 기억할 것은 작은 사치를 통해 기쁨을 얻는 것도 그것을 가끔씩 행동으로 옮겼을 때나 가능한 일이라는 점이다.

1.4. 나를 위해서만 쓰지 말고 남을 위해서 써라

내가 남을 위해 사는 커피 한잔에서부터 기부금에 이르기까지 액수와 상관없이 남을 위해 돈을 쓰고 나면, 항상 자신이 더 부자가 된 느낌을 갖게 된다. 부자란 스스로 충분히 가졌다고 생각하는 사람이다. 그리고 최상의 노후대책 중 하나는 어여쁜 자녀이다. 그러니 오늘 밤 별다른 계획이 없다면 아이를 만들라. 당신을 위해서, 모든 이를 위해서. 최고로 장기적인 수익을 낼 수 있는 투자는 인간관계이다. 정말 좋은 친구 한두 명은 그저 그런 사이의 친구를 두세 배쯤 가진 것보다 훨씬 더 소중하고 든든하다. 돈을 나를 위해서 쓰는 것은 하수이고, 남을 위해서 쓰는 것은 상수이다. 최고는 좋은 것이고, 더 좋은 것은 최고다Best is good, better is best.

나이가 들수록, 닫아야 하는 것은 입이고 열어야 하는 것이 지갑이다. 잘 알고 있다시피, 자신의 마음을 충분히 표현하는 것은 즐거운 일이다. 누군가를 위하여 마음을 쓰는 것만큼 우리를 행복하게 만드는 것이 없다. 앞에서도 논의한 것처럼, 행복을 결정하는 핵심적인 4가지 구성요소는 인간관계, 심신건강, 긍정경험, 및 긍정실천인데, 남을 위하여 돈과 마음을 쓰는 것은 인간관계, 심신건강, 긍정경험, 그리고 긍정실천 모두에 도움이 되는 것이니 어찌 행복하지 않을 수 있겠는가? 더군다나 타인의 위해서 돈과 마음을 쓰는 것은 미래의 행복을 만드는 씨앗으로 뿌려지게 된다. 어느 누구도 평생 얻어만 먹지 않는다. 특히, 우리의 주위에 있는 좋은 사람들이라면 절대 그럴 일이 없다. 아마도 받은 것보다 더 많은 것을 돌려줄 것이다.

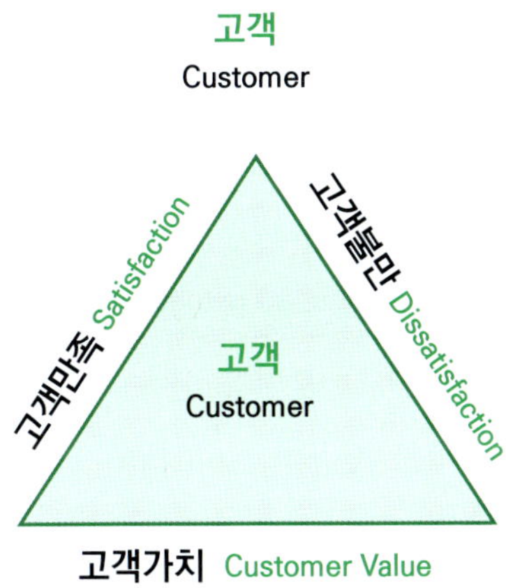

2. 고객의 가치

개인의 행복과는 달리, 소비심리와 관련된 행복한 삶은 고객과 함께 만들어진다. 직장인을 포함하여 모든 사람은 자신의 생존과 성공을 위하여 자신의 고객이 누구인가를 알 필요가 있다. 그래서 고객이 중요시하는 것이 무엇인지, 그리고 어떻게 하는 것이 고객에게 최선을 다하는 것인지 찾아내기 위한 노력을 게을리하지 않아야 한다. 고객만족customer satisfaction은 이미 모든 기업의 화두가 되었다. 고객이라는 개념에 대해 생각조차 하지 않았던 학교나 병원, 정부기관에서도 마찬가지다. 고객만족에 관심을 갖게 된 이유는 크게 2가지이다. 하나는 품질만으로는 브랜드 간의 차별화가 어려워졌기 때문이고, 다른 하나는 고객의 의식 수준이 높아졌기 때문이다. 오늘날의 고객은 정보를 손쉽게 얻을 수 있게 되었고, 그들이 가지고 있는 권리와 힘에 대해 더 잘 알고 있다. 이런 상황에서 고객접점customer interface에 있는 모든 사람들은 살아남기 위하여 고객만족을 모토로 삼지 않을 수 없게 되었다.

오늘날 성공과 실패를 가늠하는 것은 고객이다. 고객이 없으면, 아무것도 할 수 없는 세상이다. 정성을 다해 소중하게 일구어서 야심차게 준비하고 시작한 가게도, 식당도, 사업도, 쇼핑센터도, 관광단지도, 놀이공원도, 심지어 교육기관도, 고객이 없으면 조용히 사라지게 된다. 고객의 소중함을 가장 먼저 인식한 것은 영리를 추구하는 기업이다. 기업은 고객이 기업의 성패를 결정하는 잣대라는 것을 누구보다도 잘 알고 있다. 기업은 고객이 기업의 제품이나 서비스를 구매하는 사람으로 기업의 자산이며, 고객을 만족시키는 것은 기업의 성공에 필수적이라는 것을 깨달았다. 그래서 고객을 만족시키기 위해서 고객의 요구와 니즈를 파악하고, 이를 충족시키는 양질의 제품과 서비스를 제공할 뿐만 아니라, 고객의 불만을 신속하게 해결하려고 노력한다.

또한, 고객에게 남다른 가치를 제공하고, 고객이 편리하고 만족스러운 경험을 할 수 있도록 최선을 다한다. 더 나아가, 고객만족과 고객감동으로 고객의 이탈을 방지하고, 고객이 행복해질 수 있도록 물심양면으로 도와준다. 왜냐하면, 고객만족과 고객감동으로 고객을 행복하게 만들면, 매출 증가, 시장점유율 확대, 충성고객 확보, 수익 증가 등의 효과를 얻을 수 있기 때문이다. 이처럼 고객은 기업의 이익과 지속가능성 더 나아가 생존을 결정하는 생명수이자 생명줄이다.

2.1. 기업과 고객

기업의 경우에 고객 한 명의 가치는 얼마일까? 일반적으로, 고객 한 명의 가치를 1억 원이라고 추정할 수 있다. 고객 한 사람이 1년 동안 10만 원 정도를 구매하는데, 한번 고객이 되면 대략 20년 정도 고객관계를 유지하는 경향이 있다. 그리고 한 명의 고객이 보통 50명의 새로운 고객을 소개해 주거나 연결해 준다. 그래서 10만 원 곱하기 20년 곱하기 50명을 하면, 1억 원의 가치가 계산되는 것이다. 고객의 최소 가치가 1억 원인데, 누가 고객에게 소홀히 할 수 있겠는가? 단돈 100원도 소중한데, 고객의 가치는 최소 1억 원이고, 더 나아가 10억을 넘어 100억의 가치가 있는 고객도 존재할 수 있음을 기억해야 한다.

2.2. 외부 고객과 내부 고객

고객이 영리를 목적으로 하는 기업에게만 생명수이고 생명줄처럼 중요할까? 절대 그렇지 않다. 누군가와 무엇인가를 교환하고 거래해야 하는 상대방이 있는 모든 관계에서는 고객이 중요하다. 기업에게 소비자가 고객이듯이, 정부는 국민이 고객이고, 교육기관은 학생이 고객이며, 병원은 환자가 고객이다. 정부든, 교육기관이든, 병원이든, 기업 못지않은 고객 행복을 실천해야 한다. 그렇지 않다면, 생존 자체를 자신할 수 없다.

고객은 외부 고객만 있는 것이 아니라 내부 고객도 있다. 정부의 경우에는 정부 기관에서 근무하는 공무원이 내부 고객이고, 교육기관은 교직원이 내부 고객이며, 병원은 병원에 근무하는 의사와 간호사가 내부 고객이다. 외부 고객을 행복하게 만드는 것도 중요하지만, 내부 고객을 만족스럽고 행복하게 만드는 것이 더욱 중요하고 우선해야 할 일이다. 왜냐하면, 내부 고객이 외부 고객을 만족하고 행복하게 만드는 주체이기 때문이다.

2.3. 개인과 고객

각 개인에게 고객은 중요하지 않을까? 우리에게는 고객이 없나? 개인에게도 고객은 중요하다. 우리는 누군가의 고객이기도 하면서, 누군가를 고객으로 두고 있음을 잊지 말아야 한다. 고객(顧客)은 '마음을 두다'라는 의미를 지닌 '돌아볼 고(顧)'와 공경받는 사람이라는 '손님 객(客)'으로 이루어져 있다. 고객은 누군가에게 마음을 두고 있는 사람이고, 공경받아야 할 사람이다. 우리에게 마음을 두고 있는 사람이 바로 고객이다. 나의 고객이 누구인가? 그렇다. 나를 아끼고 사랑하는 모든 사람이 나의 고객이다. 나를 원하고 필요로 하는 모든 사람이 나의 고객이다. 가족, 친구, 연인, 동료, 선후배, 친척, 그리고 아직 이름은 모르지만, 나의 가치를 알아줄 좋은 사람들이 모두 나의 고객이고, 우리의 고객이다. 이런 고객들은 기업에서 말하는 고객의 가치 1억 원보다 훨씬 값진 우리의 고객이다. 이런 고객들이 만족하고 감동하도록 노력하고, 나아가 행복하게 만들어주어야 하는 것이 우리가 살아가면서 해야 할 일이다. 나부터 행복한 것도 중요하지만, 고객의 행복도 챙기는 것이 중요하다.

2.4. 직업과 고객

취업을 준비하는 학생들이나 이직이나 전업을 생각 중인 직장인에게 가장 중요한 고객은 누구일까? 그리고 그 고객의 가치는 얼마나 될까? 구직을 원하는 사람들에게 가장 중요한 고객은 그들을 선발할 기업과 기관이다. 고객의 가치는 적어도 최소 10억 원으로 추정할 수 있다. 평균 연봉을 5천만 원으로 잡고, 20년을 근무한다면 최소한 10억 원을 벌 수 있기 때문이다. 그뿐만 아니라, 좋은 사람들과 좋아하는 일을 함께할 기회까지 제공한다는 점을 기억해야 한다.

그렇다면, 구직자들의 고객인 기업과 기관이 원하는 것은 무엇일까? 그것은 세상이 원하는 사람이다. 조금 더 구체적으로 말하면, 21세기가 원하는 인재상이 되어야 한다. 흔히 인재상을 말할 때, 든 사람, 난 사람, 된 사람을 말한다. 이것은 20세기가 원하는 인재상으로, 전문적인 정보와 지식이 든 사람인 든 사람, 전문성expertise과 실력이 뛰어난 난 사람 그리고 인간적으로 성숙된 사람으로서 인간미humanity를 갖추어야 한다는 것이다.

그런데 21세기는 이것만으로는 부족하다. 적어도 3가지가 더 필요하다. 첫 번째는 창의성creativity이다. 새로운 세상에 걸맞는 새로운 생각과 아이템을 만들어 낼 줄 알아야 한다. 두 번째는 적극성engagement이다. 생각만으로 끝나는 것이 아니라, 실행할 줄 아는 실천력이 있어야 한다. 세 번째는 진단과 처방 역량competency of diagnosis and prescription인데, 이것이 가장 중요하다. 세상과 현실을 진단하고 그것에 적합한 처방을 할 수 있는 눈과 힘을 갖추어야 한다. 그러면 최소 10억 원의 가치를 지닌 고객에게 선택되는 행복한 순간과 행운을 누릴 수 있을 것이다. 원하는 인재를 뽑아서 나의 고객이 행복하면, 내가 더 행복해지고, 더 좋은 세상을 함께 만들 수 있다.

3. 고객만족

제품을 생산하기만 하면 팔리던 시대에서 이제는 고객의 선택을 받지 못하면 살아남을 수 없는 고객중심의 시대로 접어들었기에 많은 학자들과 기업들이 고객과 고객만족의 중요성을 강조해 왔다. 예를 들어, "고객이 왕이다"(United Airline), "고객은 아내이다"(데이비드 오길비), "고객은 외국인이다"(톰 피터스), "고객은 신이다"(SONY), "고객을 위한 가치창조"(LG), "고객이 행복할 때까지"(SK) "고객제일주의"(삼성) 등의 구호를 내걸고 자원과 노력을 집중하고 있다. 이제는 '고객이 왕이다'라는 말도 옛말이 되었고, '고객지향본부', '고객감동실' 같은 고객만족 부서를 새로이 신설하거나 서비스를 강화하고 있으며, 소비자의 의견에 따라 경영방침을 정하고 있다.

'고객 불만 24시간 처리', '무한 책임주의', '100% 품질보증제도', '고객의 달' 등 제조업체들이 실행했던 고객만족 서비스도 금융, 서비스 업체에 이어 공공기관으로까지 확대되어 소비자의 욕구를 만족시키려는 노력이 경영의 핵심 목표로 부상한 지 오래이다. 왜냐하면, 고객만족은 적어도 4가지 측면에서 기업에게 이익이 되기 때문이다(남승규, 2009; Barsky, 1998). 첫째, 반복구매 기회를 증가시킨다. 둘째, 긍정적인 구전효과를 창출한다. 셋째, 고객의 구매지출과 현찰구매를 증가시킨다. 넷째, 현금흐름을 원활하게 한다.

3.1. 고객의 분류

고객은 일반적으로 'customer'라는 용어를 사용하는데, 전문적인 도움이나 서비스를 받는 경우에는 'client'라는 용어를 사용한다. 일반적으로 고객은 관계 정도에 따라서 다양한 이름으로 불린다.

첫 번째 유형은 잠재고객이다. 잠재고객suspect은 특정한 상품이나 서비스를 구매할 가능성이 있는 모든 사람들로 지구촌에 존재하는 모든 소비자consumer를 말한다.

두 번째 유형은 가망고객이다. 유망고객이라고도 하는 가망고객prospect은 상품 · 서비스 · 아이디어를 필요로 하고, 그것을 구입할 능력이 있는 사람이다. 이미 당신의 존재와 상품 · 서비스 · 아이디어를 이미 알고 있으나 구입한 적은 없다.

세 번째 유형은 구매고객이다. 구매고객purchaser은 특정한 상품이나 서비스를 처음으로 구입하거나 사용한 사람으로 흔히 쇼핑객shopper을 말한다.

네 번째 유형이 고객이다. 고객customer은 특정한 상품이나 서비스를 2번 또는 그 이상 사간 사람으로, 영어로는 사가는 것이 습관이 되어 있는 사람, 고객(顧客)은 '돌아볼 고(顧)'와 '손 객(客)'의 한자로 "돌아봐 주는 손님"이다. 2번 이상 구매하거나 방문을 했다는 것은 이전에 방문했거나 구매했을 때 당신이 제공한 가치에 대해 100% 만족하지는 않더라도 적어도 불만은 갖고 있지 않은 사람들이다.

다섯 번째 유형은 단골고객이다. 단골고객regular customer은 Client나 Patronage로 불리기도 한다. 단골고객은 자기가 쓸 수 있는 것이라면 무엇이든지 당신에게 사주며, 정기적으로 사용하고 구입해주는 고객이다. 일반적으로 Client는 법률적이거나 의료와 관련된 전문적인 분야의 소비자를 지칭하기도 한다.

마지막 유형은 골수고객이다. 골수고객advocates은 옹호고객 혹은 충성고객이라고 하는데, 당신이 파는 것은 무엇이든 사주고, 정기적으로 사용하고 구입해주는 고객이라는 점에서 구매활동은 단골손님과 닮은 점이 많다. 그러나 심리적으로 깊이 반해버린 상태에 있는 열광적인 팬fan과 같은 고객이기 때문에 좋은 점을 적극적으로 홍보하고 나쁜 점을 무마시키려고 노력한다.

고객만족 전문가가 되기 위해서는 단골고객을 확보하는 것이 무엇보다도 중요하다. 언제나 단골집은 고객에게 친절하고 남다르다. 똑같은 일이라도 단골에게는 무엇인가 다르다. 고객만족도 마찬가지이다. 각 방면에 존재하는 단골을 친구로 갖고 있다면 업무에 자신이 생길 수 있다. 클릭 한 번으로 각종 정보를 얻을 수 있는 정보화 시대에 살고 있는 우리에게 단골 목록을 확보하는 것은 바로 아이디어의 산실을 갖춘 것과 같다. 살아있는 두뇌들인 단골을 많이 확보할수록 최상의 협력자를 얻을 수 있고, 고객만족 전문가가 될 지름길에 접어들 수 있다.

3.2. 고객만족의 효과

고객만족을 시키게 되면 다음과 같은 효과를 얻을 수 있다.

첫째, 불필요한 지출을 줄여 효율적인 투자efficient investment가 가능하게 한다. 경쟁사와의 소모적인 힘겨루기에 중점을 두기보다는 고객의 욕구를 찾아가고 고객의 변화를 예측하는 데 관심을 두기 때문에 불필요한 투자를 방지할 수 있다.

둘째, 높은 가격을 유지할 수 있는 고가격정책high price policy을 실현할 수 있다. 만족한 고객은 가격에 민감하지 않다. 더 큰 만족을 얻기 위하여 더 높은 가격을 지불할 의향도 가지고 있다.

셋째, 고객충성도customer loyalty가 형성된다. 만족한 고객은 동일한 상품과 서비스를 반복 선택할 가능성이 높다. 나아가 골수적인 팬이 될 수도 있다. 이런 경향은 안정적인 수익 확보와 장기적인 성장을 기대할 수 있게 한다.

넷째, 비용절감cost reduction을 할 수 있다. 만족한 고객은 처음 고객관계가 형성될 때 소요되는 비용의 1/5이면 재선택과 재사용 행동을 하도록 이끌 수 있다. 만족한 고객은 자발적인 의지에 의하여 상품을 찾기 때문에 기업의 입장에서 시간과 노력을 절감할 수 있다.

다섯째, 광고 효과의 극대화maximization of Ad effect를 실천할 수 있다. 만족한 고객은 자신의 주위 사람들이 자신이 만족한 상품과 서비스를 선택하도록 유도하는 구전 효과가 있다. 만족한 사람의 구전 효과는 기업에서 이루어지는 광고보다 훨씬 신뢰할 수 있는 정보로 인식되므로 광고 효과를 극대화할 수 있다. 끝으로, 고객만족은 전환

장벽building of switching barrier을 구축한다. 진입장벽 구축은 외부의 환경이나 마케팅 제반환경 변화에 의해 제거될 가능성이 높은 반면, 고객과의 장기적인 관계를 유지하는 것은 상향적 판매up-selling과 교차적 판매cross-selling가 발생하여 부가적인 이익을 창출할 뿐만 아니라 일탈 방지를 위한 전환장벽을 구축한다.

3.3. 고객만족의 측정

고객만족을 높이기 위해서는 고객의 만족 정도와 그 원인을 파악해야 한다. 고객만족을 위한 의사결정은 '감'만으로 결정할 수 없다. 고객만족 향상의 출발점은 고객이 가장 중요시하는 문제를 개선하는 데 최선을 다하기 위하여 올바르게 고객만족을 측정하는 것이다. 고객만족 연구의 궁극적인 목적은 고객유지율을 높이고 기업의 브랜드 가치를 높이는 것이다.

고객만족을 측정할 때 주로 사용하는 2가지는 고객만족지수와 고객추천지수이다. 먼저, 고객만족의 전반적인 수준을 나타내는 유용한 지표가 CSI, 고객만족지수Customer Satisfaction Index이다. 고객만족지수를 만드는 가장 간단한 방법은 모든 성과 점수를 평균하는 것이다. 그러나 이것은 고객이 중요하게 생각하는 것과 중요하지 않게 생각하는 것을 모두 같은 비중으로 취급하므로 정확하다고 볼 수 없다. 그러므로 가중평균의 합을 계산하는 것이 더 낫다. 중요도의 평균을 1로 하고 고객우선순위가 높은 영역에는 1보다 큰 가중치를, 낮은 영역에는 1보다 작은 가중치를 부여하여 계산한다. 고객만족지수는 종합만족도, 체감만족도, 차원만족도와 같이 주요 관심사에 따라서 다양한 형태를 취할 수 있다.

다른 하나는 순수고객추천지수이다. 고객만족 정도를 측정하는 고객만족지수의 대안으로 제안된 NPS, 순수고객추천지수Net Promoter Score는 라이켈트(Reichhheld, 2003)가 개발한 것으로, 고객이 특정 기업이나 브랜드를 추천하는 것에 기초하여 고객만족을 알아보는 방법이다. 고객의 추천은 만족의 결과라는 기본 가정에 입각하여 고객만족지수와 함께 고객만족도를 측정하기 위하여 사용된다.

3.4. 고객만족과 혁신

고객만족을 위한 혁신은 다방면에서 진행되어야 한다.

첫째, 고객만족의 하드웨어는 제품 · 서비스 · 아이디어를 포괄하는 상품commodities이다. 제품 · 서비스 · 아이디어의 성과와 품질은 고객만족의 가장 기본적인 틀을 제공해 준다. 우수한 성능과 품질은 고객만족의 선택사양이 아니라 기본사양이다. 아무리 우수한 상품과 사업이라고 할지라도 고객을 만족시키지 못한다면 상품과 사업을 바꿔야 한다. 이것이 바로 상품혁신commodities innovation이다.

둘째, 고객만족의 소프트웨어는 이미지images이다. 이미지는 감각적 · 직관적으로 주어지는 구체적인 상으로 반드시 감각기관에 의하여 직접적으로 지각되지 않더라도 뇌리에 생생하게 그려낼 수 있는 것이면 된다. 개념적 사고에 의하여 파악되는 것이 아니라 어디까지나 감각적 · 직관적인 존재이어야 한다. 브랜드, 제품 및 기업과 같은 기본적인 이미지뿐만 아니라 상점, 구성원, 최고경영자CEO의 이미지도 중요하다. 이런 소프트웨어는 경영방식에 의하여 생겨나며, 보다 효율적인 경영방식으로 변화는 과정혁신process innovation에서 확립된다. 추구하고 진행하는 경영방식이 어떠한가에 따라서 이미지가 결정된다. 일관되고, 분명하고, 체계적인 경영방식을 갖추는 것은 좋은 이미지를 확립하기 위한 기본요건이다. 컴퓨터에서 하드웨어보다 소프트웨어의 역할이 더 중요해진 것처럼, 고객만족에서도 소프트웨어인 이미지의 영향이 지대하다.

끝으로, 고객만족은 휴먼웨어인 마음자세mindset가 중요하다. 직·간접적으로 주어지는 다양한 서비스는 모두 사람들에게 의하여 이루어진다. 고객과 직접 만나는 접점에서 신뢰를 구축하고 특별한 관계를 확립하는 것이 중요한데, 고객에 대한 마음가짐이 어떠냐에 따라서 그 결과는 많은 차이를 만들 수 있다. 휴먼웨어의 핵심은 마음자세를 바꾸는 마음혁신mind innovation에서 시작된다.

4. 불만 고객

고객은 다양한 이유로 해서 불만을 가지게 되는데, 심리학적 측면에서 가장 빈번하게 논의되는 것은 귀인과 후회 그리고 인지부조화이다.

4.1. 귀인에 따른 불만

고객이 제품이나 서비스에 대해 만족 또는 불만족을 경험하면 의식적이든 무의식적이든 만족·불만족의 원인과 책임에 대하여 나름대로 인과추론causal inference을 하는데 이것을 귀인이라 한다. 귀인attribution이란 행동을 설명하는 데 있어서 그런 행동이 나타나게 된 원인이 무엇인가를 파악하는 것이다. 고객이 행하는 귀인의 결과에 따라서 재선택 의도와 재선택과 재방문 행동에 다양한 형태로 영향을 미치게 된다.

어떤 결과에 대한 인과추론을 할 때, 사람들은 상식 수준의 심리학자처럼 나름대로 논리적이고 분석적인 추론 과정을 거치게 된다. 이런 추론 과정에서 행위의 결과를 개인의 능력이나 동기 같이 개인적 요인에 귀인하는 것을 내적 귀인internal attribution이라 하고, 상황적 조건과 같은 환경적 요인에 귀인하는 것을 외적 귀인external attribution이라 한다. 소비 장면에서 내적 귀인이란 고객이 자신이 소비하는 제품이나 서비스의 성과가 기대 수준을 충족시키기 못할 때, 자신이 충분한 정보를 수집하지 못하였거나 브랜드를 제대로 평가하지 못했기 때문으로 귀인하는 것과 같이 고객이 자기 탓으로 돌리는 것을 말한다. 외적 귀인은 제품이 불량품이라든가 혹은 판매원이 잘못된 정보를 제공했기 때문으로 귀인하는 것처럼 책임을 자신이 아닌 외적 요인에 전가시키는 것을 말한다. 일반적으로 외적 귀인을 하게 되면 고객은 불만을 갖게 된다.

4.2. 후회에 따른 불만

고객은 자신이 받게 된 결과와 자신이 발생할 수 있었던 또 다른 결과와 비교할 수 있는 사고 능력을 지니고 있기 때문에, 더 좋은 것을 알아차릴 수 있는 역량을 지니고 있다. 이런 사고 과정에서 아쉬움을 포함하여 경험하는 감정을 후회regret라 한다. 고객은 '내가 선택한 것보다 다른 어떤 것이 더 나을 수 있었다는 것'을 알아차릴 수 있기 때문에, "나는 다른 선택 대안들과 그것들의 가능한 결과를 알았기 때문에 더 좋은 선택을 할 수 있었는데"라는 한탄을 내포하고 있다.

후회와 관련된 개념에 뒷궁리가 있다. 뒷궁리hindsight는 초기에 예상했던 것과 동일한 결과를 갖고 비교를 하게 되는데, 일반적으로 부정적인 비교로 고객은 "나는 이것이 발생할 줄 알았어."라고 탄성을 지르게 된다. 결과적으로, 고객은 "나는 나의 행동이 이런 부정적인 결과를 가져올 것을 알고 있었어, 그러니까 나는 다르게 행동해서 그것을 피했어야만 해"라고 말한다.

후회는 행동을 취하지 않는 경우를 포함하여 가능한 비교준거가 많지만, 뒷궁리는 오로지 하나의 비교준거 즉, 성과에 대한 관찰을 통하여 형성된 재구성된 기대만을 갖는다는 점에서 차이가 있다는 것을 주목해야 한다. 고객은 자신의 잘못에 대하여 느끼는 개인적인 책임personal responsibility의 정도에 따라서 그 결과가 후회, 뒷궁리, 혹은 죄책감을 결정한다. 뒷궁리는 소비자가 그 사실 이후에 자신이 부정적인 결과가 발생할 수 있다는 것을 알고 있었지만 그것이 발생하지 않기를 바랐었다고 강하게 느낄 때 나타난다. 후회는 대안적인 결과들이 발생할 가능성이 있지만, 한 선택 대안을 확실하게 알 수 없는 다른 선택대안보다 더 선호하게 될 때 나타난다. 고객이 결과를 어떤 이성적인 가정하에서 예측할 수 없다고 느낄 때는 후회도 나타나지 않고 뒷궁리도 나타나지 않으며, 오히려 놀람, 충격, 혹은 분노를 표현하게 된다.

4.3. 인지부조화에 따른 불만

대부분의 경우 고객은 2개 이상의 선택 대안들 중 한 가지를 선택하게 된다. 고객은 한 가지를 선택하여 이루어진 결과에 만족·불만족을 느끼기에 앞서 자신의 선택이 과연 옳은 것이었는가에 대한 불안감을 가질 수 있다. 이처럼 고객은 선택 행동 이후 가질 수 있는 심리적 불편함을 느낄 수 있는데, 이를 페스틴저(Festinger, 1957)는 인지부조화cognitive dissonance라 하였다. 고객이 취하게 되는 의사결정이란 2가지 이상의 대안들 중 한 가지를 선택하는 행위로서, 선택한 대안을 선택하지 않은 대안과 비교할 때 선택 대안이 갖고 있는 상대적 단점 혹은 선택되지 않은 대안의 상대적 장점 때문에 의사결정 이후 인지부조화가 발생한다.

무엇보다도 선택 이후에 생겨나는 인지부조화는 각각의 선택대안이 지니는 상대적 장점이나 단점이 상충되기 때문에 발생한다. 특히, 고객이 돈을 지불하는 선택 행동 후에 경험하는 인지부조화는 그 결정을 취소할 수 없을 때, 선택한 대안이 갖지 않은 장점을 선택하지 않은 대안이 가지고 있을 때, 마음에 드는 대안이 여러 개 있을 때, 관여도가 높을 때, 그리고 고객이 전적으로 자기 의사에 따라 결정을 하였을 때 발생할 가능성이 높다.

4.4. 고객 불만의 해결

고객이 귀인이나 후회 혹은 인지부조화와 같은 심리 과정을 통하여 불만을 가지게 되면 이를 적극적으로 해결하기 위해 노력해야 한다.

첫째, 고객의 불만을 줄일 수 방법은 태도유포attitude spread를 하는 것이다. 고객이 선택한 대안의 장점을 의식적으로 강화시키는 반면에 단점을 의식적으로 약화시키거나, 고객이 선택하지 않은 대안의 장점을 의식적으로 약화시키는 반면에 단점은 의식적으로 강화시키는 식의 입소문이나 태도 혹은 사례를 유포시킨다.

둘째, 고객의 선택적 정보 추구selective information seeking를 활용한다. 불만을 경험한 고객은 자신의 선택을 지지하는 정보를 탐색하고 반박하는 정보를 회피하는 경향이 있다. 따라서 고객에게 자신의 선택에 대하여 호의적인 정보를 제공하는 촉진물이나 광고를 제공하여 선택적 정보 추구를 도와주어야 한다. 실제적인 방법으로 강화광고reinforcement advertising에 의하여 자사 제품의 좋은 면을 강조함으로써 고객의 선택이 현명하였음을 확인시켜 주는 것이다. 고객에게 감사의 뜻과 함께 서신, 안내책자, 혹은 전화 등으로 고객에게 선택의 올바름을 확인시켜 줌으로써 선택 행동에 발생하는 불만을 감소시키는 데 도움을 줄 수 있다.

끝으로, 불만을 경험한 고객은 자신의 심리적인 불편함을 경감시키기 위하여 타인들에게 자신의 선택이 옳았음을 주장하는 의견을 피력하고, 타인들에게 영향을 미치는 경향이 있는데, 이것을 동기화된 의견 제공motivated opinion giving이라 한다. 이런 경향성은 고객이 자신이 선택한 것에 대해 몰입되는 결과를 낳을 수 있고, 나아가 영향력행사자influencer 혹은 의견선도자opinion leader로서의 역할을 할 수 있다. 따라서 긍정적이며 정확한 정보를 제공함으로써 동기화된 의견 제공 행동을 강화할 필요가 있다.

5. 불평 고객

고객의 재선택과 재방문 행동은 선택 전 태도 및 사용 후의 경험인 만족·불만족으로부터 영향을 받게 된다. 만족한 경우에는 긍정적인 재선택과 재방문 의도로 연결되어 재선택과 재방문 행동이 나타나지만, 불만족한 경우에는 부정적인 재선택과 재방문 의도로 연결되어 재선택과 재방문 행동이 나타나지 않는다. 불만족한 고객은 부정적인 재선택과 재방문 의도를 가질 뿐만 아니라, 다양한 형태의 불평행동complaining behavior을 보일 수 있으며, 아예 거래를 끊고 떠나갈 수 있다. 그런데 떠나는 이유를 살펴보면, 불평행동에 대하여 긍정적이고 적극적인 접근이 필요하다는 점을 알 수 있다. 고객이 떠나는 이유 중에 3%는 다른 지역으로 이사를 가기 때문이고, 5%는 다른 친밀한 거래관계가 생겨나기 때문이며, 9%는 경쟁적인 이유들 때문이다. 그리고 14%는 제품이나 서비스에 불만족하기 때문이고, 64%는 고객에게 보이는 소유자, 관리자, 혹은 종업원의 무관심 때문에 떠난다. 이처럼, 고객의 이탈을 가장 많이 차지하는 것은 고객에 대한 무관심 때문이다. 따라서 불평 고객에 대한 관심과 신속한 문제해결 및 환대가 무엇보다도 필요하다.

5.1. 불평행동의 분류

불평행동은 행동의 유무와 구현된 행동의 형태 등 두 가지 차원에 의해 분류될 수 있다(Day & Landon, 1977). 고객은 불만족의 심각성에 따라서 다양한 불평행동을 취할 수 있는데, 무행동, 사적 행동 그리고 공적 행동으로 구분할 수 있다. 첫째, 무행동이란 공개적으로 불평행동을 보이지 않고 그냥 지나쳐버리는 경우로, 고객은 덜 호의적인 태도를 지니게 될 것이다. 둘째, 사적 행동은 친구나 친척에게 부정적 구전을 하거나, 특정 제품에 대한 재선택, 매장 재이용의 거부 등이 포함된다. 셋째, 공적 행동은 제품의 교환이나 환불 등을 판매자나 제조업자에게 요구하거나, 소비자단체, 정부기관을 통해 고발하거나 법적 조치를 취하는 것을 의미한다. 일반적으로 고객들은 사적 행동을 공적 행동보다 훨씬 많이 하는 것으로 밝혀졌다. 그리고 고객은 제품에 불만족한 경우 비교적 가격이 저렴한 식품이나 생활용품의 불만족에 대해서는 그냥 지나치는 비율이 높으나, 내구재와 같이 비교적 고가품에 대해서는 적극적인 불평행동을 취하는 것으로 나타났다.

5.2. 불평행동의 결정요인

고객의 불평행동에 영향을 미치는 요인은 불만 정도, 제품의 중요성, 불평행동의 손익, 개인적 특성, 책임소재에 대한 귀인으로 구분할 수 있다(Wilkie, 1990). 첫째, 불만족 수준level of dissatisfaction에 따라 불평행동이 달라진다. 가벼운 불만의 경우에는 대부분 아무런 행동을 취하지 않지만, 불만 정도가 증가함에 따라 소비자가 불만에 대해 어떤 반응을 보일 가능성이 점차 커지게 된다. 둘째, 중요성importance에 따라 불평행동이 달라진다. 고객이 불만을 경험한 제품이나 서비스의 중요성 정도는 불평행동의 유형을 결정하는 데 많은 영향을 주는데, 제품의 중요성이 커질수록 강한 불평행동을 보이게 된다. 셋째, 행동의 손익cost/benefits of actions에 따라 불평행동이 달라진다. 고객은 자신의 불평행동으로부터 기대되는 이익과 비용을 고려하여 불평행동의 유형을 선택한다. 불평행동에 따른 이익이 시간과 노력과 같은 비용보다 많은 경우에는 불평행동을 표시하게 된다. 넷째, 개인 특성personal characteristics에 따라 불평행동이 달라진다. 학력이 높거나 시간적 여유가 많은 고객일수록 더 많은 불평행동의 빈도를 보이는 것처럼, 개인적 특성이 불평행동에 영향을 미칠 수 있다. 끝으로, 귀인attribution of blame의 결과에 따라서 불평행동이 달라진다. 불만족의 책임소재가 누구에게 있는가에 대한 고객의 귀인 결과에 따라 불평행동의 유형이 달라질 수 있다. 고객이 불만족의 책임에 대해 외적 귀인(판매업자나 제조업자)을 하면 할수록 보다 강한 불평행동이 나타나게 된다.

5.3. 불평 고객의 접대방법

다양한 유형의 고객이 존재하는데, 대부분의 고객들은 마음속에 원하는 특별한 유형의 제품이나 서비스가 있다. 고객은 긍정적이고, 유쾌하고, 전문적인 사람에게 도움을 받고자 한다. 개인적인 자신의 인생관, 태도, 습관 혹은 배경으로 인하여 여러 유형의 고객이 있을 수 있는데, 불만에 가득 차거나, 요구사항이 많거나, 우유부단하거나, 무례하거나 경솔한 고객은 특히 까다로운 고객들이다. 이런 고객들과의 만남은 좌절을 느끼게 만들기도 하고 부가적인 노력을 필요로 할 수 있다. 해결책은 고객들이 어떻게 행동할 것인가를 예상해 보고 최선을 다하여 그들에게 서비스를 제공하는 것이다. 부가적으로, 까다로운 고객들과 만나게 되면 침착함을 유지해야 하고, 프로의식을 지니고 있어야만 한다.

효과적인 문제 해결을 위해서는 다음과 같은 방법들을 사용해야 한다. 첫째, 문제의 심각성 정도를 신속하고 엄격하게 판단하라. 둘째, 고객은 불만사항에 누군가 책임지기를 원한다. 불만의 원인에 대해서 사과하라. 셋째, 문제가 있는 다른 직원, 정책, 절차 혹은 다른 요인들을 비난하지 마라. 넷째, 문제 해결을 위한 파트너라는 인상을 심어주라. 다섯째, 충분한 이해를 위하여 경청하라. 여섯째, 객관적인 제3자의 관점을 취하라. 일곱째, 해결을 돕도록 기회를 준 것에 감사하다고 말하라. 고객들은 어떻게 혹은 누구와 상대해야 하는지를 알지 못한다. 또한 고객들은 불평을 하는 데

들이는 노력이나 시간은 가치가 없다고 느낀다. 고객들은 어디에도 불평을 할 사람이 없다고 느껴왔다. 끝으로, 불평사항에 대한 정보 수집을 위하여 구체적이고 개방형의 정확한 질문을 하라.

6. 소비자행복

사람들은 소비생활 속에서 행복을 경험한다. 사람들이 소비자로서 행동하면서 체감하는 행복을 소비자행복이라고 할 때, 소비자행복consumer happiness은 '소비생활을 통한 행복체험'이라고 개념화할 수 있다. 사람들이 다양한 생산 활동을 통하여 만족과 기쁨 그리고 행복을 경험하는 것처럼, 사람들은 다양한 소비 활동과 소비생활을 통해서 많은 행복을 경험한다.

소비자행복은 모든 기업이 열망하는 것이다. 기업이 취하는 고객접점관리의 모토는 고객만족과 고객감동을 넘어서 이제는 고객행복이다. 고객을 어떻게 행복하게 만들 것인가는 소비자를 대상으로 하는 모든 기업의 생존과 성장 그리고 지속가능성을 가능하게 만드는 열쇠이고, 모든 기업이 해결해야만 할 숙제이다.

소비자행복은 일상생활의 행복이란 개념과 같으면서도 다르다. 일상생활이나 소비생활에서 누릴 수 있는 행복이란 심리적 체험 현상은 같은 것이지만, 그런 행복체험의 영향요인들은 다르다. 일상생활에서의 행복에 대하여 말할 때, 행복한 삶이란 "즐거운 삶", "적극적인 삶" 및 "의미 있는 삶"을 함께 갖추어야 한다(Seligman, 2002). 일상적인 행복을 구성하는 핵심요인은 유쾌성, 적극성, 그리고 의미성 요인이다. 다시 말해서, 일상생활에서 행복한 삶의 요체는 즐겁고 의미 있는 삶을 적극적으로 살아가는 것이다.

소비자행복에 영향을 미치는 핵심요인은 '쇼핑을 하면서 즐거웠다'라는 쇼핑연계적 행복요인과 '쇼핑으로 욕구와 문제가 원하는 대로 해결되어 쇼핑하기를 잘했다'라는 문제해결적 행복요인 그리고 '쇼핑이 자신의 생각과 감정에 제대로 맞아떨어졌다'는 개인적합적 행복요인으로 구성된다. 쇼핑연계적 행복요인은 일상적인 행복의 "즐거운 삶"과 맥을 같이하고, 문제해결적 행복요인은 일상적인 행복의 "적극적인 삶", 그리고 개인적합적 행복요인은 일상적인 행복의 "의미 있는 삶"과 유사하다. 다시 말해서, 사람들이 소비생활에서 행복을 체험하기 위해서는 쇼핑을 포함한 소비활동이나 소비생활의 시간이 즐거워야 하고, 자신의 욕구나 문제가 해결되면서 자신의 추구하는 이상과 취향을 충족시킬 수 있어야 한다.

6.1. 쇼핑연계적 행복요인

쇼핑연계적 행복요인은 쇼핑의 즐거움이 핵심이다. 일반적으로 사람들은 즐겁고 가볍게 기분전환 삼아 쇼핑을 한다. 대부분의 사람들은 쇼핑이 즐겁다. 물론 쇼핑을 필요하기는 하지만 고역이라고 보는 사람들도 있지만, 많은 사람들은 쇼핑을 쾌락이나 축제로 본다. 1980년대 중반 무렵, 쇼핑센터는 미국 청소년들이 가장 많은 시간을 보내는 장소 가운데 하나였다. 19세기에 대형상점이 출현하면서 소비행위는 즐거움을 주는 하나의 생활양식으로 자리 잡기 시작했다. 이런 경향성은 중산층 여성들로부터 시작되어 서민층과 젊은 세대에까지 파급되며 일반화되었다. 쇼핑은 이제 모두에게 기분전환이 되는 즐거운 시간이다. 소비 영역 전체가 체험적이고 쇼핑 파티를 하는 것과 같은 분위기를 띤다. 쇼핑을 하는 사람들은 모두 행복하다. 쇼핑을 즐기는 연인이나 아내 곁에서 굳은 얼굴로 계속해서 불평과 투덜거리는 연인과 남편들조차도 그나 그녀를 위한 쇼핑이 일어나면, 순식간에 행복모드로 반전시킬 수 있다.

쇼핑은 즐겁고, 체험을 소비하는 행위이다. 이제 마케팅은 상품을 멋지게 포장하고 축제분위기를 연출하고 소비욕구를 지속적으로 자극하고 일깨워 소비자를 즐겁고 행복하게 만든다. 쇼핑공간을 훈훈하고 욕망이 넘치는 분위기로 꾸미고 다양한 '체험'을 제공함으로써 소비자의 즐거움을 극대화하고 공간을 연극무대처럼 꾸미고 다양한 이벤트 행사를 개최한다. 즐거운 쇼핑fun shopping은 쇼핑센터와 새로운 트렌드 상점들은 구매행위와 장소를 매혹적으로 만들고 억압적인 시간의 영역을 쾌락적인 시간의 영역으로 바꾸고 있다.

현대의 소비생활은 '물질의 경제'에서 '체험의 경제'로 대체되었다. 소비자는 물건 자체를 소유하려고 애쓰기보다 다양한 경험을 즐기고 새로운 감각과 감정에 취하려고 애쓴다. 그 어떤 위험부담이나 불편함 없이 '작은 모험들'이 제공하는 행복을 구매한다. 따라서 사람들이 쇼핑을 하면서 많은 새로움과 즐거움을 체험할 수 있도록 쇼핑공간을 설계하고 반갑고 친절한 모습으로 맞이해 주어야 한다.

테마파크처럼, 체험산업의 목적은 실제처럼 잘 갖춰진 환경의 통제 아래 극도의 감정을 느끼게 하는 데 있다. 테마파크의 성공은 사람들의 소비와 여가를 상품화하고 일탈과 감각의 욕구를 확대하면서 사람들이 쾌락을 만끽하게 해주는 것이다. 사람들은 흥미롭고 연극적이며 위험요소와 불편함이 배제된 시공간에서 생활하면서 놀라운 감각의 홍수 속을 헤엄치고 싶어 한다. 그런 사람들을 마치 마법에 걸린 것처럼 현실에서 완전히 벗어나 기쁨과 황홀경을 경험하게 해주는 것이다.

이전의 소비는 남과 나를 구분하는 행위였다. 이제는 소비생활은 점점 즐기고 기분전환을 하고 일상의 생활공간에서 장식 하나를 바꿈으로써 작은 기쁨을 느끼는 행위로 변하였다. 소비는 새로움으로 힘이자 자아에 생기를 불어넣는 것이고, 그 자체로서도 충분히 매력적인 것이다. 오늘날의 소비하는 인간에서 '유희적인 인간homo ludens'을 찾을 수 있는 것처럼, 쇼핑은 스스로를 보상해 주고 즐거움을 주는 놀이와도 같다.

6.2. 문제해결적 행복요인

문제해결적 행복요인은 해결의 즐거움의 핵심이다. 우리는 쇼핑을 통하여 다양한 문제를 해결한다. 우리가 필요로 하는 것과 원하는 것을 찾아내고 갖출 수 있는 쇼핑을 하면서 시간을 보내는 것은 좋은 경험이다. 더욱이, 맘에 드는 해결책을 찾는 쇼핑이었다면 더욱 더 행복한 일이다. 예를 들어, 모임에 입고 나갈 옷이 없어서 고민스럽고 불만스러웠는데, 쇼핑을 하다가 맘에 드는 옷을 찾았을 때의 기쁨은 누구나 경험해 봤을 법한 일일 것이다.

소비자로서 생활하면서 우리가 행복을 느끼기 위해서는 우리가 필요한 것과 우리가 원하는 것을 획득하거나 체험하는 것이 뒤따라야 한다. 누구나 필요한 것과 원하는 것을 손에 넣게 될 때 좋은 기분과 행복을 경험하게 된다. 우리가 생존하기 위하여 필요한 필수품부터 우리의 생존과는 무관하지만 보다 나은 삶을 살기 위하여 원하는 기호품이나 사치품을 구입하거나, 깨끗한 몸을 위하여 온천에 가거나 휴식과 여유를 위하여 여행을 떠나는 것은 우리를 즐겁고 행복하게 만든다.

그런데 필요한 것과 원하는 것은 고정되어 있는 것이 아니라 매 순간 달라진다. 간절히 필요하고 원하는 것부터 그냥 있으면 좋고 하는 것까지 다양한 스펙트럼을 그리며 우리의 욕구와 소망은 끊임없이 변화한다. 우리의 욕구와 소망이 변한다는 사실은 우리가 늘 새로움을 찾는다는 것을 알려주는 것이다.

새로움은 소비의 가장 큰 매력 가운데 하나이다. 현대사회는 끊임없이 신상품과 새로운 서비스를 우리들에게 공급해 준다. 우리는 새로움을 좋아한다. 심지어 필수품을 구매할 때조차도, 우리는 쇼핑을 하면서 적게나마 새로운 느낌과 감정을 얻고자 한다. 여행자에게 어디론가 떠나고 분위기를 바꾸고 어디든 다른 데로 가는 게 중요하듯 소비자는 구매를 통해서 무엇보다 새로움으로 인한 즐거움, 모험과도 같은 기쁨을 얻고자 한다. 오늘날 제품의 성능을 중요하게 생각하지만 동시에 새로운 기쁨과 감각적이고 미학적이며 재미있는 경험을 찾으려고 한다. 이 세상의 소비자들은 당장 어떤 일이 일어나기를 기다리는 '체험수집가'를 닮았다. 오늘날의 소비는 상품을 끊임없이 바꿔 현재의 쾌락의 경험을 더 넓혀가는 과정과도 같다.

6.3. 개인적합적 행복요인

개인적합적 행복요인의 취향의 즐거움이 핵심이다. 사람들은 저마다 자신만의 심리적 특성을 반영하여 자신의 모습을 만들어 가고, 자신의 이미지와 부합되는 소비행동을 보이게 된다. 사람들은 자신의 자기개념, 가치, 태도, 의도 및 행동과 일관되거나 일치되는 쇼핑경험을 좋아한다. 더불어, 자신의 관여, 동기, 학습, 성격 및 라이프스타일에 들어맞는 쇼핑경험을 좋아한다. 자신의 심리적인 특성에 부합하는 쇼핑경험은 각 개인을 행복하게 만들고 반복소비와 재소비를 이끈다.

소비자의 심리 과정과 행동에 영향을 미치는 대표적인 심리적 구성 개념에는 자기개념self-concept, 가치value, 태도attitude, 의도intention, 행동behavior을 근간으로 한 기본 요소들과 관여involvement, 동기motivation, 학습learning, 성격personality 및 라이프스타일lifestyle을 포함한 확장 요소들로 구분할 수 있다. 이런 심리적인 구성 개념들은 소비자의 독특한 소비행동을 이해하고 설명하며 예측할 수 있도록 도움을 주는 핵심적인 요인이다.

6.4. 성격성향과 행복추구

사람들의 행복체험은 시대적인 흐름에 따라서 다르다. 2000년대에는 웰빙이 대세였고, 2010년대에는 힐링이 큰 흐름이었지만, 현재진행형은 작지만 확실한 행복, 소확행이다. 미래의 행복이 아니라 지금 이 순간의 행복을, 특별한 행복이 아니라 평범한 일상 속에의 행복을, 엄청난 행복이 아니라 자주 경험하는 행복을 원한다.

소확행 小確幸 소확행
Small but Certain Happiness, 작지만 확실한 행복

2000년대 웰빙, Wellbeing
2010년대 힐링, Healing

현재진행형, 소확행
작지만 확실한 행복

1. 미래에서 지금으로
2. 특별함에서 평범함으로
3. 강도에서 빈도로

사람들은 일반적으로 약 50조 개의 세포에 각각 들어 있는 23쌍의 똑같은 염색체를 공유하고 있다. 우리는 모두 약 206개의 뼈와 640개의 근육을 갖고 있다. 우리는 모두 약 1,360그램의 뇌와 2,720그램의 피부를 갖고 있고, 약 6억 번의 숨을 쉬고 나서 죽는다. 이처럼 우리는 많은 공통점을 지니고 있다. 하지만 사람들마다 개인차는 크다. 사람들마다 행복을 추구하는 면에서도 많은 개인차를 확인할 수 있다. 작지만 확실한 행복, 소확행에 대한 많은 연구들은 사람들마다 행복체험이 매우 다름을 보여준다.

사람들이 보여주는 소비생활은 각자 독특하면서 일관되게 지니고 있는 성격의 영향을 받는다. 특히, 성격성향은 유전적으로 대물림되고, 일생동안 안정적으로 유지되고, 다양한 환경과 영역에서의 행동을 예측해 주며, 모든 문화에 걸쳐 보편적으로 존재하는 마음과 행동의 성향이 존재하는데, 바로 개방성, 성실성, 친화성, 안정성 및 외향성으로 구성된 성격 5요인이 그것이다.

첫째, 개방성openess to experience은 창의성, 문화, 진보에 중요한 개인특성이다. 개방성의 스펙트럼에서 자신보다 덜 개방적인 사람은 지루하고 따분하고 관습적이고 순응적인 반면에, 자신보다 개방적인 사람은 별나고 특이하고 파괴적이고 위협적이며 심지어 정신병적으로 보이기도 한다. 개방성이 낮은 사람들은 기존의 특징과 디자

인을 갖춘 기존의 제품에 만족한다. 이들은 새로움 자체에 높은 가치를 두지 않기 때문에 쉽지 않은 사람들이다. 이들은 패션을 추구하기보다는 교복, 선수복, 군복, 양복과 같은 유니폼을 입는 것에 만족한다. 특별한 헤어스타일을 추구하기보다는 머리카락을 자르는 것에 만족한다. 반면에, 개방성이 높은 사람들은 얼리어답터이며 패션추종자들이다. 이들은 새로움을 앞세운 상품과 서비스를 이용해 자신의 개방성을 과시한다. 새로움의 추구, 유행, 패션은 개방성이 높은 사람들을 행복하게 만든다.

둘째, 성실성constientiousness은 정직, 신뢰성, 예측성, 일관성, 시간엄수 같은 특징을 포함하는 개인특성이다. 성실한 사람은 사회규범과 책임을 존중하고 약속과 계획을 잘 지킨다. 성실성은 청소년기에는 낮지만, 나이가 들면서 서서히 무르익어 즉흥성, 재미, 로맨스를 방해하는 경향이 있다. 전통적인 경제학은 소비자들이 자신을 편안하고 여유롭게 해주는 제품을 원한다고 추정한다. 그러나 성실성이 높은 사람들은 자신의 성실성을 보일 수 있는 제품과 서비스를 원한다. 손질과 관리가 필요한 것을 선호한다. 관리가 힘든 제품뿐만 아니라 망가지기 쉬운 제품을 통해서도 성실성을 과시할 수 있기 때문에 유리재질의 장식물이나 삐걱거리지만 흠집 없는 앤티크 가구, 찢어진 데 없는 하늘하늘한 란제리, 까다롭지만 건강한 애완동물은 성실성이 높은 사람들이 자신의 소비생활 속에서 행복을 찾을 수 있는 원천이다.

셋째, 친화성agreeableness은 공감능력, 착한 마음씨, 자비심, 평등주의와 사회정의를 소망하는 마음을 두루 아우르는 것으로 인간의 이타성과 사회 진보의 핵이다. 친화성에 따라서 착한 마음씨와 너그러운 성품을 과시하려는 친화성이 높은 사람들과 자기주장과 지배력을 과시하려는 친화성이 낮은 사람들로 구분할 수 있다. 친화성이 높은 사람들은 모든 사람들과 잘 지내고 싶어 하기 때문에, 의견이든, 패션이든, 제품 선택이든 또래 집단을 따르는 순응주의자가 되기 쉽다. 반면에 친화성이 낮은 사람들은 지배력과 자기주장이 강하고, 집단의 압력에 순응하지 않는다. 달력의 빨간 날들(새해 첫날, 석가탄신일, 어린이날, 크리스마스 등), 가족의 기념일, 졸업, 취업, 결혼 등에 감사할 사람과 감사할 일을 위해 선물을 사고 축제를 벌이는 사람들은 친화성이 높은 사람들이고 이런 사람들 때문에 관련 상품들의 성공적인 판매가 가능한 것이다.

넷째, 안정성stability은 적응력, 침착함, 성숙함, 스트레스에 대한 내성과 관련이 있다. 안정성이 높은 사람은 유연하고, 낙관적이고, 침착하고, 편안하며, 좌절에서 빨리 회복한다. 안정성이 낮은 사람은 신경질적이고, 노심초사하고, 걱정하고, 자의식이 강하고, 우울하고, 비판적이고, 걸핏하면 화를 내고 울기도 한다. 자동차를 구매할 때 안정성이 높은 사람들은 유쾌한 디자인과 행복한 느낌을 주는 것을 선호하는 반면에, 안정성이 낮은 사람들은 안전성, 에어백, 브레이크, 보증기간과 같은 제품속성을 중요시하는 경향이 있다.

다섯째, 외향성extroversion은 얼마나 적극적이고, 자극을 추구하고, 사회적으로 자신감이 있는가뿐만 아니라 얼마나 우호적이고, 사교적이고, 수다스럽고, 재미있고, 표현을 많이 하고, 자기주장이 강한가를 말한다. 외향적인 사람들은 사회생활을 잘하고, 내향적인 사람들은 혼자서 지내는 경향이 많다. 외향적인 사람은 긍정적이고, 타인과 함께 일하고 신뢰하는 것을 선호하고, 리더십을 즐기고, 육체적 활동을 좋아하며, 모임에 더 자주 나가고 술을 더 자주 마신다. 외향성이 높은 사람은 음악을 선택하는 경우에도 에너지, 열정, 노래가사가 많이 포함된 것을 더 좋아하는 경향이 있고, 자동차를 선택할 경우에도 컨버터블 자동차나 제임스 본드 영화에 나옴 직한 자동차와 장식을 더 좋아하는 경향을 보였다. 반면에 외향성이 낮은 사람들은 무채색 외장과 조용한 내부를 갖춘 자동차를 더 좋아하는 경향을 보였다.

7. 주행성(周幸星)의 행복이야기

즐겁지도 행복하지도 않나요?
그럼 이렇게 해보세요.

안녕하세요? 두루 행복을 펼치는 푸른 별, 주행성(周幸星)입니다. 오늘은 하루하루가 즐겁지도 않고 행복하지 않다면, 손쉽게 시도해 볼 만한 것을 알아보려고 합니다. 우리가 즐겁고 행복하게 살려면, 삶의 여정에 따라서 소중한 기억과 추억들이 과거에 더 많을 수 있지만, 우리의 가슴을 뛰게 만드는 것이 지나온 시간에 있는 것이 아니라, 앞으로 다가올 시간에 있다고 기대할 수 있어야 합니다.

우리의 행복은 누구와 무엇을 어떤 마음으로 하는가에 달려 있습니다. 그래서 우리가 가장 손쉽게 행복해지는 방법은 사랑하는 사람과 맛있는 음식을 즐거운 마음으로 함께하는 것입니다. 사랑하는 사람은 연인, 가족, 부모, 형제자매, 친구, 선후배 등을 포함하여 누구든 좋습니다. 먹방과 맛집을 소개하는 콘텐츠가 넘쳐나는 것처럼, 맛있는 음식은 우리를 언제나 즐겁고 행복하게 만들어줍니다. 배가 몹시 고픈 상태라면 더욱 그렇습니다. 누구와 무엇을 하든 마음가짐이 중요한데, 설렘과 즐거움이 가득한 마음으로 사랑하는 사람과 맛있는 음식을 함께할 때, 행복을 만끽할 수 있습니다. 그래서 우울하거나 심심하다면, 사랑하는 사람과 함께 맛난 식사를 즐거운 마음으로 하시면, 세상 그 누구 못지않게 행복한 순간을 누릴 수 있습니다.

돈으로 행복을 살 수는 없습니다. 설령 돈으로 행복을 샀더라도, 그것은 진정한 행복이 아닐 것입니다. 하지만, 돈은 우리가 행복한 삶을 사는 데 많은 도움이 되는 것은 맞습니다. 돈은 건강과 비슷합니다. 건강처럼, 돈은 있을 때보다 없을 때, 풍족할 때보다 부족할 때, 우리의 삶에 그 소중함을 절실하게 느끼도록 영향을 미칩니다. 돈이 부족하거나 없으면, 우리의 삶이 불편해지고 불행해질 수 있습니다. 그래서 돈은 건강처럼 있을 때 미리 챙겨야 합니다. 흔히, 50/30/20 Rule을 지키라고 하지요. 이 규칙은 소득이나 수입의 50%는 꼭 필요한 것에 쓰고, 30%는 자신이 원하는 것에 쓰며, 20%는 저축을 하라는 것입니다. 우리가 돈의 노예가 아니라 돈의 주인으로 살려면, 최소한 이것을 지킬 필요가 있습니다.

돈은 시간과도 비슷합니다. 시간처럼, 같은 돈도 어떻게 쓰느냐에 따라서 그 가치가 엄청나게 달라질 수 있다는 것을 우리는 잘 알고 있습니다. 우리가 행복해질 수 있도록 돈 쓰는 방법은 4가지만 지키면 됩니다.

첫째, 경험에 투자하라! 우리는 과거와 비교하여 현재를 평가하는데, 더 좋은 쪽으로 변화가 이루어졌을 때 다시 말해서, 성장했다고 느낄 때 행복해집니다. 그래서 무엇인가를 소유하는 유형의 물질에 투자하기보다는 세계여행이나 좋은 사람들과의 교류처럼 정신적인 성장을 이끄는 무형의 경험에 투자해야 합니다.

둘째, 나누어 써라! 하나의 엄청 큰 행복보다는 수많은 작은 행복의 순간들이 더 낫습니다. 우리를 지속적으로 행복하게 만들어주는 것은 적당하게 좋은 일입니다. 한 번에 자신이 가진 돈을 모두 쏟아부어 명품에 지르는 큰 씀씀이는 삼가야 합니다. 잠깐씩이라도 기쁨과 만족을 주는 작은 씀씀이에 써야 합니다. 행복은 강도가 아니라 빈도라는 것을 기억하고 실천하세요. 친구와의 가벼운 식사, 뜻밖의 작은 선물, 상큼한 과일, 예쁜 티셔츠 등과 같은 작지만 확실한 행복에 나누어서 써야 합니다.

셋째, 남을 위해 써라! 액수와 상관없이, 다른 누군가를 위해서 돈을 쓰고 나면 기분이 좋아집니다. 남을 위해 돈을 쓰면, 부자가 됩니다. 적어도 마음 부자가 될 수 있습니다. 부자는 '사람 부자'가 최고입니다. 최고로 장기적인 수익을 낼 수 있는 투자는 관계에 대한 투자입니다. 나 자신에게 쓰는 돈은 오늘과 현재를 위한 것이지만, 남에게 쓰는 돈은 내일과 미래를 위한 것입니다.

마지막으로, 자신에게 선물하라! 소비를 통한 행복 중 최상의 비결은 자신에게 선물하는 것입니다. 우리는 다른 누군가에게는 선물하면서, 자신에게 선물하는 것에 인색합니다. 적당한 사치를 부릴 줄 알아야 합니다. 무엇보다도 자신을 위한 사치를 부려야 합니다. 적어도 가용예산의 10%는 가치 있다고 생각되는 일이나 물건을 자신에게 선물하는 데 사용하길 권합니다. 자신의 성장과 기쁨보다 중요한 것은 없습니다.

한 번 더 정리해 볼까요? 첫째, 경험에 써라. 둘째, 나누어 써라. 셋째, 남에게 써라. 넷째, 자신에게 선물하라.

오늘도 행운과 행복이 가득한 하루가 되세요. 돈으로 행복을 살 수는 없지만, '같은 돈이라도, 어떻게 사용하는가에 따라서 훨씬 더 가치 있고 행복해질 수 있다.'는 사실을 기억하면서, 늘 행복한 소비를 만끽하시길 소망합니다.

자기진단

다음에 제시한 척도에 답을 해보면, 쉽게 자신의 성격성향을 확인할 수 있다. 10개의 문항들은 각 요인별 문항들로 구성되어 있습니다. 각 요인은 개방성(1–2), 성실성(3–4), 친화성(5–6), 안정성(7–8), 외향성(9–10) 각각 2 문항씩으로 이루어졌습니다. 각 요인별 점수는 홀수 문항의 반응에서 짝수 문항의 반응을 빼서 계산할 수 있습니다. 점수는 –4(매우 낮음)에서 +4(매우 높음)까지의 범위를 가질 수 있고, 평균점수는 0점입니다. 0점보다 높으면 해당 성격성향이 높은 것이고, 0점보다 낮으면 해당 성격성향이 낮은 것입니다.

성격과 소비생활

번호	나는 내가 이런 사람이라고 생각한다.	전혀 그렇지 않다	그렇지 않다	반반 이다	그렇다	매우 그렇다
1	상상력이 풍부하다	1	2	3	4	5
2	예술적 관심이 거의 없다	1	2	3	4	5
3	일을 철저히 한다	1	2	3	4	5
4	게으른 경향이 있다	1	2	3	4	5
5	전반적으로 사람을 믿는다	1	2	3	4	5
6	타인의 단점을 찾아내는 경향이 있다	1	2	3	4	5
7	마음이 편하고 스트레스를 잘 관리한다	1	2	3	4	5
8	불안초조를 쉽게 느낀다	1	2	3	4	5
9	활달하고 사교적이다	1	2	3	4	5
10	소심하다	1	2	3	4	5

출처: 스펜트, 제프리 밀러(2010). p. 241
각 요인별 문항은 개방성(1-2), 성실성(3-4), 친화성(5-6), 안정성(7-8), 외향성(9-10)
각 요인별 점수는 -4(매우 낮음)에서 +4(매우 높음)까지의 범위를 갖고 평균은 0점임.

참고문헌

강유정, 장기덕, 신연희, 최성열 (2023). **인간관계론**. 서울: 창지사.

곽한병 (2005). **여가문화론**. 서울: 대왕사.

권석만 (2017). **젊은이를 위한 인간관계의 심리학(3판)**. 서울: 학지사.

권석만 (2008). **긍정심리학: 행복의 과학적 탐구**. 서울: 학지사.

권석만 (2011). **젊은이를 위한 인간관계의 심리학(2판)**. 서울: 학지사.

권윤선, 박상규 (2020). 감사성향이 중년여성의 행복에 미치는 영향: 삶의 의미의 매개효과. **한국심리학회지: 건강, 25**(4), 797-808.

그레첸 루빈 (2010). **무조건 행복할 것**. 경기: 21세기북스. 전행선(역).

기시미 이치로 (2015). **아들러에게 사랑을 묻다**. 서울: 한스미디어. 전경아(역).

김경미, 김정희 (2011). 감사경험에 관한 질적연구-근거이론을 적용하여. **한국심리학회지: 상담 및 심리치료, 23**(3), 739-759.

김달 (2020). **사랑한다고 상처를 허락하지 말 것**. 서울: 비에이블.

김명희 (2023). **자기이해 모형에 기초한 척도 개발 및 프로그램 효과검증**. 대전대학교 대학원 박사학위논문.

김원형, 남승규, 이재창 (2006). **新 산업심리학**. 서울: 학지사.

김은희 (2021). **행복코칭을 위한 회복탄력성 프로그램 개발 및 효과검증**. 대전대학교 대학원 박사학위논문.

김정희 (2023). **공감소통 모형에 기초한 척도 개발 및 프로그램 효과검증**. 대전대학교 대학원 박사학위논문.

김정희, 남윤주, 남승규 (2022). 공감소통 척도개발 및 타당화. 소비자분야통합학술대회 발표논문집, 16.

김정희, 남윤주, 남승규 (2023). PSD 커뮤니케이션이 공감소통과 행복에 미치는 영향. 소비자분야통합학술대회 발표논문집, 79.

김정희, 남윤주, 장수용, 남경민, 남승규 (2023). 공감소통프로그램이 신뢰와 정신건강에 미치는 영향. 소비자분야통합학술대회 발표논문집, 61.

김종운, 박성실 (2011). **만남 그리고 성장을 위한 인간관계 심리학**. 서울: 학지사.

김항중, 남승규 (2014). 공감커뮤니케이션모형. **광고학연구, 25**(7), 139-160.

김현 (2024). **바운더리**. 서울: 푸른숲.

김효창, 김경숙, 이인숙 (2021). **인간관계의 심리학**. 서울: 마인드포럼.

남승규 (1999). **소비자심리학**. 서울: 학지사.

남승규 (2006). 소비자 라이프스타일에 대한 이론적 고찰. **한국심리학회지: 소비자광고, 7(3),** 433-453.

남승규 (2009). **소비자분석**. 서울: 학지사.

남승규 (2012). 소비자행복 척도의 개발 및 타당화. **한국심리학회지: 소비자광고, 13(3)**, 403-420.

남승규 (2014). **행복심리학**. 경기: 양서원.

남승규 (2017). **긍정심리학**. 경기: 양서원.

남승규 (2021a). 행복선택이론. 한국소비자학회 연차학술대회 발표논문집, 239-243.

남승규 (2021b). **행복학개론**. 경기: 양서원.

남윤주 (2020). **고객행복을 위한 신뢰 기반 고객접점관리**. 대전대학교 대학원 박사학위논문.

남윤주, 김은희, 남승규 (2017). 공감 커뮤니케이션 모형과 관여. 한국광고학회 춘계학술대회 발표논문집, 250-254.

남윤주, 김은희, 남승규 (2018). 일-삶-균형과 낙관성이 신뢰와 행복에 미치는 영향. 소비자분야통합학술대회 발표논문집, 110.

남윤주, 남승규 (2022). 세대별 소비자행복: MZ세대를 중심으로. **한국심리학회지: 소비자광고, 23**(2), 129-152.

노안영, 강영신 (2003). **성격심리학**. 서울: 학지사.

다니엘 핑크 (2007). **새로운 미래가 온다**. 한국경제신문사. 김명철(역).

달라이 라마, 하워드 커틀러 (2001). **달라이 라마의 행복론**. 서울: 김영사. 류시화(역).

도리스 메르틴 (2020). **아비투스** 경기: 다산북스. 배명자(역).

랠프 월도 에머슨 (2015). **자기신뢰**. 서울: 창해. 전미영(역).

레이첼 보츠먼 (2019). **신뢰이동.** 서울: 흐름출판. 문희경(역).

로먼 크르즈나릭 (2018). **공감하는 능력.** 서울: 길벗. 김병화(역).

로버트 A. 이먼스 (2008). **마음을 여는 감사의 발견**. 서울: 위즈덤하우스. 이창희(역).

류시화 (1998). **지금 알고 있는 걸 그때도 알았더라면**. 경기: 열림원.

리처드 레이어드 (2011). **행복의 함정.** 서울: 북하이브. 정은아(역).

리처드 플로리다 (2010). **그레이트 리셋**. 서울: 비즈니스맵.

마틴 셀리그먼 (2004). **긍정심리학**. 서울: 물푸레. 김인자(역).

매튜 켈리 (2006). **친밀함**. 서울: 해피니언. 신혜경(역).

박성희 (2009). **공감**. 서울: 학지사.

박희봉 (2022). **신뢰의 진화**. 경기: 상상나무.

보웬, M. (2005). **보웬의 가족치료이론**. 서울: 학지사. 남순현, 전영주, 황영훈(역).

사이먼 배런코언 (2013). **공감제로**. 서울: 사이언스북스. 홍승효(역).

사이토 이사무 (2011). **자기발견 심리학**. 서울: 지식여행. 윤성규(역).

서은국 (2024). **행복의 기원**. 경기: 21세기북스.

세계행복보고서 (2025). https://worldhappiness.report/ed/2025/.

손 아처 (2012). **행복의 특권.** 서울: 청림출판. 박세연(역).

손재석 (2019). **인간관계 심리학**. 경기: 정민사.

슈테판 클라인 (2006). **행복의 공식**. 서울: 웅진지식하우스. 김영옥(역).

스테픈 W. 리틀존, 캐런 A. 포스 (2007). **커뮤니케이션 이론**. 서울: 커뮤니케이션북스. 김흥규, 황주연(역).

스티븐 M. R. 코비 (2009). **신뢰의 속도**. 경기: 김영사. 김경섭, 정병창(역).

스펜서 존슨 (2006). **행복**. 서울: 비즈니스북스. 안진환(역).

쑤쉬안후이 (2024). **내 삶을 지키는 바운더리**. 서울: 시옷책방. 김진환(역).

에드워드 홀 (2013). **숨겨진 차원**. 경기: 한길사. 최효선(역).

에리히 프롬 (2019). **사랑의 기술**. 서울: 문예출판사. 황문수(역).

에릭 M. 우슬러너 (2013). **신뢰의 힘**. 서울: 오늘의 책. 박수철(역).

에카르트 폰 히르슈하우젠 (2010). **행복은 혼자 오지 않는다**. 서울: 은행나무. 박규호(역).

엘리자베스 퀴블러 로스 (2018). **죽음과 죽어감**. 서울: 청미. 이진(역).

예지은, 진현, 서의정, 김명진, 류지성 (2013). 직장인의 행복에 관한 연구. 삼성경제연구소. SERI 연구보고서.

원호택, 박현순 (1999). **인간관계와 적응.** 서울: 서울대학교출판부.

윤성민, 신희천 (2012). 한국 수도권 중년여성들의 성격적 강점과 행복과의 관계. **한국심리학회지: 상담 및 심리치료, 24**(1), 27-49.

윤성식 (2018). **워라벨(Work and life balance): 슬기로운 회사생활**. 서울: K-books.

윤은영 (2021). **의미앎이 해결 프로그램 개발 및 효과검증**. 대전대학교 대학원 박사학위논문.

윤은영, 남승규 (2019). 행복과 공감이 삶의 의미와 만족에 미치는 영향. 한국소비자광고심리학회 춘계학술대회 발표논문집, 99-102.

윤홍균 (2020). **사랑수업**. 경기: 심플라이프.

이미옥 (2006). **공감의 심리학**. 서울: 에코리브르.

이서우 (2024). **코칭 마인드셋 모형에 기반을 둔 척도 개발 및 프로그램 효과검증**. 대전대학교 대학원 박사학위논문.

이지원 (2024). **반려동물경험과 상실 위로 프로그램 효과검증**. 대전대학교 대학원 박사학위논문.

이지원, 남윤주, 이서우, 남승규 (2023). 반려동물경험이 욕구, 신뢰 및 행복에 미치는 영향. 한국소비자학회 춘계학술대회 발표논문집, 65-70.

이태연 (2021). **인간관계의 심리학**. 서울: 신정.

이현수 (2008). **긍정적 심리학**. 서울: 시그마프레스.

이훈구 (2000). **심리학자가 들여다 본 인간시장**. 서울: 법문사.

장미성 (2022). 아리스토텔레스의 우정론:『니코마코스 윤리학』8,9권을 중심으로. **인간.환경.미래, 28**, 65-92.

장수용, 남윤주, 김정희, 최서연, 남승규 (2025). 셀프케어와 개인행복이 플로로싱에 미치는 영향. 한국소비자광고심리학회 춘계학술대회 발표논문집, 86-92.

장재윤, 유 경, 서은국, 최인철 (2007). 일상재구성법(DRM)을 통해 살펴본 남녀 직장인과 주부의 삶의 질. **한국심리학회지: 사회 및 성격, 21**(2), 12.

정민영, 정지영, 황경미 (2025). 교수-학습 상황에서 사용되는 공감적 의사소통 전략에 대한 다중 사례연구. **학습자중심교과교육연구, 25**(7), 297 - 411.

정진선, 문미란 (2011). **인간관계의 심리: 이론과 실제(**3판). 서울: 시그마프레스.

정태연 (2022). **대인관계와 의사소통의 심리학**. 서울: 학지사.

제프리 S. 네비드, 스펜서 A. 래써스 (2016). **심리학과 삶의 도전(12판).** 서울: 시그마프레스.오경자, 강성록, 김현수, 양재원, 이주은(역).

제프리 밀러 (2010). **스펜트: 섹스, 진화 그리고 소비주의의 비밀.** 파주: 동녘사이언스. 김명주(역).

조지 베일런트 (2010). **하버드대학교 인생성장보고서 행복의 조건.** 서울: 프런티어. 이덕남(역).

조지 베일런트 (2013). **행복의 지도**. 서울: 학지사. 김진영, 고건영(역).

존 가트맨, 낸 실버 (2002). **행복한 부부 이혼하는 부부**. 경기: 문학사상. 임주현(역).

존 그레이 (2002). **화성에서 온 남자, 금성에서 온 여자**. 서울: 친구. 김경숙(역).

존 더글라스 (2014). **신뢰가 실력이다**. 경기: 함께북스. 최유리(역).

주디스 올로프 (2025). **포지티브 에너지 파워**. 서울: 나비스쿨. 김현정(역).

질 리포베츠키 (2009). **행복의 역설: 과소비사회의 소비심리를 분석한 미래사회 전망 보고서**. 파주: 알마. 정미애(역).

최미심 (2025). **감사모형에 기초한 척도 개발 및 프로그램 효과검증**. 대전대학교 대학원 박사학위논문.

최미심, 남윤주, 남승규 (2022). 신뢰와 불안이 여행상품 선택과 행복에 미치는 영향. 소비자분야통합학술대회 발표논문집, 67.

최서연, 장수용, 김정희, 남윤주, 남승규 (2025). 셀프케어가 삶의 만족도와 행복에 미치는 영향. 한국소비자광고심리학회 춘계학술대회 발표논문집, 27-32.

최성애, 조벽, 존 가트맨 (2020). **내 아이를 위한 감정코칭**. 서울: 해냄출판사.

최윤정 (2025). **나와 친해지는 연습**. 서울: 현대지성.

최정희 (2022). **희망 DM 프로그램 개발 및 효과검증**. 대전대학교 대학원 박사학위논문.

칼 팔레머 (2015). **이 모든 걸 처음부터 알았더라면**. 서울: 토네이도미디어그룹. 김수미(역).

캐슬린 M. 갤빈, 버나드 J. 브롬멜 (1995). **가족관계와 의사소통 : 응집성과 변화**. 서울: 도서출판 하우. 노영주, 서동인, 원효종(역).

탈 벤 샤하르 (2010). **완벽의 추구**. 서울: 위즈덤하우스. 노혜숙(역).

한규석 (2009). **사회심리학의 이해(3판)**. 서울: 학지사.

한규석 (2025). **사회심리학의 이해(5판)**. 서울: 학지사.

한상복 (2006). 마음을 움직이는 힘 **배려**. 서울: 위즈덤하우스.

한수정 (2022). **성공적인 직장생활을 위한 비즈니스 매너**. 서울: 디에스비엘.

한수정, 우소연 (2020). (성공적인 삶을 위한) **셀프 비즈니스 매너와 커뮤니케이션**. 경기: 백산출판사.

홍경자 (2007). **대인관계의 심리학: 친밀한 관계 형성의 기술**. 서울: 학지사.

Abramson, L. Y., Alloy, L. B., & Metalsky, G. I.(1988). The cognitive disthesis-stress theories of depression: Towards an adequate evaluation of the theories' validities. In L. B. Alloy (Ed.), ***Cognitive processes in depression*** (pp. 3-30). New York: Guilford

Adams, J.(1965). Inequity in social exchange. In L. Berkowitz(Ed), ***Advances in experimental social psychology***(pp. 267-299). New York: Academic Press.

Adler, M. G., & Fagley, N. S. (2005). Appreciation: Individual differences in finding value and meaning as a unique predictor of subjective well-being. ***Journal of personality,*** 73(1), 79-114.

Affleck, G., Tennen, H. & Apter, A.(2001). Optimism, pessimism, and daily life with chronic illness. In E. C. Chang(Ed.), ***Optimism and pessimism: Implications for theory research and practice,*** (pp. 145-168). Washington, DC: American Psychological Association.

Algoe, S. B. (2012). Find, remind, and bind: The functions of gratitude in everyday relationships. ***Social and Personality Psychology Compass***, 6(6), 455–469.

Algoe, S. B., Gable, S. L., & Maisel, N. C. (2010). It's the little things: Everyday gratitude as a booster shot for romantic relationships. ***Personal Relationships***, 17(2), 217–233.

Allport, G. W. (1937). ***Personality: A psychological interpretation***. New York: Holt.

Altman, I., & Taylor, D. A. (1973). ***Social Penetration: The Development of Interpersonal Relationships***. New York: Holt.

Argyle, M. (1987). ***The psychology of happiness***. London: Methuen.

Argyle, M. (1999). Causes and correlates of happiness. In D. Kahneman, E. Diener, & N. Schwartz(Eds.), ***Well-being: The foundation of hedonic psychology***. New York: Russell Sage Foundation.

Argyle, M. (2001). ***The psychology of happiness*** (2nd ed.). East Sussex, England: Routledge.

Asch, S. E. (1946). Forming impressions of personality. ***Journal of Personality and Social Psychology,*** 41, 258-290.

Aspinwall, L. G. & Taylor, S. E. (1997). A stitch in time: Self-regulation and proactive coping. ***Psychological Bulletin***, 121, 417-436.

Austin, J. T., & Vancouver, J. F. (1996). Goal construction in psychology: Structure, process, and content. ***Psychological Bulletin,*** 120, 338-375.

Bammel, G., & Burrus-Bammel, L. L. (1996). ***Leisure and human behavior.*** Dubuque. IA: Brown & Benchmark.

Banaji, M. & Prentice, D. (1994). The self in social contexts. ***Annual Review of Psychology***, 45, 297-332.

Barkow, J. H. (1997). Happiness in evolutionary perspective. In N. L. Segal, G. E. Weisfeld, % C. C. Weisfeld (Eds.), ***Uniting psychology and biology: Integrating perspectives on human*** *development* (pp. 397-418). Washington, DC: American Psychological Association.

Baron-Cohen, S. (2011). ***Zero degrees of empathy: A new theory of human cruelty***. New York: Penguin Books.

Baron-Cohen, S. (2011). ***The science of evil: On empathy and the origins of cruelty***. New York: Basic Books.

Baumann, C. R., Bassetti, C. L., & Scammell, T. E.(2011). Narcolepsy: Pathophysiology, diagnosis, and treatment. New York: Springer.

Baumeister, R. F., & Leary, M. R. (1995). ***The need to belong***: New York: Desire for interpersonal.

Baumgardner, S. & Crothers, M.(2009). Positive psychology. NJ: Prentice-Hall.

Beck, A. T.(1976). ***Cognitive therapy and emotional disorders***. New York: International Universities Press.

Ben-Shahar, T. (2007). ***Happier***. New York: McGraw-Hill.

Ben-Shahar, T. (2011). ***Being Happy***. New York: McGraw-Hill.

Blumstein, P., & Schwartz, P.(1983). ***American couples: Money, work, and sex***. New York: Morrow.

Bornstein, M. H., Davidson, L., Keyes, C. L. M., & Moore, K. A.(2003). ***Well-being: Positive development across the life course.*** New York: Lawrence Erlbaum.

Bowen, M. (1978). ***Family Therapy in Clinical Practice***. New York: Jason Aronson.

Bowman, H. A. & Spanier, G. B.(1978). Morden marriage. New York: McGraw-Hill.

Bradbury, T. N. & Fincham, F. D.(1990). Attributions in marriage. ***Psychological Bulletin***, 107, 3-33.

Brehm, S. S. (1992). ***Intimate relationships.*** New York: Mcgraw-Hill.

Brenner, S. & Molander, E.(1977). Is the ethics of business changing? ***Harvard Business Review,*** 55(1), 57-71.

Brickman, P., & Campbell, D. T. (1971). Hedonic relativism and planning the good society. In M. H. Appley (Ed.), ***Adaptation level theory: A symposium*** (pp. 287-304). New York: Academic Press

Brickman, P., Coates, D., & Janoff-Bulman, R. (1978). Lottery winners and accident victims: Is happiness relative? ***Journal of Personality and Social Psychology,*** 36, 917-927.

Brody, G. H., Neubaumn, E., & Forehand, R. (1988). Serial marriages: A heuristic analysis of an emerging family from. ***Psychology Bulletin,*** 103, 211-222.

Bronfenbrenner, U. (1979). ***The Ecology of Human Development. Cambridge***, MA: Harvard University Press.

Brown, K. W. & Ryan, R. M. (2003). The benefits of being present: Mindfulness and its role in psychological well-being. ***Journal of Personality and Social Psychology***, 84(4), 822-848.

Brunstein, J. C. (1993). Personal goal and subjective well-being: A longitudinal study. ***Journal of Personality and Social Psychology***, 65, 1061-1070.

Bryan, T. & Bryan, J.(1991). Positive mood and math performance. ***Journal of Learning Disabilities,*** 24, 490-494.

Bryant, F. G. & Veroff, J.(2007). Savoring: A new model of positive experience. London: Lawence Erlbaum.

Burleson, B. R. (2003). The Experience and Effects of Emotional Support: What the Study of Supportive Communication Should Teach Us About the Nature of Interpersonal Communication. ***Communication Monographs***, 70(3), 253–273.

Buss, D. A. (1985). Human mate selection. American Scientist, Nov. 56-68.

Buss, D. M. (2000). The evolution of happiness. ***American Psychologist***, 55, 15-23

Cacioppo, J. T., Hawkley, L. C., Crawford, L. E., Emst, J. M., Burleson, M. H., & Kowalewski, R. B. (2002). Loneliness and health: Potential mechanisms. Psychosomatic Medicine, 64, 407-417.

Cameron, S. (2011). ***Handbook on the economics of leisure.*** Massachusetts: Edward Elgar Publishing, Inc.

Campbell, A. (1981). ***The sense of well-being in America.*** New York: McGraw-Hill.

Cantor, N. & Sanderson, C. A. (1999). Life task participation and well-being: The importance of taking part in daily life. In D. Kahneman, E. Diener, & N. Schwarz(Eds.). ***Well-being: The foundation of hedonic psychology***(pp. 230-243). New York: Russell Sage Foundation.

Carr, A. (2004). ***Positive psychology: The science of happiness and human strengths***. New York: Brunner-Routledge.

Carver, C. S., & Scheier, M. F. (1990). Origins and functions of positive and negative affect: A control-process view. ***Psycholgical Review***, 97, 19-35

Carver, C. S., & Scheier, M. F. (2002). Optimism. In C. R. Snyder and S. J. Lopez(Eds.), ***Handbook of Positive Psychology***. New York: Oxford University Press.

Caspi, A., & Herbener, E. S.(1990). Continuity and change: Assortative marriage and the consistency of personality in adulthood. ***Journal of Personality and Social Psychology,*** 58, 250-258.

Catalano, R. F., Berglund, M. L., Ryan, J. A. M., Lonczak, H. S., & Hawkins, J. D. (1998). ***Positive youth development in the United States: Research findings on evaluation of positive youth*** *development programs*.

Chaiken, A. L. & Derlega, V. J. (1974). Liking for the norm-breaker in self-disclosure. ***Journal of Personality,*** 42, 117-129.

Clarke, S. C., & Haworth, J. T.(1994). Flow experience in the lives of sixth-form college students. ***British Journal of Psychology***, 85, 511-523.

Cleary, T. S., & Shapiro, S. I.(1995). The plateau experience and the post-mortem life: Abraham H. Maslow's unfinished theory. ***Thejouranl of Transpersonal Psychology***, 27, 1-23.

Cohen, P., & Cohen, J. (1996). ***Life values and adolescent mental health. Mahwah.*** NJ: Lawrence Erlbaum Associates.

Cohen, S., & Herbert, T. B. (1996). Health psychology: Psychological factors and physical disease from the perspective of human psychoneuroimmunology. ***Annual Review of Psychology***, 47, 113-142.

Cohen, S., Glass, D., & Phillips, S. (1977). Environment and health. In H, Freeman, S. Levine, & L. Reeder(Eds.), ***Handbook of medical sociology***. NJ: Englewood Cliffs.

Cole, J. (1998). ***About face***. Cambridge, Massachusetts: MIT Press.

Compton, W. C. (2005). ***An introduction th positive psychology.*** Belmont, CA: Thomson Wadsworth.

Cowan, P. A., & Cowan, C. P. (2000). ***When Partners Become Parents: The Big Life Change for Couples. Mahwah***, NJ : Lawrence Erlbaum Associates.

Csikszentmihalyi, M. (1975). Play and intrinsic rewards. ***Journal of Humanistic Psychology,*** 15(3), 41-63.

Csikszentmihalyi, M. (1990). ***Flow: The psychology of optimal experience.*** New York: Harper & Row

Csikszentmihalyi, M. (1997). ***Finding Flow: The psychology of engagement with everyday life.*** New York: Basic Books.

Cummins, R. A. (1996). The domains of life satisfaction: An attempt to order chaos. ***Social Indicators Research,*** 38, 303-328.

Davidson, R. J. (1998). Anterior electrophysiological asymmetries, emotion, and depression: Conceptual and methodological conundrums. ***Psychophysiology***, 35(5), 607-614.

Davis, K. E. (1985). Near and dear: Friendship and love compared. ***Psychology Today,*** 19(2), 22-30.

Decety, J., & Jackson, P. L. (2004). The functional architecture of human empathy. ***Behavioral and Cognitive Neuroscience Reviews***, 3(2), 71–100.

Deci, E. L., & Ryan, R. M. (1985). ***Intrinsic motivation and self-determination in buman behavior.*** New York: Plenum.

DePaulo, B. M. & Morris, W. L. (2005). Should singles and the scholars who study them make their mark or stay in their place? ***Psychological Inquiry***, 16, 142-149.

DeSteno, D. (2015). ***The Truth About Trust: How It Determines Success in Life, Love, Learning, and More***. New York: Plume.

Diener, E.(1984). Subjective well-being. ***Psychological Bulletin,*** 193, 542-575.

Diener, E. (2000). Subjective well-being: The science of happiness and a proposal for a national index. ***American Psychologist,*** 55(1), 34-43.

Diener, E., Emmons, R., Larsen, R., & Griffin, S.(1985). The satisfaction with life scale. ***Journal of Personality Assessment,*** 49, 71-75.

Diener, E., & Lucas, R. E. (1999). Personality and subjective well-being. In D. Kahneman, E. Diener, & N, Schwarz (Eds.), ***Well-being: The foundation of hedonic psychology*** (pp. 213-229). New York: Russell Sage Foundation.

Diener, E., & Lucas, R. E. (2000). Explaining differences in social levels of happiness: Relative standards, need fulfillment, culture, and evaluation theory. ***Journal of Happiness Studies,*** 1, 41-78.

Diener, E., Nickerson, C., Lucas, R. E., & Sandvik, E.(2002). Dispositional affect and job outcomes. ***Social Indicators Research***, 59, 229-259.

Diener, E., Oishi, S., & Lucas, R. E.(2003). Personality, culture, and subjectve well-being: Emotional and cognitive evaluations of life. ***Annual Review of psychology,*** 54, 403-425.

Diener, E., Sandvik, E., & Pavot, W.(1991). Happiness is the frequency, not the intensity, of positive versus negative affect. In F. Strack, M. Argyle, & N. Schwarz (Eds.), ***Subjective well-being: An interdisciplinary perspective***(pp. 119-139). New York: Pergamon.

Diener, E., & Seligman, M. E. P. (2002). Very happy people. ***Psychological Science,*** 13, 81-84.

Diener, E. & Seligman, M. E. P. (2004). Beyond money: Toward an economy of well-being. ***Psychological Science in the Public Interests***, 5, 1-31.

Diener, E., Suh, E. M., Lucas, R. E., & Smith, H. L. (1999). Subjective Well-Being: Three Decades of Progress. ***Psychological Bulletin***, 125, 276-302.

Diener, E., Wolsic, B., & Fujita, F.(1995). Physical attractiveness and subjective well-being. ***Journal of Personality and Social Psychology***, 69, 120-129.

Dindia, K. & Allen, M.(1992). Sex differences in self-disclosure: A meta analysis. ***Psychological Bulletin***, 112, 106-124.

Duck, S. (2007). ***Human Relationships***. New York: Sage Publications.

Dweck, C. S. (2006). ***Mindset: The new psychology of success.***

Eliot, A. J. & McGregor, H. A. (2001). A 2 × 2 achievement goal framework. ***Journal of Personality and Social Psychology***, 80(3), 501-519.

Eliot, A. J. & Seldon, K. M. (1998). Avoidance personal goals and the personality-illness relationship. ***Journal of Personality and Social Psychology***, 75, 1282-1299.

Eliot, A. J., Seldon, K. M., & Church, M(1997). Avoidance personal goals and subjective well-being. ***Personality and Social Psychology Bulletin***, 23, 915-927.

Ellis, A. & Dryden, W. (1987). ***The practice of rational-emotive therapy***. New York: Springer.

Emmons, R. A. (1992). Abstract versus concrete goals: Personal striving level, physical illness, and psychological well-being. ***Journal of Personality and Social Psychology,*** 62, 292-300.

Emmons, R. A. (1999). ***The psychology of ultimate concerns: Motivation and spirituality in personality.*** New York: Guilford.

Emmons, R. A. (2004). Gratitude. In C. Peterson, & M E. P. Seligman (Eds.), ***Character Strengths and Virtues: A Handbook and Classification*** (pp. 553-568). New York: Oxford University Press.

Emmons, R. A., & McCullough, M. E. (2003). Counting blessings versus burdens: An experimental investigation of gratitude and subjective well-being in daily life. ***Journal of Personality and Social Psychology,*** 84(2), 377–389.

Emmons, R. A., Froh, J., & Rose, R. (2019). Gratitude. In M. W. Gallagher & S. J. Lopez (Eds.), ***Positive psychological assessment: A handbook of models and measures*** (2nd ed., pp. 317–332). American Psychological Association.

Erikson, E. (1982). ***The life cycle completed***. New York: Norton.

Estrada, C. A., Isen, A. M., & Young, M. J. (1997). Positive affect facilitates integration of information and decreases anchoring in reasoning among physicians. ***Organizational and Human Decision Processes,*** 72, 117-135.

Evans, G. W., Hygge, S., & Bullinger, M.(1995). Chronic noise and psychological stress. ***Psychological Science***, 6, 333-338.

Farrell, P. A., Gustafson, A. B., Morgan, W. P., & Pert, C. B.(1987). Enkephalins, catecholamines, and psychological mood alternations: Effects of prolonged exercise. ***Medicine and Science in Sports and Exercise,*** 19, 347-353.

Feingold, A.(1992). Good-looking people are not what we think. ***Psychological Bulletin***, 111, 304-341.

Fincham, F. D. & Bradbury, T. H.(Eds.) (1990). ***The psychology of marriage***. New York: The Guilford Press.

Fishbein, H. D. (1992). The development of peer prejudice and discrimination in children. In J. Lynch, C. Modgil. & S. Modgil(Eds,), ***Cultural diversity and the schools.*** Washington, DC: Falmer Press.

Folkman, S., & Moskowitz, J. T. (2000). Positive affect and the other side of coping. ***American Psychologist,*** 55, 647-654.

Frederick, S. & Loewenstein, G. (1999). Hedonic adaptation. In D. Kahneman, E. Diener, & N. Schwarz (Eds.), ***Well being: The foundations of hedonic psychology***, (pp. 302-329). New York: Russell Sage.

Fredrickson, B. L. (2001). The role of positive emotions in positive psychology: The broaden-and-build theory of positive emotions. ***Journal of American Psychological Association,*** 54, 218-226.

Fredrickson, B. L., & Branigan, C. A. (2005). Positive emotions broaden the scope of attention and thought-action repertories. ***Cognition and Emotion***, 19, 313-332.

Fredrickson, B. L., & Levenson, R. (1998). Positive emotions speed recovery from the cardiovascular sequelae of negative emotions. ***Cognition and Emotion,*** 12, 191-220.

Fredrickson, B. L., Mancuso, R. A., Branigan, C. A., & Tugade, M. M. (2000). The undoing effect of positive emotions. ***MoTIVATION and Emotion***, 24, 237-258.

Fried. R. L.(2001). ***The passionate learner: How teachers and parents can help children reclaim the joy of discovery***. Boston: Bacon Press.

Froming, W. J. & Carver, C. S. (1981). Divergent influence of private and public self consciousness in compliance paradigm. ***Journal of Research in Personality,*** 15, 159-171.

Fujita, F. (1999). ***An investigation of the relation between extroversion, neuroticism, positive affect, and negative affect.*** Unpublished masters thesis, University of Illinois at Urbana-Champaign.

Gable, S. L., Reis, H. T., Impett, E. A., & Asher, E. R. (2004). What do you do when things go right? The intrapersonal and interpersonal benefits of sharing good events. ***Journal of Personality and Social Psychology,*** 87, 228-245.

Gabrenya Jr., W. K. & Arkin, R. M. (1980). Self-Monitoring Scale: Factor structure and correlates. ***Personality and Social Psychology Bulletin***, 6, 13-22.

Gardner, H. (1993). ***Multiple intelligence: The theory in practice.*** New York: Basic Books.

Gardner, H. (1997). ***Extraordinary minds***. New York: Basic Books.

Garmezy, N.(1983). Stressors of childhood. In N. Garmezy, & M. Rutter(Eds.), ***Stress, coping, and development in children***(pp. 43-84). Baltimore: Johns Hopkins University Press.

Gerdes, K. E., Segal, E. A., & Lietz, C. A. (2010). Conceptualising and measuring empathy. ***British Journal of Social Work***, 40(7), 2326–2343.

Gibbons, F. X.(1978). Sexual standards and reactions to pornography: Enhancing behaviral consistency through self-focused attention. ***Journal of Personality and Social Psychology;*** 36, 976-987.

Gifford, R. (2007). ***Environmental psychology: Principles and practice***(4th ed.). New York : Optimal Books.

Gilbert, D. T. (2006). Stumbling on happiness. New York: Knopf.

Gilovich, T., Keltner, D., Nisbett, R. (2006). ***Social Psychology***. New York: Norton & Company.

Glass, D. C. & Singer, J. (1972). ***Urban stressors: Experiments on noise and social stressors***. New York: Academic Press.

Goleman, D. (2006). ***Social Intelligence: The New Science of Human Relationships***. New York : Bantam Books.

Gordon, T. (1975). ***Parent effectiveness training***. New York: New American Library.

Gottman, J. M.(1994). ***What predicts divorce? The relationship between marital processes and marital outcomes.*** Hillsdale, NJ: Erlbaum.

Gottman, J. M.(1998). Psychology and the study of marital processes. ***Annual Review of Psychology***, 49, 169-197.

Gottman, J. M. (1999). ***The Seven Principles for Making Marriage Work***. New York : Crown Publishing.

Gouldner, A. W. (1960). The norm of reciprocity: A preliminary statement. ***American Sociological Review***, 25, 161-178.

Gove, W. R., Hughes, M., & Style, C. B. (1983). Does marriage have positive effects on the psychological well-being of the individual? ***Journal of Health and Social Behavior***, 24, 122-131.

Gray, J. (1992). ***Men are from mars, women are from venus***. Harper Collins.

Hackman, J. R., & Oldham, G. R. (1980). ***Work redesign***. Reading, MA: Addison-Wesley.

Hare, R. D. (2006). Psychopathy: A clinic and forensic overview. ***Psychiatric Clinics of North America***, 29(3), 709-724.

Hargie, O. (2011). ***Skilled Interpersonal Communication: Research, Theory and Practice***. New York :

Routledge.

Harker L and Keltner D, (2001) Expressions of positive emotion in women's college yearbook pictures and their relationship to personality and life outcomes across adulthood. ***Journal of Personality and Social Psychology***, 80, 112–124.

Haworth, J. T. (1997). ***Work, leisure, and well-being***. New York: Routledge.

Headey, B. & Wearing, A. (1989). Personality, life events, and subjective well-being: Toward a dynamic equilibrium model. ***Journal of Personality and Social Psychology***, 57(4), 731-739.

Heady, B., Veenhoven, R., & Wearing, A. (1991). Top-down versus bottom-up theories of subjective well-being. ***Social Indicators Research,*** 24, 81-100.

Hedrick, L H. (1990). ***Five days to an organized life***. New York: Dell Publishing.

Heimer, C. A. (2001). ***Solving the Problem of Trust***. In K. S. Cook (Ed.), Trust in Society (pp. 40-88). New York: Russell Sage Foundation.

Helson, H. (1964). Adaptation-level theory: An experimental and systematic approach to behavior. CA: Harper & Row.

Helson, R. & Srivastava, S. (2001). Three paths of adult development: Conservers, seekers, and achievers. ***Journal of Personality and Social Psychology,*** 80, 995-1010.

Higgins, E. T. (1987). Self-discrepancy: A theory relating self and affect. ***Psychological Review,*** 94, 319-340.

Hill, C. T., Rubin, A., & Peplau, L. A. (1976). Breakups before marriage: The end of 103 affairs. ***Journal of Social Issues,*** 32, 147-168.

Holden, R. (2009). ***Be happy***. New York: Hay House

Holland, J. L. (1985). ***Making vocational choices: A theory of vocational personality and work environment,*** 2nd. Englewood Cliffs, NJ: Prentice-Hall.

Holmes, T. H., & Rahe, R. H. (1967). The social readjustment rating scale. ***Journal of Psychosomatic Research***, 11, 213-218.

Homans, G. C. (1974). ***Social behavior: Its elementary forms.*** New York: Harcourt Brace Javanovich.

House, J. S., Landis, K. R., & Umberson, D. (1988). Social relationships and health. ***Science,*** 241, 540-545

Hoyle, R., Kernis, M., Leary, M., & Baldwin, M. (1999). ***Self-hood: Indentity, esteem, and regulation.*** Boulder, CO: Westview Press

Hsee, C. K., & Abelson, R. P. (2991). Velocity relation: Satisfaction as a function of the first derivative of outcome over time. ***Journal of Personality and Social Psychology,*** 60, 341-347.

Inglehart, R. F. (1990). ***Culture shift in advanced industrial society***. Princeton: Princeton University Press.

Isen, A. M. (2001). An influence of positive affect on decision making in complex situations: Theoretical issues with practical implications. ***Journal of Consumer Psychology,*** 11, 75-85.

Isen, A. M. (2002). A role for neuropsychology in understanding the facilitating influences of positive affect on social behavior and cognitive processes. In C. R. Snyder, & S. J. Loperz (Eds.), ***Handbook of positive psychology*** (pp. 528-540). Oxford, England: Oxford University Press.

Jackson, S. E., & Schuler, R. S. (1985). A meta-analysis and conceptual critique of research on role ambiguity and role conflict in work settings. ***Organizational Behavior and Human Decision Process***, 36, 16-78.

Jahoda, M. (1958). Current concepts of positive mental health. New York: Basic Books.

James, W. (1890). ***Principles of psychology***. New York: Henry Holt.

Johnston, V. S., & Franklin, M. (1993). Is beauty in the eye of the beholder? ***Ethology and Sociobiology***, 14, 183-199.

Jourard, S. (1971). ***Self-disclosure***. New York: Wiley.

Kahneman, D. (2011). ***Thinking, fast and slow***. Farrar, New York : Straus and Giroux.

Kahneman, D., Krueger, A. B., Schkade, D., Schwarz, N., & Stone, A. A. (2004). A survey method for characterizing daily life experience: The Day Reconstruction Method(DRM). ***Science,*** 306, 1776-1780.

Kahneman, D., Krueger, A. B., Schkade, D., Schwarz, N., & Stone, A. A. (2006). Would you be happier if you were richer? A focusing illusion. ***Science,*** 312, 1908-1910.

Kaplan, H. I., Sadock, B. J., Grebb, J. A. (1994). Kaplan and Sadock's synopsis of psychiatry(7th ed.). Baltimore: Willams & Wikins.

Karasek, R. A. (1979). Job demands, job decision latitude, and mental strain: Implications for job redesign. ***Administrative Science Quarterly***, 24, 285-308.

Karasek, R. A., & Theorell, T. (1990). ***Healthy work: Stress, productivity, and the reconstruction of working life***. New York: Basic Books.

Karney, B. R. & Bradbury, T. N. (1995). The longitudinal course of marital quality and stability: A review of theory, method, and research. ***Psychological Bulletin***, 118, 3-34.

Kasser, T., Ryan, R. M. (1993). A dark side of the American dream: Correlates of financial success as a life aspiration. ***Journal of Personality and Social Psychology,*** 65, 410-442.

Kasser, T., Ryan, R. M. (1996). Further examining the American dream: Differential correlates of intrinsic and extrinsic goal. ***Personality and Socil Psychology Bulletin***, 22, 280-287.

Kassin, S. (2001). ***Psychology***, 3rd. New Jersey: Prentice-Hall.

Kelly, E. L., & Conley, J. J. (1987). Personality and compatibility: A prospective analysis of marital stability and marital satisfaction. ***Journal of Personality and Social Psychology,*** 52, 27-40.

Kelly, H. H. & Thibaut, J. W.(1978). ***Interpersonal relations: A theory of interdependence.*** New York: Wiley.

Keltner, D., & Bonanno, G. A. (1997). A study of laughter and dissociation: Distinct correlates of laughter and smiling during bereavement. ***Journal of Personality and Social Psychology,*** 73, 687–702.

Keltner, D., & Haidt, J. (1999). Social functions of emotions at four levels of analysis. ***Cognition and Emotion***, 13, 505–521.

Kendall, P. C., Howard, B. L., & Hays, R. C(1989). Self-referent speech and psychopathology: The balance of positive and negative thinking. ***Cognitive Therapy and Research,*** 13, 583-598.

Kernis, M. H. & Wheeler, L. (1981). Beautiful friends and ugly strangers: Radiation and contrast effects in perception of same-sex pairs. ***Personality and Social Psychology Bulletin,*** 7, 617-620.

Keyes, C. L. M. (2005). Mental illness and/or mental health? Investigating axioms of the complete state model of health. ***Journal of Consulting and Clinical Psychology***, 73, 539-548.

Keyes, C. L. M. & Lopez, S. J. (2002). Toward a science of mental health: Positive directions in diagnosis and intervention. In C. R. Syner, & S. J. Lopez (Eds.), ***Handbook of positive psychology*** (pp. 45-59). New York: Oxford University Press.

Keyes, C. L. M. & Waterman, M. (2003). Dimensions of well-being and mental health in adulthood. In M. Bornstein, L. Davidson, C. Keyes, & K. Moore(Eds.), ***Well-being: Positive development across the life course***, (pp. 477-497). Hilsdale, NJ: Erlbaum.

Kiecolt-Glaser, J. K. (1999). Stress, personal relationships, and immune function: Health implications. ***Brain, Behavior, and Immunity,*** 12, 61-72.

King, L. A., Hicks, J. A., Krull, J. L., & Del gasio, A. K. (2006). Positive affect and the experience of meaning in life. ***Journal of Personality and Social Psychology***, 90(1), 179-196.

Knapp, M. L., & Daly, J. A. (2011). T***he SAGE Handbook of Interpersonal Communication***. New

York : SAG

Knox, D. & Schacht, C.(2012). Choices in relationships: An introduction to marriage and the family. 11th.

Kopelman, S., Rosette, A. S. & Thompson, L. (2006). The three faces of Eve: Strategic displays of positive, negative, and neutral emotions in negotiations. ***Organizational Behavior and Human Decision Processes***, 72, 117-135.

Kubzansky, L. D., Sparrow, D., Vokonas, P., & Kwachi, I. (2001). Is the glass half empty or half full? A prospective study of optimism and coronary heart disease in normative aging study. ***Psychosomatic Medicine***, 63, 910-916.

Larsen, R. J. (1987). The stability of mood variability: A spectral analytic approach to daily mood assessment. ***Journal of Personality and Social Psychology,*** 52, 1195-1204.

Larsen, R., & Csikszentmihalyi, M. (1983). The experience sampling method. ***New Directions for methodology of Social Bebavioral Science,*** 15, 41-56.

Lauer, R. H., Lauer, J. C., & Kerr, S. T. (1990). The long-term marriage: Perceptions of stability and satisfaction. ***International Journal of Aging and Human Development***, 31, 189-195.

Layard, R. (2005). ***Happiness: Lessons from a new science***. New York: The Penguin Press.

Lazarus, R. S. & Folkman, S.(1984). ***Stress, appraisal, and coping***. New York: Springer.

Leary, M. R., Rogers, P. A., Canfield, R. W., & Coe, C. (1986). Boredom in interpersonal encounters: Antecedents and social implication. ***Journal of Personality and Social Psychology,*** 51, 968-975.

Lee, G. R., Seccombe, K., & Shehan, C. L. (1991). Marital status and personal happiness: An analysis of trend data. ***Journal of Marriage and the Family***, 53, 839-844.

Lee, J. A. (1988). Love-styles. In R. J. Sternberg & M. L. Barnes(Eds.), ***The psychology of love***(pp. 38-67). Yale University Press.

Lefcourt, H. M. (1981). ***Research with the locus of control construct.*** New York: Academic Press

Leonardi, f., Spazzafumo, L., Marcellini, f., & Gagliardi, C. (1999). The top-down/bottom-up controversy from a constructionist approach: A Method for measure top-down effects applied to a sample of older people. ***Social Indicators Research,*** 48, 187-216.

Leslie, G. R. (1982). The family in social context(5th Ed.). New York: Oxford University Press.

Levenson, R. W., Ekman, P., & Friesen, W. V. (1990). Voluntary facial action generates emotion-specific autonomic nervous system activity. ***Psychophysiology***, 27(4), 363-384.

Liu, L. & Ancoli-Israel, S. (2006). Insomnia in the older adult. Sleep Medicine Clinics, 1(3), 409-421.

Lykken, D., Tellegen, A. (1996). Happiness is a stochastic phenomenon. ***Psychological Science,*** 7, 186-189.

Lyubomirsky, S. (2001). Why are some people happier than others? The role of cognitive and motivational processes in well-being. ***American Psychologist.*** 54, 239-249.

Lyubomirsky, S. (2008). ***The how of happiness***. New York: The Penguin Press.

Lyubomirsky, S. (2013). ***The myths of happiness.*** New York: The Penguin Press.

Lyubomirsky, S., King, L. A., & Diener, E. (2005). The benefits of frequent positive affect: Does happiness lead to success? Psychological Bulletin, 131, 803-855.

Lyubomirsky, S., Ross, L. (1997). Hedonic consequences of social comparison: A contrast of happy and unhappy people. ***Journal of personality and Social Psychology,*** 73, 1141-1157.

Lyubomirsky, S., Sheldon, K. M., & Schkade, D. (2005). Pursuing happiness: The architecture of sustainable change. ***Review of General Psychology,*** 9, 111-131.

Mace, D. & Mace, V. (1980). Enriching marriages: The foundation stone of the family strength. In N. Stinnett, B. Chessen, J. Pefreain & P. Kanaub(Eds.), ***Family strengths, positive models for family life***. Lincoln: University of Nebraska Press.

Maguire, E. A., Gadian, D. G., Johnsrude, I. S., Good, C. D., Ashburner, J., Frackowiak, R. S., & Frith, C. D. (2000). Navigation-related structural change in hippocampi of cab drivers. Proceedings of the National Academy of Science (USA), 97, 4398-4403.

Manstead, A. S. R. (1992). Gender differences in emotion. In M. A. Gale & M. W. Eysenck(Eds.), ***Handbook of individual differences: Biological perspectives***(pp. 355-389). Chichester, England: Wiley.

Markus, H. (1977). Self-schemata and the processing of information about the self. ***Journal of Personality and Social Psychology,*** 35, 63-78.

Maslow, A. H. (1954). ***Motivation and personality***. New York: Harper and Row.

Maslow, A. H. (1971). ***The farther reaches of human nature.*** New York: Viking.

McCombs, B. l. (1991). Motivation and lifelong learning. ***Educational Psychologist***, 19, 211-222.

McCullough, M. E., Emmons, R. A., & Tsang, J. A. (2002). The grateful disposition: A Conceptual and empirical topography, ***Journal of Personality and Social Psychology,*** 82(1), 112-127.

Meehl, P. E.(1975). Hedonic capacity: Some conjectures. ***Bulletin of the Menninger Clinic,*** 39, 295-413.

Mehrabian, A. (1971). ***Silent Messages***. New York: Wadsworth.

Messick, D. M., Bloom, S., Boldizar, J. P., & Samuelson, C. D. (1985). Why we are fairer than others.

Journal of Experimental Social Psychology, 21, 480-500.

Meyer, B., Enström, M. K., Harstveit, M., Bowles, D. P., & Beevers, (2007). Happiness and despair on the catwalk: Need satisfaction, well-being, and personality adjustment among fashion models. ***Journal of Positive Psychology***, 2, 2-17.

Milgram, S. (1967). The Small World Problem. ***Psychology Today***, 1(1), 61-67.

Miller, L. C.(1990). Intimacy and liking: Mutual influence and the role of unique relationships. ***Journal of Personality and Social Psychology,*** 59, 50-60.

Morris, W. N. (1999). The mood system. In D. Kahneman, E. Diener, & N. Schwarz (Eds.), ***Well-being: Ther foundations of hedonic psychology*** (pp. 169-189). New York: Russell Sage Foundation.

Moskowitz, D. S., & Cote, S. (1995). Do interpersonal traits predict affect? A comparison of three models. ***Journal of Personality and Social Psychology,*** 69, 915-924.

Moskowitz, D. S., & Young, S. N. (2006). Ecological momentary assessment: What it is and why it is a method of the future in clinical psychopharmacology. ***Journal of Psychiatry and Neuroscience,*** 31, 13-20.

Murray, C. (2003). ***Human accomplishment: The pursuit of excellence in the art and science, 800 BC to 1950***. New York: Harper Collins.

Murray, S. L. & Holmes, J. G. (1997). A leap of faith? Positive illusions in romantic relationships. ***Journal of Personality and Social Psychology***, 23(6), 586-604.

Murray, S. L. & Holmes, J. G. (2011). ***Interdependent minds: The dynamics of close relationships.*** NY: The Guilford Press.

Myers, D. G. (2000). The funds, friends, and faith of happy people. ***American Psychologist***, 55(1), 56–67.

Nakamura, J., & Csikszentmihalyi, M. (2003). The construction of meaning through vital engagement. In C. L. M. Keyes, & J. Haidt(Eds.), ***Flourishing: Positive psychology and the life well-lived***(pp. 83-104). Washington, DC: American Psychological Association.

Nickerson, C., Schwarz, N., Diener, E., & Kahneman, D. (2003). Zeroing in on the dark side of the American dream: A closer look at the negative consequences of the goal for financial success. ***Psychological Science***, 14, 531-536.

Nivison, M. E., & Endersen, I. M.(1993). An analysis of relationship amog environmental noise, annoyance and sensitivity to noise, and the consequences for health and sleep. ***Journal of***

Behavioral Medicine, 16, 257-276.

Nolen-Hoeksema, S., & Rusting, C.(1999). Gneder differences in well-being. In D. Kahneman, E. Diener, & N. Schwarz(Eds.), ***Foundations of hedonic psychology: Scientific perspectives on enjoyment and suffering***. New York: Russell Sage Foundation.

Ogilvie, D. M. (1987). Life satisfaction and identity structure in late middle-aged man and women. ***Psychology and Aging,*** 2, 217-224.

Oishi, S., Diener, E., Suh, E., & Lucas, R. E. (1999). Value as a moderator in subjective well-being. ***Journal of Personality,*** 67(1), 157-184.

Olson, D. H., & DeFrain, J. (2006). ***Marriage and the Family: Diversity and Strengths***. New York: McGraw-Hill.

Paulus, P. B., McCain, G., & Cox, V. C. (1978). Death rates, psychiatric commitments, blood pressure, and perceived crowding as a function of institutional crowding. ***Environmental Psychology and Nonverbal Behavior***, 3(2), 107-116.

Peterson, C. (1999). Personal control and well-being. In D. Kahneman, E. Diener, & N. Schwartz(Eds.), ***Well-being: The foundation of hedonic psychology*** (pp. 288-301). New York: Russell Sage Foundation.

Peterson, C. (2006). ***A primer in positive psychology.*** New York: Oxford University Press.

Peterson, C., & Bossio, L. M. (1991). ***Health and optimism.*** New York: Free Press.

Peterson, C., & Seligman, M. E. P. (2004). ***Character strengths and virtues: A handbook and classification.*** New York: Oxford University Press/Washington, DC: American Psychological Association.

Peterson, C., Seligman, M. E. P., & Vaillant, G. E. (1988). Pessimistic explanatory style is a risk factor for physical illness: A thirty-five-year longitudinal study. ***Journal of Personality and Social Psychology,*** 55, 23-27.

Pink, D. H. (2009). ***Drive: The surprising truth about what motivates us***. New York: Riverhead Books.

Pink, D. H.(2005). A whole new mind: Why right-brainers will rule the future. New York: Riverhead Books.

Pinsker, H., Nepps, P., Redfield, J., & winston, A. (1985). Applicants for short-term dynamic psychotherapy. In A. Winston (Ed.), ***Clinical and research issurs in short-term dynamic psychotherapy*** (pp. 104-116). Washington DC: American Psychiatric Association.

Plutchik, R. (1980). ***Emotion: A psychoevolutionary synthesis.*** New York: Harper & Row.

Ptacek, J. T., Smith, R. E., & Dodge, K. L. (1994). Gender differences in coping with stress: When stressor and appraisals do not differ. ***Personality and Social Psychology Bulletin,*** 20(4), 421-430.

Ptacek, J. T., Smith, R. E., & Zanas, J. (1992). Gender, appraisal, and coping: A longitudinal analysis. ***Journal of Personality,*** 60, 747-770.

Rajecki, D. W., De Graaf-Kaser, R. & Rasmussen, J. L. (1992). New impressions and more discrimination: Effects of individuation on gender label stereotypes. ***Sex Role***, 27, 171-185.

Ralph, R. O., & Corrigan, P. W.(Eds.) (2005). ***Recovery in mental illness: Broadening our understanding of wellness.*** Washington, DC: American Psychological Association.

Rammstedt, B. & John, O. (2007). Measuring personality in one minute or issue: A 10-item short version of the Big Five inventory in English and German. ***Journal of Research in Personality,*** 41, 203-212.

Ratner, R. K., Kahn, B. E., & Kahneman, D.(1999). Choosing less-preferred experiences for the sake of variety. ***Journal of Consumer Research***, 26, 1-15.

Reis, H. T. & Shaver, P.(1988). Intimacy as an interpersonal process. In S. Duck(ED.). ***Handbook of personal relationships***(pp. 367-389). Chichester, England: Wiley.

Reisman, J. M. (1979). ***Anatomy of friendship***. New York: Irvington Press.

Renninger, K. A. (1990). Children's play interests, representation, and activity. In R. Fivush & K. Hudson(Eds.), ***Knowing and remembering in young children***(pp. 127-165). New York: Cambridge University Press.

Renninger, K. A. (2000). Individual interest and its implications for understanding intrisic motivation. In C. Sansone & J. M. Harackiewicz(Eds.), ***Intrinsic and extrinsic motivation: The search for optimal motivation and performance***(pp. 375-409). New York: Academic.

Richins, M. L. (1995). Social comparison, advertising, and consumer discontent. ***American Behavioral Scientist***, 38, 593-607.

Rifkin, J. (2009). ***The Empathic Civilization: The Race to Global Consciousness in a World in Crisis***. New York : Tarcher/Penguin.

Rizzolatti, G., Fadiga, L., Gallese, V., & Fogassi, L. (1996). Premotor cortex and the recognition of motor actions. ***Cognitive Brain Research***, 3(2), 131–141

Robbins, S. P., & Judge, T. A. (2023). ***Organizational behavior(19th ed)***. Boston: Pearson.

Rogers, C. R. (1951). ***Client-Centered Therapy***. Boston : Houghton Mifflin.

Rogers, C. R. (1957). The necessary and sufficient conditions of therapeutic personality change. ***Journal of Consulting Psychology,*** 21, 95–103.

Rogers, C. R.(1961). ***On becoming a person***. Boston: Houghton Mifflin.

Rokeach, M. (1973). ***The nature of human values.*** New York: Free Press.

Rokeach, M. (1979). ***Understanding human values: Individual and social***. New York: Free Press.

Russell, J. A. (1980). A circumplex mode of affect. ***Journal of Personality and Social Psychology,*** 39, 1161-1178.

Russell, J. A., & Carroll, J. M. (1999). On the bipolarity of positive and negative affect. ***Psychological Bulletin***, 125, 3-30.

Ryan, R. M., & Deci, E. L. (2000). Self-determination theory and the facilitation of intrinsic motivation, social development, and well-being. ***American Psychologist,*** 55, 68-78.

Saegett, S., Swoop, W., & Zajonc, R. B. (1973). Exposure context and interpersonal attraction. ***Journal of Personality and Social Psychology,*** 25, 234-242.

Sansone, C., Wiebe, D., & Morgan, C. (1999). Self-regulating interest: The moderating role of hardiness and conscientiousness. ***Journal of Personality,*** 67, 701-733.

Scheier, M. F. & Carver, C. S. (1977). Self-focused attention and the experience of emotion: Attraction, repulsion, elation, and depression. ***Journal of Personality and Social Psychology,*** 35, 625-636.

Schlusher, M. P. & Anderson, C. A. (1987). When reality monitoring fails: The role of imagination in stereotype maintenance. ***Journal of Personality and Social Psychology,*** 52, 653-662.

Schneider, S. (2001) In search of realistic optimism: Meaning, knowledge, and warm fuzziness. ***Journal of American Psychologist,*** 54, 250-263.

Schwarz, N., & Strack, F. (1999). Reports of subjective well-being: Judgmental processes and their methodological implications. In D. Kahneman, E. Diener, & N. Schwartz(Eds.), ***Well-being: The foundation of hedonic psychology*** (pp. 61-84). New York: Russell Sage Foundation.

Sedikides, C. (1993). Assessment, enhancement, and verification determinants of the self evaluation process. ***Journal of Personality and Social Psychology,*** 55, 317-338.

Segal, Z., Williams, J. & Teasdale, J. (2002). ***Mindfulness-based cognitive therapy for depression***. New York: Guliford Press.

Seidlitzz, L., & Diener, E. (1993). Memory for positive versus negative events: Theories for the differences between happy and unhappy person. ***Journal of Personality and Social Psychology,***

64, 654-664.

Seligman, M. E. P. (1991). ***Learned optimism.*** New York: Knopf.

Seligman, M. E. P. (1999). The president's address. ***American Psychologist,*** 54, 559-562

Seligman, M. E. P. (2000, October). ***Positive psychology: A progress report.*** Paper presented t the Positive Psychology Summit 2000. Washington, DC.

Seligman, M. E. P. (2002a). ***Authentic happiness.*** New York: Free Press.

Seligman, M. E. P .(2002b). Positive psychology, positive prevention, and positive therapy. In C. R. Snyder, & S. J. Lopez(Eds.), ***Handbook of positive psychology***(pp. 3-9). London: Oxford University Press.

Seligman, M. E. P. (2011). ***Flourish: A visionary new understanding of happiness and well-being***. New York: Free Press.

Shaffer, D. R.. Pegalis, L. J., & Cornell, D. P.(1991). Gender and self-disclosure revisited: Personal and contextual variations in self-disclosure to same sex acquaintances. ***Journal of Social Psychology***, 132, 307-315.

Sheldon, K. M. (2002). The self-concordance model of healthy goal-striving: When personal goals correctly represent the person. In E. L. Deci & R. M. Ryan (Eds.), ***Handbook of self-determination research*** (pp. 65-86). Rochester, NY: University of Rochester Press.

Sheldon, K. M. & Elliot, A. J. (1999). Goal striving, need-satisfaction, and longitudinal well-being: The Self-Concordance Model. ***Journal of Personality and Social Psychology***, 76, 482-497.

Sheldon, K. M. & Lyubomirsky, S. (2004). Achieving sustainable new happiness: Prospects, practices, and prescriptions. In A. Linley & A. Joseph (Eds.), ***Positive psychology in practice***. John Wiley & Sons.

Singh, D. (1995). Female judgment of male attrativeness and desirablity for relationships: Role of waist-to-hip ratio and financial status. ***Journal of Personality and Social Psychology,*** 69, 1089-1101.

Sirgy, M. J. (1988). Materialism and quality of life. ***Social Indicators Research,*** 43, 227-260.

Snowdon, D.(2001). ***Aging with grace: What the nun study teaches us about leading liner, healthier, and more meaningful lives***. New York: Bantam.

Snyder, C. R., Lopez, S. J., & Pedrotti, J. T. (2011). ***Positive psychology: The scientific and practical explorations of human strengths***(2nd ed.). Sage Publications, Inc.

Snyder, C. R., Rand, K. L., & Sigmon, D. R. (2002). Hope theory: A Member of the positive psychology family. In C. R. Snyder, & S. J. Lopez(Eds.), ***Handbook of positive psychology*** (pp. 257-276).

Oxford, England: Oxford University Press.

Snyder, M. (1987). ***Public appearances, private realities: The psychology of self-monitoring***. New York: Freeman.

Spearman, C. (1904). General intelligence objectively determined and measured. ***American Journal of Psychology,*** 15, 201-292.

Sternberg, R. J. (1986). A triangular theory of love. ***Psychological Review***, 93(2), 119–135.

Sternberg, R. J. & Barnes, M. L. (1988). ***The psychology of love***. New Haven: Yale University Press.

Sternberg, R. J., & Hojjat, M. (1997). ***Satisfaction in close relationships***. New York: Guilford Press.

Stinnett, N. (1985). Strong families. In J. M. Henslin(Ed.), Marriage and family in a changing society. New York: The Free Press.

Stone, A. A., & Shiffman, S. S. (1994) Ecological momentary assessment(EMA) in bebavioral medicine. ***Annual Behavioral Medicine,*** 16, 199-202.

Strachman, A. & Gable, S. L. (2006). What you want(and do not want) affects what you see(and do not see): Avoidance social goals and social events. ***Personality and Social Psychology Bulletin***, 32, 1446-1458.

Strack, F., Martin, L., Stepper, S. (1988). Inhibiting and facilitating conditions of the human smile: A non-obtrusive test of the facial feedback hypothesis. ***Journal of Personality and Social Psychology***, 54(5), 768-777.

Suh, E., Diener, E., Oishi, S., & Triandis, H. C. (1998). The shifting basis of life satisfaction judgments across cultures: Emotion versus norm. ***Journal of Personality and Social Psychology,*** 74, 482-493.

Sundstrom, E. (1978). Crowding as a sequential process: Review of research on the effects of population density of humans. In A. Baum & Y. M. Epstein(Eds.), Human responses to crowding. Hilsdale, NJ: Erlbaum.

Svenson, O. (1981). Are we all less risky and more skillful than our fellow drivers? ***Acta Psychologica***, 47, 143-148.

Swindle, R. Jr., Heller, K., Pescosolido, B., & Kikuzawa, S. (2000). Responses to nervous breakdowns in America over a 40-year period. ***American Psychologist,*** 55(7), 740—749.

Taylor, S., & Brown, J. (1988). Illusion and well-being: A social psychological perspective on mental health. ***Psychological Bulletin***, 103, 193-210.

Tomarken, A. J., Davidson, R. J., Wheeler, R. E., & Doss, R. (1992). Individual differences in anterior brain asymmetry and fundamental dimensions of emotion. ***Journal of Personality and Social Psychology***, 62, 676-687.

Trope, Y. & Pomerantz, E. M. (1998). Resolving conflicts among self-evaluative motives: Positive experiences as a resource for overcoming defensiveness. ***Motivation and Emotion***, 22, 53-72.

Tugade, M. M., & Fredrickson, B. L. (2004). Resilient individuals use positive emotions to bounce back from negative emotional experiences. ***Journal of Personality and Social Psychology,*** 86(2), 320-333.

Turner, N., Barling, J., & Zacharatos, A. (2002). Positive psychology at work. In C. R. Snyder, & S. J. Lopez(Eds.), ***Handbook of positive psychology*** (pp. 715-728). Oxford, England: Oxford University Press.

Udry, R. (1971). ***The Social Context of Marriage.*** New York: Lippincott.

Vaillant, G. E. (1977). ***Adaptation to life***. Boston: Little, Brown.

Vaillant, G. E .(2002). ***Aging well***. New York: Little, Brown.

Vaillant, G. E. (2004). Positive aging. In P. A. Linley, & S. Joseph(Eds.), Positive psychology in practice(pp. 561-578). New York: Wiley.

Van Boven, L. (2005). Experientialism, materialism, and the pursuit of happiness. ***Review of General Psychology***, 9(2), 132-142.

Van Boven, L., & Gilovich, T. (2003). To do or to have? That is the question. ***Journal of Personality and Social Psychology,*** 85, 1193-1202.

Vandeputte, M. & de Weerd, A. (2003). Sleep disorders and depressive feelings: A global survey with the Beck depression scale. ***Sleep Medicine***. 4(4), 343-345.

Veal, A. J. (2010). Leisure, sport and tourism, politics, policy and panning. 3rd. CAB International.

Veenhoven, R. (1988). The utility of happiness. Social Indicators Research, 20, 333-354.

Veenhoven, R. (2003). Hedonism and happiness. ***Journal of Happiness Studies,*** 4, 427-457.

Veroff, J., Douvan, E., & Kulka, R. A. (1981). ***The inner American***. New York: Basic.

Wagner, E. D (1994). In support of a functional definition of interaction. ***The American Journal of Distance Education***, 8(2), 6-29.

Watson, D. (2000). ***Mood and temperament.*** New York: Guilford Press.

Watson, D. (2002). Positive affectivity: The disposition to experience pleasurable emotional states. In C. R. Snyder, & S. J. Loperz (Eds.), ***Handbook of positive psychology*** (pp. 106-119). Oxford, England: Oxford University Press.

Watson, D., Clark, L., & Tellegen, A. (1988). Development and validation of brief measures of positive and negative affect: The PANAS scales. ***Journal of Personality and Social Psychology,*** 54, 1063-1070.

Watzlawick, P., Beavin, J. H., & Jackson, D. D. (1967). ***Pragmatics of Human Communication.*** New York: Norton.

Wegner, D. M. (1989). ***White bear and other unwanted thoughts.*** New York: Vintage.\

Wells, W. D. & Gubar, G. (1966). Life cycle concept in marketing research. ***Journal of Marketing Research***, 3, 355-363.

Werner, E. E. (1982). ***Vulnerable but invincible: A longitudinal study of resilient children and youth***. New York: McGraw-Hill.

Wheeler, L., & Reis, H. T. (1991). Self-recording of everyday life events: origins, types, and uses. ***Journal of Personality,*** 59, 339-354.

Wichklund, R. A. (1975). Objective self-awareness. In L. Berkowitz(Ed.), ***Advances in experimental social psychology***, New York: Academic Press.

Williams, P. & Jackson T. (2014). ***Gratitude and Trust.*** New York: Penguin Group.

Willis, J., & Todorov, A. (2006). First impressions: Making up your mind after a 100-ms exposure to a face. ***Psychological Science***, 17(7), 592–598.

Wilson, T. D. & Gilbert, D. T. (2005). Affective forecasting knowing what to want. Current Directions in Psychological Science, 14, 131-134.

Wink, P. (1991). Two faces of narcissism. ***Journal of Personality and Social Psychology,*** 61, 590-597.

Wortman, C. G., Adesman, P., Herman, E., & Greenberg, R. (1976). Self-disclosure: An attributional perspective. ***Journal of Personality and Social Psychology,*** 33, 184-191.

Zalkind, S. S. & Costello, T. W.(1976). Perception: Implications for adminstration. In D. Kolb, I. Rubin, & J. McIntyre(Eds,), ***Organizational Psychology: A book of readings***. Englewood Cliffs, NJ: Prentice-Hall.

Zimbardo, P., Ebbesen, E. B., & Maslach, C. (1977). ***Influencing attitudes and changing behavior.*** New York: McGraw-Hill.

색인

Author introduction

저자소개

周幸星, 竹佑 **남승규**(南承奎) sknam@dju.kr

대전에서 태어나 성균관대학교에서 심리학 박사학위를 받고 대전대학교 경영대학 산업광고심리학과 교수로 재직 중이다. 한국소비자광고심리학회 편집위원장, 부회장, 회장을 역임하였고, 텍사스대학교 오스틴 캠퍼스(University of Texas at Austin)에서 연구년을 보내며 행복에 관심을 가지기 시작해서 지금껏 연구를 진행하고 있다. 자유, 사랑, 행복을 가장 중요한 세 가지 가치로 삼는 삶을 살고 있고, 심리학을 좋아하는 사람들과 연구와 강의를 즐겁게 하고 있다.

그리고 행복심리학

1판 1쇄 인쇄 2025년 9월 10일
1판 1쇄 발행 2025년 9월 15일

지 은 이 | 남승규
발 행 인 | 박철용
발 행 처 | 양서원
주 소 | 경기도 파주시 직지길 522 파주출판도시
전 화 | 031-955-8000(代)
팩 스 | 031-955-8005
홈페이지 | www.yswpub.co.kr
이 메 일 | yswgroup@naver.com
출판등록 | 1987년 11월 24일 제406-2003-037호

ISBN 978-89-994-1601-9

정가 23,000원